隰有荷华

姜建锋 主编

文匯出版社

编委会

主　　编　姜建锋

副主编　金　秀　朱晓珍

编　　委　蔡珠萍　李夏萌　施文江　杜秋萍
　　　　　　金　雯　陶秋娣　蔡玉兰　陆春泓
　　　　　　沈金霞　是凤丹　许国珍

序

继上一本书《荷坛悦拾》出版仅隔两年,在姜建锋校长带领下的团队又有新的研究成果,再次结集出版了本书《隰有荷华》。

看到这个书名,我拍手叫好。隰有荷华,那是寓意在教育的"低洼处"同样有出彩的教育故事,同样有精彩的教学案例,同样有实用的教育经验。那是姜校长的谦虚,何来"隰"一说?

作为一校两址的大学校的校长,耕耘13年,成就了一所上海市郊优质小学。这样的一所小学,也是见证体现了"优质均衡"在上海公办教育的蓬勃发展,罗南中心校正是千百所优质均衡发展学校的代表之一。

近年来,看着这所学校勃勃生机,展现了姜校长提出的学校"小荷校园文化"建设的成就。

宋朝著名诗人杨万里"小荷才露尖尖角,早有蜻蜓立上头"的佳句启发了老师们无限的遐想,老师心中所有的美好希冀和愿望,都像美丽、快乐的"小荷",不断绽露出"尖尖角",于是便有了"小荷文化"之名。"小荷"是积极向上、奋发有为、努力进取的象征,"小荷"是寻找快乐、追求成功、体现价值的代名词。

"小荷"文化追求的人文精神是,人人有快乐的追求、队队有奋进的目标、天天有攀登的行动、时时有成功的喜悦。"小荷文化"就是对提炼的学校人文精神在活动形式、制度形式和物质形态上的实践,并以此实践来影响和发展学生群体的活动方式、精神面貌与文化素养的提高。

近年来,罗南中心校在习近平新时代中国特色社会主义思想指引下,全面贯彻党的教育方针,落实立德树人根本任务。学校以"扫好地、行好礼、唱好歌、读好书、写好字和做好人"的"六好实践"为抓手,实践"小名称大主题"的"五育并

举"理念,并以"课程保障、活动育人、文化浸润"为途径,在丰富多彩的主题课程中,塑造学生健全人格,落实社会主义核心价值观教育。

本书收集的教育教学论文或案例,涉及的内容方方面面,就是老师们在教育教学中的点滴感悟,体现了对教育规律的探索。

师资队伍建设是办学质量的最重要保证,让教师有长久的可持续发展,需要教师不断反思、深入实践、勤于思考。本书呈现的内容也许深度不够,但一定是来自一线的教育经验,在此与大家分享。

国家督学,教育功臣、特级校长,正高级教师

2022 年 5 月

目 录

序 …………………………………………………………… 卞松泉 001

管 理 篇

创新"团队带教"模式　促进青年教师专业成长的实践 …………… 姜建锋 003
学会做人，德育教育的根本 ………………………………………… 姜建锋 009
小学生学风建设方式探析 …………………………………………… 姜建锋 011
惩戒规则来了，我们怎么用好它 …………………………………… 姜建锋 015
让"赏识"成为教育教学的指导思想 ………………………………… 姜建锋 017
"成长储蓄"促进"六好素养"养成的实践研究 ……………………… 金　秀 022
丰富文化阵地活动，提升教师文化建设 …………………………… 金　秀 031
书香传友情　好书伴成长
　　——谈罗南中心校红领巾读书活动 ……………………………… 蔡珠萍 037
家校总动员　擦亮队员成长每一个重要的日子
　　——谈让家庭（长）走进少先队仪式教育活动 ………………… 蔡珠萍 041

论 文 篇

教育类 ………………………………………………………………………… 047
正确对待学生爱插嘴问题 …………………………………………… 曹沁乐 049
融合"本土元素"，聚焦"教育现代化"
　　小议本土元素在教育内容现代化上的应用 …………………… 林　妤 052
教与学，我与学生共同成长
　　——传承陶行知教育思想促进课堂深度变革 ………………… 陈凌珍 055

语文学科 ……………………………………………………………………… 059
浅谈说明文教学 ……………………………………………………… 何晓华 061

培养识字兴趣，走进趣味语文
　　——统编一年级趣味识字教学思考·················支仪文　067
关注学习经历　提升语言素养······················施文江　071
创新识字，渗透德育
　　——部编版《语文》二年级上册识字教学实践研究········杜梦娇　076
聚焦阅读教学　提升习作能力······················周秋艳　079
让评价引领学生成长···汪燕琳　083
关注多维指导　培养归纳能力
　　——以《为中华之崛起而读书》为例浅谈归纳文章
　　　主要内容···马颖慧　087

数学学科···091

"营救"小数　错例为先
　　——小学数学小数除法典型错例矫正对策···········杨雪娇　093
承行知教学理念　立数学启蒙之基·················王　洁　099
小学数学课堂教学中错误资源的有效利用·········王玲婕　104
如何培养学生数学应用意识和能力的几点思考···蔡玉兰　109
学会一道题　理解一组题　会解一类题
　　——由一道几何练习题引出的思考···················陶一为　112
小学数学中高年级解决问题中数量关系的教学研究···龚徐玮　119
浅谈低年级数学课堂的引导与调控·················朱　超　123

英语学科···127

合理运用PPT技术促进小学英语课堂教学·········沈金霞　129
优化教学设计，以语言能力培养带动学生思维品质发展···陈　扬　133
创设多元化语境深化小学生英语语用体验·········金灵祎　137

综合学科···143

信息技术支撑下的教师专业发展·····················刘　颖　145
后疫情时代小学音乐线上线下教学的研究·········朱文涛　150
以游戏促小学生在美术课堂中活力的激发·········朱莹姣　157
综合手段巧应用，线上课堂促学习·················徐淑君　164
一颗糖果引发的风暴···朱　华　168
爱的教育
　　——爱就是鼓励和赏识······································李夏萌　171

案 例 篇

教育类 ········· 175
以撰写感恩日记来提升教师职业幸福感········· 杜秋萍 177
"赢了孩子"VS"赢得孩子"
　　——浅谈"赏识教育"如何运用到低年段学生的教育中········· 顾怡麟 181
疫情时期异常学　创意游戏趣味多
　　——家长参与学校活动设计创意········· 冯　霞 185
家班共育,促进后进生的发展
　　——"后进生"小L的教育案例········· 胡燕华 189
如何让孩子爱上学校、爱上学习
　　——我的爱心案例串烧········· 陶小璐 193

语文学科 ········· 197
提高小学高年级段学生古诗学习的兴趣········· 何晓华 199
从读中悟　在悟中读
　　——读悟结合在小学低年段语文朗读指导中的应用案例········· 唐苏婷 203
依托评价表,把评价贯穿于习作教学全过程
　　——基于小学习作教学如何评价修改的实践与思考········· 朱　萍 218
将阅读和习作思维的联合方法融入习作单元教学
　　——以统编教材语文三上习作单元教学为例········· 沈　艳 224
了解历史　勿忘国耻　振兴中华
　　——《圆明园的控诉》教学案例········· 王文静 229
促进学习方法多样性注重学生经历体验学习快乐
　　——《场景歌》教学案例········· 胡佳佳 234
关注特殊　分层设计　有效落实········· 苏　丽 240
基于"学练评"一体的单元语文在线教学策略········· 金　雯　陈佳敏 246
作文评价指导在小学中高年级作文教学中的应用策略
　　——《吹泡泡》教学案例········· 周秋艳 251
基于单元目标统整下的作业设计案例研究
　　——以一年级上第四单元作业设计为例········· 朱音聆 258
挖掘文本教学价值,设计合理教学活动
　　—— 以五(下)《跳水》一课为例········· 陈佳敏 265
应用信息技术资源,落实在线"识字"教学

　　　　——以《小青蛙》一课为例……………………………… 黄依琪　271
如何在"沧海"中取得"一粟"
　　　　——充分体现学生主体的"小学语文教学内容的选择"……… 徐志强　276

数学学科……………………………………………………………………… 283

适时"扶"一把　课堂更高效
　　　　——《大家来做加法》一课为例……………………………… 吴晨曦　285
选择有效教学方式　引领学习真实发生
　　　　——以"长方形和正方形的认识"教学为例………………… 杨雪娇　293
感受对称之美
　　　　——《轴对称图形》教学案例………………………………… 王　洁　298
在游戏中学
　　　　——《左与右》教学设计与思考……………………………… 王玲婕　302
学会观察　学会分析　学会归纳
　　　　——以五下"表面积的变化"教学为例……………………… 陶云超　309
课堂多形式教学建立学生数感
　　　　——以《几个与第几个》一课为例…………………………… 陶玉婧　316
基于课程标准　关注学习过程　注重能力发展
　　　　——记《大家一起做加法》研课之旅………………………… 陶秋娣　321
问题驱动，在思辨和探究中提升数学能力
　　　　——《单价、数量、总价》教学案例………………………… 曹婉嬱　328
借助数字教材平台　优化课堂教学模式
　　　　——以《三角形的分类(2)》为例……………………………… 毛亚飞　333
在关注学生观察、倾听习惯的培养中，促进学生的思维发展
　　　　——以《植树问题》为例……………………………………… 陈凌珍　338
运用学具助推有效课堂学习……………………………………… 龚徐玮　343

英语学科……………………………………………………………………… 349

关注小学英语课堂中故事语境的创设与语用表达能力
　　　　——以小学牛津英语 3BM3U3 The ant and the grasshopper
　　　　　　为例…………………………………………………… 奚丽静　351
提高高年段小学生写作能力的实践探究
　　　　——上海牛津教材《4AM4U2 At Century Park》写作指导
　　　　　　案例…………………………………………………… 是凤丹　355
线上线下　整合资源　融于课堂　融于生活

——以牛津英语《5A M3U1 Around the city》为例 ………… 朱雅芬　362
思维导图在小学英语板书设计中的应用
　　——以空中课堂教学设计为例 ………………………………… 许国珍　367
学教互依　学思融合
　　——小学牛津英语 1BM3U1〈Seasons〉教学案例 …………… 王　静　372
充分开发习题资源，提升低年段学生思维能力
　　——上海牛津英语 2AM4 单元卷讲评课案例分析 …………… 蔡沁颖　383
借助网络平台，有效开展小学英语在线教学 ………………………… 金灵祎　389
小学英语课堂评价在实际课堂中的应用
　　——以 3BM2U2 Toys 为例 ……………………………………… 张丽阳　396

综合学科 …………………………………………………………………… 403

小荷才露尖尖角
　　——低年级主题式综合活动案例 ………………………………… 朱丽华　405
改善人际交往不良的案例 ……………………………………………… 朱　华　409
让音乐教学和学生靠得再近些
　　——《鸭子拌嘴》一课基于课程标准的教学与评价案例 ……… 樊　里　414
评价方式多元化　线上展示促参与
　　——美术线上教学案例 …………………………………………… 王　婷　418
板书是必须的！
　　——语文老师执教自然课一得 …………………………………… 金宇虹　423
欣赏课教学形式多样化，让每个孩子有获得感
　　——《采茶舞曲》音乐综合课型案例 …………………………… 陆春泓　427
注重情感体验与评价　鼓励即兴创编　让音乐教学多元化
　　——《铃儿响叮当》教学案例 …………………………………… 顾鸿岚　430
寓教于乐　寓学于乐
　　——《彩泥动物》一课教学案例 ………………………………… 徐淑君　436
采用多种形式教学体验，培养学生聆听音乐兴趣
　　——《赛马》教学案例 …………………………………………… 朱文涛　440
无声的肢体语言让歌声更动情
　　——低年级主题式综合活动《鹅鹅鹅》实践案例 ……………… 张艳红　444
每一天，为你们感动（后记） ………………………………………………… 449

管 理 篇

创新"团队带教"模式
促进青年教师专业成长的实践

宝山区罗南中心校　姜建锋

2019年6月,《中共中央、国务院关于深化教育教学改革全面提高义务教育质量的意见》出台,《意见》非常明确地提出了学校的发展最关键的因素就是教师,培育"四有好老师"是摆在所有学校面前最重要的研究课题。《国家中长期教育改革和发展规划纲要（2010—2020年）》也提出,要进一步加强中小学教师队伍建设。但当前新教师的来源多数来自非师范专业院校,在先天的教育教学素养上存在一定的问题,因此职初教师的培训显得非常重要。

目前,职初教师的培训主要集中为单一的"导师制""师徒制"等方面,虽然也有涉及"团队带教",但也是在单一的"导师制"和师徒制"框架内提及。近年来,我们探究"团队带教"新模式在教师专业发展方面的影响,有一点实践体会。

我们实践的以"小荷学科工作坊"为核心的"团队带教"模式的形成,取得良好效果。"小荷学科工作坊"是"团队带教"的创新形式,对于促进青年教师"专业成长"极有帮助。

一、"小荷学科工作坊"的由来与特点

学校原来大部分是成熟型教师,具有较丰富的教学经验,质量意识强。自2015年以来,随着学校两个校区的建立、规模的不断扩大和老教师的退休等原因,每年有10多位青年教师进入本校,他们文化素养高、思维活跃、好学上进、具有创新精神,但教育教学专业知识不够,培养学生缺少方法,课堂教学水平更需提高。

学校原有的教师培训方法作用是明显的,但存在不足:职初见习教师有一年见习期规范化培训,但时间非常有限;也有"师徒带教"一对一指导,但囿于教导老师个人素养参差不齐、学习面窄;也有"教研组带教",但面向组内全体教师,缺少针对性……针对以上问题,学校不断探索新的带教模式,"小荷学科工作坊"应需而生。

"小荷学科工作坊"是在学校"人人有发展,个个有提高"的师资队伍发展理念的指引下,以"小荷"命名,体现了学校小荷校园文化的特色。

学科工作坊以区级"学科带头人"为领衔人,区级、校级骨干教师组成"骨干教师指导团",指导带教学校35周岁及以下青年教师的研究团队,通过理论学习、专家引领、课堂实践、专题讲座、案例研究等形式,提升青年教师教学能力和研究能力。目前,根据学校师资队伍优势,设立了语文、数学和英语三个学科工作坊,并正在不断拓展到其他学科。

二、"小荷学科工作坊"运作模式

"小荷学科工作坊"旨在充分发挥学校各级骨干教师的力量,通过团队的协作,指导青年教师"德业"双发展。

"小荷学科工作坊"是"团队带教"模式的创新实践,"四梁八柱"图体现了该模式的实践途径、实践策略和保障措施等。

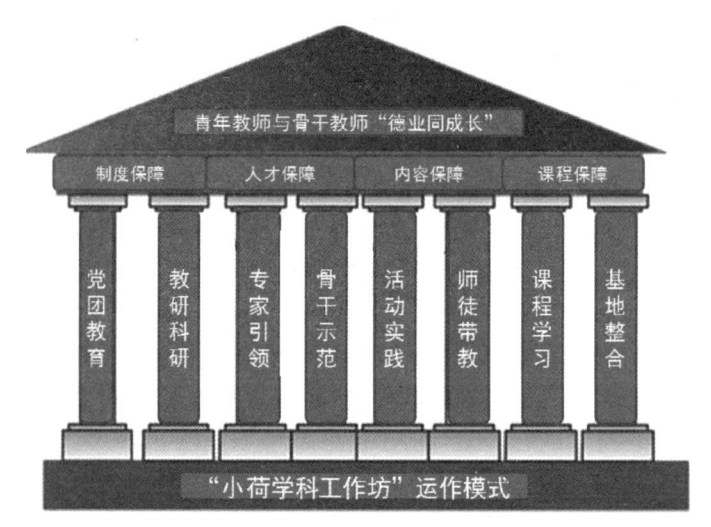

"小荷学科工作坊"运作模式

一是明确团队带教目标:人人有发展,个个有提高,实现团队成员德业共成长。

二是落实了四大保障措施:制度保障、人才保障、内容保障、课程保障。如形成了《罗南中心校"学科工作坊"领导小组工作制度》《罗南中心校"学科工作坊"指导教师聘任与工作要求》《罗南中心校"学科工作坊"青年教师学习与工作要求》《罗南中心校"学科工作坊"奖惩办法》等制度性文件。同时,明确"小荷学科工作坊"选材用人的要求。对带教的内容和课程都有基本要求和创新鼓励。

三是提炼了八大实践路径:党团教育、教研科研、专家引领、骨干示范、活动实践、师徒带教、课程学习和基地整合。

1. **党团教育**：在青年教师的培养中，一个十分重要的内容就是他们的思想道德和政治素养。作为新时代的青年教师，他们理应信仰、掌握、践行党的教育方针，教师自身的政治信仰和道德思想关乎并影响着未来人才的培育。青年教师的培训的重要内容就是要将思想政治教育落实到底，放在一个最重要的位置。为此，以党团支部为主要培训任务的承担者，通过各种形式开展党团教育，如红色寻访、学身边榜样故事、树先进典型……

2. **教研科研**：将教研、科研真正链接起来，在真学习、真实践、真研究的过程中有效促进教师专业成长。我们通过夯实读书习惯，打造了善于思考的学习团队；扎实多彩教研，努力呈现个体思考与团队智慧；打造特色科研，成就了有实效的研究共同体，促进了教师在合作研究中迈向专业成长。

3. **专家引领**：发挥语文、数学学科基地的优势，聘请教学专家、学科教研员进学校对青年教师进行理论指导，并针对青年教师的课堂，进行诊断性评价；给青年教师更多"走出去"的机会，参加各级各类活动，开阔眼界，学习提升。

4. **骨干示范**：发挥骨干教师的示范引领作用。把区级骨干团队中先进的教学理念、教学方法以及自己对学科教学的研究经验通过"微讲座""微报告"等形式，与青年教师进行分享；以骨干教师的实践课、展示课为示范，为青年教师提供学习案例；参加每一次的集体活动，还要以"指导团队"的形式全程参与青年教师在活动前的准备，如备课、试教、磨课等环节，在团队指导的过程中，提升骨干团队的指导力和研究力。

5. **活动实践**：青年教师的成长一定是在不断的实践中获得的。工作坊创设各种平台、开展各种活动，给青年教师提供锻炼的机会，如"课堂教学实践""教育教学案例""研究小论文""青年教师基本功比赛"，推荐指导优秀的青年教师参加区域、区级各类教学活动和比赛，提升青年教师团队的整体水平。

6. **师徒带教**：又称"青蓝牵手"，就是"一对一"师徒带教。通过给刚入职的新教师安排一个有经验的优秀的老教师，向新教师提供系统而持续的帮助，使其尽快适应学校教育教学工作。这里的师徒制均为"一对一"或"一对多"，即一个导师对应一个或多个学员进行指导。这种方式是团队带教的一种有力补充。导师的个别性辅导更具针对性。我们学校目前所有五年内青年教师都安排了师傅，开展师徒一对一、一对多的带教。

7. **课程学习**：课程是以浓缩的形式，集纳了前人探索的培训成果，高效率地传授给新人知识与经验。课程学习具有系统性、规范性的优势。无论开展线上还是线下的课程学习都是青年教师成长的有效培训方式。本校开发了针对青年教师德业成长的各类课程，包括职业感悟与师德修养类、课堂经历与教学实践类、班级工作与育德体验类、教学研究与专业发展类等课程。

8. **基地整合**：青年教师培训是各级各类管理部门最重视的任务，各类培训基地和培训项目交叉重复颇多，作为学校管理者就要善于整合各种资源，用好各类基地培训的特色项目，为我所用，既不加重青年教师负担，又能更具效率地提升青年教师德业双发展。

历经上述培养途径，逐步梳理出培养青年教师成长的有效策略，并提炼培养的经验。每学期末，对一学期带教活动进行总结，青年教师进行"成长小故事""我喜欢的培训""我的收获""教学案例""教学小论文"等的交流，梳理、提炼对青年教师成长比较有效的策略；骨干教师对培训案例、"微型课程"、小论文等进行梳理和积累。边实践边研究，不断提炼青年教师培养的经验，逐步梳理青年教师培养的案例及微课程。

三、"小荷学科工作坊"的"团队带教"创新举措与成效

（一）德的修炼——创新师德教育新形式，锻造师德第一教师好形象。

良好的教师师德是成为一名合格教师、优秀教师最基本的条件，因此全面提升学校教师的职业道德和政治素养是"小荷学科工作坊"的首要工作。

畅谈未来绘愿景。工作坊与学校党支部、校长室、团支部携手努力创新师德教育新模式，积极开展师德教育活动。教师只有正确认识自我，找准位置，定好方向，才会早日走向成功。结合学校新一轮三年发展规划制订，工作坊开展"我为学校发展做什么""个人职业生涯设计"，制订三年个人规划等活动，帮助教师置心高处、试说明天、彩绘未来、张扬个性，对今后的人生轨迹进行自我设计，明确努力方向。

丰富教育明师德。只有知师德，明要求，才能规范好教育行为。学校编写师德教育课程，开设师德讲座；开展爱生月、学陶师陶等主题月活动；开展青年教师沙龙活动，进行交流互动；开展师德论坛、故事讲述、架设网络交流互动平台、开展优秀青年教师评比等帮助青年教师明师德、提修养。

育人经验齐弘扬。学校编写《老师，我需要你的夸奖》一书，组织青年教师开展读书交流活动；开展师德故事征文活动，出版《平凡师爱、魅力师魂——罗南中心校爱生故事集》；进行青年教师赏识教育案例征集，开展"十佳赏识教育案例"评选等，鼓励教师为人师表、敬业爱生、教书育人、乐于奉献。

（二）业的提升——打造团队带教新模式，提升教师专业发展有作为。

1. 团队培训，教师在集体智慧中获得经验提升

学科工作坊中课堂教学的研培目标是基于规范、走向优质。"工作坊"主要开展主题式的课堂实践研究。成为见习教师培训基地后，我们把同学科的见习

教师也吸收到团队中，一起参与实践研究。由于工作坊以培养青年教师为主，老师们的感受、困惑都比较相似，在实践过程中更能找到共鸣，因此往往能"一石激起千层浪"，在碰撞、质疑、交流中加快青年教师的成长。

2. 课程培训，教师在规范标准中获得素养提升

经过多年实践，"工作坊"也形成了一些课程，理论与实践相结合，形成培训系列化、规范化，培训也更加有实效。我们把近几年的师德教育、专题讲座、实践研究进行梳理、归类，逐步形成了四大板块的要求。

职业感悟与师德修养类，如"教师师德修养培训课程""传递正能量，乐做教育人"；课堂经历与教学实践类，如"基于学情，关注文本，提高小学语文阅读教学效率""如何培养学生良好的学习习惯"；班级工作与育德体验类，如"如何做一名小学班主任""如何进行家校沟通""实效来自实干"；教学研究与专业发展类，如"案例，教师前行的足迹""我们怎样演讲"……

经过多年梳理整合，我们的培训既有理论的指导，又有实践的积累，紧紧围绕四大板块，全方位地进行培养指导，全面提升了青年教师专业素养和职业技能。

四、未来思考

1. 追求"办学理念与教师行为"的和谐"同一"。

（1）**立足理念更新为取向的教师学习**：有计划地组织青年教师进行学习、进修、培训，既可着眼教师专业素养提升，也可利用专家进行"第三者教育"。因此，必须加强多形式的学习，明确素质教育理念下办学目标的追求，让青年教师认同学校的办学方向、办学目标和办学追求，让老师在教育教学行为上步伐跟紧。

（2）**立足"人人成功"为任务的教师引导**：正确的归因对青年教师的精神和行为有很大影响。青年教师对自己成功行为的自我归因，能产生一种自我满足的情绪体验，增强自信。管理者要把教师成功作为青年教师管理的重要任务，把主要的时间、精力、经费投入帮助青年教师成功中去，把青年教师的工作与教师人格发展统一起来。

2. 追求"青年队伍和师资整体"的和谐"成长"。

策略：分层要求，各有侧重。立足课堂，人人发展。

青年教师培训重点：提高教师的教育教学能力和专业理论素养，更新教育教学理念；加强教育教学研究，提高学科专业研究能力；锻炼教师的教育教学基本功，促进青年教师的全面发展，形成个性化教学风格。

成熟教师培训重点：营造学习氛围，树立"终身学习"理念，以培养与引领青年教师发展为目的，不断提升成熟教师的德业素养。我们"以微型讲座的开设、

用学校文化的传承、抓有效作业的研究、靠团队教研的提升"等丰富培训形式,实践"人人有提高,个个有发展"的师资发展理念。

参考文献:

[1]《上海市小学职初教师专业发展支持体系研究》,吴蓉,上海师范大学 DOI:10.27312/d.cnki.gshsu.2020.001242.

[2]《教师领导视角下的学科团队建设——基于上海市"小学语文课程开发"团队建设的个案研究》,华逸云,华东师范大学.

[3]《以党团工作带动大学生的思想政治教育》,张戈,吉林艺术学院 DOI:10.16071/j.cnki.cn51-1650/g4.2017.10.041.

学会做人，德育教育的根本

宝山区罗南中心校　姜建锋

"千教万教教人求真，千学万学学做真人"，这是陶行知"生活即教育"教育思想的重要体现。可见，教育学生之根本目的就是教学生学会做人，教师要把教育学生"学会做人"的教育放在首位，让学生牢固树立"要成才先做人"的思想。

长期以来，由于"应试教育"指挥棒的影响，学校其实更注重于智育教育，而学校德育教育又注重了某些较高精神境界的教育，如共产主义、集体主义、理想主义等思想教育，却忽视了做人基本素质的教育。空洞的说教，知行的脱节，过于高远的目标，使学生一旦走出校园，感受到多姿多彩的社会时，便会感到学校、老师灌输的思想信念、道德情操显得那么单薄、那么脆弱，以至于出现了"学校辛辛苦苦教育五天，抵不上学生回家两天"的状况。因此，我们要在学生的教育培养过程中强化"做人基本素质的教育"。

"学会做人"的基本内涵应该是道德行为习惯的养成，它是一个人的完整品德结构发展质变的核心。"学会做人"最基本的教育就是养成良好的习惯教育。人的行为在很大程度上取决于他的习惯。道德习惯的形成过程，是一个人从他律到自律，并逐步走向无律的过程。从他律阶段到自律阶段，个体的道德行为对外界环境约束的依赖越来越小，行为的情景性和随意性逐渐减少，稳定性则越来越强。而一个能够自律的人在实践中反复自觉地实践道德行为，久而久之，"习惯成自然"，能够不假思索地行动而自然符合道德的要求，即达到所谓"无律"的阶段。例如一个具有良好道德习惯的人，他的道德活动往往是轻松自如的，不需要经过深思熟虑的意志努力。看见有人遇到困难，似乎仅凭直觉在瞬间做出助人的反应，这就是道德习惯的力量。但一个人要养成良好的道德行为习惯并不是一件很容易的事，它需要长期教育、引导和训练的积累。从心理机制上说，习惯是经过长期多次强化和积累而建立起来的一种动力定型和自动化了的条件反射系统。

因此，强化做人教育，首先应该是不断强化与保护学生正确的行为规范，哪怕是偶尔出现的优良道德行为规范，都应抓住契机，不断予以强化，使其稳固下

来,成为学生良好的道德行为习惯。

其次,"学会合作"也是"学会做人"教育的必备素质。现代社会就是合作与竞争,建立竞争意识,增强自身能力,是个人、家庭、团体乃至国家和时代进步的动力。没有竞争,社会就难以发展。但一味对孩子强调竞争,而忽视合作教育,必然会造成学生心胸狭窄,性格孤僻,产生猜疑、妒忌和仇视他人的心理,养成极端个人主义,而这种现象的出现,那无疑是学生丧失了起码的做人基本素质。因此,要引导学生处理好竞争与合作的关系,让他们明白未来的竞争必须依靠人与人的携手合作和共同参与,因此,既要敢于竞争,又要善于合作。

当然,适时适当的挫折教育对学生"学会做人"的成长也很有好处。"自古英雄多磨难,从来纨绔少伟男",表明了有成就的人,大多是由经历磨难而成长起来的。而现在的中小学生,少了磨难,多了脆弱,任性,娇气,骄傲,一遇上什么困难、挫折,要么丧失希望,要么打退堂鼓,不敢面对困难和挫折,因此,挫折教育成为"学会做人"教育的必需。在学校我们可以利用现有的教育资源在学生中多开展一些如军校训练、社会实践等活动,让学生在活动中受到锻炼,培养其克服困难的顽强意志,以微笑和勇气面对挫折。

再有,要加强对学生的责任教育。一个人有责任感,才会自觉,才会振奋,才会不断进取。有责任感的人才是堂堂正正的会"做人"的人。因而,要在平时的学习中,人人给予相应的做事岗位,培养他们勇于承担责任,克服惰性,适当的时候予以鼓励,以激发他们的积极性和责任感。

最后,自我控制教育是"学会做人"的主要教育内容。自制力是一个人的基本能力,在社会中,只有适者才能生存;没有自制力的学生习惯于我行我素,必将形成任性、自私、贪图安逸、追求物质享受的不良性格,没有自制力的人也必定是容易冲撞人、做事冒失的人,最后为班级、社会所淘汰。而有较强自制能力,就能自我要求,正确处理各种关系,尤其是学习与工作、个人与集体、辛劳与荣誉的关系,最终为自己的成才奠定基础。

参考文献:

[1]《学校德育工作》,北京师范大学出版社1986版。
[2]《陶行知先生"生活教育"理论研究》。
[3]《德育探索与实践》,海南出版社出版。
[4]《面向生活,引导生活》(刘铁方,湖南师范大学教育科学院副院授、博士)。

小学生学风建设方式探析

宝山区罗南中心校　姜建锋

【摘要】优良的学风能够激励学生主动学习,拼搏进取,可以引导学生产生持久学习的目的和兴趣。对学生的学习和管理都有着相当积极的意义,有助于学生综合素质能力的良好发展。本文则是主要针对小学生的学风建设做一些简单论述。

【关键词】学风建设;学习兴趣;综合素质能力

简单地说,学风包括学生学习目标、学习动机、学习效果以及学习态度和方法等方面,是学生学习的一种风气,是整个班集体乃至学校治学态度和精神的综合表现。学风建设则是指我们根据自身目标针对治学精神和态度等进行有目的、有计划培养教育活动,这是提升人才培养质量的关键所在,也是小学生综合素质能力提升的关键所在。学风建设是一项长期的工作,下面就将具体如何开展学风建设及其意义做一些简单阐述。

一、学风建设的意义

学风是一个学校的灵魂所在,学风建设则是需要全校人员的共同努力。在《现代汉语词典》中,学风解释为一种学术界和学校内部在学习方面的风气。毛泽东同志也对学风的重要性做出了肯定,指出这不仅是学生,甚至是全党的一种学风,是全体干部、党员的思想方法。由此可见,学风一方面是一种外显的"学习风气",另一方面则是其蕴之于内的"思想方法"。学风建设是学校教育质量的重要表现之一,更是学校精神文明建设的重要组成,也是学生思想道德品质、学习精神和综合素质的重要体现,是学校精神和文化的重要组成部分,学风状况的好坏直接影响和决定人才培养的质量。良好的学风是一种潜移默化的巨大而无形的精神力量,时时刻刻都在对学生产生着强烈的熏陶和感染,激励学生奋发努力,健康成长。

二、学风建设的策略

学习动机是学生学习的一种内在需求,可以调节和促进学生的学习行为,而兴趣则是一切学习活动的最佳原动力。诸多事实证明，凡是在其所专研的领域取得极大成就的人，莫不是对其从事的行业或者所专研的事物具有相当浓烈兴趣和热情，著名的物理学家牛顿因为对"苹果落地"产生了兴趣，继而发现了伟大的万有引力。而英国发明家瓦特同样因为对"壶水沸腾"的兴趣，继而通过不懈的努力和钻研发明出了蒸汽机，迎来了工业革命时代。所以，学习兴趣是学生学习动机产生的主要原因。要实现良好学风的建设，首先应当从学生学习兴趣的培养出发，促进学生主动学习的动机。其次则是要端正学生的学习态度，让他们用积极的心态应对教育工作，这些也是现今教育当中所必须面临的问题。

（一）激发学生兴趣

其一，通过饱含趣味的教学方式、形象生动的教学语言以及表扬和奖励等等外部措施激发学生的内在学习动机而主动学习。小学生作为年龄较小的群体，内心极为渴望得到教师和他人的肯定与赞扬。所以，教师应当充分肯定学生的优点，积极鼓励学生，对表现好的学生给予及时的肯定和表扬。对成绩一般的学生同样应当尽量发现其亮点并给予鼓励，让他们感受到教师的认可和肯定，激发其学习兴趣和积极性。

其二，设置评比奖励制度。我们可以组织学生经常开展各类有意义的比赛和活动，并设立对应的评比奖励制度，根据学生个人的爱好和特长准备一些具有个性意义的小礼品，同时，对获胜的学生来说，成功的喜悦对其学习积极性的激发远胜于一切手段。

其三，进行理想教育，理想是学生对未来的美好憧憬和愿望，是他们奋斗的目标所在。对学生进行理想教育，引导他们根据自身特点和想法产生自己对未来的憧憬和理想，学生在理想的驱使和鞭策下，兴趣和积极性自然更容易提升，崇高的理想是激发其持久学习动力的关键所在。

其四，开展丰富多彩的活动。伴随着教育事业的不断进步以及新课改的推进，对学生的培养不再仅仅是传统教学中对知识的要求，更多的是对其创造性思维和自主能力的培养。开展丰富多彩的各种活动，不仅能够拓宽学生的视野，促进其创造性思维的培养，同时也是培养学生学习兴趣的最佳途径，无疑，丰富多彩的活动是吸引小学生亲身参与并激发其兴趣的最佳手段。让学生在游戏活动当中培养各自的爱好和特长，拓宽他们的知识面，这也是教育事业发展的方向和要求。

（二）端正学习态度

其一，态度决定一切，让学生了解学习态度对学习的重要性，引导学生端正学习态度，同样是学风建设的重要内容之一。不正确的学习态度往往会让学生得过且过,投机取巧,不重视或者无视教师的教育活动。教师应当通过多种方式和教育引导学生树立正确的学习态度,这对良好学风的建设有着相当积极的意义。

其二,形成良好的学习氛围,培养良好的学习习惯。良好的学习习惯是学生锻炼思维扩散和得以发展的重要前提,也有利于学生对知识的良好吸收和学习方法的掌握,这是学生在学习过程当中通过反复的联系和总结反思所摸索出来的一种适合自己的学习行为方式。强化学生的思想教育工作,培养其良好的学习习惯,对学风建设来说同样有着至关重要的作用。

其三,帮助学生掌握学习策略。在小学高年级学生或初中以上学生中开设学习策略的专题讲座,使学生掌握基本的学习策略。组织开展学习经验交流会,帮助学生寻找适合自己的学习方法。班主任可以通过班会课、自习课、课外活动等组织学生开展学习经验交流,鼓励学生经常性的、自由地交流在学习上的经验和存在的问题,提高自身学习能力。在小学低年级学生中,就需要老师在具体的学习活动中渗透学习策略教育,为学生提供运用方法的机会。班主任要经常与科任教师沟通,共同讨论如何使学生了解和掌握各科的学习方法。班主任作为管理班级的直接人员,是学风建设最直接的实施者,对学生学风建设有着相当重要的作用,这也是每个班主任所必须面临的严峻问题。

因此,班主任应当充分认识到学生学风建设的重要性,在了解学生实际情况和个性特点的基础上制定有效的学风建设具体方法,并有计划、有目标地推进,促进学生良好学风的形成和建设。这就需要班主任在教育过程当中也不断探究和摸索学风建设的有效措施,不断总结经验和方法而进步,让学生学风建设能够跃上全新的台阶,继而促进学校教学质量产生质的飞跃。

三、学风建设的特点

学风建设是营造良好的教学氛围而促进学生学习,对学生综合素质能力的提升有着至关重要的作用,本校学风的特点和促进作用则主要是体现在以下几个方面:

(一)乐学

"乐学""乐"就是快乐、高兴;"学"就是学习,学习科学文化知识,学习做人等。"乐学"就是培养学生学习自觉性,引导学生主动、积极、快乐地学习,在学习中体验成功的喜悦。激发学生学习兴趣,创设"乐学"的环境,为学生创设一个宽松、和谐、有趣的学习氛围,培养相互关爱、尊重和合作的人际关系。"乐学"是引导学生把学习看成是做广播操,看成是早晨的慢跑步,看成是练气功,它是使我们终身受益的活动,应主动地、愉快地、坚持不懈地充实自己,莫辜负了自己的青

春花季。

(二) 善思

"善思"即善于思考。亚里士多德有句名言"思维是从疑问和惊奇开始的"。这就要求我们首先应认真学习,学好老师所教的知识,但不能仅满足于此,我们更需要知道这些知识的运用及发挥,在学习过程中勤动脑、勤思虑、敢创新。在学习过程中敢于质疑问难,勇于发现问题,善于提出问题。就如陆九渊所说的"小疑则小进,大疑则大进",在质疑善思过程中,当一个个疑团被解开时,思维的火花就会熊熊地燃起。

(三) 勤练

"勤练""勤"是勤恳、勤奋、态度积极、做事尽力、不偷懒。"练"是反复多次的学习、练习、操作、实践。"勤练"就是积极、努力地进行思虑实践。勤练可以出成绩,勤练可以出人才,练中有发明创造。我们的奥运冠军、科学家、书画家等都是从勤为、勤练中来的。所以,要学习科学文化知识,一定不能少了勤练。通过勤练,可以深化对知识的理解,可以把书本知识转化为自身的知识;通过勤练,可以使所学的新知识加深记忆,学得更为扎实;通过勤练,可以在练习中找出思路,掌握科学规律;通过勤练,能熟中生巧,巧中发展,巧中创新。

(四) 好问

"好问"就是积极地问,主动地问,碰到问题就问的意思。"好问"也就是主动地向人请教。"问"是获取知识的重要途径,当你遇到疑难问题时,受到别人的启发,就会豁然开朗,问题也就迎刃而解了。伟大的教育家陶行知先生曾讲过:"发明千千万,起点是一问。禽兽不如人,过在不会问。智者问得巧,愚者问得笨。人力胜天工,只在每事问。"这就明确地告诉了我们为什么要"好问"的道理。学习中我们要培养良好的"好问"习惯。第一,不懂就问。这样在获取知识时可以少走弯路,节省时间,提高效率。第二,不耻下问,拜能者为师。

参考文献:

[1] 曹宜婷,蒋帆.发挥辅导员在学风建设中的引导和促进作用[J].科技信息(科学教研),2008,(12).

[2] 陆风.浅谈"方向—层面—个体"学风建设模式的构建——以西北工业大学航空学院为例[J].科学经济社会,2010,(04).

[3] 蒋向阳.以"心"换"心",带出一片蓝天——浅谈班主任工作中的点滴体会[J].新课程研究(下旬刊),2009,(09).

[4] 朱燕芳.为学生打开一扇窗——关于班主任工作的点滴故事[J].教育艺术,2009,(11).

惩戒规则来了，我们怎么用好它

宝山区罗南中心校　姜建锋

近年来，作为校长，处理家校关系成为重要内容。投诉老师的事多了，投诉渠道也多了。仅看网络上一些问题就明白一二，如"派出所副所长家长关教师7小时，家校冲突为何越演越烈？""小学老师上课未及时接家长电话遭掌掴，家长被拘5日。""孩子没完成作业被老师打了两巴掌，我可以去教育局告吗？"……都是一些典型的案例，老百姓热议之下的观点也是仁者见仁、智者见智。

一、什么原因引发的家校冲突

当前，很多家长对"补课培训机构"是一边骂一边进，夹带着批评教师；听到孩子班中老师生病了、退休了、产假了，学校安排换个教师"顶"一下，家长又"叫"了、要联名上书了；某一天教师作业没指导好或者偶尔的错误，家长就拍个照发到网上去；有的家长是博士、硕士，开公司的，国企任职的，见的世面大，于是怀疑教师的学识，故意挑剔；孩子在学校受了点委屈，回家说教师几句坏话，完全听信的家长就发怒了……桩桩件件，实在太多。整个社会弥漫着焦虑情绪，因为学习好不好和未来工作生活的关系实在太密切了。

当前，各行各业中公民维权意识普遍增强，教育也不例外，于是"懂法、懂理、懂事"的家长也多了。

"三懂"家长真的懂吗？对"法"的一知半解、对"理"的理解偏颇、对"事"的理解唯我，家校矛盾因此而起——

如对体罚与变相体罚的理解分歧；对过重负担的认识；认为学校里发生的事学校都有责任的……一旦"自以为有理"就"得理不饶人"最后上升到"无理取闹"；当"熊孩子"后面获得"熊爸熊妈"的强力支持，于是便有了更多的"我爸是李刚"式的孩子……

有识之士们大声疾呼："必须切实保护教师在教育教学环节合规合理管束学

生的行为,让教师勇于管教,善于管教,放心管教!如果不敢管蔚然成风,那危害就不仅是取消校内容易发生的意外的运动,放纵孩子不良习惯养成这么简单了……""教师的教育权需要国家进一步明晰,只有表扬的教育是不完整的教育,还教师以惩戒权,让教师愿管敢管能管善管。"……

酝酿多时的由教育部制定的《中小学教育惩戒规则(试行)》于2021年3月1日终于正式施行了。令人宽慰的是有法可依了,令人心忌的一定是可以预见的执行之难。因为对于惩戒"标准"的理解,一定会是众说纷纭的。

2017年12月,教育部印发了《义务教育学校管理》,《标准》是对学校管理的基本要求,适用于全国所有义务教育学校。《标准》中"3.1加强教师管理和职业道德建设之第36条:严格要求教师尊重学生人格,不讽刺、挖苦、歧视学生,不体罚或变相体罚学生。"

对照标准,毫无疑义必须严格执行,这是一票否决的最重要一条。校长们必须坚定不移地把这条作为最严禁令,让老师们知晓、理解并执行!

那么,作为校长如何指导教师们把握关键,落实于工作中呢?

二、教师应该怎么做

1. 要修炼一颗强大的心。任何行业都有它的难处。要明白教师职业特性,师德是第一,要修炼一颗强大的心。如,遇事不慌张,及时汇报,冷静处理;遇事不气馁,坚持不懈,以一个正能量教师形象立身。

2. 要规范做、严格做、用心做。

(1) 规范做,才不让人揪尾巴。上课、作业、辅导、考试考查、活动要求、评优、选拔小干部公平公正……按规范要求做到,不让人挑刺,不被人揪尾。严格禁止体罚与变相体罚,把握好"惩戒与体罚"的关系!

(2) 严格做,立好规矩支持你。突出一个"严"字。让每个孩子,尤其是家长,感觉到教师是真心为了孩子好!严师出高徒,教师的严苛是为孩子的成长服务的,与家长交心,真心帮助,真正理解严是爱,宽是害。

(3) 用心做,感动家长配合你。突出一个"慈"字。坚持赏识与批评相结合,既要善于肯定学生的进步,也要及时制止不良言行发生。让每个家长感受到教师对孩子的关爱!

总之,家校之间一定要多沟通,要换位思考。教师在处理事情时总拷问自己"我是这个孩子家长的话……"就会想明白,教师该怎么做了。严慈相济,才是最好的教育之道!

让"赏识"成为教育教学的指导思想

宝山区罗南中心校　姜建锋

有效教育是长期以来教育界研究的热点,我们也在做探索。人的本性都是渴望有愉悦的享受,有获得成功的快乐体验。于是,"让每一个孩子愉快学习,让每一个孩子成功发展",成为我们前些年提出的办学理念。

这个理念是符合现代教育理念对于怎么培养人、培养怎样的人的一个思考,这是我们崇尚的教育理想——愉快、成功,是我们奋斗的目标。今天我们来说赏识教育,一定是符合人之本性,引导学生愉快学习、获得成功的重要策略和方法。

赏识教育来源于家庭对孩子的教育,我觉得学校中同样可以实施。赏识教育是生命的教育,是爱的教育,是充满人情味、富有生命力的教育。人性中最本质的需求就是渴望得到赏识、尊重、理解和爱。就精神生命而言,每个孩子都是为得到赏识而来到人世间,赏识教育的特点是注重孩子的优点和长处,逐步形成燎原之势,让孩子在"我是好孩子"的心态中觉醒;而抱怨教育的特点是注重孩子的弱点和短处——小题大做、无限夸张,使孩子自暴自弃,在"我是坏孩子"的意念中沉沦。不是好孩子需要赏识,而是赏识使他们变得越来越好;不是坏孩子需要抱怨,而是抱怨使坏孩子越来越坏,越来越感到挫折,越来越不自信,越来越认为自己大概真的很笨,真的认为自己就是失败者。

当然人的耐挫能力也各不相同,古来多少事例已证明了,有的经受挫折而没被打败,在人生路上做出了另外的成绩,但更多的是他的一生在"奠基"之时就已毁了,他成了一名"失败者"。而赏识教育与挫折教育从来就是在一起的两个孪生兄弟,一个是"引子",一个是"鞭子",通常我们应该用"引子",用赏识(当然赏识不只是表扬,而是肯定其行为,强化人的行为的言行方式)来激励人、引导人的发展,这是正确的,但偶尔也使用鞭子(当然挫折教育不是体罚教育、抱怨教育),来鞭策人、规范人、指导人的发展,我们需要引子与鞭子同时使用,但更多地用好引子,即引导人,用赏识人来引领人。

赏识教育就是要让我们教师多关注每一个孩子,关爱每一个孩子,俗话说:

好孩子是夸出来的。我们学校有一些老师特别善于给学生以鼓励、以奖赏,课堂中以赏识为主的评价。我们在听课中,在平时的接触中,是能够感受很多老师高超的教学艺术,这里就有他们运用得很好的艺术——以赏识为主的激励作用,激发了学生的内驱力,学生实现了"要我学——我要学"的转变,这是高明的、聪慧的老师。

我们静下心来认真反思:对学生学习质量起关键性作用的因素是什么?影响教学有效性的本质是什么?怎样做才能达成事半功倍的效果?什么会对学生终身发展产生影响?在一系列的问题中,我们要明确目标,我们认为:学生学习内驱力的激发,是有效教学的核心,教师教学行为有效性的提高,是有效教学的关键。为此,我们提出"在赏识中提升教育教学有效性",提倡教师用各种智慧调动学生积极性,关注学生在单位时间内获得有效知识的量和获得的发展。

一、关注学生学习内驱力的激发,是把握有效教学的核心

1. **提升自信**。课堂中,首先关注教学中学生学习内驱力的激发,通过赏识性的评价、引导性的心理暗示,激发学生的"兴奋点",让学生逐渐产生一种被鼓舞、被期待的积极心理效应,从而使学生具有不断进取的动力,最终使有效的教学行为真正落到实处。此外,我们还结合少先队主题活动、各类社团活动,把赏识教育融入学生的全面发展中,涉及学校学习生活的各个领域,要确保学校各门学科的均衡发展,同时也使学生得到个性化的发展(多元智能理论说明了人的智能特长是不同的,让我们挖掘各人潜能,让他们在自己的领域展示才华,获得成功)。我们的教学质量全面提升的同时在体育、艺术等方面也会喜获丰收。综合学科教师在学校中的地位我从来非常看重,他们大多数人的付出和责任我们都能看到。每一位教师要明白我们关注学生的全面发展,综合学科的专任教师发挥了重要作用。

2. **培养良好的习惯态度**。就长远来看,形成良好的做事态度和习惯,对一个人的一生来说是一笔取之不尽的财富。我们把每一次学习作为对学生培养严谨的学习态度的一次训练,从育人的角度去思考和检验学生的学习。我们要让学生快乐一点,学多一点,开拓一点,全面一点,不要死读书读死书。老师要把精力放在课前准备上,包括备课、课件制作,课前温课上,提高效率。关注差生,注意方法。在这样的管理理念中,在这样的不容还价的坚持中,全面的教育教学质量的提升是可期的。

实践中,我们一定会体会到,对于学生学习中关注育人的好处,它是一种不可量化的"长效"、一种难以言说的丰厚回报,眼前耗费的时间和精力是值得付出的代价,是必须付出的代价,而学生也逐渐尝到"认真"学习的"甜头"(这样的例

子很多，有许多新接班级的老师，开学第一件事就是舍得花时间狠狠整顿学习班风，养成良好的学习习惯和行为习惯）。

现在我们也意识到，家庭教育在学生学习习惯的培养中有着不可替代的作用。为了进一步提高教育教学的有效性，教师要多和家长沟通，渠道是多方面的，只有真诚的沟通，让家长明白老师的良苦用心，让家长感受到您的关怀，才能形成合力。很多鲜活的事例、榜样的示范促使很多家长逐渐接受学校的教育理念，并把它逐渐融入各自的家庭教育中。我们期待通过对家庭教育的指导，实现学校教育的新腾飞。

二、关注教师教学行为有效性的提高，把握有效教学的关键

任何一种教学模式或者经验在教学实践中的运用，都将最终落实在教师的教学行为中。我们要努力发挥学校教师团队的作用，在对教学五环节协同式的管理中提高整体教学行为的有效性，尤其关注以下三个方面：

1. 备课。备好课才能上好课。这是最朴素的真理，备好课温好课就是上课前的热身，为三十五分钟的高效，必须热好身进教室。我们回顾一下备课，第一次开始的集体备课采用分与合，是指"分头备课、合作共享"，因为任务共担、成果共享，我们分头承担一个或两个单元的备课任务，到现在各学科基本有了通用教案，这是我们全体的智慧。第二轮的分与合是指"分头实践、审视反思"，我们注重集体实践中的随时交流的备课形式，老师们在教案的使用过程中及时审视、反思、质疑自己的教学，找出教学中的低效或无效的问题，减少常规备课中"虚"的成分，特别重视反思一块。到了今天，我们的第三轮，是提倡个体成长、个性发展的时候了，我们强调备自己的课，强调反思，强调个性的呈现，即"凸显个性、追求有效"，如PPT，精致的习题设计等。第四步，我们还须进一步发挥学科骨干的作用，最终生长出新观念、新教法、新措施，从而一步一步走向更加有效。

2. 辅导。我们要重视个性化辅导，要"对症下药"促进每个学生有进步。有研究认为目前学困生无非四种类型：暂时性困难、能力性困难、动力性困难、整体性困难，对于动力性困难的学生，我们提出轻"辅"而重"导"，侧重于培养学习的兴趣和信心，维护学生持续学习的热情，为学生的继续进步创造机会。对于能力性学困生，我们强调"对症下药，药到病除"。我们要求教师要耐心倾听学生对问题的诉说，鼓励学生谈出对问题的看法和对问题的理解。然后针对不同的学生，采取个性化的辅导，如"课前辅、课后补"等辅导形式，帮助学生及时地查缺补缺，进而提高教学的实效。为了使个性化辅导得以进一步的实施，我们要求，在学生做练习做作业时，教师不得批改作业或其他事情，教师必须不断巡视，及时了解学生的问题，提高辅导的有效性。突出加强面批。

3. **练习**。对于练习,我的建议是强调训练的"同步走"。我们认为教师落实有效教学,必须学会自控,也就是教师必须随时了解自己的教学过程的有效性、达成度,这就要求教师能随时有一个参照物,在与参照物的随时比较中,了解自己的教学成效,找出差距,并及时做到自我调控。为此,我们要求同年级教师的练习训练必须"同步走",尤其是复习应考阶段,不搞个性的"齐步走",让我们容易发现自己教学的差距,及时做出调整。而"齐步走"更有效的结果是使得各个班级之间能够均衡发展。当然"齐步走"的关键必须有一整套有效的训练题集。我们要共享成功的经验。我们要求全体教师在前几年积累的经典题集的基础上设计、整理、汇总一整套训练题库,尤其要重视精选那些对学生终身学习有益的训练,从而挤出无效或低效练习的时间来提高教学的效率,这不仅使学生有更多自主可支配的时间,也避免了师生大量的无效劳动,使教师的教和学生的学更有针对性、目的性,切实减轻学生的负担,真正体现了"辛苦教师一人,解放学生一片",从长远来看,使学校在达成教育教学的有效性的同时,最终将"解放一片教师"。

此外,学校教导处、德育处管理者还要关注与上级管理部门的要求"同步走"。我们一定要紧紧地跟着教育局、教育学院等行政、业务指导部门的要求,围绕教育工作重点热点去实施要求,关注教育发展动态、注意教育教学方向,及时调整与控制。

总之,我们要切实认识到"赏识"在教育教学中的重要作用。要先从思想到行动的转变,而且要发自内心地转变,在行动中真正实践"赏识教育理念",一定会收获师生共同成长的快乐。

学习资料:

赏识教育是世界著名的六种教育方法之一

赏识教育是人民教育家陶行知教育思想的继承和发扬,在中国陶行知研究会和中央教科所的支持和重视下,在著名教育专家方明、朱小曼及当代教育家杨瑞清等一批仁人志士直接参与和帮助下,著名的家庭教育专家、赏识教育倡导者周弘老师全身心致力于赏识教育的理论研究和普及推广。

赏识教育是人性化、人文化的素质教育的好理念。它是实现自身和谐、家庭和谐、亲子和谐、团队和谐的秘方,是和谐社会的细胞工程。

赏识教育的基本理念

没有种不好的庄稼,只有不会种庄稼的农民;没有教不好的孩子,只有不会教的父母!农民怎样对待庄稼,决定了庄稼的命运,家长怎样对待孩子,决定了孩子的一生!农民希望庄稼快快成长的心情和家长希望孩子早日成才的心情完全一样,但做法却截然不同:庄稼长势不好时,农民从未埋怨庄稼,相反总是从自己身上找原因;而我们孩子学习不行时,家长却更多的是抱怨和指责,很少反思自己的过错!

赏识教育的本质

赏识教育是生命的教育,是爱的教育,是充满人情味、富有生命力的教育。人性中最本质的需求就是渴望得到赏识、尊重、理解和爱。就精神生命而言,每个孩子都是为得到赏识而来到人世间,赏识教育的特点是注重孩子的优点和长处,逐步形成燎原之势,让孩子在"我是好孩子"的心态中觉醒;而抱怨教育的特点是注重孩子的弱点和短处——小题大做、无限夸张,使孩子自暴自弃,在"我是坏孩子"的意念中沉沦。不是好孩子需要赏识,而是赏识使他们变得越来越好;不是坏孩子需要抱怨,而是抱怨使坏孩子越来越坏。

赏识教育的奥秘

赏识教育是让家长和孩子觉醒,让孩子的生命状态得以舒展!每一个孩子觉醒的力量是排山倒海、势不可挡的!赏识教育是承认差异、允许失败的教育!赏识教育是让家长成为教育家,使孩子舒展心灵、发展潜能的教育!赏识教育是让家长和孩子生命和谐、成为朋友、共同成长的教育!赏识教育是让孩子天天快乐、家长日日赞叹的教育!

赏识教育的方法

赏识教育归纳出信任、尊重、激励、理解、宽容、提醒的操作原则和简单易学的三字经操作方法,从而对教育规律把握达到了理论化、系统化、操作性、特色性的高度。

赏识教育的特色

赏识教育从诞生来源方面看,是生命的体验;从教育角度看,是思想的继承;从教育者的角度看,是心态的回归;从受教育者的角度看,是心灵的解放;从思维方式看,是观念的更新;从表达方式看,是语言的突破。

赏识教育是人性化、人文化的家庭素质教育好理念,赏识教育的推广有益于保护孩子成长的天赋,激发孩子内心的潜力,把成长的快乐还给孩子,是让天下父母和孩子共同成长的思想和方法。

赏识教育不是表扬加鼓励。是赏识孩子的行为结果,以强化孩子的行为;是赏识孩子的行为过程,以激发孩子的兴趣和动机;创造环境,以指明孩子发展方向;适当提醒,增强孩子的心理体验,纠正孩子的不良行为。

【摘录自网络,仅供参考】

"成长储蓄"促进"六好素养"养成的实践研究

宝山区罗南中心校 金 秀

一、问题的提出

在实践中,我们感受到德育工作的评价问题是一个让教育界,乃至于整个社会困惑已久的老问题。其主要反映在三个方面:一是学生品德评定系统如何确定。虽然人们就德育评价问题研究得很多,评价的方式方法也不少,如自评、师评、家长评;形成性评价、总结性评价、积分制评价等等,但是究竟如何操作、运用何种方式更切合学生实际、时代的需求值得研究和探索。二是评价定性模糊,定量难。德育评价往往由德育工作者凭着主观来判断,比较模糊;但是如果定量评价,评价的标准和内容等很难确定。三是学校、社会"两重天"。学校把德育工作放在首位,但是家庭往往看重的是学习成绩、考试分数,渐渐地,学生德育自我约束、自我管理、自我提高意识、积极性等都会削弱。

基于这样的现状,我们提出了本课题的研究,觉得其具有一定的研究意义,主要表现在:

1. 教育理论依据

《中共中央关于改革和加强中小学生德育工作的通知》明确指出:"要倡导学生自己管理自己,培养他们的自主精神和独立思考、自我教育能力。要研究改进学生操行评定办法,健全优秀学生评选和奖励制度。"马斯洛、罗杰斯为代表的人本主义教育理论,主张教育应发挥人的潜能,促进个性发展。因此,学校德育评价应以学生为中心,注重个性,引导学生自我指导、自我评价、自我发展。我们研究的"成长储蓄"最大的特点就是能激发学生自我管理的积极性,提高德育实效。

2. 学校教育需要

2006年学校开始探索、实践"六好教育",经过近十年的努力,学校已经编制了"六好教育"校本教材,构建起了学校德育课程体系,形成了学校德育教学特色;教师紧紧围绕"六好教育"开展德育教育,进行扎实有效的训练,取得了良好的实效,学校被评为全国红旗大队、上海市行为规范示范校、上海市安全文明校园、宝山区德育教育标兵学校等等。在此基础上,如何进一步提升学校德育工作实效,经过思考与研究,找到了改进德育评价机制这一突破口。

3. 学生发展需要

当前人们的生活条件日渐优越,大多数学生都是独生子女,喜欢以自我为中心;我校地处农村,家长文化素养较低,有不少家长缺少教育子女的方法,一味地溺爱、顺从孩子,致使不少学生的行为习惯不够理想。探索建立一种德育激励机制,充分调动学生的主观能动性,促使学生能自觉地、积极地、不断地规范自己的行为,直至养成良好的习惯,由原来的被动接受管理转化为积极的自我管理,提高教育的实效性已是迫在眉睫。

二、概念界定

"成长储蓄":是立足学校实际,结合课程改革开展的一种教育评价方法。它借鉴银行机构的操作方法和理念,结合学生实际,为每名学生办理一张"小荷成长银行卡",根据"六好素养"的要求,从"扫好地、行好礼、唱好歌、读好书、写好字、做好人"六个方面进行相应地给"小荷币(积分)"的鼓励,学生可以把努力得来的小荷币存入银行存折,积满一定分值的小荷币可以兑换相应的奖品或者奖励活动等。

三、研究目标

本课题通过开发和实施小荷"成长储蓄"德育评价机制,激发学生的内驱力,实现学生的自我管理、自主发展,不断引导和规范学生的行为,使学生逐步养成良好道德品质和行为规范,提高文明素养,做具有"六好素养"的少年,让学校德育工作更加贴近学生思想实际、贴近学生生活现实、贴近学生思想道德需要。具体说来,有以下几个具体的目标:

1. **教师发展目标**:形成师德高尚、善于研究、有思想、敢创新、负责任、有教养的教师群体。

2. **学生成长目标**:通过教师巧妙引导,家庭给予鼓励,社会提供协助,学校、家庭、社会三方联动,形成合力,以"六好教育"为内容,以"成长储蓄"德育评价为抓手,引导、鼓励学生自我成长,从而形成具有健康的心理、健全的人格和积极的人生态度等主体道德素质的人。

3. **学校发展目标**:推动学校德育工作的评价改革,完善德育课程体系,构建学校德育特色,促进学校办学水平的提高。

四、研究内容

本课题研究的主要内容大致分为以下几个方面:

(1) "成长储蓄"评价内容与标准的研究

内容上要体现素质教育的发展要求。我们紧紧围绕"六好教育",进一步挖掘它的内涵,不断丰富、细化、完善"六好教育"评价内容,形成"低、中、高"三个年级段的不同的,但有相互关联,又是循序渐进的内容体系,形成学生"成长储蓄"评价标准。

(2) "成长储蓄"评价方法与方式的研究

借鉴银行储蓄运行方式,研究和开发学校"小荷成长银行"运行方法与模式,设计制作"小荷成长银行"储蓄存折,让它成为学生德育认知、德育评价、成长足迹记录的学生喜爱的、有效的德育评价载体。

(3) "成长储蓄"评价过程与奖励的研究

在评价过程中,如何发挥学生的主体作用和教师的主导作用;如何采用多元评价,发挥好家长、社区等作用;通过奖励机制,调动学生自我学习、自我管理的积极性,以达到理想的效果。

(4) "成长储蓄"德育评价改革管理研究

学校德育的高效组织机构建立与运行的研究(包括学校德育的领导体制、计划安排、队伍建设方面的研究);学生德育评价改革管理的研究;学校、家庭、社会三位一体管理的研究等。

五、课题研究成果及其成果分析

(一) 构建一体化教育激励机制

为了在教育教学中记录学生的成长过程和结果,留下成长足迹,改进学生的缺点和不足,激励学生的进步,我们思考并构建了学校在教育管理中"全员、全科、全能、全程"的一体化"成长储蓄"评价机制。"成长储蓄"是一种货币化的评价机制,它以"小荷币"为奖励物,鼓励学生在行为、习惯、态度及学业、艺体等各方面求取进步,更符合学生的实际、更受学生欢迎、更具有操作性。它发挥的是一体化的教育激励作用。一体化的教育激励是指教育者原本独立的单一评价激励,逐步形成统一教育激励机制的过程。一体化的教育激励涉及各学科之间的融合,也是教师、家长、学生互动的过程,更是学生学习的有效动力,其核心为全员参与、全科通行、全能评价和全程激励。

(1) **全员参与**。是指教师、家长和学生都要参与到整个教育激励中来,教师和家长是教育激励的主导者,学生和孩子是整个教育激励的主体。

(2) **全科通行**。是指不管是哪门学科都是促进人的全面发展,我们要在所有学科都推行激励教育。

（3）**全能评价**。是指对学生评价的内容要多元,既重视学生的学习成绩,也重视学生的行为习惯及思想品德,以及多方面潜能的发展,注重学生创新能力和实践能力的培养。

（4）**全程激励**。重点放在学习过程的评价,及时肯定学生在学习中的点滴鼓励成长,引发学生的学习积极性,给学生的发展注入动力,让学习的过程成为快乐的过程。

（二）实施"成长储蓄"有效评价

"成长储蓄"的核心是对学生进行"四全一体化"教育激励原则,通过学校、老师、家长对学生提出教育目标,在实施过程中引发学生心理变化和行为改变,从而达到对学生某种行为的强化和养成。所以教育激励能否成功的实施离不开学校、社会、家庭三位一体的教育努力。

1. 成立"小荷成长银行",明确组织机构

结合学校"小荷文化"特色,成立"小荷成长银行",校长任总行行长。各班成立"小荷成长银行"分行,中队辅导员任分行行长。学校在书记、校长的领导下,在德育室、大队部的具体组织下,还建立小荷成长储蓄评价实施工作小组（见下图）;组织教工、班主任、家长等各个层面的相关学习、谈论与研究,确保工作积极推进,取得实效。

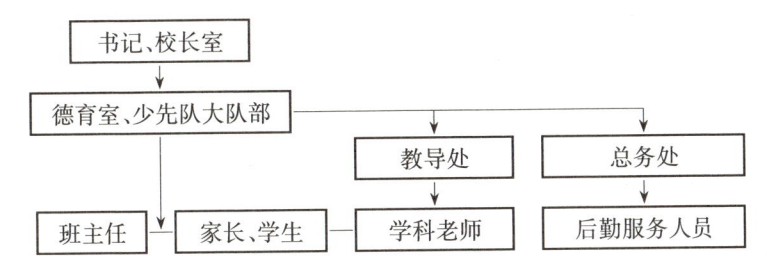

2. 明确"成长储蓄"评价方法,制定评价标准

（1）明确"成长储蓄"评价的方法

借鉴银行储蓄运行方式,设计制作"小荷成长银行"储蓄存折,让它成为学生评价成长记录的学生喜爱的、有效的评价载体。设计了学生喜爱的"小荷币"（见下图）,每月还给每位老师以适当数量,如:每月分配班主任为6张×学生数,语、数、英老师为3张×学生数等,用于评价激励学生。

(2) 确定"成长储蓄"评价的内容

根据不同的"六好素养"内容,每个年级段制定不同的评价标准,形成"成长储蓄"评价要求,体现它的科学性、合理性与操作性,尤其是操作性一定要强,要为学生行为养成提供一个具体标准和坐标,使学生更清楚"我该做什么"。

成长储蓄品种

品种	存 储 要 求	最高本金	利 息
扫好地	做好每天的班级小岗位劳动;自己刷牙洗脸、穿脱衣服、系鞋带、勤剪指甲;会整理课桌、文具盒、书包;积极参加社区的志愿者服务活动;学做整理房间、擦地板、洗碗等简单的家务劳动	20个小荷币(1分)	获得整理书包等比赛前十名可再获2分小荷币
行好礼	升国旗,要立正,唱国歌,行团队礼;走路靠右行,课间文明休息,午餐时安静有序,不浪费粮食;见到老师能主动打招呼;与同学和睦相处,乐于帮助他人;孝敬父母,做力所能及的家务事,学会感恩	20个小荷币(1分)	帮助同学有明显成效,孝敬父母表现突出等可再获5~10分小荷币
唱好歌	会唱国歌、团歌、校歌。每天坚持天天唱,每学期至少学会3~5首校园歌曲。认真参加学校艺术节如十月歌会、书画节、体育节等	20个小荷币(1分)	参加学校艺术节可获2分小荷币,比赛获奖再得15~30分的小何币。评到艺术之星获50~60分小荷币
读好书	喜爱课外读物,每学期至少看完5本书籍;上课认真听讲,积极举手发言;能认真按时完成老师布置的作业;学习有目标,能勤奋刻苦、勇于探索、乐于实践,努力学好各门功课	20个小荷币(1分)	参加学科竞赛获2分小荷币,获等奖分获15~30分小荷币
写好字	握笔姿势正确,写字坐姿规范,养成良好的书写习惯;低年级写好铅笔字,中高年级写好钢笔字和毛笔字,做到字迹端正、清楚漂亮;在写字等级考核中获合格以上等级	20个小荷币(1分)	参加学校书画展览、写字等级考核中获合格获2分小荷币,在市区级获奖得20~50分小荷币
做好人	像荷花一样绽放,做健康美丽的我!像湖水一样清澈,做诚实友善的我!像雏鹰一样飞翔,做放飞梦想的我!像老师一样用心,做能行最棒的我!——做一个守纪律、有礼貌、爱学习的好学生	20个小荷币(1分)	评到小荷"规范之星""学习之星"等获50~60分小荷币,突出的好人好事等获10~50分小荷币

注:小荷币面值分为1分、2分、5分、10分。

3. 执行"小荷成长储蓄"评价奖励,助力学生成长

(1) 设置奖励办法。 我们探索总结性评价与形成性评价的结合。一方面,我们关注所有的学生(见上表),设置银行"本金",学生只要经过努力都可以获取"本金";另一方面又设置了"利息",鼓励学生参与市、区、校、班级等各种活动比赛挣取"利息",同时又设置了"小荷加油站"的内差评定,对学生进行形成性评价等,但是"本金""利息""加油站"的开发和使用需要不断实践与研究。再次,为激发学生内在潜能与个性发展,学校还制定了《罗南中心校"成长储蓄"奖励办法》,鼓励学生争优创先(见下表)。

《罗南中心校"成长储蓄"奖励办法》
1. 学生个人奖励

项 目	等次及金额			备 注
	一等奖	二等奖	三等奖	
小荷之星	50			学习之星、规范之星、读书之星、科技之星、体育之星、书画之星、艺术之星、努力之星、进步之星等
校个人单项奖	12~20	8~15	5~10	用于读书节、体育节、科技节、书画节、学科周等主题月比赛活动
区个人单项奖	25~30	20~25	15~20	区、市、国家组织部门未发奖品者由学校发放小荷币
市个人单项奖	35~40	30~35	25~30	
全国个人单项奖	45~50	40~45	35~40	
社团个人奖	最佳6,优秀3			

2. 班 级 集 体 奖

项 目	等次及金额			备 注
	一等奖	二等奖	三等奖	
月考核	每月获得过流动红旗人均3,其余人均2			由班主任统筹奖励给表现出色的小朋友,如乐于助人、讲诚信、岗位劳动负责、进步明显、守纪、尊师、有礼貌等,具体要求见小荷成长银行存折
校集体奖（除全班性比赛）	人均3~5	人均2~4	人均1~3	主要是竞赛类集体活动,如舞蹈比赛、合唱比赛、体育比赛、朗读比赛、写作比赛等
区集体奖	人均6~8	人均5~7	人均4~6	

续表

项目	等次及金额			备注
	一等奖	二等奖	三等奖	
市集体奖	人均 9~10	人均 8~9	人均 6~8	主要是竞赛类集体活动,如舞蹈比赛、合唱比赛、体育比赛、朗读比赛、写作比赛等
校优秀班队	人均 1~3			科技班队、体育班队、书香班队、行规示范班队等在主题月活动中表现突出的班集体综合奖励
集体荣誉奖	区优秀中队班级人均4,市优秀中队班级人均5,国家级优秀中队班级人均6			上级部门评选的集体荣誉
校运动会集体奖	第一名 人均 6~8	第二名 人均 4~6	第三名 人均 2~4	趣味项目就低,竞技类的就高

注:所有奖项以小荷币的形式发放,单位为"分"。

(2) 创设换购激励。为了进一步调动学生积极性,发挥"成长储蓄"奖励机制的作用,我们试行"小荷币"换购奖励,其主要分为两种:(1)实物奖励(A方案)。成立小荷超市,内有学生需要、喜爱的物品,如铅笔盒、本子、跳棋、橡皮泥、娃娃、头饰、小摆设等,琳琅满目、应有尽有,学生可以用努力换来的小荷币换购实物,如两个一分的小荷币换一支铅笔等,享受学习进步的快乐。(2)活动奖励(B方案)。用一定数量的小荷币换购学校、班级等组织的活动、换购当组长、做领操员等个人需求(见下表),其主要侧重于精神的奖励。物质与精神奖励都有待于今后的研究与实施,以达到理想的效果。

我的储蓄我做主"六好"素养小荷币兑换方案(B套)

编号	活动奖项	小荷币(分)
1	当一天组长	5
2	做一次领操员	5
3	放学时举班牌带队伍	5
4	升旗礼仪式上做一回护旗手	5
5	升旗礼仪式上当一回主持人	10

续表

编号	活动奖项	小荷币(分)
6	免做一次作业	10
7	当一回"小荷超市"服务员	10
8	当一天班长	10
9	请老师给家长发表扬短信或打表扬电话	10
10	到多功能厅现场等观看学校各项比赛活动	20
11	到多功能厅现场观看电影	20
12	参加学校组织的游戏活动	20
13	当比赛评委	30
14	和校长一起喝下午茶	30
15	与校长共进午餐	30
16	和喜欢的老师共进午餐	30
17	按意愿换一次同桌	30
18	到喜欢的老师家里玩	30
19	升旗礼仪式上当一次升旗手	30
20	参加夏令营、冬令营活动	200

附：成长储蓄奖励办法（略）

六、课题研究的成效及分析

1. 管理水平显著提升。

"成长储蓄银行"不但没有加重教师的负担，而且提供了一套操作性强的激励新方式，教师都非常喜欢用。"成长储蓄银行"基于尊重学生，发展学生，评价学生，充分调动了学生的学习积极性和主动性。整个过程是互动的过程，愉悦的过程，学生也非常喜欢。

2. 协同激励作用明显。

所有学科的评价都是平等的，消除了部分学生的学科歧视心理。教师是激励教育的主导力量，通过一体化的教育激励，学校教师的教育管理水平在相互学习、相互合作中不断提高，团队凝聚力不断加强。在整个团队的带领下，教师的积极性会被充分调动。学校通过一体化教育激励这个任务去要求教师，教师在操作中慢慢也会转化为自身管理的需要。教师的管理水平在激励学生的过程

中,也激励着自己不断提高。

3. 课堂教学不断优化。

推行"学生成长储蓄银行"活动后,我校教师将激励的教育理念、方法融合到具体的学科教学之中,在传授知识的基础上,培养学生自我激励的意识与能力,取得了良好的效果。因为激励是建立在尊重学生、理解学生基础上的,所以课堂教学氛围空前融洽,学生学习积极性高涨,激励着我校课堂教学不断优化。

4. 家校联系更加密切。

"小荷成长银行"储蓄本既是一本学生学习成长的记录册,也是一本家校联系册。开展一体化教育激励后,家长对教育内容有了深刻的认识,教育方法也有的放矢了。家长通过家校互动,更能理解学校的教育行为。学校通过家校互动,教育效果事半功倍。"小荷成长银行"储蓄本记录着学生成长的轨迹,更记录着学校、社会、家庭对孩子的期望,学生与家长十分珍惜。

七、课题反思与今后改进

我们在课题研究中发现还有些问题需要深入思考,这也为我们的后续研究指明了方向。如:

1. 小荷币的奖励大大调动了孩子们的学习积极性,但有一部分学生有错误的认识:我认真学习就是为了得到老师奖励的小荷币,个别学生还喊起了口号:努力学习,为了小荷币。

2. 由于学生之间知识能力等差异,部分学生得到小荷币的差距比较大,有些得到少的学生会灰心,会心理不平衡,有的甚至助长了个别不良行为,出现了新问题。如何加强过程评价,让小荷币少的一部分同学有更多的机会获得,让他们更积极地加入学习中去,等等。

以上问题都需要我们今后不断地学习、研究与提高。只有真正合理地发挥好"成长储蓄"的评价作用才能有力地促进孩子的成长,探索之路还需努力前行……

丰富文化阵地活动，提升教师文化建设

宝山区罗南中心校　金　秀

一、研究的背景

学校文化，是学校环境和全校师生精神风貌的集中反映，是教育实践过程中所创造的物质财富和精神财富的总和。良好的学校文化，像风一样无影无踪，看不见，摸不着，却又像风一样不可抗拒，影响、熏陶着一代代人。当师生生活在氛围良好的校园之中，会潜移默化地使自己的心灵净化，人品美化，情感高尚化。

教师文化是学校文化的重要组成部分，乃至是核心部分，因为学校的一切育人功能都是由教师来完成，教师工作浸透在学校各个角落。但是随着时代的发展，社会、学校和家长对教师的要求越来越高，教师不仅承担着繁忙的工作，还要承受着不小的社会压力和心理负担，渐渐地一种"工作怠倦"就会潜伏于教师之中，如果蔓延，在一定程度上会影响教育教学、影响教师发展。

由此可见，加强教师文化建设是十分重要的，尤其是处在新时期的学校和教师，这是因为：

1. 学校发展的需要

一流的学校靠的是文化，一流的学校文化是靠优秀的教师文化建设来实现的。一个富有生命力的校园一定是教师文化蓬勃发展的。如果一所学校营造出了教师发展的浓烈氛围，那么这所学校一定充满活力，具有不断向上、不断创新的盎然生气。可见，教师文化的建设是学校发展的迫切需要。

2. 教师发展的需要

当今社会，人们的思想呈多元化趋势，教师队伍也不例外，人的价值观、人生观、世界观越来越多样化，另外，我校近几年大量引进青年教师等，这些原因要求学校应通过文化引领，帮助教师激发强烈的发展动机，明确发展目标，树立正确的教师观、价值观等。

3. 学生发展的需要

学校是育人的场所,是人才的摇篮,而教师是人才的培养者,只有在教师中树立起为人师表、教书育人、治学严谨、认真负责、耐心细致、开拓进取的教风,才能引导和促进优良学风的形成,才能培养出一代代好学、上进的新人。

可见,教师文化是学校发展的力量源泉。教师文化建设的渠道很多,在实践中,我们发现,按照教师职业道德标准,结合教育形势,挖掘本土教育资源,利用文化活动阵地,积极地开展各项教师活动,是学校文化建设的一条有效途径。基于以上认识,我们开展了本课题的研究。

二、概念的界定

1. **教师文化**:它是以校园为地域、空间背景,以学校为组织背景,教师在教育教学等实践中形成和发展起来的被大多数人认同的职业意识、教育理念、行为作风、思维方式、生活信念、人际关系以及情绪反应等群体行为;教师文化是无形的、抽象的,具有内隐性和渗透性。

2. **教师文化阵地**:是学校进行教师文化建设与管理的主要场所,包括以下几方面内容:

学校的物质文化阵地,如校容校貌、教学设施、生活资料等,是校园文化的外在标志,是教师文化建设的基础,它属于校园文化的硬件,是看得见、摸得着的东西,是物质形态的。

教师的精神文化阵地,如校报、校刊、校园网站、学校广播、开设的论坛、组织的师德教育活动等,是高层次的文化阵地。

3. **教师文化阵地活动**:是进行教师文化建设的重要途径,也是形成良好的校园文化精神、价值取向、生活方式等有效的方式。

三、研究的目的

我们充分挖掘学校本土资源,拓宽教师文化阵地,丰富文化活动,增强活动实效,提升教师师德修养,规范教师行为,促进学校师资队伍建设。

四、研究的主要成果

(一) 构建了一个活动模式

通过几年的实践研究,我们初步构建了"一、二、三、七"学校文化阵地活动基本模式。

一个主体——我们的活动以教师为主体。关心教师的身心健康,根据教师发展的需要、成长的特点,提升教师的综合素养,促进教师健康成长,是开展文化阵地活动的最根本目的。

二条主线——我们的活动主要通过学习、实践两条主线进行。学习包括集体导学、小组共学、个体自学等形式。实践包括研讨、观摩、考察、活动、评比、服务等方式。

三大内容——我们梳理了三方面的活动内容，即"政治文化阵地活动、科学文化阵地活动和道德文化阵地活动"。

七种方式——主要指：视听式、主题式、研讨式、评比式、社团式、服务式和休闲式。

（二）设立了三项主要内容

1. 政治文化阵地活动

政治文化是社会主义校园文化的基本内容，政治文化阵地是不可忽视的重要校园文化阵地，政治学习、党团组织生活等都属于政治文化阵地范畴，这是学校文化历来非常重视的文化阵地。

近年来，我们认真做到五个"坚持"，即"坚持'两周一次'的政治学习、坚持'两周一次'的中心组学习、坚持党支部的'三会一课'制度、坚持开展干部自培、坚持开展教师师德素养培训"。使政治文化活动常规化、制度化，更好地成为落实党中央各项方针政策、教育法律法规等的基点，成为教师提升政治素养的有效载体。

2. 科学文化阵地活动

图书馆、报刊等是教师接受知识熏陶最直接的文化阵地，尤其是图书馆，是直接为教学和科研服务的文献信息中心，它传播的不仅仅是一种知识，更是一种文化。为提高教师到图书馆进行文化修养的积极性和主动性，我们曾经拨出经费让教师亲自购买教育教学用书，阅读后，再送到图书馆，供他人享用。每年图书馆购书前会征求教师们意见；每年学校为每个办公室征订报刊；开展"增加生命的厚度"等针对性强、有指导性的导读活动，号召教师多读书，养成勤读书的好习惯。

但是，随着互联网的广泛普及，文化传播在图书馆、报刊等文化阵地上越来越显露出滞后性。因此我们建立了藏书2万册的学校电子图书馆，建立了小荷网、小荷报、小荷微信平台等，拓宽了学校科学文化阵地，为教师阅读、查找资料等带来了便捷。

3. 道德文化阵地活动

学校道德文化阵地就是要创造一种良好的德育环境，使教师耳濡目染，在点滴学习、工作、生活中接受职业道德教育、社会主义社会公德及学会为人处世等。它分为物质环境和精神环境。物质环境主要有：廊文化、办公文化、宣传栏、橱

窗、校园网、校园布置等;精神文化主要有师德教育活动、志愿者活动、学习考察活动、社团活动等。

2012年9月,我校整体迁至美兰湖。2015年9月,富锦路校区重新开办,利用这次新校布置,我们营造了浓浓的小荷文化,时至今日,学校每年拨出一定的经费进行校园文化的设计与改造,不断为学校道德文化建设锦上添花。同时,我们确立了"岗位不同,各展所长,人尽其才,合作共赢"的教师观,引领我校教师成为一个具有高度责任心和人文素养的群体。

(三)提炼了七种基本方式

1. 视听式:我们充分利用每两周一次的政治学习和中心组学习时间,经常性地开设讲座,组织教师政治学习;定期组织教师观看教育电影、收看视频等,学习先进人物、教育典型。邀请专家、学者来校开设讲座,面对面地指导,解决教师心中的疑惑,为教师指明方向、明确目标;安排干部、教师、党员等外出学习、考察、听讲座,开阔教师视野,通过"走出去、请进来"的方法,让教师们在埋头工作同时也能抬头看路。

2. 主题式:为了加强教师队伍建设,提高师德师风,每年我们都会开展一些主题活动,如:"爱生月"主题活动、"为人、为师、为学""三为"活动、"红色情怀"系列教育活动、"送温暖、献爱心"募捐活动、教师学生"一帮一"结对活动、《我身边的师德小故事》征文活动、《今天,我怎样做一名光荣的人民教师》演讲活动、"大手牵小手"一帮一活动等,通过丰富多彩的师德师风主题教育活动,切实提高教师素养,为办好学校教育打造了一支思想觉悟高、育人水平强的师资队伍。

3. 研讨式:我们结合教师的师德规范要求、教师工作中遇到的困惑、问题,以及教师们的热点问题等开展研讨活动,如"新时期下,怎样做一名好教师"论坛、"请时刻铭记:我们应有的师德规范"主题演讲、"我们如何赏识学生"沙龙研讨活动、《我心目中的好老师》征文活动等,同时我们又开设网上论坛,定期开展部分教师主题式讨论,教师们积极踊跃。以上活动,帮助教师们进一步明确了师德要求,提高了师德修养,树立了师德形象。

4. 评比式:为弘扬高尚师德,我们以"学身边好榜样,树教师新形象"为主题,隔年开展"我最喜爱好老师"和"明星班主任"评比,两次一次开展"优秀教工"和"五四优秀青年教师"评比活动,每年开展教师年度考核工作,创造性地开展"教师之最"评比活动等,积极组织教工参加市区级"优秀园丁"、"学陶师陶"标兵、"十佳师德标兵"、"教育记功人员"、"先进教育工作者"、"文明组室"等评比活动,通过评比、表彰、宣传,不断扩大先进典型的影响力,激励广大教师学习先进、爱岗敬业、教书育人。

5. 服务式:我们充分挖掘社会资源,大力开展"教师进社区"活动,如三月到社区、街道开展"学雷锋活动"、重阳节到敬老院开展"敬老、爱老"活动、暑期帮助社区开展青少年暑期活动,另外,我们经常性地组织教师带领学生到社区、街道路口等进行打扫、宣传等活动,开展推普工作,做小小劝解员等,受到社区居民好评,同时也加深了教师良好形象的塑造。

6. 社团式:我校有教师书法社、合唱团、乒乓队、长绳组等多个社团,常利用双休日、参加比赛活动期间等时间进行练习,相互学习、切磋,共同提高。社员经常代表学校、罗店镇参加市、区各种演出、比赛等,不仅为学校争得了好多荣誉,更是在活动中得到了团结协作、吃苦耐劳、勇于奋进等精神的培养。另外我们开设了"小荷画室""小荷舞蹈""小荷口琴"等60个小荷学生社团,作为教师特长实践地,让教师在教学中实践,在实践中提升。

7. 休闲式:我们隔年开展一次教工运动会和联欢活动,暑期组织教师疗修养,组织教师开展野外拓展活动、外出一日活动。学习考察方面,带领教师到东方艺术中心、上海大剧院等地欣赏高雅艺术等。这些活动不仅丰富了教师的文化生活,让教师感受到现代文化,促进教师对多元文化的整合、取舍,提高文化品位,同时,也提高了学校的凝聚力,为构建和谐校园作出了积极贡献。

五、研究效果分析

在实践中,我们发现学校文化阵地活动对教师们的人格修炼、人文素养的提升、精神状态的改变、心理素质的健全、高雅情趣的培养、乐观向上态度的形成都起到了十分重要的作用。

1. 引——引领思想、达成共识

我们积极倡导"人人有发展、个个能提高"的精神,带领教工学习党的教育方针政策、教育法规、教育理论、各级领导有关教育工作的重要讲话精神、师德师风先进典型等,通过不断的学习、强化,教师职业道德素养得到提升,个人思想观念不断提升,个人价值观与学校的共同价值观不断相容,教师们能以主人翁的态度积极投入工作与学习。"敬业、爱生、严谨、思进"的教风在校内蔚然成风。

2. 导——明确要求、规范行为

实际工作中如果一味地进行思想引导,往往会成为空洞的说教,在教师有了一定的思想共识以后,我们通过学习、宣讲等活动把思想观念转化为对教师的具体行为要求,如制定《罗南中心校教师办公文明规范》《罗南中心校教师文明素养20条》等。在此基础上,我们积极开展师德大讨论、师德主题实践活动等,及时引导教师比照教师的行为要求,进行反思,用科学先进的思想观念去检测自己的行为实践,在不断的学习→反思→实践中,规范教师的教育等文化行为。

3. 助——习惯内化、学生成长

教师文化行为的形成犹如学生品德的养成,也是个复杂、会反复的过程,我们经常运用多种方法强化教师文化行为,使文化行为成为教师的行为习惯,进而内化成教师的思想品质。苏联教育家乌申斯基说:"在教育中,一切都应以教育者的人格为基础……只有人格才能影响人格的发展和形成。"在学生面前,教师就是一本无字德育书,学生时刻都在阅读。要使学生的品德高尚,教师首先应该是一个品德高尚的人。我们的教师应在教育教学活动中用自己规范的言行影响、感染和教育学生,为促进学生养成教育打下了坚实的基础。

4. 推——凝聚人气、学校发展

在如今职业压力难以减轻的情况下,学校通过教师职业价值探讨、学习先进典型、组织文体活动、开展疗休养、欣赏高雅艺术等一系列文化活动,丰富了教工的生活,使教师情绪得到缓解,使我们的教师能勇于面对压力和困惑,保持良好的工作和学习状态。校内形成了"团结合作、积极进取、开拓创新"的局面,促进了学校的可持续发展。学校涌现了上海市优秀园丁、劳模;宝山区"学陶师陶"标兵、"十佳师德标兵";学校"明星班主任""先进工作者"等一批爱岗敬业、无私奉献的先进典型。学校一直蝉联宝山区文明单位、文明校园、还被评为上海市安全文明校园、上海市平安示范单位、上海市红旗大队等,学校曾 2 次参加罗店镇农民运动会,在 70 多家单位中脱颖而出,夺得总分第一的好成绩,充分展现了积极向上、团结合作、努力进取、顽强拼搏的教师精神面貌。

六、思考和有待于深入研究的问题

"丰富文化阵地活动,提升教师文化建设"的课题,虽然进行了一定时间的研究,取得一些成效和体会,其实还是较浅层面的,还有待于深入研究。

1. 教师文化阵地活动,对教师职业道德品质养成发展的作用及效果怎样检测,也就是有待于建立形成促进教师职业道德品质形成、发展、评价的办法、指标。

2. 所产生的"教师文化阵地活动的研究"几种基本活动方式和一种活动基本模式,有待于进一步推敲验证及与时俱进地作补充。

书香传友情　好书伴成长
——谈罗南中心校红领巾读书活动

宝山区罗南中心校　蔡珠萍

苏霍姆林斯基曾经说过："培养真正的人，就是用人的精神美使人变得精神高尚。"阅读好书能升华人格，触及心灵，是最有效的自我教育，对孩子的思想品质、道德情操的陶冶起着重要作用。塑造"快乐书香校园"，让书香弥漫校园，让好书陪伴队员成长是我校重塑学校文化的又一重大举措。从2000年起，罗南中心校就以创建"书香校园"为导向，以学校特色化建设为契机，以"小荷读书节""亲子读书"等活动为载体，打造一个充满书香的校园和家庭，着力塑造内涵丰富、特色鲜明的校园文化，真正使教育回归生活，探求适合学生的教育。

一、积极筹备书香活动

为了每一名同学都能沉浸在书的殿堂、知识的海洋里，创造出自己完美、有品位的人生；更希望我们的同学通过丰富多彩的读书活动，相互交流分享，开阔视野，充实大脑，养成良好的读书习惯，让"读书"成为校园永恒的时尚与潮流。学校少先队发出"书香传友情 好书伴成长"的红领巾读书活动号召以后，我校结合学校每年开展的"小荷读书节"活动，每周的红领巾读书日，及时组织筹备了各项活动。

审定学生阅读书目。首先，由中队辅导员在课间或阅读课时间在学生当中调查，了解学生喜爱的书目，分年级将学生适合读的书目上报到学校；其次，组织相关教师对上报的各年级学生阅读书目进行审定，将部分内部进行调整；最后，确定学校1~5年级必读书目和选读书目，为进一步确定小学生阅读书目提供了可行资料。

二、构建内涵丰富的读书阵地

——创建校园书香平台，营造书香乐园。我校以阅读课为中心，推荐优秀书目。以学校图书馆和阅览室为阵地，向学生提供丰富优质的藏书，图书可开架借阅，供学生自由选择，进行自主性阅读。此外，学校还统一定制26个书柜，几年来坚持每个中队都有红领巾读书角,保证这一学习交流的阵地。学校图书室为每个班配发了各类图书,倡导学生每人提供一本共享图书,保证每个教室100册的图书量,队员自行管理,学生有序地借阅图书,爱惜图书,诚实地将图书归还。既方便了学生的阅读需求,又为班级形成良好的读书氛围,养成良好的读书习惯创造了条件。在班级内、平行中队内、手拉手中队内开展"书籍漂流互动活动",真正实现"好书大家读,感想同交流,友情花更盛"。在教室中开辟读书专栏,推荐与年龄特点适宜的书籍,选取那些贴近学生生活和经验的书报,展览学生的读书笔记、读书成长册,"专栏"上有学生的新书推荐,也有老师的"经典导读"。举行阅读征文、读书知识等各类竞赛,激发学生和家长的读书热情,促进读书活动有效深入地开展。

——与经典同行,拓展导读模式。我校要求阅读老师上好每周一节的阅读赏析课,以保证学生"诵读"的统一性。并辅之以朗诵会、背诗擂台赛、课本剧等学生们乐于参与的课外实践活动。保证每周午间2次(一个小时)的红领巾读书时间,并把它排入课表。同时,各中队选取如《经典诵读》等书籍等作为晨读教材,通过开展"读美文,赛诵读,讲心得"等方式,加强晨读晨背,熟读背诵加以积累,为学生的成长打好底色。

——突出"读书"这一中心,让阅读成为学校主流文化活动。我们在每年五月的学校读书节中,策划了丰富多彩的系列活动,如:语海拾贝、诗词诵读、经典畅游、书苑撷精、书市沙龙、经典体悟,进行"小荷"读书之星的评选、读书笔记评选、读书小报评选等。各中队结合阅读课、语文课、班队活动课等,组织学生开展"诗文背诵比赛""名篇名段赏析"等活动,取得了较好的效果。

三、养成自主学习习惯

学校开展"书香校园(家庭)"活动最重要的目的是为孩子们创设良好的读书氛围,提倡"人人读好书,队队(家家)飘书香",从小为学生播下爱读书的种子,让他们从小把读书当作生活的一种方式,一种习惯,一种享受。

——采撷"红豆"。学校鼓励学生在阅读时,将自己欣赏的词、句或段摘抄下来汇编成册,养成不动笔墨不读书的习惯,比谁采的"红豆"最多、最美。对3至5年级学生读书笔记进行了展评。

——评比"书星"。学校在"读书"活动期间,分别组织了"读书征文""读书心得"展等,评出优秀作品,推选出"读书之星"。

——推荐"好书"。随着现代生活节奏的加快,信息量的剧增,一些具有鲜明时代特点、"时尚文化快餐"式的优秀报刊同样是学生课外阅读的材料,如《中国少年文摘》《读者》等。阅读现代儿童作家如秦文君、郑渊洁等人的作品,让学生的品格在这一篇篇文字、一本本书籍中悄然升华。因此,各中队积极开展"推荐"好书活动,让学生在"推荐"中展示个性,在"推荐"中大开眼界。"你最喜欢读的是哪一本书?为什么喜欢读这本书?请你在读书交流会上推荐给大家。"

——课前朗读。少年儿童是学习语言、积累文化的最佳时期,我们必须让每名学生在小学期间品读经典,推荐小学阶段必读书目如:《成语故事》《格林童话精选》《小学生必背古诗70篇》……他们虽然现在只能在这些作品中看到世界的一角,但总有一天,他们会自由地在古代与现代之间穿梭往来,热情地拥抱整个世界!因此,各中队辅导员老师在阅读活动中时常安排一些"我为你朗读"的环节,有老师为学生朗读,也有学生上台朗读。"学生在朗读中感悟,在感悟中朗读。"

——发挥导向性作用。与家长建立了良好的家校联系,为家长提供读书、陪读的方法,要求家长在了解孩子的阅读爱好基础上根据学生的实际认知水平和阅读能力确定读书书目(学校按照年级向学生、家长和老师推荐书目),制订好读书计划,明确读书进程。按计划每天督促孩子进行"三定"的有效阅读(定时、定量、定心),并定期与语文教师交流孩子的读书情况,逐渐养成孩子自觉读书的好习惯。通过实践,许多家长认可了这一活动,并给了了很好的评价:"在陪同孩子读书的同时,我们也尝到了其中的乐趣,学校倡导的陪读,确实很好。"

——建好家庭书屋。在活动中,学校要求家长根据家中的经济情况适当为孩子购置书籍,并能为孩子建立友好协作家庭,定期进行"好书交换,互通有无",以较少的经济投入获取更多的读书效益。建议家长还可到图书馆为孩子办理借书证,陪同孩子选好书,指导孩子做好摘录,养成定期借书还书、爱护书籍的好习惯。

——开展"亲子读书"活动。通过活动促使家长自主行动,积极合作创建书香乐园,让学生走进书的海洋。

① 陪读。要求家长和孩子每月同读一本好书,每天共同读书20~30分钟,交流读后感,指导孩子将读书与做人结合起来,逐渐学会从书中提炼生活智慧。

② 赛读。要求家长不仅要为孩子制订读书计划,而且也要为自己定好读书计划。既阅读自己工作方面的专业书籍,还能阅读2~3本家教专著,并能将书中好的做法落实到教育自己孩子的实践中去,真正做到学以致用。

③ 要求家长能坚持为孩子的读书情况做好记录,或用灵动的笔或用彩色的相片等记录孩子读书的点滴进步,以购买新书作为奖励,促进读书的良性循环。还要定期参加学校组织的阅读心得交流等活动。通过开展此项活动,有些家长已开始改变,动笔与孩子一起写心得,一起分享读书的快乐。

④ 学用结合。通过"读书"活动,要求家长在生活中要有意识地培养孩子的

观察能力和动手实践能力,让孩子在实践中有目的地去阅读。

  书是人类智慧的结晶,以读书长知识,以读书增智慧,以读书促养成,以读书树理想,以读书育人格。为了形成"人人爱读书,读书来育人"的校园读书氛围,使"读书节"活动成为学校特色发展的基础工程,我们做了一些尝试工作,其中有成功也有失败。今后,我们将进一步总结不足,更新方法,将"读书"活动继续开展下去,人人主动成为书香校园的一部分。让书成为学生的良师益友,让读书成为学生终身的快乐事情。

家校总动员 擦亮队员成长每一个重要的日子
——谈让家庭（长）走进少先队仪式教育活动

宝山区罗南中心校 蔡珠萍

【思索】

怎样才能让孩子对生命中每一个重要的日子刻骨铭心？怎样才能使普通的事件成为队员不普通的经历？仪式的作用是不可估量的。仪式与教育具有天然联系，通过仪式进行教育是少先队教育的重要途径。多少年来，入队、入团活动、毕业典礼……一个个隆重的仪式，热烈、庄严的典礼见证着孩子们的成长足迹，深深留在队员的心里，成为终生值得回味的回忆。

随着社会的快速发展，新时代教育发展成一个综合性很强的系统工程，除了学校教育，家庭教育是学校教育的重要延伸和补充。队（团）员成长过程中的大部分时间是在家庭中度过的，家长对孩子的影响很关键。党的十八大以来，习近平总书记在不同场合多次谈到要"注重家庭、注重家教、注重家风"，强调"家庭的前途命运同国家和民族的前途命运紧密相连"。

如何使家庭教育与学校教育融为一体，这是摆在每一位教育工作者面前的一个传统而又亟待解决的问题。让家长走进少先队仪式教育，全家总动员参与队仪式教育是加强家校间的密切联系，增进家长对学校少先队工作的了解，提高家庭教育的理念，增进亲子情感，真正达到家校携手，共同培养队员的目标。

【实践】

基于此，学校大队部在开展入队、入团、毕业典礼等少先队仪式教育活动时，尝试让家长、家庭参与其中，助力少先队组织发展，助力队员成长，取得了明显成效。现以2018年学校开展三年级集体生日活动为例，谈谈学校大队部在发动家庭（长）参与学校队仪式教育活动的实践、收获。

一、家队合力，让仪式前教育看得见，摸得着，有意义

依往年实践经验，学校决定将三年级集体生日"下放"到中队进行。因为在

熟悉的中队集体里，队员参与率、积极性更高，自主、创新意识更强，效果更好。先由大队部发出仪式教育活动号召、方案，给予活动基本流程"追忆童年、感恩父母、生日祝福"三个板块供各中队委员会参考。

经讨论，各中队自制了独具匠心的邀请函，邀请父母一起参与活动，让各位爸爸妈妈惊喜不已。各中队又吸取父母意见将"感恩父母"环节改为"感恩你我"，感恩父母、老师等长辈的关心、身边的伙伴朋友的帮助，以及自己的努力、不放弃。与此同时，各方都紧锣密鼓为此次意识教育活动准备起来。父母、队员分别给对方准备了一封情真意切的信。有的家长在才艺展示一块主动提出和孩子一起表演，活动前认真排练；有的家长拿出家中的航拍器、专业摄像机；有的家长和孩子拿来气球、彩带一起布置教室；有的家长翻箱倒柜，找出孩子小时候的照片，提供给中队委；有的家长给每个孩子精心准备了定制T恤、饮料（写有每个孩子中队名、姓名）……活动还未正式开始，每位家长和队员都早已投入其中，共同设计、共同筹备，期待着见证这一美好盛典。

二、家队合力，让仪式中教育感人、感动、感恩

在大家的期盼中，三年级十岁集体生日终于在灿烂五月拉开了序幕。这一天，队员们和家长们崭新衣着，神采飞扬。他们一起分享儿时的照片，猜猜照片中的人物；上台讲述成长故事，欣赏精彩节目……整个一是过程温馨又庄严，热烈又感人。其中最催动人心的无疑是队员读感恩卡，父母读信送祝福，给老师戴领巾送鲜花，共唱生日歌、共尝生日蛋糕了。儿时熟悉的队仪式场景在家长眼中浮现；戴在孩子们胸前的领巾由队员亲自给师长系上……一颗颗晶莹的泪珠，一个个紧紧的拥抱，一丝丝甜蜜的笑容让大家久久不愿散场。

三、家队合力，让仪式后教育重感悟、有延伸、再巩固

这是一次快乐、难忘的仪式教育活动。活动结束好长时间了，还有好些队员特意跑到学校订购十岁生日蛋糕的店里，买同款蛋糕带回去分享，可见此次活动带给队员的美好回忆。队员与家长，学校队组织与队员家庭全情投入其中，回味孩子的成长故事，体会长辈养育的辛劳；展示自己的才能，体验成功的喜悦；设计自己的人生，学习承担责任。不仅孩子在家更孝顺、勤劳了，还让爸爸妈妈们反思自己的教育方式，与孩子、孩子的爷爷奶奶的互动、沟通更密切了。在大队部倡议下，队员们设计了成长记录卡，记录点滴收获、成长困惑与朋友、父母分享，让孩子的心与伙伴、长辈的心贴得更紧了。

【反思】

新时代，家庭对队员个体学习的影响力已大于学校队组织。引导家长走进校园，走进队仪式，走近孩子，见证孩子成长的机会，让家长感受队组织对孩子成

长的重视,可以化解教育改革过程中来自家庭的阻力;可以让少先队教育资源更丰富,是学校少先队组织持续发展的有效策略;可以带来积极正向的教育效果。"家校总动员,擦亮队员成长每一个重要的日子"的创新活动实践表明,让家长深度、全程(共同设计、共同筹备;共同分享、共同见证;共同践行、共同成长)参与学校少先队仪式教育是提升少先队员(儿童团员)和家长家庭责任感、幸福感,引导价值观,实现小家长满意的教育的绝佳途径。

在路上,我们实践着、探索着……期待着更多的同行者加入其中!

论 文 篇

教 育 类

正确对待学生爱插嘴问题

宝山区罗南中心校　曹沁乐

在语文课堂中，孩子们通常都显示出强烈的兴趣，眼睛能够紧紧跟随着老师。但是伴着高涨的课堂气氛，孩子们忽视了课堂秩序，有话想到就说，插嘴问题随之而来。起初，我对于学生插嘴导致的课堂秩序混乱总是显得过于敏感，当时作为一名新手教师面对控制不了的场面不免觉得有些慌乱，于是便尝试制定了一系列规则来制约所有插嘴行为，但是效果并不理想。在回忆了平日的教学过程并查询了一些资料后，我意识到课堂中并不是所有的插嘴行为都是不可取的。

按通常的理解，在别人说话时插进去说，叫作"插嘴"。在传统的课堂教学中，"插嘴"一向被认为是对教师或答题者的不尊重，是不礼貌的行为，被视为扰乱课堂纪律。而实际上，这样的教学行为往往压抑了学生好奇的天性，导致不少学生缺乏主动思维的积极性，处于一种懒惰状态。长此以往，学生会变得思维迟钝，不愿动脑子。于是，我尝试着用其他途径来解决这个问题。

从我自己以往经验来说，什么情况下获得的知识记忆最深刻？是自己发现问题自己想办法解决的时候。所以我试图让孩子们自己发现问题，自己想办法解决，或许这样的方式比老师说一百遍"不能插嘴"更有效果。

在其他任课老师也和我反映了这个问题以后，我利用班会课时间开展了一次"怎么改正爱插嘴问题"的座谈会，这次座谈会不是我来给他们灌输我的想法，相反地，是我想去了解他们的想法，从而调整我的教育教学。座谈会上我只提了两个问题：为什么我们不能插嘴？你们平时为什么要插嘴呢？除此之外的时间都交给孩子来讨论。从讨论中我发现，他们能够意识到自己的问题，也十分清楚插嘴是一个不好的行为习惯。可是由于好胜心、表现欲、对语文课的喜爱、课堂游戏过多、学习内容简单、耐心倾听的习惯并未完全养成等问题导致插嘴行为屡屡发生。还有一些自控力本身就不够强的学生们则一拍即合，有什么与课堂无关的话题，一旦有人提起，其他几个就立刻响应。

综上所述，我认为教师可以从以下几个方面来正确对待学生爱插嘴的问题。

一、分项评价,鼓励为主

现在一直提倡要对学生进行分项评价,教师可以尝试针对各班的课堂倾听习惯设计一个分项评价表。有了这个评价表,要求就细化了,孩子们可以有一个行为准则来约束自己,来评价自己平时的表现,也有了一个前进的目标。分项评价不一定只适用于学习,学习习惯、行为习惯方面也可以使用。以下是适用于我班班级情况的课堂习惯分享评价表:

评 价 项 目	自 评	互 评	师 评
上课能够安静举手等老师请到再回答问题	☆☆☆☆	☆☆☆☆	☆☆☆☆
课堂中发言能够紧紧围绕本节课的内容	☆☆☆☆	☆☆☆☆	☆☆☆☆
上课时能够听清楚老师的要求再行动	☆☆☆☆	☆☆☆☆	☆☆☆☆
上课时能够耐心倾听同学的回答	☆☆☆☆	☆☆☆☆	☆☆☆☆
同学在思考时,能够耐心等待不说出答案	☆☆☆☆	☆☆☆☆	☆☆☆☆

这样的分享评价表其实也是想让教师细化教学要求,尽量做到提前预防,合理应对。在纸上的文字转变为心中的准则后,学生会开始自己约束自己不恰当的行为,不一定时时刻刻记在心里,但是他们会在看到某个行为时,用这个准则来判断这个行为是否正确,应该在今后不断强化,还是引以为戒,下次要改正。所以,我认为完成这样一个分享评价表的过程也是一个正强化的过程。

在此基础上,教师平时应多注重表扬鼓励,哪些孩子平时做到了这些准则内容,老师应抓住机会及时表扬,使其他同学自然而然地效仿。而且评价时应当具体,比如"你能安静地举手等待,真棒! 就请你来回答";"老师要表扬小 A,他听完了老师的要求才翻开书本,等会儿肯定不会答错"……当然,老师更应拥有一双善于发现的眼睛,去关注那些原本做得不够好,但是一直在努力改变,有所进步的学生,及时鼓励,让他们也能感受到喜悦,促使他们更快地进步。

二、适时"插嘴",给予赏识

在以学生为主体的课堂,不能将学生上课"插嘴"全盘否定。有时也是积极思考的具体体现,是他们情感的"真实写照",说明他们对问题有自己的看法和领悟。教师不妨变"教学"为"导学",发挥学生的主动性,真正让孩子深入参与到学习中,体验到自主学习的乐趣。

如果学生插嘴的内容都与教师讲课的内容有关,这说明学生听讲很投入,是好事情。学生上课插嘴,有的属于紧跟教师的思路,甚至有点超前,他把教师想说的话提前说出来了。这是很宝贵的学习热情和思维品质,即使有时候会影响其他同学思考,也只能适当地引导,绝不可以打击。有的插嘴属于思路过分活跃,联想特别丰富而快速,沿着教师的某一点思路跑出去了,节外生枝了,是要点出来的。有的学生插嘴另有目的,比如表现自我,逗能,甚至有意跟老师捣乱等等,他们的表现有明显的哗众取宠色彩,这是需要批评和帮助的。

所以"插嘴"也是分情况的,不合时不合主题的"插嘴"应该杜绝,有创造性的"插嘴"应该得到鼓励。

三、调整教学,做加减法

学生们在班会课上给我的反馈是希望老师可以减少一点游戏环节,增加一点难度。确实,可能在刚开始一个月的课堂教学中,我认为面对的是刚从幼儿园上来,一直以游戏为主要活动的孩子们,再加上课文内容比较简单,我会设计很多小游戏穿插在教学中,但是游戏只是用来辅助教学的,不能主次颠倒。如果过多会使气氛过分活跃,学生在这样的环境下,会容易忘记规则,随意插话,教学效率就会降低。另外,对部分孩子来说,入学准备期的内容可能稍微简单了些。所以教师应该随时根据班级情况调整教学内容,既要注意面向全体学生,打好基础,也要适当考虑让学有余力的学生,能跳一跳摘果子,分层要求,适当提升难度。

四、以身作则,耐心倾听

在耐心倾听,不插话这一问题上,作为教师,平时应以身作则。当学生在发言的时候,应带头倾听,在学生发言的时候,眼睛看着他,给予鼓励的目光,当学生一下子回答不出时,耐心等待,不随便打断他的回答,在不影响课程进行的情况下,给他足够的时间思考,并对孩子的发言给予认真的评价,积极的回应。

综上,我们教师要不断更新教育观念,懂得课堂上学生插嘴也是学生积极参与教学活动的一种表现,它不是"乱",而是"活",过于紧张压抑的课堂气氛,不利于学生创新能力的培养。当学生插嘴时,我们不应该一棒子打死,认为他们不遵守纪律,而应该从客观上考虑学生的发言是否有价值,是不是调剂课堂的一个"兴奋剂",并加以正确的引导。不过,就像孩子他们自己说的,不随意插话是一种尊重,我认为也是一种习惯,一种修养,一种能力。相信不仅在课堂中,在生活中也是十分被需要的。而在今后的教育教学中,我也会坚持引导孩子们自己发现问题,并尝试自己解决。

融合"本土元素",
聚焦"教育现代化"

——小议本土元素在教育内容现代化上的应用

宝山区罗南中心校 林 婕

【内容摘要】 教育内容现代化的进程需要依托优秀本土和现代文化的融合为基础,因此在现代教育制度的学校里选取本土文化元素作为课程资源非常必要。本文以课堂实践为基础,探索将上海的本土元素融合于学生的课堂与学习的有效途径,使得本土元素在教育现代化中产生积极意义,并不断将本土文化传承和发扬下去。

【关键词】 教育内容 本土文化 现代化

教育的现代化指"传统教育向现代教育转化的过程"。近年来,很多中小学"教学设备的现代化"已走入轨道,像希沃白板、iPad等设施已在语数英等日常课程中广泛应用,但教育内容的现代化追求的不仅是教学设备的先进,也是中华优秀文化的传承与延续。我国的本土文化源远流长,本土文化塑造了中华儿女的精神家园,也是孩子们生活中风俗习惯、精神面貌等方面的浓缩。在教学设备走向先进的同时,我们的教学活动也应该主动将本土元素融入日常课程中,积极引导学生去感知本土元素的魅力,从而尊重和热爱本土文化。

我所执教的对象是小学学段的孩子,该学段的学生正处于思想价值体系形成的初始阶段,若能在日常课程中应用现代化的教学设备,并巧妙地融入上海的本土文化元素,既能从"生活教育"的视角丰富和提升教育教学活动的层次,又能让学生在潜移默化中认识和感知本土文化。结合校本课程的实践经验,我认为可以从以下几点实现本土文化元素在教育内容现代化上的具体应用:

(一)善于发现本土元素,丰富教育内容

如何巧妙地在原有的教学课程中融入合适的本土文化是首要考虑的问题。上海的本土元素范围很广,包括风俗习惯、语言、饮食特征、人际、环境地貌、物资特产、历史人物等。教师要有一双善于发现的眼睛,从广泛的素材中选取学生经常能接触到的、感兴趣的作为教育内容。例如,我曾选题并执教了《摇摇曳曳芦苇情》的校本课程,因为芦苇是上海很常见的植物,我所生活的宝山地区的炮台湾湿地森林公园风景秀丽,更是有大片的芦苇湿地,班里大部分的孩子都去那里游玩过,也常有一批批当地的居民甚至外来游客在芦苇河畔边拍照留念;而芦叶可以包粽子、扎蚂蚱……又如在《笋芽儿》一课中,我从中汲取灵感,让孩子们探索本土的"饭桌文化",问问家里的长辈们,是如何烹饪"笋"这一食物的。通过反馈交流,"竹材利用之广不胜枚举,铺竹席、烧竹材;竹笋是种天然的健康美食,竹筒饭味道更是了不得……"通过挖掘学生身边的本土元素,让学生的教育内容更丰富多样,更使得"生活教育"立体起来。

(二)开办主题教育,创设本土化环境

常说"环境造就人",在教育教学过程中,需要老师探索并创建不同的课堂环境,让孩子们"身临其境"地去探索知识世界。要加强孩子们对上海本土文化的求知欲,创设一个带有本土元素特色的环境是至关重要的。于是我在班级一角设置了"文化园地",每月一期主题,带领孩子们主动去搜索身边的上海文化元素代表,并且以实物、故事、绘画等方式向身边的同学去展示和分享自己找到的代表。在一次《摇摇曳曳芦苇情》的校本课程结束后,我就在班级的"文化园地"展览了部分学生的芦苇插花作品,不仅装饰了班级的环境,还让学生发现了芦苇这种植物在上海人生活中的新作用。同时,在"文化园地"中,我还提供了一些关于本土文化的书籍等,在早午休时我经常扮演"女主播"读书给同学们听,也欢迎同学们在课后自主阅览。五月初,有一次上完课后还有一些多余的时间,我就从"文化园地"中拿了一本《中国民间故事》(刘璐编选),从中选取了《蚕花娘子》的故事读给大家听,小听众们专心致志地听完后,第二天竟然有一个孩子带来了自己在家养的蚕宝宝,让我和其他同学们既意外又惊喜,就这样同学们又展开了对蚕宝宝的观察与发现……

(三)巧用现代设备,分享本土见闻

随着中国"旅游潮"的蔓延,越来越多的家长利用周末、寒暑假带着孩子开启"行万里路"的征程。目前,上海保留的具有代表性的文化建筑群、历史人物故居等数不胜数:如位于淮海中路的"上海宋庆龄故居纪念馆"馆藏文物1.3万余件,黄浦江滨江一带的"上海外滩建筑群"被称为"万国建筑博览"……孩子们在旅途中的发现与记忆往往比课堂上的更细致、更深刻。为此,开学初我给学生布置了"我的家乡一日游"的实践作业,让孩子们在周末或节假日的某一天和家长一起去看一看在上海具有特色的建筑群,听一听这些建筑背后流传的故事与人物;去发现上海石库门的里弄文化,去找一找大街小巷里遗留的历史信息。做好适当

的摄影和记录后,可以请家长帮助上传至班级"晓黑板群"中的"讨论区"。随后,在每个月都利用一次班会课打开"晓黑板群"中的讨论和留言,给学生搭建展示自己的平台,让同学们做一回小小讲解员,给大家说一说自己的所见所闻。大家边看,边听,边说,深入历史渊源里,感受到了"魔都"——上海的回忆与精彩。

(四)集结本土元素,传播本土文化

在现代教育中融入本土文化,既要让学生们认识理解更多的本土元素,也要让学生们去传承和发扬本土文化。这需要老师、家长或者更多的社会组织共同参与进来,鼓励孩子们大胆去展示自己学到的本土文化与知识。疫情来临学生居家学习期间,我开展了一次线上"上海的童谣"主题班会。先让孩子们向自己的父母了解"爸爸妈妈的童谣"有哪些,怎么唱,然后通过网络平台进行线上视频互动,鼓励孩子们和父母一起唱最熟悉的那首童谣,并给大家表演。例如一个孩子"沪语版"的《外婆桥》——"摇啊摇,摇啊摇,一摇摇到外婆桥,外婆叫我好宝宝,娘舅拨我吃块糕。"朗朗上口,也让很多外地的孩子学习、体会了沪语的韵律与美感。通过这次线上班会,孩子们进一步了解了上海的本土语言文化,并且在疫情前提下,也让我在现代教学模式上完成了突破与创新。

总之,本土文化元素是教育内容现代化进程中息息相关的部分,把本土文化融进课堂里,能加强学生对本土文化的认同感,进而从本土文化中收获现代生活的意义与价值。当然,对教育现代化的研究无止境,我愿抛砖引玉,引发大家深入的教学研究。

参考文献:

[1] 陈昱静.校园开展本土文化课程的意义和价值[J].幼教园地学周刊,2017(18).
[2] 黄桂梅.利用本土文化资源开发校本课程[J].甘肃教育,2012(14).

教与学,我与学生共同成长
——传承陶行知教育思想促进课堂深度变革

宝山区罗南中心校 陈凌珍

陶行知先生的一生是不断进步,勇于追求真理的一生,他的座右铭是"千教万教教人求真,千学万学学做真人"。他以"捧着一颗心来,不带半根草去"的献身精神,致力于人民教育、民族解放和社会改革事业。

我是一名普通的教师,在一所普通的学校,教着一群普普通通的孩子。陶先生的教育理念,对站在三尺讲台的我而言,无疑是最明亮的指路灯。

一、生活即教育 社会即学校 教学做合一

先生说生活是不断前进的,教育也要不断进步。

我有很多梦想,至今一直坚持的就是练字。从小就崇拜老师写的字——工整漂亮。对能写一手漂亮字的人,总是心生佩服之情,又暗自自卑:为什么自己写不到这种水平。读师范时,接触了一阵子书法,还是蛮喜欢的,没有坚持钻研,就练了一点皮毛。后来女儿练书法,再次燃起了自己心底多年的梦想,于是跟着女儿和学生们一起跟书法朱老师学习,再次从基本笔画开始,每周跟着朱老师学习一节课、每天坚持练习半小时,每周把老师教的四五个字练熟。最让我感动的是,朱老师每次对我的书写练习总是给予肯定,也指出几处改进之处。他每次都是认真教,而且非常有耐心地给我指点迷津。他还在女儿和学生面前夸我认真,虽然我的进步很缓慢。而此刻我才体会到,"我要练书法",而不是父母要我练、老师要我练的心情,由于是发自内心地想学,所以练起来再辛苦也能承受。有时学期末的时候给小朋友写评语,我总会对个别孩子感慨"什么时候把'要我学习'变成'我要学习'"那么这个孩子就会让老师和家长少操心了。看来这个过程是缓慢的,其中有很多不确定因素。而作为教师的我们,除了循循善诱地引导,也要有一颗静待花开的耐心,做孩子们的守护者。

有一年暑假,朱老师给我们几个喜欢书法的同事,每个周三傍晚教我们王羲

之的《兰亭序》，我也依样画葫芦地写着，就是写不好，朱老师给我指出"你写得太快了"，印象中的行书，行云流水般的字迹，原来都是在慢慢琢磨、细细观察、反复练习中练就而成。

在平时的教学中，总觉得孩子们对知识点"感悟"不深，被老师"赶悟"太多。现在想想，应该是我们给孩子思考的时间太少，练习的时间不足或是对出错的地方观察没有到位或是孩子的学习习惯需要加强……

后来，参加了学校几次书法活动的比赛，也练了几首古诗作品。写一首作品也是非常痛苦，遇到有些字——半包围、独体字等，总是写不好，可又不能避开，而一幅作品中，失误之处最扎眼，虽然反复练习了，但是短时间内还是很难提高。这又让我想到了班级里孩子，有些乖巧懂事，有些努力上进，有些调皮有余认真不足，难以引导的孩子，亦不能听之任之，放任自流，需要花大力气、大智慧，需要自己不断学习和思考，用行之有效的方法去改善。

对那些书写不认真的孩子，每到动笔环节，我都会走到他们身边，俯下身手把手教，让他们感受到运笔的规律，并在耳畔轻轻地叮嘱"不要急、慢慢写、多观察、多思考"。慢慢来，每天进步一点点，相信坚持的力量。

一撇一捺写个"人"，一生一世学"做人"。

二、建立良好的师生关系从点滴做起

我们要教学生的东西很多，而真正要教会孩子的首先是良好学习习惯的养成。在《学习报》上，我看到这首儿歌："学习数学有窍门，习惯养成很重要；专心听讲好习惯、发言举手好习惯、书写端正好习惯、及时订正好习惯、整理物品好习惯。"先摘录下来，再让小朋友们每日诵读，慢慢把这些好习惯融入日常生活中，让学生由知到行，再由行到知，少成若天性、习惯成自然。

我们要做的事情很多，但是最重要的是激发学生内心的求知欲，激发他们从内心愿意读。这就需要老师有一双慧眼，看到孩子身上的闪光点。

在学习中，既要提优、亦要补差。于是在每个阶段，我们都会给小朋友写几封表扬信，得到的孩子非常高兴，可是总有一些，怎么也看不到他们身上的闪光点，可是他们也很想得到老师的信，于是我想到了"寄望信"，当他们收到我亲笔写的信时，他们脸上的表情告诉我，他们渴望了非常久。每个孩子内心都是希望得到老师关注、肯定和表扬……

上个学期我们学校开展了数独比赛，之前我也接触过数独，研究了一阵，还是很有思维含量、需要花时间思考。当接到任务，得知一年级小朋友也要参加数独比赛时，第一反应是：怎么教这些小家伙呀？用什么时间教呀？教得会他们吗？

马上开始先找题目,横向、纵向、小九宫格思考,写写擦擦,一开始花了不少时间,在赶鸭子上架的形势下,自己能解决数独,了解了一点解题思路。但是怎么教孩子们呢? 动手做了几张纸板教具,并在上面加了一层塑料贴膜,这样直接写上去,还能擦去,也可以反复使用。当我在家里做数独的时候,连读中学的姐姐也被吸引了,跟着我一起琢磨做数独,并在姐姐的协助下,我录了一段视频,发到班级群里,让家长和孩子们通过我和姐姐的示范,初步感知做数独的方法,通过视频观看,原来并非想象中那么难以解决。之后,利用晨读或午间休息或晚托班时间,每天解决一个数独,能力强的小伙伴、感兴趣的再完成一个。但是考虑到有些同学接受慢,如何帮助这些小伙伴呢? 我建议孩子们可以同桌合作或者找一个伙伴一起完成,会了之后,慢慢练速度,并且每天找一对小伙伴,录制一段微视频……

经过一个星期的锻炼,数独非常受小伙伴的喜欢,好多小朋友跟我说:"老师,我天天在家做数独。""老师,我越来越喜欢做数独。""原来我觉得数独好难,现在觉得非常有意思。""老师,今天我想来录视频。"……

通过数独的练习,拓宽了孩子们的思维,让他们养成多看、多想,即使做错了,还可以从头来,可以和伙伴一起攻克难关,就是不要放弃。

后来在数独比赛中,班里默默不语的小同同学,居然夺得第一名,看来机会是给有准备的人,也需要老师有一双慧眼,发现孩子的努力!

数独活动,学生和我从一开始的不知所措,到后来享受数独带给我们的挑战,并享受那种战胜困难的过程,所以教学的一切活动都必须强调学生主动性、积极性为出发点,在教学中我注重学生自主、合作、探究学习,做到了自主、合作、探究。并运用直观教学手段,激发学生的兴趣,从中受到启发。我想,这就是先生所说的"教学相长"。

三、坚持终身学习,提升教师能力

先生说教育具有终身性,先生所说的"教育"不仅仅指学校教育,而是包括学校教育在内的整个社会生活的广义教育。

在当今信息时代,科技飞速发展、社会日新月异,时代对教师的要求越来越高,只有通过学习,才能转变教育教学观念、掌握现代化的教学手段、传播先进文化、弘扬学术精神、造就创新人才。

开学初,听了陶老师作的一个报告,从上一届毕业班数学教学的几方面展开,他从大处着眼、小处着手:对教材的分析、对题型的精选,尤其是对几何画板的研究,把一些立体的几何图形、抽象的空间感,通过几何画板的演绎,让学生对几何知识空间感的建立、变式题型的分析都有很大的帮助。因为几何画板的一

种直观演绎、动态展示，让学生通过观察感受，远比静态的幻灯片效果要明显。非常感谢陶老师的精彩讲解，让我看到身边老教师们，默默耕耘、不断学习、不断超越自我。

上个月听了年轻教师毛老师的课——《角与直角》，这个内容我听了很多次，但是毛老师让我有耳目一新、眼前一亮的感觉，她结合数字教材、希沃软件、投屏、视频讲解……整个课堂学生和听课老师都被深深吸引。

感觉毛老师像一个魔术师，教棒像魔术棒：从生活中的角过渡到数学中的角，引出角的特征，再到特殊的角——直角，利用现在科技，牢牢地抓住学生的注意力，又不依赖课件，在建立直角的认识时，又通过动手折一折，为了让学生加深印象，老师还设置了一段录像，对能力弱的学生进行视频引导，还把折过的折打开，让学生直观发现4个直角，并让学生用三角尺上的直角验证。

这节课，非常重视学生的空间观念的培养，老师还设计了一个游戏环节，让两个小朋友找出角，一下子把全班的注意力都吸引起来，非常用心，就是中间最好加入一些非角的图片，加强学生的分辨能力。

听了这些课，让我感到，当下的我们，一定要具备"学习力"，不断学习、接受新事物，投屏、直播，这些现代科技，对学生的反馈非常直观生动，接下来，我也要好好去研究希沃软件，对提高课堂效率非常有帮助。

青年教师的创新精神、老教师的钻研精神，都让我深深感受到，教师一定要走终身学习的路子，成为学习型教师。有时觉得我们教师在教育学生、教授知识和方法时，应该像车载导航再给学生及家长提供路线，当学生偏离导航时，需要及时做出调整，有些偏离是没有弄清楚，有些偏离是因为原先的知识起着一定的负迁移。只要学生在学习的道路上前进，有些歪路、偏离，只要我们做好调整，相信孩子们终究能够达到知识的彼岸。

语 文 学 科

浅谈说明文教学

宝山区罗南中心校　何晓华

【前言】

说明文体是一种客观的说明事物、阐明事理的文体。在人们的社会生活中，说明文越来越显示出它的重要作用和实用价值。现实生活充分表明，说明文不是一种无足轻重的文章形式，而是运用范围极为广泛的常用文体，它与人们的生产、工作和生活的关系相当密切，而且由于社会生活的需要，说明文写作正在大量涌现，并更多地融入我们生活中。

语文教材中根据课程标准的要求，安排了适当比例的说明性文章。这些文章是广义性质的说明文，其中一部分以介绍景和物为主，一部分以说明学习、生活、做人的知识和道理为主。这样的安排符合小学生的认知规律，符合语文教材编写的文章特点，体现了课程标准所强调的语文学习与实践生活的密切关系。但是，在日常说明性文章教学中，常常出现以下一些问题：

1. 概念性太强，理解不到位。许多学生知道说明文的说明十分准确，但是什么叫作"准确"，学生没有一个具体、清晰的理解。

2. 学生思考、讨论的机会远远不够。说明性文章由于其语言的严谨性与科学性，不像其他文章那么生动，也没有太多机会在课堂上对课文内容去思考、去讨论。

3. 课文学习枯燥无味。教师在讲解中往往过于理性化，教学环节程式化，简单问答使教学变得枯燥无味，课堂气氛沉闷，学生缺乏学习兴趣。

说明性文章形式简短、知识性、科学性、普及性强，教学时根据其介绍科学知识和说明方法为主的文本特点，围绕知识点把握文本所载的科学知识当然是教学的一大任务。但是，说明性文章也姓"语"，它首先是语文课，有别于自然科学等学科，除了达成知识目标之外，应该还有着更为重要的教学任务：学习文本的语言表达，发展学生的语言，提高学生语言实践的能力。以下就是我对如何教学说明文的一些浅谈。

【教学片段】

片段一:《空气中的"流浪汉"》教学过程

【学习"灰尘的大小"】

1. 默读课文第二小节,用"——"画出描写灰尘大小的句子,圈出关键字词,说说从哪里看出灰尘很小?

2. 学生交流,教师随机指导。

生:我圈到的词语是"一千颗""一厘米"两个数字,我从这两个数字中感受到灰尘很小。

师:找得真准确!一千颗说明灰尘怎么样?(生:多)那一厘米呢?(生:短)大家用手指比画比画一厘米多长,一千颗灰尘就只有这么一厘米长,写出了灰尘什么呀?(生:灰尘小)作者就是抓住了这两个数字,表现灰尘很——小。

3. 师:作者是用什么方法把灰尘"小"写清楚的呢?(运用了列数字的说明方法,列举了一千颗和一厘米两个数字,写出了灰尘很小)一千颗灰尘紧挨着排成队也只有一厘米长,人的肉眼基本看不见!所以灰尘可真小啊!

4. 师:我们在朗读句子的时候,就要抓住这两个数字的对比,把这个句子读好,指名读。

【灰尘的数量】

1. 我们知道了灰尘是非常小的,那灰尘的数量作者又是怎样介绍的呢?

出示:据试验,城市街道上的一酒杯空气中,有几十万颗灰尘;草木繁茂的山林地带灰尘就少得多,一酒杯空气中只有一百多粒灰尘。

2. 指名读句子,这句话介绍了哪两个地区灰尘的数量?

生:城市街道和山林地带。

3. 作者是怎么来介绍这两个地区灰尘数量的呢?一名同学读有关城市街道的句子,一名同学读写山林地带的句子。

你们发现了吗,作者这是在把城市街道上的灰尘数量和山林地带的灰尘数量进行——(比较)

4. 作者是怎么进行比较的呢?通过引读,引导学生关注,在比较这两个地区灰尘数量时,都在"一酒杯空气"的条件下进行,作者为什么要这么比?学生交流。

通过学习知道,在相同条件下可以进行比较,这样得出的结论更科学、更严谨。

5. 通过对比,比出了什么结果?

作者就是通过列数字和做比较的方法,让我们知道,在相同的空气当中,城市街道的灰尘多,山林地带的灰尘少,灰尘的分布不均。

6. 你能学习用列数字或者做比较的方法把句子写具体吗?

照样子把句子写具体。

例:灰尘很小。

灰尘很小,一千颗灰尘紧挨着排成队,也只有一厘米长。

天气很冷。

_____

姚明个子很高。

_____

片段二:《空气中的"流浪汉"》教学过程

1. 你们不仅了解了这些说明方法,还学会运用它们,真棒!接下来我们来看灰尘的来源。何老师和大家合作,我们来读读这段内容:灰尘是从哪里来的呢? 生继续读。你看,作者在这里用了一个——设问句。作者用设问句引起读者的兴趣与思考。

2. 那灰尘到底是从哪里来的呢?请你再去读读这部分内容,用上这个句式来说说看。

出示灰尘来源的部分,句式:灰尘来自……

(灰尘来自地面上无数的沙粒、泥粉;灰尘来自高高的烟囱吐出浓黑的烟;灰尘来自火山爆发带来无数的灰烬;灰尘来自车辆奔驰、人走路;灰尘来自天上的流星和空气的摩擦)

先交流再读有关句子。

3. 现在不看课文,你能看着图片来说说看吗?

出示图片

灰尘来自,来自,还来自……

4. 课文介绍了这五个来源,说明灰尘的来源很……板书:广

5. 来,合上书,谁来填上正确的标点?

▲媒体出示: 刮风了,地面上无数的沙粒、泥粉就扬了起来(;)

在工厂里,高高的烟囱吐出浓黑的烟(;)

火山爆发,会带来无数的灰烬(;)

地球上　车辆奔驰、人走路,又会带起多少灰尘(。)

宇宙中　此外还有天上的流星,它和空气一摩擦,整个儿都烧掉变成灰尘了,据说每昼夜就有1 430万吨这样的宇宙灰尘落到地球上。

生1: 刮风了,地面上无数的沙粒、泥粉就扬了起来(;)在工厂里,高高的烟囱吐出浓黑的烟(;)火山爆发,会带来无数的灰烬(;)车辆奔驰、人走路,又会

带起多少灰尘(;)此外还有天上的流星,它和空气一摩擦,整个儿都烧掉变成灰尘了,据说每昼夜就有1 430万吨这样的宇宙灰尘落到地球上。

师:为什么要这么填?其他人同意吗?说说自己的意见。

生2:我不同意,此外前面应该是句号。因为前面部分的灰尘都是地球上的,而后面的灰尘都是来自宇宙。

师:大家翻翻书,我们看看谁说得对。

6. 前面为什么用";"呢?(前面这些来源是并列的)

那为什么到这里用"。"呢?(前面是讲地球上的,后面是讲宇宙中的)

7. 这部分我们读懂了灰尘大部分来自地球上,还有一部分来自流星和空气摩擦,作者标点用的多么准确,其实作者用词也特别生动,虽然是科普说明文,读起来却一点也不枯燥,让我们抓住这些动词一起来品读一下。

齐读。

8. 灰尘来源很广,让我们真切感受到灰尘的东游西荡,无处不在,真的是——(指课题)。

片段三:《空气中的"流浪汉"》教学过程

【灰尘的用处】

1. 课文的第2小节向我们介绍了灰尘的概况,它(很小),分布(不均),来源(广),接着作者分别写了灰尘的用处和坏处,自由读读课文第三小节,看看作者究竟写了灰尘的什么用处?

生:灰尘的作用是:没有它,天就不能下雨。

2. 出示媒体:师:看,地面上的水汽升到天空后,形成云彩;云彩中的水蒸气必须依附灰尘才能聚集在一起,不断地凝结变大,就会下落形成雨水,看来少了灰尘还真是——不行!

说明性文章确实对于学生而言是枯燥乏味的,那么如何让学生体会到说明文的魅力,需要老师教学生体会说明文的特点以及通过老师多样化的教学手段吸引学生兴趣,通过分析以上几个教学片段,一起来学习说明文的特点以及它独特的魅力。

1. 比较句子,感受准确说明的魅力

在片段一中,教了学生列数字的说明方法,在教学过程中,我会特别强调说明方法,并完成相关练习,用以巩固说明方法。在《语文新课程标准》中指出:"阅读说明性文章,能抓住要点,了解文章的基本说明方法。"以上设计已经达到课标要求。但是这种说明方法到底有怎样的好处?怎么能够让学生感受到说明方法的"准确"?我在完成以上设计后,又增加了如下设计:

（1）出示"灰尘很小，一千颗灰尘紧挨着排成队，也只有一厘米长"和"灰尘很小，无数颗灰尘紧挨着排成队，人的肉眼也几乎看不到"。

（2）引导学生比较哪一句更适合这篇文章。

生1：第二句用了夸张的修辞手法，让人感受到了灰尘的小，比较好。

生2：我不同意他的看法，第二句的确能感受到灰尘的小，但到底多小呢，说不清楚。

生3：第二句也不错，可是不能让我们准确知道灰尘到底有多小，所以我认为它不合适。

说明文的好处在于准确说明，但是到底什么是准确说明，孩子们都是云里雾里，说不清、道不明。但是拿出两个句子一对比，孩子们就会恍然大悟，原来这样才是准确的说明啊！这样，学生才更能体会说明的"准确"二字。

2. 抓住标点，体会说明文章的严谨

片段二中，我在学习灰尘的来源这一片段时，抓住了标点符号的教学。说明文的特点之一就是语言的严谨、准确，这在标点符号中同样也有体现，片段二中，灰尘的来源分为地球上和宇宙中的，两者间的标点符号也有所区别。这一细节，如果老师不专门拿出来进行教学，学生几乎不会注意到这点，而如何通过标点符号感受说明文的严谨是平时教学过程中不常遇到的。片段二中，学生1起来发表了自己的意见，果不其然，没有注意到标点的改变。对于分号和句号的区别作用，平时没有特别强调，部分学生也只是简单了解分号是区分并列的两个句子，这只存在于学生们的概念中，如今把这个问题放上台面，让学生去思考、去争辩，在思想的碰撞中感受标点符号原来不仅有断句的作用，更直观地发现它在说明文中所体现的严谨性与准确性。说明文由于其语言的严谨性，其标点符号都是十分讲究的，通过让学生们自己填标点，其他学生质疑、思考的过程，让每个学生都对这一部分的学生充满了兴趣，同时也给予学生充分的时间与机会去思考、去讨论，重现一个"热闹"的课堂！

3. 运用媒体，激发学习兴趣

研究表明：人类获取信息的95%来自视觉、听觉和触觉。而信息技术的到来，正适应了小学生学习说明文的需要。多媒体增强了说明文的感染力，为说明文的课堂教学注入活力，它所呈现的图片、内部结构示意图以及视频等，消除了学生的阅读障碍，拉近了学生与文本的距离，丰富了课堂内容，也让教学充满语文味，从而弥补了说明文文学性不足的特点。在学习说明文的时候，学生容易昏昏欲睡，学习效率极低。这时候，就需要我们用上现代化的教学技术，即合理使用多媒体，多媒体课件直观性强，形象生动，极大地满足了学生视听感官的需要，激发了学生上课的兴趣，但是若在课件中集中了大量的声音、图像、课外资料在

课堂上充分运用,加大了课堂容量,使学生在课堂上的吸收知识的时间越来越少,整个课堂充斥着技术的要素,反而使语文课的特点不能得到很好地体现。尤其是说明文,如果老师备课时稍不注意就容易上成生物课、地理课和历史课。作为集中体现书写文化特点的语文课,应该顺应时代的潮流,在运用多媒体提高教学效率的同时,能够保持自己的特色并进一步发展,说明文教学亦是如此,授课时依然不能忘了要扣紧语言的要素。因此在案例三学习灰尘的好处时,我准备了说明灰尘好处的动画课件,在教学过程中,我边讲边演示PPT,完全吸引了学生们的注意,让学生们觉得原来说明文学习起来一点也不枯燥!

翻开一篇篇说明文,学生除了学到精彩的科学知识外,还应该得到更多能力的提升。品词、品句、品文……细细思量,学生可以从中学到更多"语文"。

培养识字兴趣，走进趣味语文
——统编一年级趣味识字教学思考

宝山区罗南中心校　支仪文

【摘要】 汉字是语文学习的基础，生字词汇的认知与运用直接影响了人对文本的理解和口语表达，是个体在社会性发展中不可或缺的工具之一。随着近年统编教材的引入，语文教学中对汉字文化的渗透与实现识字教学的趣味高效被提上一个新高度。本文立足市教委空中课堂和教学实践，就一年级语文趣味识字教学策略提出几点想法。

【关键词】 小学语文　趣味识字

中华文字的奇妙变幻源远流长，许慎在《说文解字》中解释"文字"的含义：按照万物的形状临摹而成的图画似的符号为"文"；此后形与形，形与声结合的符号叫"字"。古人对文字的定义足以见得汉字自起源始流传至今的时代更迭里凝聚的古人智慧，见证的中华文明。

近年统编教材的引入在编排上更注重汉字文化对学生的影响，在学习汉语拼音之前编排了两个识字单元。先学习单元课文中"天、地、人"等一系列与学生生活密切相关且结构简单的汉字，这对初入小学的孩子来说降低了学习难度，增加了语文学习信心。同时又对语文教师提出了更高要求，即能通过有趣的教学手段激发学生汉字学习的兴趣，提高识字效率。

《上海市小学语文　年级教学基本要求(征求意见稿)》对第一学段(一、二年级)的"识字写字"方向也提出相应的阶段目标"喜欢学习汉字，有自主识字的愿望"并能"初步感受汉字的形体美"。试想如果学生只靠死记硬背的机械记忆，如何能在浩瀚繁冗的辞海中高效地掌握更多生字词汇，枯燥之味之下目标中"对识字产生兴趣"终将沦为一纸空谈。如何在小学低年段帮助学生打好识字基础，培养识字能力与方法是小学语文基础教育历久弥新的话题。只有教师在教生字时教学得法，学生才能学得高效。

笔者结合市教委发布的空中课堂教学，以统编版一年级语文上册部分课文

中的识字教学为例,简单探讨在小学低年级课堂或可激发学生识字兴趣,实现有趣高效识字教学的途径。

一、追根溯源,妙趣横生

象形文字因其以图画形式表意的特性很容易被低年级学生接受,因此统编一年级上册识字单元最先引入如"日、月、水、火"等笔画简单的汉字并配以相应的象形文字图片。新颖的字体一下子吸引了学生的兴趣,课堂上他们非常乐意于猜想汉字与象形字之间的联系。有时候带领学生追根溯源,感受汉字奇妙的演变过程,从变化中引导学生寻找记忆密码,是快速趣味识字的好途径。

以识字单元《口耳目》一课中生字"目"的教学为例,为了让学生牢记字形,感受学习汉字的乐趣,老师抓住了"目"字的演变过程,追根溯源,显得趣意盎然。其教学过程如下:

师:小朋友们,眼睛就是目。看看图,看看字,说说你发现了什么?(出示眼睛图片与文字)

生:我发现把"目"字横过来看就像我们的眼睛,四四方方的是眼眶,中间两横就像我们的黑眼珠。

师:你有一双会发现的眼睛,说得太好了。一起来看看"目"字是如何演变的(播放媒体课件,通过媒体展示"目"字从甲骨文、金文至小篆、隶书,最后演变成今天标准字形的动画。媒体配音:甲骨文的"目"字长得像一只眼睛,外面的部分是眼眶,中间的是眼珠。金文的字形变成了这样,篆文的"目"字把眼睛竖了过来,再渐变为隶书的字形,最后就变成现在的字形了)。

师:原来古代人写"目"就是画一只眼睛,后来字形逐渐演变成现在的"目"字。中国的汉字多奇妙呀!

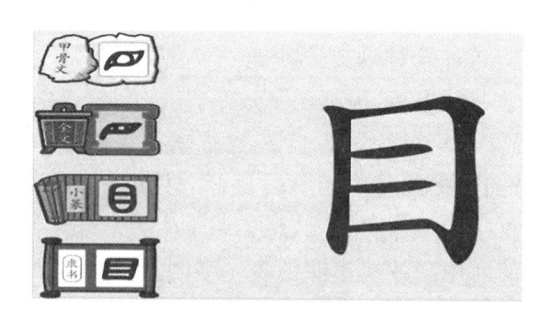

(媒体动画图)

案例中,老师巧妙地利用多媒体展示了"目"字的演变过程,有趣的是象形文字的"目"就像学生们平时画眼睛的简笔画,生动有趣的动画让学生们看得津津有味。通过观看这段演变动画,学生很容易发现"目"字结构的特点,在有趣的图文演变中找到自己合理的记忆点,从图片记忆再转变为文字记忆,这是符合低年段学生的认知规律和记忆特点的。从汉字根源出发,学生在合理的联想中找到识字窍门,自然能够记得牢固。

二、巧用口诀,趣味高效

将生字创编成一首节奏明快的儿歌或口诀是低年级学生喜闻乐见的教学形式。根据一个生字的音形义三方面开动脑筋进行创编,充分激发了学生的学习兴趣,使课堂更富生趣。

口诀创编形式多样,可以是通过偏旁部首的含义进行联想。如统编一年级《乌鸦喝水》一课,"渴"与"喝"字形相似,虽然对一年级学生来说这两个字不需要书写,但教学时发现不少学生在认读上仍有困难,在读词句时容易混淆。针对这两个字的辨析,老师从偏旁意义出发进行教学。因为在前阶段的语文教学中,学生已经有了"偏旁表义"概念,据此老师创编口诀"喝水用口,喝喝喝;口渴要水,渴渴渴"。从偏旁含义上帮助学生快速识记。

不拘泥于在音、形、义单方面的创编,教师也可以抓住生字的特点,提醒学生将字形与字义结合起来联想。如以下"休"字的教学:

师:小朋友,你用什么好方法记住"休"?

生1:我用加一加的方法,单人旁加木就是休。

生2:我用换一换的方法,我们的"们"把右边换成"木"就是休。

生3:我用换部首的方法,林换掉木字旁就是休。

师:是的,这些都是记字的好方法,还有什么方法吗?你看,人字旁就像一个人,木就是一棵大树,人靠在一棵大树下休息,这不就是"休"吗?"人靠大树就是休。"(老师边写边讲解,学生恍然大悟)

以上两则教学实录发现,低年级学生在自主创编时可能更多关注字形上的特点,习惯用"加一加、减一减、换部首"等方法,这固然是课堂上常用的认字方法,但千篇一律的识字方式可能难以让学生捕捉到某个生字的记忆点,变成了为了创编而创编,并没有真正记忆这个生字,也就失去了口诀创编的意义。生字口诀的巧妙运用需要教师在教学时能够充分把握生字特点,活用教学智慧,从音形义多个角度启发学生思考,丰富创编形式,让口诀记字变得真正有作用。

三、联系生活,解意记字

生活是学习认知的重要途径,日常生活中最常出现的汉字一定是学生最不易遗忘的。把学习生字与生活联系起来,学生能够从自身最熟悉的事物出发,更

快找到开启记忆之门的钥匙。

统编版《金木水火土》一课,学习"金、水、火"几个生字,执教老师就利用图片,引生活之源,将识字与生活联系起来。

【课堂实录】

师:小朋友看看这是什么?(出示剪刀图片)

生:剪刀。

师:剪刀是金属制成的,金就是金属。你还知道哪些东西是金属制成的呢?

生:铁锅、金项链、门把手。

师:是的,这些都是金属制成的。再看看这是什么?这是自来水。你还知道哪些水?(出示"水"字和自来水图片)

生:海水、河水、矿泉水。

师:我们的生活离不开水。这是火,你知道火的作用吗?(出示"火"字)

生:火可以把生的食物烧成熟的。

识字教学与日常生活的融合,降低了学生的认知难度。熟悉的生活场景能够帮助学生更快将陌生的生字与已知经验进行联系,突破记忆难关,丰富学生的识字生活。

低年级学生对汉字的认知水平比较低,缺少记忆的方法,学习如此数量庞大的汉字本身也比较枯燥。因此,需要教师在进行低年级识字教学时,注重教学趣味性,寓教于趣,激发学生学习汉字的兴趣。学生在兴趣中自主学习,自然学得高效,为将来阅读和表达打好坚实基础。

关注学习经历　提升语言素养

施文江

语文课程标准明确指出：我们要遵循学生的发展规律和语文学习规律，选择教学策略。学生语言能力的发展具有阶段性特征，应根据不同学段学生的特点和不同的教学内容，采取合适的教学策略，促进学生语言素养的整体提高。

就阅读教学而言，"教师之主导作用在就学生已有之能力水平而适当提高之，使能逐步自己领会课文之内容与语言之运用，最后达到不待教师之讲解而自能阅读"（叶圣陶，《语文教育书简》）。下面结合听的课和执教的教研课，谈谈自己的一些体会。

一、基于课标，关注学习经历，提升语言素养

片段一：读懂句子的意思。

二年级的教学重点是引导学生读懂词语和句子的意思。对二年级学生而言，说清楚句子想要表达的意思是不大容易的，因此需要教师提供一定的帮助。对于文中的关键词运用各种方法引导学生理解，在理解词语的过程中，有些词语创设情境让学生用自己的话说一说；有些词语教师也可直接告诉学生意思。通过反复朗读，帮助学生积累语言。在熟读的基础上，引导学生说说读懂了什么，帮助学生理解句子的意思。例如：二上第六单元《朱德的扁担》第3节中句子的学习。

他穿着草鞋，戴着斗笠，挑起粮食，跟大家一块儿爬山。

(1) 看图，学习朱德同志是怎么挑粮的呢？（借助图片阅读）
(2) 句子里有三个词组，谁来做小老师带我们读一读？（朗读）
　　你发现了吗：这三个词组都告诉了我们朱德在干什么（理解）
(3) 现在你能看图，再来说一说朱德是怎么挑粮的吗？（积累）
(4) 出示补充图片，用上"干什么"的词组说清图意。（运用）

从初读到理解内容与方法，最后到朗读、积累、运用。反复读，熟悉句子；选择恰当的理解方法理解句子内容；补充图片，运用句式进行练习。把这个过程学

扎实了,学生就在老师的引导下真正走入文本。

片段二:读懂自然段的意思。

例如:三上第七单元《爬山虎的脚》第 3 自然段的学习。出示第 3 节内容:以前我只知道这种植物叫爬山虎,可不知道它怎么能爬。今年我注意了,原来爬山虎是有脚的,爬山虎的脚长在茎上。茎上长叶柄的地方,反面伸出枝状的六七根细丝,每根细丝像蜗牛的触角。细丝跟新叶子一样,也是嫩红的,这就是爬山虎的脚。

引导学生理清第 3 自然段的层次,这是学生自己读不懂的地方。第 3 自然段的学习:作者在介绍爬山虎的时候,开头先说——爬山虎是有脚的,再说——脚是什么样的,最后总结——说这就是爬山虎的脚。

课文介绍爬山虎的脚,抓住位置、形状、颜色三方面写了 3 句话。老师让学生读读句子,交流在刚才的自主学习中读懂了什么。重点引导学生学习了爬山虎的形状:茎上长叶柄的地方,反面伸出枝状的六七根细丝,每根细丝像蜗牛的触角。这个句子比较长,里面还包含着一个比喻句。一开始,要求学生说清楚把什么比作什么,这个不难;那为什么能这样比呢? 这是学生不一定说清楚的。此时,老师借助图片,让学生读读句子,看一看,比较一下,就能了解到本体和喻体之间的相似点,也让学生初步感受到形象的比喻可以帮助我们更清晰地了解事物的特点。

片段三:五上第二单元《珍珠鸟》的朗读指导。

本单元训练重点是朗读。我将本课的重点拟定为:正确、流利、有感情地朗读课文,在阅读中寻找问题答案,享受阅读的乐趣,读出自己的理解和感悟。研读珍珠鸟在我的照料和呵护下与我由陌生到亲近到信赖的过程。文章结尾,富含哲理,是全文的中心所在,但五年级的学生不容易理解。于是,我将本课的难点定为:联系上下文,理解句子"信赖,不就能创造出美好的境界吗"的含义,从文中的字里行间体会作者与珍珠鸟的情感。

《珍珠鸟》是一篇非常美的散文,美文要美读。而朗读正是对课文语言及课文内容最直接、最真切的感知。在读这个方面,主要通过细读文本,体会深情。重点研读"小珍珠鸟逐渐与我亲近"的段落,体会人与动物和谐相处的美好情景。这部分内容是全文的重点,也是文章最精彩的地方。让学生快速浏览课文,找出描写珍珠鸟外形的句子,交流体会它的可爱;细致读,用关键词写出阅读的感受,圈出动作的词,朗读、理解、运用,层层递进,在读中批注、感悟、积累。

细读文本,体会深情。在课堂上,让学生在一次次的朗读中,在一次次的思考中,在一环环的互动中,感悟珍珠鸟的机灵、调皮、活泼,体会到在作者的悉心照顾和真诚关心下,珍珠鸟放心大胆地、一步步地接近作者、信赖作者,甚至和作者成了形影不离的好朋友。大家对"信赖"一词有了自己的理解,结合课文内容,谈出了自己的理解!学生体验到了"信赖"意境美好,升华人与鸟的和谐共处情感。理解信赖所创造出的美好的境界。

让学生为课文最感人的一幕"有一天,我伏案写作时,它居然落到我的肩上。我手中的笔不觉停了,生怕惊跑它。不一会儿,这小家伙竟趴在我的肩上睡着了。它睡得好熟哇!不停地咂嘴,大概在做梦呢!"取个题目、配乐诵读等体会人与鸟"信赖"之趣,享受到"信赖,往往能创造出美好的境界"这一美妙的意境。

二、基于课标,关注文本表达,提升语言素养

语文课程标准明确指出:语文教学要注重语言的积累、感悟和运用。学习第3节时,在读读、演演的基础上,循序渐进地进行了语言的朗读、理解、积累与运用。

片段一:《爬山虎的脚》第4自然段的学习。

1. 示范引路,积累语言

学习第4节时,老师播放了一段爬山虎爬墙的视频,并为它进行了配音。多媒体的恰当运用,将抽象化为形象,为学生的理解助力。形式活泼,激发了学生的兴趣,牢牢地吸引住了学生。爬山虎如何"一脚一脚"向上爬的部分,对于三年级的学生而言,理解起来有一定的难度。在这儿,多媒体技术始终是为语文学习助力,而不是喧宾夺主的。视频生动地展示了爬山虎的脚从长出至触着墙、扒住墙、拉一把、紧贴在墙上攀爬的过程。学生一边看,一边听,一边把规范的书面语言记下来,既不感到枯燥,又达到了比较好的效果。

2. 搭设支架,积累语言

(1) 借助填空,说一说爬山虎爬墙的过程。

(2) 借助提示,介绍爬山虎脚的特点和爬墙的过程。

"伸出你的小手,把课桌当墙面,把手当作爬山虎的脚,你的手臂就是爬山虎的茎,再加上动作,演一演。"演的过程,形式活泼,吸引学生;演的过程,也是对文本内容的理解;演的过程,更是对文本内容的有效记忆。

立足训练,指向实践。学生是学习的主人,为学生创设良好的学习情境,探索恰当的学习方式,在教学中努力体现语文的实践性,引导学生在实践中学会学习。变"教"为"学",变"读"为"用"。学生就是在这样的实践中,一次次地学,慢慢地积累了文本的语言。

片段二:《珍珠鸟》开头、结尾及第4自然段的学习。

本文语言清新明快,文章的开头与结尾都富有特色,应引导学生好好朗读,细细品味。体会作者对鸟的真诚、细腻的爱,认识珍珠鸟在"我"的照料和呵护下

从害怕到亲近最终到信赖的变化过程是教学的重点。

教学时,我关注文本开头、结尾以及描写珍珠鸟外形、活动等几处的表达。引导学生在朗读中、比较中,学到方法,并尝试运用。重点以第 4 节为突破口,引导学生圈词、批注、朗读、展开合理想象感受信赖的过程。

1. 关注开头与结尾的表达

《珍珠鸟》这篇课文是作家冯骥才写的一篇描写小动物的文章,写得非常出色,很值得学生学习。从作家冰心对此文的评价,可以窥一斑而见全豹。冰心说过:冯骥才的作品读得多了,但都不如《珍珠鸟》光彩照人。"文"起得带劲,"劲"中有无限的喜乐;"尾"收得有味,这"味"中有清澈的哲理。

教学时,我引导学生品读开头,并通过出示两个句子进行深入比较:

(1) 真好!朋友送我一对珍珠鸟。

(2) 朋友送我一对珍珠鸟。真好!

学生领悟到句子倒装后,能更加深切地感受到作者的喜悦之情。这样有特点的开头,带领学生品读后,学生印象深刻。后来,学生课后自己写的动物故事中,班级里有 6 名同学使用了这样的开头。

文章结尾的"信赖,不就能创造出美好的境界吗"出示这个句子后,让学生换种形式,说说它的意思。在朗读中,通过比较,感受反问句加强了句子表达的语势。

指导学生对文中鲜活的开头、结尾在读中揣摩,议中得法,让学生懂得作者为什么写得这样好?让学生获得一些写作上的可以模仿的、可以迁移的知识。人从儿童时期就有模仿的本性。他们因模仿而获得了最初的知识,模仿就是学习。心理学的研究也表明:个体的学习一般总是由模仿逐步过渡到创造性学习的,无论是仿造成创造,都是获得知识、能力或技能的重要途径。作文作为一种综合技能:既离不开模仿也离不开创造,因而引导学生仿照例文写作就更为重要。在阅读中学写作,利用教材范例,读写结合,是语文教学的传统经验。

2. 关注珍珠鸟外形的描写

吕叔湘老先生说:"语文的使用是一种技能,一种习惯,只有通过正确的模仿和反复的实践才能养成。"语言文字训练是语文课的根本,是在训练语言、发展语言的同时,渗透情感教育,发展思维能力,传授文化知识,训练学习方法。

本课的学习中,首先引导学生对小珍珠鸟的外形描写细细品读,在交流点拨的基础上梳理出,作者抓住颜色、形状,运用比喻的手法,按照从部分到整体的顺序,分别写了珍珠鸟的嘴、脚、羽毛、身子,生动形象地写出了它漂亮、可爱的特点;接着出示四年级《燕子》一课中作家郑振铎对燕子外形的描写,引导学生看如何抓住燕子的特点写具体:抓住燕子的颜色和形状,按照从整体到部分的顺序,分别写了羽毛、翅膀、尾巴,运用比喻的手法,写出了燕子活泼可爱的特点。通过新旧知识的联系,通过举一反三,让学生领会动物外形描写的要点,从而引导学生体会到：描写动物外貌要抓住特点并按一定的顺序。为完成课后作业做了很好的铺垫。将学习与运用有机地整合在一起。学好课文后,我让学生模仿其写法,写上一篇小动物的故事,学以致用。

3. 关注课文语段中的排比句

语文课承载的主要任务之一就是发展学生的语言,从而提高学生的语文素养。在这节课上,在有限的时间内,我安排了读写结合训练点。

学习珍珠鸟的活动情况时,让学生学习文中精彩词语与句式的运用。学习句子"起先,这小家伙只在笼子四周活动,随后就在屋里飞来飞去,一会儿落在柜顶上,一会儿神气活现地站在书架上,一会儿把灯绳撞得来回晃动"时,句中动词"落"和"站"相同的意思而用词不重复,值得学习;整个长句,先是总起,后分述;补写的三个"一会儿暗藏排比"。排比句的使用表现珍珠鸟的活泼好动,先后顺序词语的运用,使语言表达更有条理,值得学习。

读写结合训练：结合第4节其他句子的内容,发挥想象,把珍珠鸟还可能有的其他表现动作的机灵和活泼说一说;再联系秋游的内容,把下面句子说具体：

白鲸真是调皮。一会儿，一会儿，一会儿。

最后,也可运用这样的排比句式,说说其他的内容：

(什么怎么样)　　　。　　，　　，　　。

我以为,阅读能力形成不是一蹴而就的,因此,"关注学习经历,提升语言素养"应体现"学"与"习"的过程。吕叔湘先生曾说"语文的使用是一种技能,一种习惯,只有通过正确的模仿和反复的实践才能养成",这里的"正确的模仿"指的是"学","反复的实践"指的是"习"。学习过程有长短,一节课是一个过程,一个学期、一个学段也是一个过程,教师应在不同的学习过程中为学生提供相应的经历,让学生在一次次的经历中逐步获得阅读的基本方法,提高阅读能力,提升语言素养。

创新识字,渗透德育

——部编版《语文》二年级上册识字教学实践研究

宝山区罗南中心校　杜梦娇

[摘要]识字是学会语文的基础。但在以往语文教学的过程中,识字教学并不受重视。大部分教师一般都是采用教读音、写规范字的形式展开识字教学。这一传统的识字教学法并不符合素质教育下部编版教材对小学语文识字教学提出的新要求。对此,教师必须充分研读教材的编排意图,在此基础上创新识字教学法。本文将立足小学二年级语文识字课教学实践,从笔画学习、情境教学、随文识字三个方面入手来对创新识字教学实践应用展开具体的研究,旨在通过创新识字教学来渗透德育,引导小学生打好语文学习基础的同时获得全面发展。

[关键词]小学语文　部编版　识字创新教学　德育渗透

与其他版本的教材相比,部编版小学语文教材更加注重识字教学,具体表现为识字内容更加丰富、形式更为多样,其在低年级教材编排上体现得尤为明显。以二年级上册教材为例,其编排的内容和形式都充分考虑了二年级小学生身心发展的特点。以编排的内容为例,编排突出汉字表意性的生字;而编排的形式不仅设置了集中识字单元,还每一课都在每个字的上方拼音。这样的编排符合二年级小学生的认知水平,更能激发他们的学习兴趣。同时教材识字的编排融入了中国传统文化和时代特征,以及设置了"识字加油站"语文园地,以进一步促使二年级小学生全面发展。面对教材内容和形式的创新,小学语文若是继续采用传统简单的教读识字教学方式,显然不能达到新课标下小学语文识字教学的具体要求。为此,笔者在充分研读部编版小学语文二年级上册识字教学教材的基础上,从"创新教学、渗透德育"的角度入手来对低年级识字教学实践进行深入的研究。

一、笔画学习,找准规律

字词的规范书写以及意思理解都是需要通过笔画学习来获得的。但是,汉字的笔画学习过程相对比较复杂。而二年级小学生的文字基础还是比较低,难以去清晰地把握理解复杂、抽象的字词笔画。为此,我们在识字教学过程中需要引导学生通过观察不同生字的外形,同时给予学生必要的点拨、演示、资料补充,引导学生对生字的字形和字义等有一个整体上的认识,找准笔画规律。这样才能激发他们识字的兴趣,以及提高识字效率,进一步鼓励他们保持识字的积极性。

以《树》的识字课教学为例,我首先给孩子们出示"杨、壮、桐、枫、松、柏、棉、杉、化、桂"这十个生字词的卡片,然后提问:"怎样能又快又准地记住它们?"在问题的引导下,学生会仔细观察生字词卡片,这时他们很快就能发现这十个字的偏旁都是左右结构,而且有八个字都是以"木"字为偏旁。紧接着,我利用多媒体播放"杨桐树、枫树、松柏、棉花树、杉树、桂花树"的相关视频,让孩子们在多重感官的引导下联想这些以"木"字为偏旁的生字都是与树木相关,找准识字的规律。但是对于"壮"和"化"字,孩子们怎样也想不出快速识字的方法,于是我继续运用多媒体辅助出示古代士兵拿着枪站岗的图片让孩子们猜想,他们很快就根据笔画猜出了"壮"字,一下子就记住这个字了。紧接着,我出示"人心变化"的字理演示动画,让孩子们根据笔画记忆"化"字。

二、情境教学,便于理解

识字教学的核心是理解和灵活运用生字词。但传统的识字教学方法并不利于二年级小学生理解和运用生字词。从皮亚杰的认知理论分析,二年级的小学生正处于具体思维运算阶段,其思维运算需要依靠具体的事物作为支撑点。为此,我们在识字教学过程中,必须立足本班学生的实际情况,借助教学辅助工具来创设识字教学情境,引导学生借助具体的情境体验来深入理解字词。一般而言,我们可以采用多媒体创设情境、展示生字卡片创设情境等等创新教学方式,来帮助学生激发识字兴趣、提高识字效率。这样的话,在实际运用过程中,学生也能通过情境体验迅速联想到生字词,并将其灵活运用到实际语境中,提高自身的语用能力。

以《朱德的扁担》识字教学为例,我首先播放本课录音,播放到新生字时,展示相对应的生字卡片创设教学情境,并让学生在书本上做好标注;然后朗读竞赛游戏,邀请几名学生上台朗读,并让台下的学生评选最佳朗读者,旨在通过游戏的体验来引导学生正确读准字音;最后,我播放与本课的相关纪录片,引导学生深入感知本课的生字词,提高认知理解。通过不同的情境体验,学生不仅能够正确读准字音,还能够深刻地理解字词的基本意思,然后灵活运用这些生字进行互动交流,进一步加深理解。

三、随文识字,渗透德育

文字是中华经典文明,识字教学并不是简单地教学生读音、写规范字即可,而是需要将识字教学上升到文化的高度,渗透汉字的迷人之处来传播中华文明。这样才能吸引学生走进文字的世界,了解中国的汉字精妙之处,也为学生喜欢上语文打下基础。识字与阅读之间存在非常密切的关系,两者互为前提。因而,我们可以灵活运用随文识字的教学方法在识字教学过程中渗透德育,进一步提高识字教学效率。

以《树》识字课上的"松柏"生字词教学为例。教师也可以灵活运用随文识字教学方法,引导学生科学识字,同时渗透德育内容。对此,我首先会带领学生朗读全文,当读到"松柏四季披绿装"的时候,利用多媒体展示松柏四季如春的图片,并在黑板上写上板书"松""柏"这两个字。在笔画规律学习后,学生初步记住这两个字。紧接着,我会和学生阐释松柏代表的影响品质,然后引导会联想到英雄都是公平公正,以及清白做人的,所以"木"字旁加上一个"公"字就是"松",加上一个"白"字就是"柏"。顺着这样的思维,学生很快就能了解这两个字,同时深刻地感悟"松柏"所代表的英雄品质,在潜移默化中受到熏染,提升自身的综合素养。

总的来说,部编版小学语文教材创新编排了识字模块,教师也必须紧随教材改革的脚步创新识字教学,以推动课程改革的深化发展。充分研读部编版二年级上册识字教学内容后,笔者认为可以通过笔画规律学习、情境创设体验、随文识字学习等策略引导学生获取更多的高效识字学习方法,同时发展素养,逐步获得全面发展。

【参考文献】

[1] 牛茜.快乐接读,随文识字——"接读"在小学低段识字教学中的可行性分析[J].课外语文,2020(25):62-63.

[2] 曹春远.多途径识记生字,促进语言有效积累——浅谈小学低年级语文识字的教学策略[J].才智,2020(12):69.

[3] 章春爱.让识字教学走向"立体化"——统编版低段识字教学的思考与实践[J].小学生作文辅导(语文园地),2019(12):87-88.

[4] 张晓杰.识字教学中的德育渗透——以一、二年级部编版小学语文教材为例[J].当代教育实践与教学研究,2019(24):213-214.

聚焦阅读教学 提升习作能力

宝山区罗南中心校 周秋艳

摘要：语文学科是小学阶段极为重要的一门课程，是学习其他学科的基础，阅读和习作是小学生的必备能力。阅读教学主要是教会学生文字和语言的运用，其是语文学习的重点，也是学生提升习作能力的主要媒介，通过聚焦阅读教学提升学生的习作能力，有利于学生知识的学习和文字的运用。本文主要聚焦阅读教学，教师要善于创新教学的方法，激发学生的阅读兴趣，培养良好的阅读习惯，引导学生掌握科学的阅读方法，进而促进学生习作能力的有效提升。

关键词：小学语文；阅读教学；习作能力

近年来，随着新课改的不断深入，小学语文教学也开始不断地拓宽改革的领域，近阶段更是把改革的重心集中到了学生的自主感悟与表达上。在这个背景下，阅读和习作的重要性被进一步地凸显出来，而好的语文教学，除了基础的生字认识外，语言理解、语言运用、思维能力和审美能力等成为阅读和习作教学的主要目标，学生通过阅读教学来提升自身的语文素养，进而具备良好的语感、优秀的习作能力和扎实的写作功底。

目前，大部分小学语文教材都是选自知名作家的作品，其中含有丰富的阅读教学元素，在课文选取上不论是速读还是精读都很适宜，内容更为翔实，感情更为饱满，字字句句都能带给学生美的启发。聚焦阅读教学，让学生带着审美的愿景去认识自然和生活，学会区分善恶美丑，形成良好的世界观、价值观、人生观，在提升习作能力的同时全面促进他们的身心健康发展是非常重要的。鉴于此，笔者结合以往教学经验，聚焦阅读教学，提升学生习作能力来谈谈个人的见解。

一、创设情境，激发学生浓厚的阅读兴趣

阅读教学是小学阶段语文教师开展教学工作的重点，有利于学生习作能力的提升，教师要重视阅读教学工作的高质量开展，同时加强对教学思维和方法的完善和优化。通常而言，小学生受年龄和心理等特性影响，对阅读和习作的学习

缺少兴趣,阅读教学开展往往收效低下,进而导致学生写作素材积累有限,写作功底差,所以在进行习作时会感到枯燥无趣,对于习作的积极性也会受到一定的影响。而通过创设情境,能激发学生浓厚的阅读兴趣,当学生对阅读有了兴趣时,在教师营造的不同情境中能对课文有更为直观和深入的理解。

在阅读教学中,由于小学生生活经验有限,课文中很多文字描述的情景对于小学生而言理解起来较为困难,教师可以借助多媒体来创设情境,通过图片、动画、视频、影视等直接向学生展示,在激发学生兴趣的同时,将学生代入课文中的情境中,能带给学生更为直观的感触。例如在部编版四年级下册第五单元《海上日出》阅读教学中,可以制作海上日出的视频或PPT,通过画面再现日出时的情景,再让学生阅读课文,有利于学生与文字间建立起情感交流的桥梁,学生可以被引导到课文的艺术情境中。

此外,在部编版语文教材中,课文配备的插图比例增加,教师可以将插图利用起来,通过插图来调动学生的兴趣,帮助学生更好地理解课文。当学生喜爱上阅读时,教师需要引导和升华学生对课文的情感体验,教师的指导将使学生能够深入融入课文的情境中,进而深入品尝课文所带有的情感信息,挖掘文字之外的声音和意境下的意义,升华情感,实现角色的代入,让学生把自己置于课文的情境中,从课文中角色的角度换位思考,最终不断提升他们阅读的兴趣。

二、坚持不懈,培养学生良好的阅读习惯

高质量的阅读需要学生具备良好的阅读习惯,学生只有长期的坚持和努力,将好的习惯变成一种自觉行为,并不断扩大阅读的广度和深度,将会有效提升学生的阅读质量,并助力习作能力的提升。小学生因其生理特点,对阅读往往坚持不了多久,教师要善于引导和约束学生,可以给他们发一张阅读卡,要求学生完成每天的阅读完后就在卡上画一颗星,并且在第二天的时候,教师可以抽查一部分学生要求他们要能把自己阅读的课文复述出来。例如在《记金华的双龙洞》教学中,教师可以提前布置阅读任务,让学生提前阅读课文,第二天课堂提问或随笔,让学生复述课文的内容,以此让学生养成多阅读、多动笔的好习惯。

阅读教学中,学生不仅要能了解故事情节,更要注重语言的积累,读完课文后,应该写下课文内容的要点或概要,掌握课文的中心,学习课文中描写事物的手法。此外,在平时阅读中,应该确保课外阅读的量,养成互相交流的好习惯,在课外阅读的实践中,交流活动的开展可以组建交流小组,交流的方式可以是个人演讲或阅读分享,抑或是由演讲者向其他学生提问或组织阅读演讲比赛以及开展阅读后的征文比赛,让学生当主角,自由无拘束地分享自己的阅读体验和收获。教师在必要时要在交流过程中做出简短中肯的评价,使学生在交流活动中

获得知识、情感、能力、美学等多方面的提升。

语言和文字除了表达一个人的情感外,还具有传达其思想感受的功能。在大量优秀文学作品中都有着丰富的思想和情感的表达,包含有生动的形象描写、强烈的感情表达和深刻的理性认识。加强阅读的学习和积累,可以从基础识字开始,对于年龄较小的学生可以使用图像来触发情感的体验,在阅读和感受中展开想象并开始思考,从中他们可以感受、体验、理解并获得优秀的习作表达技能。

三、积极引导,培养学生科学的阅读方法

科学的阅读方法是提高小学生阅读质量的关键,好的阅读方法也会使阅读效果事半功倍,进而促进习作能力的提升。在教学实践中笔者总结出了精读和细度相结合的阅读方法,引导学生在初读课文的时候先粗读,了解课文的主要内容和文章结构,接着就要精读了,找出课文中精彩的语句和词语并把它们记录下来,同时要学会归纳作者的写作思路为自己所用。例如在习作例文《颐和园》和《七月的天山》阅读教学中,笔者让学生先粗读例文后再精读,并模仿例文的写作模式来进行习作训练,这样学生在写作时有了清晰的思路,习作教学的开展更为高效。

在语文阅读教学中,通过积极引导,培养学生科学的阅读方法,挖掘课文的情感内涵,并在习作中通过模仿课文中的语句来表现美丽的事物。集风景美、道德美、思想美为一体,丰富学生的情感体验,通过对自然美、社会美、艺术美和生活美的探寻,遨游在独特的情感海洋中。在开展阅读教学之前,如何把握课文的情感基调,用什么样的方法引导学生一起挖掘隐藏在文字中的情感是教学中最重要、最不可或缺的部分。在此基础上,才能带领学生投入语文阅读中对审美元素进行发掘,并将其沿用到习作中去。

在充分发挥学生学习主动性的基础上,教师应充分发挥引导职能,让学生积极成为学习的主体。通过对阅读材料中语言的欣赏训练,培养他们发现、认识和领悟美的能力,教师引导学生在阅读中深入分析课文的艺术特色,这不仅使学生能够理解课文所展现文字内涵,而且还能让学生感受到课文所带来的意境美。通过把科学的阅读方法讲解给学生并让他们不断地实践,最终能熟练地掌握,从而不断增强他们的阅读能力,提高习作能力。

四、结语

近年来,随着新课改的深入发展,我国教育领域愈加重视对学生学科素养的培养。针对小学语文学科而言,开展良好的阅读教学不仅可以增强学生的阅读质量,还可以在一定程度上促进其习作能力的提升。教师在进行阅读教学时必

须加强对阅读教学的重视,促进小学生阅读能力的提升,同时也可以实现学生习作能力的综合提高。

参考文献:

[1] 王粉霞.实施有效阅读提升理解能力——浅谈小学语文阅读教学[J].新课程导学,2016(28).

[2] 李胜芳.浅谈小学生语文阅读能力的培养[J].新课程(小学),2016(3).

[3] 赵玉玲.浅谈小学语文阅读教学的策略[J].新课程(中),2017(6).

让评价引领学生成长

宝山区罗南中心校　汪燕琳

随着课程改革和素质教育的实施,我们越来越深切地感受到教学评价改革的重要。课程标准明确指出:"语文教学的评估要符合语文学科的特点,遵循语文学科自身的规律。"因此,在教学中适时、正确地运用评价手段,这对激发学生的学习兴趣,营造轻松和谐的学习气氛,全面提高课堂教学效益,提高学生的语文素养起到积极的促进作用。如何优化语文课堂教学中的评价?我认为可以从以下几个方面改进:

一、营造平等课堂氛围,以肯定性评价为主

1. 营造民主、平等、和谐的课堂评价氛围

新课程要求建立一种"对话互动"的新型师生关系,在这种对话的氛围中,教师和学生都可以充分表达各自的意见,使双方都可以进行积极思考。以"对话"为主要状态的语文教学,教师要以"与学生平等"的身份参与对话。所以,教师在教学中必须营造一个民主、平等、和谐的课堂评价氛围。也只有在这样平等的学习环境中才能真正实现师生间的"平等对话"。罗素说过:"凡是教师缺乏爱的地方,无论品格还是智慧,都不能充分地或自由地发展。"教师要以关怀、关爱、理解、赏识的心态评价学生,启发学生的心智,促使他们健康成长。

2. 坚持正面引导原则,以肯定性评价为主

《语文课程标准》强调:对学生的日常表现,应以鼓励、表扬等积极的评价为主,采用激励性的评语,尽量从正面加以引导。清代教育家颜昊先生说:"教子十讨,不如奖子一长。"花费很多时间和精力去苛求学生,不如用一点心力去发现其优点,并以此鼓励他,让学生体验成功的感觉。所以教师在教学中不能吝啬表扬与鼓励,要以肯定性评价为主,激发孩子的学习潜能。尤其是对低年级的孩子们,他们还处在从幼儿园到小学间的适应过程。经过调查,我们发现幼儿园时期,孩子们经常受到老师的表扬,幼儿园老师对于孩子们的态度总体上是温和、亲切的。因此,幼儿园的孩子总体的情绪状态比较好。而在小学里,虽然老师看

到孩子有出色表现或明显进步,也会夸奖孩子,但总的来说小学老师采取的表扬方式比幼儿园少。当老师看到孩子接受慢、纪律差等情况时,情绪会比较急躁,态度也会比较严肃。长此以往,让部分学生在不知不觉中对学习产生了畏难情绪。所以,从相反的角度来看,孩子得到肯定性评价,会使他们产生愉快的学习体验,从而更大程度上激发他们的学习动机,调动他们的学习积极性,促进自我成长和发展。

二、转变评价内容和方式,从书面测试转为情境体验

如今,我们接受的是一种新的评价方式,靠传统的理念是行不通的。传统的评价观只有教师评价学生,把学生视为被动地接受知识的对象,盛放知识的容器,唯考分是人才的评价观点,从而忽视学生的个性发展,也忽视了学生素质和能力的提高。孩子们经过了一段时间的学习,到底对知识把握得怎么样?传统的检测方式多是通过书面考试,用分数来衡量孩子的学习情况。这样,常常会使低龄儿童过早产生来自"分数"的心理压力,长此以往,就对学习产生了厌烦的情绪,更会因为分数而"输在起跑线"。

因此,为了让孩子不再受到"分数"的压力,我们可以采取"情境"评价的方式。除了对孩子知识掌握的关注,我们更要注重孩子的学习方法、学习态度和学习情感等。在课堂上,我们可以采取对孩子们接受度更高的"情境"模拟或测试,让孩子们在创设的真实情境中进行学习或体验。这样的情境体验,不仅不会对孩子产生过重的心理负担,反而还可以激发孩子们对学习的热情和积极性。我们还可以通过以下几个方面来对情境体验进行优化。

1. 评价内容要丰富

对于学生的评价,不能再是单一成绩。应该将更多的评价向知识与技能、过程与方法、情感态度与价值观这三个维度进行倾斜,从而形成更综合性的评价。要将评价的内容融合到情境教学中,在情境中设立合适、有趣的学习任务和学习目标,让孩子们更乐意在这种有趣的学习方式中实现自我成长,提高对学习的兴趣。

2. 评价的方式要有趣

除了评价的内容需要转变以外,我们还要让评价的方式更富有趣味性。首先,评价语言要灵活生动。如果学生读完课文,老师这样来评价学生:"老师觉得,你长大肯定能成为一名出色的播音员!"学生听后怎么会不大受激励呢?生动丰富的评价语言能最大程度地调动学生学习的主动性、积极性,更能活跃课堂的气氛。其次,作为老师,也要充分利用自己的体态语言。在课堂上,一个充满希望的眼神,一个赞许的点头,一个鼓励的微笑,拍一拍学生的肩膀,甚至充满善

意的沉默,都不仅传达了一份关爱,还表达了一种尊重、信任和激励,这种润物细无声的评价方式更具亲和力,其作用远远大于随意的口头表扬。最后,我们还可以在活动形式上进行创新。如:送字宝宝回家、帮助小兔走出迷宫、摘苹果、吹白云等以游戏形式为主的教学环节,都可以充分利用,吸引孩子的眼球,集中涣散的课堂纪律,使孩子们可以积极地投入学习中,在学习中体验快乐,更在快乐中进行学习。

三、扩充评价主体,让评价主体更多元化

不可否认,在目前大多数的教学活动中,评价的主体仍然是老师。而优化课堂教学评价的另一种方式就是扩展评价的主体,引导学生参与评价。引导学生参与评价,是把评价的权利还给学生,是把学生看作学习活动中不可替代的主体,发挥学生的主观能动性,真正体现学生是学习主体。正如苏霍姆林斯基所说:在人的心灵深处都有一种根深蒂固的需要,这就是希望感到自己是一个发现者、研究者、探索者。而在儿童的学习成长中,这种需要更要被重视。引导学生参与评价,正是给学生提供了发现、研究、探索的空间,为学生发展、创造创设条件。

1. 要培养学生评价的主动性和自信心

在学生初步尝试评价的时候,要采用激励性语言鼓励学生大胆说出自己的想法,对发言流利、声音响亮的同学给予表扬,由此建立起他们评价的信心。在学生基本掌握了评价的方法后,可利用多种活动形式扩大学生评价的空间,活跃他们的思维,使他们在轻松愉快的学习活动中主动发言,积极交流。

2. 给予学生充分的参与评价的机会

以课文朗读为例,可以采用"读—评—读"的教学方法。先让学生读,再让学生评一评他或他们读得怎么样,最后再让学生读,这样不但提高了学生的朗读能力,而且提高了学生的评价能力。在课堂上,我们就要充分利用这样的教学环节,更多地给学生提供评价的机会和内容,让他们充分地表达自己的看法。

3. 我们要重视学生的自评和互评

《语文课程标准》中明确指出:实施评价,应注意教师的评价、学生的自我评价与学生间互相评价相结合。自评就是让学生自己评价自己。学生们想象丰富,教师可以要求学生对他们的行为或作业做出自我评价。如学生读完一个句子或一个语段后,可以停一停,让学生自己思考和判断,自己在朗读过程中的优点和缺点,鼓励他们进行自我评价,这样会更有针对性地做出自我改进,同时养成自我检查、自我评价的好习惯。同时,我们还可以让学生进行互评。比如写话,这一直是每个语文教师的教学难关。如果就老师或学生自己进行评价,那想

法总是更趋于个体。正所谓:"众人拾柴火焰高。"如果能在写话修改的过程中进行互评,发挥"群众的力量",那可就事半功倍了。老师可以成为这一过程的"催化剂",通过这样的追问:你认为他写得怎样?好在哪里?还有哪些要改的,怎么改?如果是你,应该怎么做?这样,既让更多的学生有了发表自己的见解的机会,发挥学生间的互补作用,做到取长补短,同时又培养了学生的合作意识。学生在评价自己和评价他人的过程中完善自我、发展自我,学生学习的主体性和积极性也得到充分发挥。

四、结语

著名教育评价专家斯塔佛尔姆强调:评价不在于证明,而在于改进。在语文教学的每个环节,充分发挥教师评价的作用,积极转变评价的内容和方式,激发学生自主与互评的热情,这样就能营建轻松和谐的学习气氛,全面提高课堂教学效益,使课堂成为学生的乐园,从而获得更好的成长和发展。

关注多维指导　培养归纳能力
——以《为中华之崛起而读书》为例浅谈归纳文章主要内容

宝山区罗南中心校　马颖慧

语文学习不仅是知识的传授，还应该注重学生语文能力、素养的培养与提升。课堂实践是培养学生语文能力、素养的重要实践途径。对于升入高年段的学生，归纳文章的主要内容，是阅读训练最基本的要求，但往往最基本的东西，却不容易抓住教和学的方法。部编教材高年段归纳文章主要内容能力的训练，是一个螺旋式上升的训练。四年级上学期第四单元、第七单元以及四下的第六单元的语文要素分别是：抓住事情起因、经过结果学习把握文章主要内容，抓住主要人物和事件学习把握文章主要内容，如何把握长文章的主要内容。我将以四年级上学期第七单元《为中华之崛起而读书》一课为例，浅谈落实语文要素的训练，培养学生归纳课文主要内容能力的方法与策略。

本单元的语文要素是"关注主要人物和事件，学习把握文章的主要内容"。这一要素是在三年级"了解故事的主要内容"基础上进一步提升，本册教材在第四单元安排了"了解故事的起因、经过、结果，学习把握文章的主要内容"的要素，本单元在此基础上，学习如何关注主要人物和事件，把握文章的主要内容。《为中华之崛起而读书》一课侧重引导学生通过先弄清每件事情讲了什么，再把几件事情连起来的方式把握文章的主要内容。

一、立足单元，设计目标

《为中华之崛起而读书》这篇课文叙述了周恩来少年时代在奉天读书时的事情，他耳闻目睹了中国人在被外国人占据的地方受洋人欺凌却无处说理，从中深刻地体会到伯父说的"中华不振"的含义，从而立下了"为中华之崛起而读书"的志向。少年周恩来博大的胸怀和远大的志向，能启发学生思考读书的意义。

本文共有十七个自然段，写了三件事。第一件事，修身课上，少年周恩来"为中华之崛起而读书"的回答让魏校长震撼和赞赏。第二件事，初到奉天，伯父告

诚周恩来由于中华不振，被外国人占据的地方不能随便去，周恩来对此疑惑不解。第三件事，在被外国人占据的地方，周恩来亲眼看到一位中国妇女受洋人欺侮而没处说理，这使他真正地体会到伯父所说的"中华不振"的含义，从而立下了"为中华之崛起而读书"的远大志向。三件事情在叙述上都清楚地交代了时间、地点、人物和事件等要素，相对完整。

每一种知识的获得必有其一定的学习方法，如何帮助学生准确简洁地归纳出课文的主要内容呢？在关注学情的基础上，围绕本单元的训练重点，以及本课的教学重点，第一课时指导学生在理解"抱负""崛起"等词语的基础上，抓住时间、地点、主要人物的言行等要素进行梳理，同时还要引导学生排除次要人物的干扰。如，归纳第一件事情的主要内容时，抓主要人物魏校长和周恩来的主要表现，以及这样表现的原因是什么，学生根据提示说一说：修身课上，魏校长＿＿＿＿＿＿＿＿＿。同学们＿＿＿＿＿＿＿＿，周恩来＿＿＿＿＿＿＿＿。有了支架，大部分学生都能够用简洁语言把内容说完整，也明白了次要人物同学们的表现可以用一个词语归纳说明——同学们的回答各不相同。这样的思维训练，为第二课时的第二、三件事以及全文内容归纳的学习奠定了基础。第二课时，以"中华不振"这个词语为抓手展开教学，引导学生联系上下文，通过中国妇女、中国巡警和围观中国人的不同表现，感受当时中国社会的落后和人民的软弱，从而体会周恩来为民族振兴而立志的原因。有了这样的学习过程，学生再通过抓主要人物的主要表现和这样表现的原因来归纳文章的主要内容时，便不会是"无米之炊"了。

二、基于目标，关注表达

教学中，引导学生与文本对话，不仅要关注内容，更要引导学生品读语言，内化语言。引导学生自主学习、感悟、理解、品读文本，在内化中提升语文表达和归纳能力。

在学习第二件事时，我提出了一个问题：周恩来为什么会立下为中华之崛起而读书的志向？学生们思考这个问题时，分别关注到了周恩来初到奉天伯父对他说的一番话，和一个星期天，周恩来来到了被外国人占据的地方看到的一幕情景。在关注学生回答的基础上，我引导他们发现，文中有一个词语能直接告诉我们周恩来立志的原因。学生再次回到课文，找到了"中华不振"这个词语，文章的精髓就这样被发现了。起初，学生的表达是烦琐的，经过思考发现原来一个精练的词语便是答案，繁与简的呈现，构建了真实的课堂。

紧接着我引导学生思考 12 岁的周恩来刚到奉天时，对伯父说的哪些话不明白。通过交流，学生将周恩来心中的不解转化成自己的语言——表达出来——

为什么人们惹出麻烦却没地方说理？为什么中国的地方会被外国人占据？什么是"中华不振"……一个个问题的质疑，引导着学生们一步步走进课文，这个过程，虽是无痕，却是老师的有心。我继续追问伯父为什么叮嘱不让周恩来随便去被外国人占据的地方？并引导他们关注课文的内容，伯父的话中已经给出了答案。于是"中华不振"这个词语再次被学生发现。就这样，在一次次思考、一次次表达中，经过语言的转换，内容的删减，仍然保留在学生头脑中的便是这件事情最精华的部分。此时再借助提示归纳第二件事情的主要内容时，学生便心中有数，神清气定了。

学习第三件事情时，学生带着问题默读课文：是什么让12岁的周恩来体会了"中华不振"四个字的沉重分量？大部分学生关注到了中国女人悲惨的遭遇。我便引导学生通过中国女人的哭诉，感受她的悲惨遭遇，进而关注中国巡警训斥中国女人的可恨行为，和围观中国人敢怒不敢言的软弱。学生们通过交流、朗读，三个人物的形象逐渐在他们眼前清晰起来。哭诉、训斥、敢怒不敢言，三个词语鲜活地展示着三个人物不同的形象，小人物的悲惨遭遇也一步步转化成孩子们心中的悲愤，百年前受尽屈辱的中国，就这样立体地呈现了出来。这样的学习经历，由浅入深，由表及里，使学生深刻体会到了周恩来受到的强烈震撼，从而立下伟大志向的原因。

在学习第三件事情时，一个比喻句成了教学上的难点。"怎么把祖国和人民从苦难和屈辱中拯救出来呢？这个问题像一团烈火一直燃烧在周恩来心中。"如何使学生体会这个比喻句所表达的强烈情感呢？周恩来想要拯救祖国和人民的命运，但因为当时年龄小，能力不够强，一时还无法实现自己的愿望。但这个愿望却没有被他忘记，它像一团熊熊燃烧的烈火时刻燃烧着他，督促着他，引领着他向前奋进！学生们通过思考、朗读，再思考，再朗读，逐步感受到了周恩来这强烈的决心和伟大的志向！学到这里，周恩来在第三件事的主要表现学生们清楚了，他这样表现的原因也明白了，借助板书的关键词，学生便能够用简洁的语言，完整地归纳出这部分的主要内容。

三、灵活运用，提升能力

把三件事情的主要内容连起来，实现对课文主要内容的把握，是本课的学习重点。此时，学生已经掌握了每件事情归纳的方法，怎样连贯地把三件事情连起来归纳呢？我先让学生关注作者的写作顺序：三件事情，哪件是结果，哪件是原因？学生会发现课文并不是按照事情发展的先后顺序写的，而是先写结果再写原因。

在理清了时间关系后，学生可以用表示时间变化的词语将三件事情连起来，

从而实现按事情发展的顺序说清楚课文的主要内容,这样的表达方式较容易。若按照作者的写作顺序来归纳会有一些难度,需要学生借助一个关联词语"之所以……是因为……"来连接第一件事和第二、三件事。教学中,我放手给了学生自由选择的权利,请他们选择自己喜欢的表达顺序来归纳全文的主要内容。课堂上,相对的自由和充分的信任,既给了能力强的学生展示的机会,也关注到了学习能力稍弱的孩子,增强了他们表达的自信。在这样充满信任又轻松的课堂,孩子们的积极性得到了充分调动,个别学生的归纳经验就更容易转化成全体学生的学习资源,使每个孩子都有了收获。

课的最后,我提出了最后一个问题:作者为什么要把后发生的事情放在文章最前面写呢?这样写有什么作用呢?这个问题对于刚升入四年级的孩子稍有难度。经过交流学生知道了,课文从生动的情境描写开始,制造悬念,步步释疑,引人入胜。孩子的回答很正确,但只是作用之一。我请学生关注课题和第一件事的主要内容再次思考。学生的眼睛亮了,原来他们又有了新的发现——作者这样写不仅能激发读者的兴趣,更是为了强调少年周恩来从小立下"为中华之崛起而读书"的伟大志向。

归纳文章主要内容的方法有很多,可以抓题材、抓题目、抓重点段、抓中心句……我们要引导学生学会用不同的方法归纳不同文章的内容。归纳是一种思维过程,更是提升学生语文学习能力的一种有效手段。在教学活动中,教师要注意因势利导,主动引导,教与学并重,学与练同行,学生对归纳文章的主要内容才不会望而生畏,也不会因为"无米之炊"而无从下手,更不会因为"心中无竹"而裹足不前了。

数学学科

"营救"小数　错例为先
——小学数学小数除法典型错例矫正对策

宝山区罗南中心校　杨雪娇

【摘要】 在小学数学的教学工作中，学生犯错是无法避免的，许多教师面对学生犯错总是感到头疼，许多因为粗心、马虎犯的错误会让学生无法发挥自己原有的实力。其实犯错并不可怕，可怕的是错而不改，一错再错，这才是教师最担忧的地方。因此教师在小学数学教学中，要减少学生犯错误的概率，找到错误的根源所在，才能够有效避免错误再次发生。对此五年级的小学数学教师在教授小数除法时深有感触。在教学的过程中教师发现，学生的小数除法计算准确率一直都不高，尤其是在形式简单的计算题当中。为了能够有效地提高学生的计算准确率，纠正学生的错误计算方法，数学教师在教学过程中应该有效地借助小数除法典型错例来开展教学，通过对学生出现计算错误原因的分析，来探究出矫正策略。

【关键词】 小学数学　小数除法　典型错例　矫正对策

引言

皮尔杰认为：错误是有意义学习所不可少的。在学习的过程中，学生出错是一件在所难免的事情，尤其是在小学数学计算题中。通过错题，教师可以帮助学生理顺知识结构，深入理解知识，达到提升、纠正学生在做题时的错误行为，并有效地提高学生的计算准确率。教师在教学中应该积极地培养学生的错题反思能力，通过及时整理归纳、因材施教、给予错题正确评价以及借助错例提高认知等方式帮助学生纠正计算错误，提高学生的计算正确率。小数除法是沪教版五年级的一个重要板块内容。但是在教学的过程中，大多数学生在计算小数除法时都会出现错误，而所出现的错误都是比较常见且典型的。作为教师应该重视典型错例在数学教学当中的应用，让学生通过对小学数学除法错题的反思，来解决学习过程中的障碍和阻拦，达到提升小学生数学素养的目的。

一、借助典型错例在小学数学学习中的重要性

"差错人皆有之,作为教师,对于学生的错误不加以利用是不可原谅的。"在小学数学教学中,学生出现计算错误是在所难免的,这是教师无法避免的事实,但并不是教师不可以改变的现象。在教学中,教师应该有效借助典型错例来开展教学,来提升学生的数学核心素养。在小学数学学习中,典型错例应用的重要性便体现在:(1)在教学中有效地借助典型错例开展教学,可以有效地提升学生的学习能力。学习是一个探究的过程,学生在探究的过程中不可能一帆风顺,永远不出现错误。出现错误是一种非常正常的现象,在学习中出现错误,说明学生对知识的理解程度还不到位,又或者是说学生学习能力还不足。而教师在教学的过程中,将学生的典型错例作为教学资源来使用,能够更好地解决学生在学习中所存在的问题,进而提升学生学习能力。(2)典型错例的应用可以有效地调整教师的教学实效。在教学的过程中,教师通过对学生的典型错例进行分析,可以更好地反思自己的教学,典型错例是大多数学生都会存在的错误,通过分析,教师可以更好地明白自己教学的不足之处,之后可以制订相关的改进计划,进而不断地调整自己的教学,教学效率也会随之不断提高。(3)典型错题的应用可以更好地培养学生的反思能力。小学生的年纪小,自身并不具备自主反思的能力,在教学中培养学生的反思能力也是教师的重要教学目标。而教师在利用典型错题时,会让学生将错题进行收集,并且引导学生自主反思自己出现错误的原因,在这样的过程中,学生的反思能力自然也就得到培养。

二、学生出现小数除法错误的原因

导致学生在做小数除法计算题时出现错误的原因并不只有学生自身层面的原因,教师、教材同样也是导致学生出错的原因。下面将针对这三方面的原因做出相关分析。

(一)学生层面原因

1. 心理因素

心理因素是导致学生在做小数除法题出现错误的主要原因。而心理因素所导致的出错主要表现在:(1)学生对题目的感知不够准确。计算题外显形式简单,小学生对这一类的题目本就存在着感知粗略、笼统的情况,而学生在做这一类题的时候,又比较急于求成,在做题的时候就常常会出现抄错数字、标错小数点的情况,这便导致计算出错。(2)小学生的注意力不集中,在做题时常常思前想后。不管是注意力的集中性还是转移能力,小学生的发展都还不够成熟,学生在做题时常常会将自己的注意力分散至两个地方,甚至是多个地方,由此一来就会造成丢三落四、顾此失彼的现象,计算自然也就出错。

2. 技能因素

除开心理方面的因素,学生自身基础知识与技能方面的因素也是导致学生计算出错的关键因素。其主要体现在:(1)学生对数学计算的基础知识不够扎实。小数除法对于小学生来说算是高阶类计算题,但是班上有一些学生对乘除法的基本算法掌握得不够牢靠,对乘法表的记忆不牢,又或者是对小数互化不够熟练等等,导致学生在做小数除法题时出现错误。(2)学生自身对算理的理解不够深刻。小数除法不单包含了小数的互化知识,还包括了除法算理。但是由于学生对算理掌握得不熟悉,导致学生在做题时出现计算错误。

(二)教师层面原因

1. 教师忽视对概念、算理的讲解

学生为什么会对小数除法的计算算理不理解?一是学生自身在上课时没有认真听讲;二便是教师在课堂上对概念、算理的讲解过于忽视。不少小学数学教师认为,要想提高学生计算的准确率,提高学生的数学成绩,最好的办法就是让学生多做练习,做的练习越多,学生对知识的理解也就越快。因此,这部分教师在开展课堂教学时,大多都是给学生出示题型,让学生进行练习与讲解,并不太会跟学生分析小数除法计算的概念以及算理,而书本上的解释又太过于抽象与笼统,学生自然也就无法理解。

2. 教师未及时收集错题进行总结

多做练习虽然是教师用来提高学生做题准确率的方法之一,在日常教学中教师也确实向学生布置了不少练习,但是有部分教师只注重布置练习,却不注重帮助学生及时收集错题进行总结。对于学生来说,对错题进行反思总结比多做练习要更有效。如果教师没有帮助学生收集错题,反思总结。学生自己是很难发现错误所在的,这样的错误便会一直存在,学生的做题准确率也难以提高。

(三)审题层面原因

1. 题目练习比较少

学生在看待问题的过程中,容易进行盲目和直观的思考。为顺应新课改的深入实施,人教版小学数学课本是进行了多次改编的。而改编之后的教材比较注重学生的全方面发展,教材中所囊括的知识综合性要更高。但是一课所能占的板块都是有限的,综合性的提高让教材中的练习题变少。在教学中教师如果单靠教材来让学生进行小数除法的练习,自然是不够的,这也是导致学生小数除法计算出错的原因之一。

2. 练习内容安排不合理

在数学教学过程当中缺少对题目的审视训练,虽然一部分同学会认真地读

题,但不会认真地把握题目当中的关键词,小学生的年龄小,这个阶段的他们正处于直观思维阶段,在学习中他们更能接受直观的知识,像是概念、算理这些抽象的知识,学生大多难以理解与接受。但是在当前的人教版小学数学教材当中,不管是概念还是算理,在板块的分布上,依旧是单独地处于一个板块,并没有用一些直观的实例来对此进行解释,学生在学习中自然会因为这种教材内容安排得不合理而受到阻碍,在做题时也会因此出现错误。

三、小学数学小数除法典型错例矫正对策

(一)及时整理归纳错题,分析学生错误原因

小学生在学习数学计算方面的知识时,错题是学生在解决计算问题时必然会出现的,既然无法避免,就应该坦然接受并有效地将其运用在自己的学习中。教师作为学生学习道路上的引导者,应该引导学生将自己的错题进行归纳整理。其实对自己在解决计算问题时所出现的错题进行归纳整理,就好比将原本杂乱不堪的衣柜进行重新整理一样,通过归纳和整理,学生可以将错题这一隐性教学资源转化为显性教学资源,在这一资源的转化上,教师应该与学生一同分析错误的原因。在《小数除法》这一课的学习中,小佳在做这一节课的计算应用题时,其计算准确率就不高。在教师的引导之下,小佳对自己的错题进行了整理和归纳,找到了自己的典型错例,在对自己的典型错例进行分析之后,小佳发现自己之所以会出现计算错误,都是因为在应用题当中自己老是忽视单位的转换。例如在"一辆汽车24分钟行驶了18千米,那么它2.4小时行驶了多少千米"一题当中,小佳的计算方法与过程都是没有错的,但是由于单位换算出错,最终导致最后的计算结果出错。在经过整理与归纳之后,小佳为自己专门整理出来了一本错题本,在后续同样的计算应用题当中,再也没有因此而出现计算错题了。

(二)根据错题因材施教,提升学生的准确率

其实学生自己所整理归纳好的错题本能够有效地将学生的学习情况反映给教师看,教师在通过查看学生的错题本之后,可以清楚地明白学生在这一课当中的薄弱之处,明白了学生的弱点,教师自然也就可以更具学生的弱点给予针对性的措施,因材施教才能更好地提升学生的准确率。在《小数除法》这一课的教学中,教师在通过几次练习之后,让学生将自己在练习中的错题进行整理与归纳,教师在查看了志志的错题本之后发现,志志在一碰到需要转弯的题目就容易出错。比如在"一个小数,如果把小数点向右移动一位,所得数扩大到原来的10倍,现在的数比原数增加了(10-1)倍"这样的题目当中,就会容易出错。对此教师在后续的学习中每隔一段时间就给志志出这样的题目,让志志进行训练。志志在教师给予的多次训练之后,渐渐地,计算准确率得到了提高,再面对这样的

题目就很少出错了。

（三）给予错例正确评价,提升学生学习效率

教师在带领学生将自己的错题进行整理和归纳之后,可以通过学生所收集好的错题集去了解学生的学习情况,同时教师也可以通过学生所整理的错题去检查学生的成果,给予学生更为合理的评价。根据学生的错题给予学生评价,可以更清楚地评价学生的进步情况,关注到每一名学生。在错题收集本中,可以清楚地看到有哪些学生的学习态度更加认真,哪些学生没有掌握哪些知识,哪些学生不爱学习。错题收集本作为教师了解学生的桥梁,可以帮助教师更好地提升学生的准确性,促进学生全面发展。在《小数除法》这一课当中,学生的学习情况不是很理想,学生在第一次的作业中出现了许多错误。在经过了一次讲解后,教师让学生将自己的错题集中到错题集里,然后上交检查。在检查的过程中发现,有一名这次错误较多的学生,将自己做错的每一道题,都认真地写上了解题的思路,并且画上了坐标轴来帮助理解。在这名学生的评价下,教师写上了:你的归错十分细心,继续保持努力,你会变得更棒! 在这样的评价下,这名学生学习、归错表现得更加认真,成绩也在一点点进步。教师的评价可以帮助学生建立起归错的信心,让学生在归错的过程中,进一步消化课堂中学习的知识,获得更多的进步,进而提高自己的学习效率。

（四）借助错例培养认知,引导学生自我反思

对学生认知能力的培养所指的并不是学生对数学知识的认知,而是培养学生对自己认知过程的认知和调节,对思维和学习活动的认知和控制。换句话说也就是对学生自我反思能力的培养。小数除法的计算对于学生来说算是高阶计算题,计算的过程相对来说比较烦琐。而教师利用错例来培养学生认知,引导学生对自己的错例进行反思,并在教师引导反思的过程中学会自主反思。这样一来,学生通过反思可以有效避免自己曾经出现过的错误,或者是老师提到过的典型错例,计算失误的现象自然就会得到培养。就如在教学过程中,教师将学生所出现的错误出示在黑板上:$0.75\div 0.12=6……3$。在出示后教师先引导班上的学生自主观察,让学生想一想:"你是从哪方面看出这道计算题的余数有问题的?"学生在教师的引导下,很快地对此进行思考起来,在经过学生的思考之后,学生找到了三种判断这道计算题错误的方法:其一,和除数相对比;其二,和被除数相对比;其三,进行验算。在学生说出了判断方法之后,教师又让学生思考:"你在做这道题目的时候,为什么会出现错误呢?"教师的一句话一下点醒了学生,学生在自我反思的过程中不仅得到了检验题目是否错误的方法,还更加清楚地明白了自己为什么会出错的原因。由此一来,学生在后续再做小数除法的题目时,错误率会大大降低。

四、结束语

对于小学生来说错题就像是他们的一面镜子一样,能够清晰地反映出学生在学习数学的薄弱点,是学生提升自己数学能力的重要一环。小数除法的计算又是学生容易出现错误的地方,因此教师在数学教学中要有效利用学生的典型错题,开展纠正教育。通过整理归纳、因材施教、合理评价、引导反思等形式来减少学生重复犯错的概率,提升学生的计算准确率,帮助学生养成好的数学学习习惯,进而促进学生的全面发展。

参考文献:

[1] 万林峰. 不因于"形"着力于"理"——《除数是一位数的除法》典型错例分析与教学对策探究[J]. 小学教学设计(数学),2017(3).

[2] 季康. 都是小数点惹的祸——浅谈小数乘除法教学的问题及解决策略[J]. 数学大世界(上旬版),2017(7).

[3] 黄少芬,吴秀春. 以问题导学促素养提升——以北师大版《数学(五年级上册)》之《小数除法》为例[J]. 新课程教学(电子版),2017.

[4] 刘雪梅. 小数除法计算典型错例分析及教学对策[J]. 小学数学教育,2017(10X):12-13.

[5] 吴翀键. 小数除法计算中常见的错误类型分析及教学对策[J]. 新课程,2017.

[6] 常立钢. 数学教学中合情推理策略的使用——以"除数是整数的小数除法"为例[J]. 小学教学,2017(22).

承行知教学理念
立数学启蒙之基

宝山区罗南中心校　王　洁

八十多年前,陶行知先生在上海的宝山创办了山海工学团,践行着其"教学做合一"的教学理念,行知先生三十年如一日,不屈不挠,不畏艰辛,为中国的教育做出了杰出的贡献,同时也与宝山人民结下了不解之缘。他是当代中国教育事业的先驱,是当代中国教学理念的奠基者,是当代中国教育人共同的老师。

我毕业于上海宝山的行知中学,从小对陶行知先生有着特殊的感情;同时,作为一名宝山的教育人,我对教学的追求又深受行知先生的熏陶。先生曾说:"教师不应该专教书,他的责任是教人做人;学生不应该专读书,他的责任是学习人生之道。"多么美好的描述啊。我要做一名人民教师,做一名不仅教学生知识,还要教学生做人的教师。

我是一名小学数学教师,数学是一门特殊的学科,是最基础的学科,是学习其他学科的得力工具。在数学的世界中,不仅包含着数字的乐趣,更蕴含着深刻的人生哲理。作为一名基层教师,我热爱着我的学校、热爱着我的学生、热爱着我的事业,我要尽我所能教好我的学生。首先我要弄清楚我要教给他们什么,其次我要弄清楚如何教得更好,最后我要弄清楚最终目的是什么,即为什么而教。

【教什么?】小学数学是科学教育的启蒙,那么小学数学到底要教什么?

一是要教学生课本知识。

多次的课程改革已经将知识结构整合得越来越合理,教学方法改进得越来越有效,特别是对于数学教学来说,平时学生在生活中接触得较少,家长相对花的精力较少,这就更要求教师充分抓住课堂的时间将数学知识灌输给学生。

二是要教会学生严谨性。

数学是一门极其严谨的学科,在语文环境中"1+1"可以等于2,也可以等于3,甚至可以等于所有可能,但在数学环境中,"1+1"只能等于2。可以说,严谨性是数学的独有之美。

在目前素质教育的大潮引领下，曾经沉闷的课堂开始变得活跃起来，呆木的学生开始变得活泼起来。这无疑是一件好事，但对于数学这门特殊的学科来说，鼓励学生追求个性的同时，数学的严谨性却渐渐被忽视。数学课堂的不严谨不但对学生数学的学习不利，而且对学生的终身发展不利。

数学课堂必须严守严谨性这条底线，让学生始终体验和感受数学的严谨之美。

数学课堂要坚守严谨性，首先要做的是建立严肃的课堂规矩。课堂规矩即课堂规则，必须明确在数学课堂上有哪些行为是不被允许的。课堂规矩在被学生认可和接受之后，习惯成自然，便会慢慢转化为他们的自觉行为，成为学生自我管理和自我约束的有效机制，形成一种良性循环。

三是要教学生逻辑思维能力。

解决数学问题的整个过程是分析、比较、判断，而这三个步骤的集合就是逻辑思维的全过程。

在数学教学过程中往往会出现这样的问题，老师通常都是照本宣科，目的仅仅是将数学的课本知识和解题方法教给学生，并要求学生对所学知识进行记忆。殊不知，对数学教学来说，记忆固然重要，但是更重要的是对逻辑思维的锻炼。一味地强调记忆学习，就会导致学生总是习惯性地模仿老师的思维方式和解题方法，久而久之，就会使学生失去自主思考的能力，而在遇到一些综合性的数学题目时，就会按照已经学习过的思维方式进行解题，思维灵活性较差的劣势体现出来，导致无法有效解决这些复杂问题。

作为数学教师，在数学的教学过程中，除了要传授数学的专业实施之外，必须注重培养学生的逻辑思维能力。教育必须深入研究教材，根据数学教材中的相关知识和设置特点，有意识、有目的地进行逻辑思维教学。

【如何教？】小学数学如何教的问题一直在讨论中，经过数年的摸索，我逐渐有了自己的心得。

一是要勤学苦练。

数学是所有理化类学科的前提。小学阶段又是打基础的关键时刻。对于加减乘除等一系列基础性数学知识和数学技能，必须要求学生能熟透于心，信手拈来。而要达到这种境界，勤学苦练是唯一的方法。

二是要结合生活来教，让学生明白学习数学的意义和用处。

数学是实用的科学，在生活中到处都能用到。要让学生明白学习数学的意义和用处，较好的办法是使学生能用课堂中学到的数学知识来解决生活中的实际问题。

就比如在《条形统计图一》一课中,为了让学生更好地对统计概念的初步认识和进行统计活动的初步尝试,设计了"班级每月过生日人数的统计",学生在此过程中便能完整地经历数据收集、数据整理、数据展示、数据分析这一整个数据处理过程。

条形统计图作为众多数据图表的基础之一,包含了数据展示和数据分析的功能,但其前端工作数据收集与数据整理同样不容忽视,而这两部分恰恰也是我们平时教学中所忽略的。因此我在课堂上设计了此环节,让学生完整地感受数据处理的全过程。学生们在老师的引导下,想到了用统计的知识来解决问题,并一起动手亲身参与到整个数据统计的过程当中,明白了在制作条形统计图之前还需要进行数据收集和数据整理的环节,而且前两个环节往往更加重要,也需要花费更多的时间。

在整个数据统计过程中,我选取了整个班级的生日数据作为数据样本,在有限的时间内使每个学生都参与到数据统计中来,现实生活与教学知识的有机融合,使学生的主动性得到了很好的发展,并进一步体会到统计这一数学知识解决生活中实际问题的过程,较好地培养了学生的统计观念和学习兴趣。

三是要有趣的教,让学生爱上数学,体味数学的魅力。

长期以来,数学教学给人的印象是古板、枯燥、抽象,学生上数学课时往往无精打采,课堂气氛沉闷。传统的数学教学习惯于"以教师为中心""我教你听、我问你答""粉笔加黑板"式的教学模式,不可否认,这样的教学模式对于中国的教育现状来说是行之有效的,但数学教学不同于其他学科,往往牵涉到一些定理的推演、抽象的思维、举一反三式的思考,特别是低年级的学生,大脑发育还不成熟,对于这些抽象的概念往往难以理解。

俗话说:"兴趣是最好的老师。"面对枯燥的数学课堂,激发学生对数学的兴趣是第一要务。因此,在数学教学实践中,我充分开动脑筋、努力尝试、不断创新,发挥年轻教师在多媒体技术方面的优势,以有趣、生动、直观、形象的图片与动画,创设教学情境,使学生融入数学课堂,在欢乐有趣的氛围中让他们感受数学的魅力。

随着时代的发展和科学技术的普及,多媒体技术也越来越多的应用于现代课堂教学当中,我们现在使用较多的多媒体形式主要包括幻灯片和投影仪、视频接收和播放设备等,而多媒体教学是指在教学过程中,为了充分调动和培养学生的主观能动性,结合传统教学,根据教学目标和实际需求,合理使用和选择多媒体,达到更好的教学效果。

基于此,我在《数墙》一课中,利用多媒体技术创设了寻宝主题情境,采用游戏通关的模式,由易到难、层层递进式的坡度练习方式,首先,让学生通过已掌握

的知识来完成彩色数砖墙,彩色数砖墙有多种解题思路,学生可以从自己喜爱的颜色砖墙开始解题;接下来是造墙大比拼,难度升级,要求学生自己来造数墙,题目给出了六块空白数砖墙和0—9十个数字,学生可以自由组合,同时以比赛的形式来调动学生的积极性,使得解题更有趣味性;通关之后的奖励——"宝藏"既贴合了寻宝的主题,又使学生在趣味游戏中学习成长。

【为什么而教?】教师的主要任务是教学,但我们不能一直停留在教学上,应要有自身的追求和目标,就是为什么而教的问题,这对于我们如何更好地开展教学有着指导性作用。

一是要帮助学生认识世界。

数学与其他的学科有着本质的区别,数学所研究的目标并不是具体事物所独有的特性,而是同类事物间的抽象关系。

归纳与演绎是学习和研究数学的重要方法之一,所谓归纳就是从个别事物推及一般规律,即是将某些具体的问题普遍化、抽象化为一个纯粹的问题,例如在《数墙》一课中,首先让学生观察几组数墙并进行计算,再运用归纳的方法总结出数墙的规律,即"下面两个相邻的数相加等于上面的数"。而所谓演绎就是从一般规律联系到个别事物,即是在将某些问题归纳为一个纯粹的问题之后,这个抽象的概念或知识对解决其他类似的具体问题又有着实际的作用,例如同样在《数墙》一课中,在了解了数墙上数字的秘密之后,便能运用规律对空白的数墙进行填空联系。

数学具有两个主要特性:即抽象性和现实性。这两个特性并非矛盾的、对立的,相反,二者是相辅相成的。数学来源于生活,又服务于生活。在数学教学过程中,应注重将数学问题内化为生活中熟悉的具体问题,并逐步开始抽象过程。

人类认识世界的过程与数学的学习过程是相似的,总离不开从个别推及一般或从一般推及个别的不断循环往复。学习数学的目的之一就是学会认识世界,感知世界的方法。

二是要提高学生的科学素养。

我国虽已于2009年一跃成为了制造业的第一大国,但却不是制造业强国。一字之差,使得我国在国际贸易中处处受制,举步维艰。

要成为制造业强国必须有足够的科技实力为支撑,而科技实力的提升与国民的整体科学素养是分不开的。所谓科学素养,除了包括掌握一定的基础性、整体性的科学知识之外,最重要的是需要有一定的创新思维和创新意识。创新是人类不断进步的阶梯,是社会不断发展的源泉,是科技不断进步的动力。教师应以培养学生的创新意识为己任。

小学数学作为理科的入门教育,有着不可忽视和至关重要的作用。数学的教学目标之一就是提升学生的科学素养。

"所谓数学,是对数量、空间结构等变化研究的一门学科,它是科学性的语言和工具,主要描述、解读自然界和社会的规律,是自然科学研究的基础。"

长久以来,深刻在我们心中的学习方式就是教师在讲台讲课,学生被动接受。这样的教学方式能较平等地使每个学生都享受到教育资源和教师关注度,但其缺陷不言而喻。

在利用数学教学的提升科学素养的过程中,数学实践是十分重要的。"实践是检验真理的唯一标准。"然而,目前大部分教师对于数学的教育只追求课堂教育的成果,往往忽略了课堂外的实践过程,这对于科学素养的提升是十分不利的。

"有效的数学学习活动不能单纯地依赖模仿与记忆,动手实践,自主探索与合作交流是学生学习数学的重要方式。"这是数学的重要学习方式,同时,也是所有科学的学习方式。数学课堂的重要目标之一是调动学生参与的热情,激发学生学习的兴趣,引导学生在课后自主地进行探究学习和主动实践。在这一过程中,学生能自然而然地开展独立思考,从而达到培养学生创造力的目标。

小学数学课堂教学中错误资源的有效利用

宝山区罗南中心校　王玲婕

学生在学习过程中或多或少都会出现这样那样的错误,这是无法避免的,也是学生课堂学习中的一种最为直接的表现形式。因此,教师应该正确对待学生在课堂上出现的错误,不能毫不在乎地忽略,也不能一味地批评指责。而是应该从根源出发,引导学生从错误中走出来,找到正确的方向,同时对这些错误加以利用,通过一些有效的教学手段和方法,将学生的错误转化成一种有效的教学资源,充分挖掘其价值,提升教学质量。

课堂上,教师可以充分利用错误资源,并从以下几个方面展开教学。

一、出现错误,包容错误——暴露思维

课堂教学中,学生不可避免地会出现错误。这时,教师不能不分原因地直接否定,而是应该以包容的心态,深入思考错误产生的根源,并充分利用这些资源,让学生在经历"自我否定"的过程之后建立正确的认知结构,这样学生的印象才更深刻,知识的掌握才更牢固。

案例1:在学习了除法运算性质之后,遇到类似"$1200 \div 25 \times 4$"的递等式计算时,不少学生便会混淆,出现如下的解题步骤:$1200 \div 25 \times 4 = 1200 \div (25 \times 4) = 1200 \div 100 = 12$. 课堂上,我将这一错例举出,让学生仔细观察,这么写,对吗?并时刻留意学生的表情,一分钟后有的学生"胸有成竹",有的学生仍然"满脸疑惑"。

师:有没有什么好方法能验算一下上述结果是否正确呢?

生:可以先不用简便方法计算,就按照从左往右的运算顺序,算一算结果是否一样。如果一样,那么上述简便方法就是正确的;如果不一样,那么就是错误的。

师:算好了吗?谁来说说你的结果?

生:我的结果是$1200 \div 25 \times 4 = 48 \times 4 = 192$。所以我认为上述简便方法是

错误的。

师：其他小朋友的结果也是这样吗，也认为上述简便方法是错误的？（是）

师：那谁能告诉老师为什么这题不能像先前那样进行简便计算吗？（出示1200÷25÷4）那如果是这道题你们又会如何解答呢？

生：1200÷25÷4＝1200÷（25×4）＝1200÷100＝12

师：大家都同意吗？谁能告诉老师这是运用了什么运算性质？为什么？

生：这道题是运用除法运算性质进行简便计算，因为它才是从1200中连续除以25和4这两个数，这样便可以将两个除数乘起来，再去除被除数。

师：那再请大家看看之前的错误解法：1200÷25×4＝1200÷（25×4）＝1200÷100＝12，现在你能清楚明白地告诉老师这道题的解题方法错在何处，为什么不能像这样简便计算了吗？

生：因为第二题是从被除数中连续除以两个数，这样才能运用除法运算性质将两个除数先相乘，得到的积再去除被除数。而第一题中一个"乘"，一个"除"，根本不满足除法运算性质的要求。

师：是呀，虽然这两题十分相似，只差了一个符号，却是"差之毫厘谬以千里"。所以我们小朋友一定要养成良好的学习习惯，仔细审题。

不少学生对于每天所学的知识其实理解得并不深刻，往往只是一知半解，流于表面，并未掌握本质。于是，对于形式相似、结构相近的数学问题便极易产生混淆。上述案例中学生便不假思考，看到样子熟悉的，便想当然地写了上去。然而当出现这样"负迁移"的错误时，教师不能一味地严厉批评、大加指责，或是让成绩优异的学生一手包办，而是应该慢慢引导学生凭借自己的思考与努力，通过举例、比较，让自主发现错误并改正。如此，学生才会更乐于接受，认知也会更加深刻。

二、主动出击，诱导错误——加深理解

"学起于思，思源于疑"，疑问是思维的"催化剂"。因此，在课堂上教师要时不时地为学生设下"陷阱"，诱使学生出错，让学生在纠正错误中加深对所学知识的理解。

案例2：在学习了《商不变性质》之后，提问：两数相除，商为34，余数为3，如果被除数和除数都乘5，商是几？生：商是34。余数是几？生：余数是3。班级中学生几乎是异口同声、自信满满地回答"3"。这便是"诱错"，我没有直接告诉关于余数的规律，而是诱导学生发生错误，然后再逐步启发、自行改正。于是我马上反问"真的是3吗？"这时便有很多孩子对自己刚才的答案产生了怀疑，认真思考了起来。

师：谁能举个"两数相除，商为34，余数为3"的例子？

生：$71 \div 2 = 34 \cdots\cdots 3$

师：那如果被除数和除数都乘5，那这个算式变成怎样的了？你能算一算吗？

生：$355 \div 10 = 34 \cdots\cdots 15$

师：你发现了什么？

生：商没有变，但余数变了，变成原来的5倍，$3 \times 5 = 15$，也要乘5。

师：你能大胆猜想一下，在有余数的除法中，被除数和除数同时乘或除以一个相同的数（零除外），有什么规律吗？你能再举些例子验证一下吗？

生1：$8 \div 3 = 2 \cdots\cdots 2$，如果被除数和除数同时乘10，得到$80 \div 30 = 2 \cdots\cdots 20$。

生2：$15 \div 6 = 2 \cdots\cdots 3$，如果被除数和除数同时乘2，得到$30 \div 12 = 2 \cdots\cdots 6$。

生3：$100 \div 30 = 3 \cdots\cdots 10$，如果被除数和除数同时乘7，得到$700 \div 210 = 3 \cdots\cdots 70$。

生4：$26 \div 8 = 3 \cdots\cdots 2$，如果被除数和除数同时除以2，得到$13 \div 4 = 3 \cdots\cdots 1$。

生5：$1300 \div 400 = 3 \cdots\cdots 100$，如果被除数和除数同时除以100，得到$13 \div 4 = 3 \cdots\cdots 1$。

生6：$88 \div 20 = 4 \cdots\cdots 8$，如果被除数和除数同时除以4，得到$22 \div 5 = 4 \cdots\cdots 2$……

师：举了这么多例子，你发现了什么？

生：我发现如果被除数和除数同时乘10，那么商不变，余数也乘10；如果被除数和除数同时乘2，那么商不变，余数也乘2；如果被除数和除数同时乘7，那么商不变，余数也乘7。

师：也就是说，如果被除数和除数同时乘一个相同的数，并且这个数（不为零），那么商（不变），余数也（乘这个数）。

还发现什么规律吗？谁来说一说？

生：如果被除数和除数同时除以一个相同的数，并且这个数不为零，那么商不变，余数也除以这个数。

师：小朋友们真厉害！通过大家的努力与协作，我们发现，在有余数除法中，被除数和除数同时乘或者除以一个相同的数（零除外），它们的商不变，余数也同时乘或者除以这个数。明白了吗？商不变性质，不变的只有商，余数是要变的哦。

教育心理学研究表明： 学生从错误中获得的对事物的认识远比只从正确的结论中感受要深刻得多。相信经历了上述案例中的过程，学生由"错"走到"对"，一定可以充分理解余数变化的规律。因此，在实际教学中教师应根据教学经验，准确把握学生的学情,预先设计学生容易发生错误的典型问题,并适时地点拨,及时消除学生疑惑,这样可以有效避免同类错误的重复发生。

三、探析根源,及时反思——教学相长

用好错误资源不仅可以促进学生自我完善知识结构,如果教师能对此进行深入反思的话,也可促进教师自身教学的改进,进而达到师生教学相长的良性循环。

案例3:在对 $48000÷125$ 进行简便计算时,每次练习总有五六个学生没有运用商不变性质,而是写成 $48000÷125=(40000+8000)÷125=40000÷125+8000÷125=320+64=384$。刚开始,我十分不解,为什么这样的题型我反复练习,反复讲,但每次总是有学生不理解运用商不变性质进行简便计算,而是选择上面的方法,却仍需打草稿,根本达不到简便计算的目的。后来,我对自己的讲解进行了反思,我发现我只是一味地强调遇到这种题型就用"商不变性质",却没有好好为学生分析这种题型的特点以及为什么用"商不变性质"解题是最简便的。于是,在学生又一次发生错误时……

师:来,我们好好观察 $48000÷125$ 这道题,首先它得到的结果是什么?

生:商。

师:既然是商,我们就要考虑是不是可以运用商不变性质进行简便计算。那我们继续观察,它的除数是几?

生:125。

师:看到125,马上会想到?

生:8。

师:为什么?

生:因为 $125×8=1000$。

师:那么你会怎样简便计算?

生:我们可以将被除数和除数同时乘8,根据商不变性质,结果是相等的,不会改变,而且计算方便很多。

师:思路非常清晰,所以计算过程是怎样的呢?

生:$48000÷125=(48000×8)÷(125×8)=384000÷1000=384$。

师:我们发现运用商不变性质之后计算起来十分方便,口算就能解决,达到了简便计算的目的。

在这次讲解之后,学生对这题的印象十分深刻,不仅"知其然",更"知其所以然",错误率大大降低了。

善用错误资源不仅对学生的学习大有裨益,对教师而言,这些错误资源更像

是一面镜子,反映了教师教学中的不足。因此教师应针对学生出现的错误进行反思,及时调整教学思路,改变教学策略。如此,不仅加深了学生对所学知识的理解,同时也提高了教师的教学水平。

总之,学生的错误资源是一种现实性、针对性、价值性、思考性很强的教学素材,教师要重视这些错误资源,引导学生进行深入的分析与思考,让学生在辨错、纠错中加深理解、明理长智。

如何培养学生数学应用意识和能力的几点思考

宝山区罗南中心校　蔡玉兰

在我们平时的教学中会发现，当碰到一个数学问题或题目，很多学生会无从下手没有方向，不知道如何运用自己所学的数学知识和技能来解决这个问题，这是他们数学应用的意识和能力不够。数学应用的意识和能力是指学生碰到问题能用数学的眼光发现问题，用数学的方法分析和解决问题，我想它也是需要我们老师有意识地去培养和训练的，如何做，我来谈谈自己的几点思考。

一、问题情境引入，感受有用数学

有的学生会说我们学数学，除了加减乘除计算其他到底有什么用？是啊，如果感受不到它的作用，感觉是在学无用的数学，学生如何有动力去学好它呢？所以我们可以从生活实际中提取数学问题，通过情境，让学生感受数学和我们的生活密不可分，数学是对我们的生活有用的。

1. **数学问题来源于生活**。大家一说到数学就感觉很遥远，其实并不是，我们生活中处处有数学，很多数学问题就来源于生活。五年级第二学期《可能情况的个数》，课的开始创设了六一儿童节，小胖和小巧设计了几个小游戏准备和大家一起欢度六一，可是他们都想先来介绍自己设计的游戏，怎么办？引出"石头剪子布"。那为什么推荐这个方法？因为"公平"。师，确定公平？怎么证明？使学生产生列举所有可能情况的迫切需要。让学生利用已有知识技能和经验，尝试自己想办法一个不漏地列举，通过反馈学生的列举方法得出可能情况的个数。但是光知道一共有几种可能还不能证明游戏的公平性，还要进行分析判断。明白个数相同，可能性就相同，所以才公平。学生发现，原来平时自己一直玩的小游戏都存在数学问题，学习积极性尤为高涨，对之后的学习探究分外投入。

2. **数学思想解决实际问题**。《数学课程标准》中指出："教师应该充分利用学生已有的生活经验，指导学生把所学的数学知识应用到现实中去，以体会数学在现实生活中的应用价值。"一年级新生学前教育第一天，班主任提前把孩子的姓名牌放在了每名学生的桌子上,学生到了以后各自寻找自己的名字就座。上课时我提出:"怎样能够比较快地找到自己的位置?"经过思考学生回答:站在前面看;一排一排地找。师:为什么?你是怎样想的?生:站在前面视线好能看到姓名牌。生:一排一排地找是为了不重复、不遗漏。师:除了一排一排找还可以怎样找也不重复不遗漏?生:一行一行地找。师:也就是只要有顺序地找就能做到不重复不遗漏。小小的找座位这样一件事,我们就可以把数学问题融于生活实际,让学生在潜移默化中感受数学有序思考对解决实际问题的应用和帮助。

二、经历问题解决过程,培养数学应用能力

记得很早之前我们在教学一些概念或几何时,常常是老师很快地告知结论,然后利用这个结论去做题目。导致孩子学得很枯燥,知其然而不知其所以然,万一忘记就没办法解决相关问题了。所以我们老师可以设计一些有效的数学探究活动,使学生经历数学的发生发展过程,这样既不枯燥又能记得牢固。经历探究的过程是学生积累数学活动经验和培养数学应用能力的重要途径。

1. **逐步感知经历过程**。知识的形成是有一个发展过程的,只有让学生经历观察、假设、思考、质疑、归纳等一系列过程,学生才能理解本质从而掌握并进行运用。二年级第一学期《正方体、长方体的初步认识》,老师通过切土豆这样一个不规则形状的物体,切一刀出现平平的"面",切两刀出现两个面,两个面连接的直直的是"棱",切三刀出现三个面三条棱,三条不同方向的棱相交于尖尖的点叫"顶点"。接着问道:"继续切,把土豆切成一个长方体,你知道我又切了几刀?"这里还有一个逻辑思维的训练蕴含其中,要求还要切几刀,就要知道长方体一共有几个面,已经切好几个面还剩下几个面就是切几刀。在此过程中,让学生摸一摸、数一数,操作感知,最终学生们认识长方体的基本特征。学生努力在观察、想象、猜测、验证、交流中逐步感知然后解决问题,同时也培养了学生有序的思考方法和逻辑思维及推理能力,提升了空间观念。

2. **实际操作尝试解决**。陶行知先生一直倡导"做中学",只有做了才能理解,才能记住。三年级第一学期《面积》,老师设计了一系列的比较平面图形的面积,使学生经历比较图形面积大小的过程,体验比较策略的多样性。比较的方法有观察法、重叠法、数方格。培养学生能根据实际情况选择合适的方法进行比较。首先是直观比较两个"面"的大小。数学书封面和练习本封面的面积,哪个大,哪个小?怎么比?然后学生试一试:这两个图形哪个面积大?怎么比?(▢▢)接着是借助工具比较两个"面"的大小。提问比较这两个图形的大小,哪个大?怎么比?学生讨论后尝试解决问题。做一做:同桌合作,选择合适的工具进行比较。老师为学生提供了方格纸和同等大小的小正方形若干,孩

子们通过动手实践操作,交流归纳体验数方格的方法。之后通过男女生猜一猜哪个面积大的游戏体会数方格,格子大小要统一,再一次把学生的兴趣和积极性调动了起来。孩子们学得扎实、轻松,思维又得到了发展。最后的拓展:纸面上放纸巾,只放一层,可以放几包纸巾?最多可以放几包纸巾?让学生把问题延伸到课外,思维得到训练和发展,孩子们也学得意犹未尽。

三、利用学生已有经验,交流互动中解决问题

从五年级回到了一年级,印象中一年级的孩子懂得少、会得少,语言表达欠缺。可实际出乎我的意料,这些弱点并不包括所有的孩子,经过接触,我觉得完全可以请这部分孩子帮助那些稍弱的孩子,在交流互助中,一起解决问题。下面简单地说说几个小案例:

《0的认识》师:0除了表示"没有",你们还在哪里看到过0表示不同的意思的?生1:车牌号码。生2:电话号码。这些都是编号(五年级涉及知识),这是老师事先都没有想到的答案。

《比一比》片段1师:为什么一会儿说三角形多,一会儿说三角形少?生:因为三角形的"对手"不同。这词用得多好呀,孩子的语言表述更能让同伴理解。

片段2师:1小于或大于3?请你们读一读。生:1怎么可能大于3?师:请学生观察1<3,3>1有什么发现?生1:大于号小于号方向相反。生2:开口都是对着3,尖头都是对着1。师:那我们怎么记住哪个是大于号哪个是小于号呢?生:开口在左边的是大于号,开口在右边的是小于号。

学生具备一定的数感和语感,读一读马上会发现填大于是错误的,他们也能通过观察,自己去发现大于号与小于号的区别。

《数墙》师:墙是什么样的?底层两块砖,第二层放一块,放在这里合适吗?

生:出现十字,墙不牢固。孩子的知识经验很丰富呀,有当建筑师的潜力。

老师适当放手,更多的是为学生搭建平台、设计合理的问题,引导学生进行思考和交流,能允分发挥学生的自主性、积极性,让学生主动去发现问题,研究问题,探寻知识,在学习过程中加深对知识的理解,培养思维能力。

《数学课程标准》指出:从学生已有的生活经验出发,让学生通过亲身经历将实际问题抽象成数学模型并进行解释与应用的过程,使学生初步学会从数学的角度提出问题、理解问题,并能综合运用所学知识和技能解决问题,发展应用意识;形成解决问题的一些基本策略,体验解决问题策略的多样化,发展实践能力和创新精神。所以我们老师要相信学生,设计好教学尤其是问题的设计,孩子们会在一次次的解决问题中,培养和训练他们的数学应用意识和能力。老师要多给予学生尝试和体验的机会,你会发现无数可能。

学会一道题 理解一组题 会解一类题

——由一道几何练习题引出的思考

宝山区罗南中心校 陶一为

摘要： 培养学生的核心素养，关键在教师，教师要努力改进课堂教学方法。落实核心素养的基本载体是课程，主渠道是课堂，最根本的是教师教的方式和学生学的方式的转变。在有限的时间内为学生创设必要的活动，提供必要的学习经历，这直接关系到学生学科核心素养的形成。

教师如何减负增效，现在赋予了教师新的要求：全面实施素质教育，减轻学生学习负担。"减负增效"是多年来实施素质教育所追求的重要目标，是落实"以人为本的科学发展观"的最好体现。所以给教师提出了更高的要求，从一个题到一组题再到一类题的教学，也真正体现了减负增效，学生素养形成的有效途径。

关键词： 核心素养 基于课标 练习设计 减负增效

一、重点分析一个题

练习1(图1)：长方形ABCD的面积(　　)平行四边形ABEF的面积。

A. 大于　　　B. 小于　　　C. 等于

D. 可能大于，可能小于

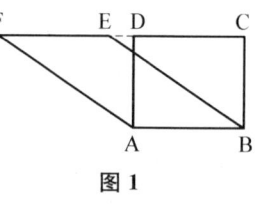

图1

师：仔细观察，长方形与平行四边形，找找长方形的长和宽和平行四边形的底和高，再看看它们有什么关系？

生1：长方形的长是AB，宽是AD。

生2：平行四边形的底也是AB，高找不到。

生3：当平行四边形的底是AB时，它的高就是AD或BC。

师：对，你观察得很仔细，知道了平行四边形的高，知道了当平行四边形底为AB时，它所对应的高是AD。

师：再仔细观察，长方形和平行四边形之间有什么关系？

生：长方形的长(AB)，就是平行四边形的底(AB)；长方形的宽(AD)，就是平行四边形的高(AD)。

此时，教师充分利用媒体进行演示，学生可以很直观地看清，长方形的长就等于平行四边形的底，长方形的宽等于平行四边形的高。由此，可通过它们的面积计算公式，学生就能很快地得出，两者面积是相等的。所以应该选C。

所以，我们在求几何图形面积时，其关键就是要找到对应图形求面积所需的条件，再比较它们间的关系。

二、从而想到一组题

1. 练习变形，激发探究欲望

刚才我们发现，长方形的面积和平行四边形的面积是相等的，那么，我们继续往下看，老师把紧接着用鼠标选中线段 EF，向左慢慢地拖动，使图形变成(如图2)，想一想，现在的长方形面积和平行四边形面积还相等吗？为什么？

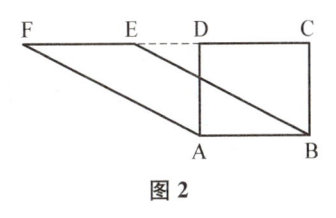

图2

生：还是相等的，因为平行四边形的底和高都没变，只不过它的形状变得更"斜了"。

师：是的，你很会观察，很会思考，虽然形状变了，但它的底和高没变，所以面积还是和长方形相等的。

同学们想一想，若再把EF往左边拖动(如图3)，平行四边形的面积会变吗？

生：不会变，因为它的底和高没变。

从图1时的平行四边形是"胖胖的"，到图2时的"瘦瘦的"，再到图3时的"很苗条"，其形状发生了很大的变化，而我们发现它的面积始终不变，这到底是为什么呢？

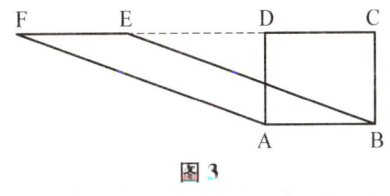

图3

生：平行四边形的面积是底×高，在整个"变"的过程中，平行四边形的底和高都没发生变化，所以面积也不会变，如果黑板够大的话，还可以继续往左拉动，这样拉出的平行四边形会更"苗条"了，但面积始终不变的。

是的，我们不能被表面现象所迷惑，一定要看清图形的本质，谁在变，谁又没变，只有这样才能把所学的知识真正地掌握。

2. 引导观察，寻找规律所在

如果把图形再变一下的话，你准备把它怎样变？想一想，充分发挥你的想象力。

生:既然可把EF往左拉,那么也可以把长方形的长CD往右拉动,这样长方形就变成了平行四边形。

师:对,你很有想象力,那这2个平行四边形的面积相等吗?为什么?

出示练习2(图4),如图中,平行四边形ABCD的面积(　　)平行四边形ABEF的面积。

A. 大于　　　　B. 小于　　　　C. 等于　　　　D. 可能大于,可能小于

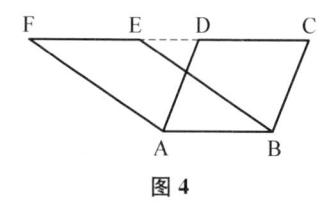

图4

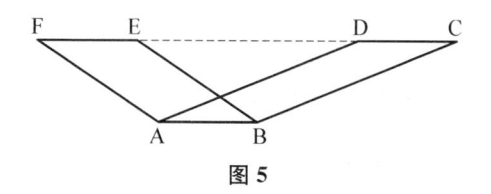

图5

生:相等的,所以还是选C。而且把CD再往右拉动,面积还是不变的(如图5)。因为这2个平行四边形的底都是AB,而高就是AB和CF这2条平行线间的距离。

有了上面的经验,学生都能很好地理解,2个平行四边形面积相等的依据所在。

师:此时的2个平行四边形,底是同一条底(AB),称为同底,高也是相等的,数学上称为"同底等高",同底等高的2个平行四边形的面积是相等的,配以课件进行动态的演示,让学生看得更为清晰。

想一下,若将2个平行四边形再变的话,你们会给它变成怎样的图形,学生会想,往左、往右都拉动过了,还会怎么移动呢?此时学生的兴趣更高了,老师还会出什么"花头"呀?先小组讨论一下,发挥小组集体的智慧。

看,你们和老师想的一样吗,课件出示(图6、图7),这2个图,什么意思?是怎么变来的?

图6

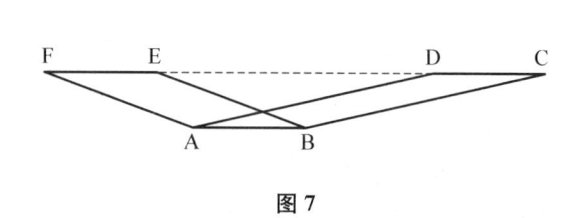

图7

生:图6是老师把它"拉了拉长",图7是老师把它"压了压扁"。

师:你比喻得相当形象,那现在这2个平行四边形的面积还相等吗?

生:图6、7它们还是同底等高,图6虽然都长"高"了,图7虽然都变"矮"

了,它们的高还是相等的,所以面积是相等的。

师:还可以……

学生想老师还会出什么"花头",但他们万万没想到,利用课件,老师把上面一条边 CF 拖动到下面,学生会大吃一惊(如图 8),它们的面积又会怎样呢?

生:和前面的一些图形比较,它"翻了个身",但高和底还是相等的,所以面积相等。

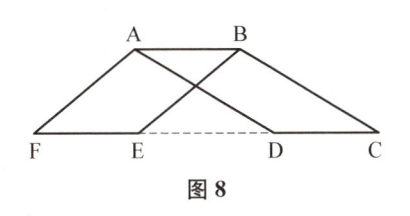

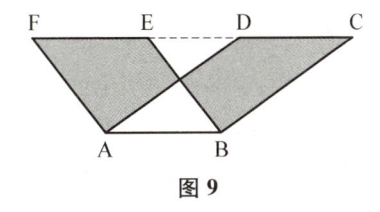

图 8

图 9

同学们,你们学得很好,能精准地找到平行四边形的底和高,知道了它们之间的面积关系,刚才我们一直在讨论 2 个平行四边形面积的关系,发现了同底等高的 2 个平行四边形面积总是相等,接下来我们换换口味,看,下面的阴影部分面积相等吗?(如图 9)为什么? 小组讨论一下。

生:原来两个平行四边形的面积是相等的,阴影部分的面积都是平行四边形的面积减去同一个空白的三角形的面积,所以这两个阴影部分的面积也是相等的。

同理,像这样的阴影部分面积,只要移动 CD 或 EF 线段,也可变形成各种各样的类似图形,其实所有的图形都是通过图 1 进行逐一演变。图形的"千变万化",旨在激发了学生的好奇心,培养了学生的学习兴趣,营造了课堂的气氛,也培养了学生独立思考,自由探索知识的精神,让学生学会学习。

3. 归纳总结,学习能力培养

在练习的精心设计中,配以课件的生动演示,减少了教师教学中的乏味的陈述,教师对一道题"反复的折腾",使学生能真正地看懂图形的变化,但万变不离其宗,其本质是没变的,虽然图形的形状变了,但其底和高都没变,都是"同底等高",所以两者面积是相等的,当然这也借助了媒体的强大功能。在移动 CD 和 EF 或 AB 和 CF 上下交换,利用课件,可渐渐地往左移或右移等,还可恢复到原位,运动轨迹是动态的、清晰的、逐步的,整个过程学生的专注度是很高的,效果真的很好。

通过对图形的夸张、变形,使学生对所学图形从"认识"到"不认识"再到"认识",变枯燥,为有趣,教师可根据教材的知识结构,选择恰当的设置,设计出不同层次,不同深度,不同广度的练习,为激发学生强烈的求知欲,引起了学

生的思辨，提供了很好的素材，搭起了很好的支架，做到真正对知识的理解。通过题组训练，将知识之间联系密切、题目形式类似，解题思维方法相近、解法有联系的题目串联在一起构成的一组题，使学生对知识的掌握更为扎实，教学更为有效。

学生认知都是在原有的知识、经验之基础上的，图形表象的建立，能过课件的强大功能，动静结合，激活思维，设计了一个个动态的课件，给以充分的想象、思考、验证。随着CD边、EF边的左右拉动，动态变化，来激发学生观察、思考的热情，感悟每次变化所带来的新的思考，每次的移动都是思维的碰撞，对一个题的"反复折腾"，由一个题引出的一组题，增大了学生对学习的好奇心，增强了学生的求知欲和探究心理，学生的注意力会高度地集中，学生会想，接下来老师又会怎样拖动，图形又会变成怎样。借助媒体，变静态为动态，向学生展示教学情境，呈现练习的变化过程，能为学生实现由形象感知到抽象思维的奠定基础，真是培养思维，增强能力，提高素养。

三、再则引出一类题

几何教学中，并非让孩子们背一个公式这么的简单，应该通过学习，建构起几何知识间的网络关系，形成几何知识间的知识体系，这对学生系统地掌握平面几何知识的学习是非常重要的，也是学生进一步学习其他平面几何的知识基础。通过以上的学习，再看下面这组图形的2个三角形（三角形ABC和三角形ABD)面积关系，你又有什么新的思考？（图10)最后的2个阴影部分的面积呢？有了上面练习的经验，几乎每个学生都能很好地归纳出下面2个三角形面积之间的关系，且说得有理有据。

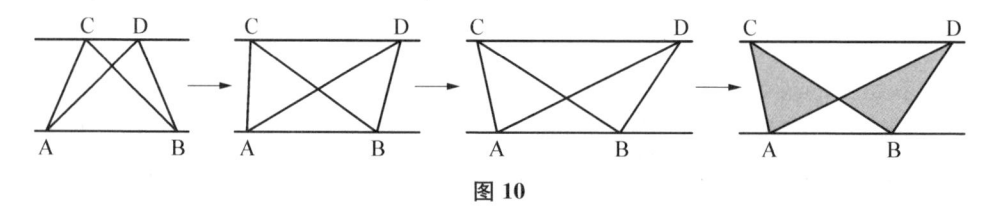

图10

同底等高的2个三角形，它们的形状不一定相同，它们可以是2个都是锐角三角形，可以是一个钝角三角形和一个直角三角形，可以是……面积都是相等的。

同学们，在学习时，一定要学会举一反三，要善于找到不同题目中的共同之处或相似之处，要善于发现规律，学会融会贯通，运用已知的方法，梳理解题思路，提高思维能力，为后续的学习打下扎实的基础。类似的题还有（如图11)，阴影部分面积和长方形面积哪个大?

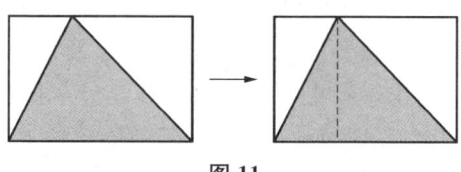

图 11

像这样既可以利用公式进行分析,也可利用图形进行分析(图 11),作一虚线,从而得出空白部分面积和阴影部分面积是相等的。

此题继续引申(如图 12),长方形内画 2 个、3 个三角形呢,此时阴影部分面积会否还和空白部分面积相等呢?

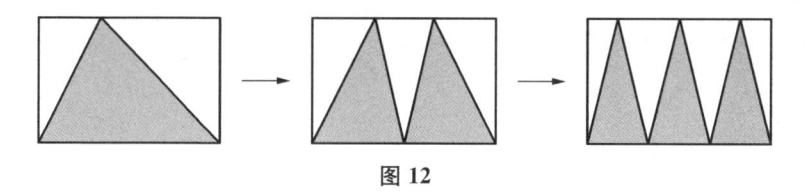

图 12

师:你们有没有什么发现?或你们能猜测出一个结论来吗?

生:不管画几个三角形,阴影部分的面积总是和空白部分面积是相等的。

师:究竟对不对,我们一起来证明一下,如图 13,若长方形内画了 n 个三角形,第 1 个三角形的底是 a_1,第 2 个底是 a_2,第 3 个三角形的底是 a_3……第 n 个三角形的底是 a_n,它们的高都是 h,所以所有三角形的面积之和是:

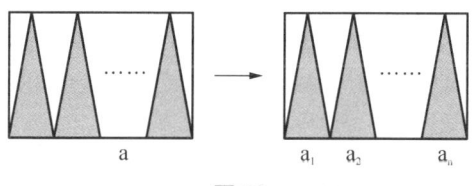

图 13

$$S = a_1 \times h \div 2 + a_2 \times h \div 2 + a_3 \times h \div 2 + \cdots\cdots + a_n \times h \div 2$$
$$= (a_1 + a_2 + a_3 + \cdots\cdots + a_n) \times h \div 2$$

而 $a_1 + a_2 + a_3 + \cdots\cdots + a_n$ 正好是长方形的长 a,所以上式就是:$= a \times h \div 2$

a 就是长方形的长,h 就是长方形的宽,所以所有阴影部分(三角形)的面积和正好是长方形的一半,则空白部分面积也是长方形面积的一半,即阴影部分面积等于空白部分面积。

其实,像这样的练习在几何知识中还有很多,教师一定要认真钻研教材,去

充分挖掘教材,在有限的时间内,使教学效益最大化。

布鲁纳说过:获得知识如果没有完整的结构把它们连在一起,那是一种多半会遗忘的知识。因此,教师要帮助学生发现知识、发现知识的内在联系,形成知识体系,并存在于头脑中。题组训练使学生在充分掌握基础知识和发展综合能力时,拓展了思维的方式,但教师在习题或作业的选择上,确需结合教材,基于课标,精心斟酌,反复推敲,体现出练习虽少却涵盖了要学生掌握的所有类型,起到事半功倍之效,所做练习应体现出尽可能多地培养学生的学习能力。

教师的精心设计,学生可以借助可视化的课件,来探究知识,帮助学生在理解的基础上去学习本学科,以达到使学生理解这一重要的课程标准要求。基于课程标准,结合学科教材的特点,提高教学效益,通过一道题学习,让学生理解一组题,会解一类题,使学生对所学知识进行分析、综合、归类,使知识系统化,促进知识的形成和发展,这样的教学更为高效,大大提高教学的效率。

小学数学中高年级解决问题中数量关系的教学研究

宝山区罗南中心校　龚徐玮

《新课标》中指出：数学课程能培养学生的创新意识和实践能力，义务教育的数学课程能为学生未来生活、工作和学习奠定重要的基础。随着进入中高年级，学生所学的知识点越来越多，越来越复杂，相应地，所面临的各种实际问题的综合程度、复杂程度也在进一步加强，这导致了很多学生在面对解决问题时总是一筹莫展、无从下手。而数量关系的建构就是解开这些实际问题的一把钥匙，因此在我们的日常教学过程中，应重视数量关系，结合相关学习内容，引导学生进行思考、探究，建构出相应的数量关系，这样才能让问题的解答变得准确而又高效。

一、明确要求，建构数量关系

面对一道应用题，学生第一步应做的是仔细读题审题，然后从题目所给出的条件、问题中理出数量关系。随着题目难度的一点点增加，不少学生养成了不良的解题习惯，有的因为题干太长不能耐下性子读完、条件理解有误或是根本没读懂；有的数量关系判断错误，利用错误关系式进行判断，不少解决问题并非学生不会做找不到数量关系而导致的错误，而是一些不良的解题习惯所导致的。因此在日常的教学过程中，教师需要有针对性地对学生的解题能力和习惯进行训练，以引导、带助学生正确建构实际问题中的数量关系。

片段一：

工程队修一条长84千米的公路，原计划28天修完，实际21天修完，实际每天比原计划每天多修多少千米？

1. 读题，明确条件和问题
2. 尝试解题
3. 反馈

树状算图：

```
        84   21      84   28
         \ /          \ /
          ÷            ÷
          |            |
          4            3
           \          /
            \        /
               —
               |
               1
```

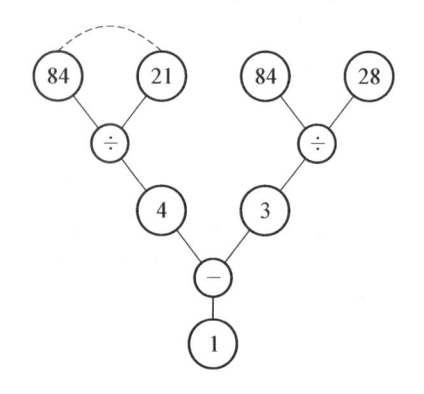

从已知条件想：

一条长 84 千米的公路,原计划 28 天完成,原计划每天修：$84÷28=3$(千米)；

一条长 84 千米的公路,实际 21 天完成,实际每天修：$84÷21=4$(千米)

实际每天比原计划多修：$4-3=1$(千米)

从问题想：

实际每天－原计划每天

$84÷21-84÷28$

$=4-3$

$=1$(千米)

以上是四年级第一学期第四单元《解决问题》中的一个教学片段。在此之前,学生所遇到的解决问题多为一步或两步计算即可解决的实际问题,遇到三步计算的题不少学生无从下手,找不到数量关系。因此在设计时首先使用贴近实际的修路问题引入,先让不同的学生来读题、审题,问问："你读懂了吗？""你知道了哪些条件？"让学生明确条件和问题。明确要求后让学生自己尝试解决,大部分学生都能通过所学树状算图对数量关系进行梳理,从而得出"实际每天修的路程－原计划每天修的路程＝多修的路程"的关系进而顺利求解。同样的,在进行其他的实际问题教学过程中,我们依旧要向学生强调并要求学生养成良好的解题习惯,先读题,理清数量关系再解题。

二、建立模型,灵活运用数量关系

对于学生问题解决能力的提升还取决于学生对问题解决的积累以及常见数量关系的运用熟练度。在日常解决问题的教学中,教师可以结合先前所学的结构、思维相类似的数量关系,让学生来类比建立对应的数学模型,让学生学会举一反三,在这一过程中提升学生的解题思维和创新能力,锻炼培养学生的思维品质。

片段二：

1. 观察表格

工　人	时　间	做的面数	每小时做的面数
李阿姨	2 小时	16 面	8 面
王阿姨	3 小时	18 面	6 面
打印机	时间	打印的页数	每分钟打印的页数
①	9 分钟	36 页	4 页
②	8 分钟	32 页	4 页
工程队	时间	修的米数	每天修的米数
甲	4 天	120 米	30 米
乙	7 天	140 米	20 米

1）讨论一下表格中有哪些类似的地方？

讨论交流。

2）给这三个数量命名。

工作时间	工作量	工作效率

2. 理解工作效率的含义。

3. 形成数量关系式：

1）结合表格得出数量关系式：

工作效率＝工作量÷工作时间

工作量＝工作效率×工作时间

工作时间＝工作量÷工作效率

同学们还记得学过哪些类似的数量关系？

生：单价、数量、总价，速度、时间、路程。

师：下面我们就来解决一些生活中的问题。

以上是四年级第一学期第四单元《工作效率 工作时间 工作量》的一个片段。这一片段在设计时将三道实际问题结合在一张表格中，先让学生通过观察来为这三个量命名，然后观察比较这三个量之间的关系总结出数量关系式。在学习这一课之前，学生其实已经学习过了类似的数学模型如"单价×数量＝总价""速度×时间＝路程"，因此在学习这一课时，总结出数量关系的难度并不大，这也正体现了归纳总结数学模型在学生解决问题中的重要性。由于这两个关系学习得

有些久远了,故在这一环节的最后询问学生还学过哪些类似数量关系,意在联系新知旧知,进行归纳。

三、培养解题思路,拓展思维能力

长期以来,培养学生数学思维能力都是日常教学中的重难点。学生的解题思路是其解决问题过程中的思维过程,学生思路清晰能够迅速构建数量关系有利于更快地求得正确答案。进入中高年级这一点就显得尤为重要,因此在日常教学指导中,教师可指导学生采取不同的策略进行解决问题,拓展学生的思维。如作线段图、一题多解等等,锻炼学生思维的发散性,让学生能够找到多个切入点解决问题。

例题:学校为图书馆新增两套书,第一套书比第二套书多了37本,同时第一套书也是第二套书的4倍多4本,第一套书有多少本?对于四年级的学生而言,这道题在没学习解方程的前提下,学生很难通过理清数量关系进行列式计算。但是只要让学生画出线段图就能很清楚地看到这多出37本书就是第一套书的3倍多4本,很容易就能列出算式(37-4)÷3+37=48本。教师在教学分析的过程中要引导学生找到思维的切入点和题目的关键点,找到题中数量关系再来求得答案。

数量关系的理解和运用在学生解决实际问题的过程中起着至关重要的作用。而构建数量关系作为解决实际问题的基础和前提,它有利于学生数学思维的培养。教师在日常解决问题的教学中,重视和强调对数量关系的建构,拓展解题思路,从潜移默化中提升学生对实际问题的解决能力。

浅谈低年级数学课堂的引导与调控

宝山区罗南中心校　朱　超

本学年我任教一年级数学,教学内容相对简单,但低年级的孩子年龄小,注意力集中时间短,课堂纪律较差。作为一名新教师,经验不足,我对课堂氛围、节奏的把控,课堂生成问题的应变,对学生兴趣的引导,以及学生纪律上的强调都有所欠缺。

教师对于课堂的引导与调控是课堂教学中的一项重要技能。课堂的引导与调控可以激发学生学习兴趣,以及对于教学活动的注意力,吸引学生参与到课堂中来,调动、强化学生的思维积极性,使学生与教师处于"共鸣"状态。那么在低年级段的数学课堂教学中,教师可从哪几个方面入手呢?以下是我在这一年的教学过程中反思、总结的一些想法:

一、抓住数学本质,合理创设情境

《数学课程标准》指出,数学教学要紧密联系学生的生活实际,从学生的生活经验和已有知识出发,创设生动有趣的情境。数学本身来源于生活,又应用于生活,合理的情境可以帮助学生理解知识。

在我日常教学的过程中,经常会出现不合理的生活情境或者不合理地运用,导致了学生只关注了情境,而忽视了对数学本质的思考,会使学生在课的开始时就失去学习的兴趣与信心。

如《加倍与一半》一课,第一次教学中,我创设了"小胖吃小笼包"的情境,直接提问:"小胖一脸不开心,看,他说4个小笼包太少了,加倍!加倍是什么意思?增加了几个小笼包?"孩子回答2个、4个、8个的都有。

因为孩子缺乏一定的生活经验,对于"加倍"并不熟悉。而我又没有很好地利用素材,直接用他们不理解的"加倍"提问,学生被动地接受,好似理解了,实则对于加倍这个概念感知不够,体验模糊,导致在后续的学习中,感到比较困难,提不起学习兴趣。

于是在第二次教学中,我重新创设了学生更喜欢的"小巧过生日"的情境,通过学生易于理解的"再来一份"初步感知加倍,并且共举例了蛋糕、果汁、薯片、三明治四个例子,丰富学生的感知。至此,再揭示"原来一个数,加上同样多的一个数,我们就说是原来这个数的加倍"。学生体验丰富,理解"加倍"水到渠成。合理的情境成功激起学生的学习兴趣,并让学生在水到渠成的理解中增强了学习信心,后续课堂学生注意力集中,课堂氛围活跃。

由此可见,情境创设要贴近学生的生活实际,这样才会更大地激发学生的学习兴趣,而且学生的体验越是丰富,理解才会更加深刻,而理解会增强学生的学习信心。当学生有了学习兴趣与信心,愿意主动地参与到课堂中来,课堂氛围融洽,教学效果也会有所提高。

二、明确操作目的,合理设计活动

让学生在动手操作中进行数学体验,从中探索发现规律,让学生在亲身体验中学习,可以使学生更加主动地参与到教师的课堂中来。

低年级段的学生比较活泼好动,因此设计一些有效的操作活动不失为一项很好的教学措施。但在我日常的教学中,往往会出现学生只是单纯地玩学具,缺少了对数学知识的思考,还因为被学具吸引注意力,导致课堂纪律变差,教学效果反而大打折扣。

如《时间的初步认识(一)》一课中,有"拨学具钟"的环节。第一次教学中,在我拨完教具钟后,我直接说:"你们想不想来拨一拨?请小朋友们现在把学具拿出来,听好,5时。"整个操作过程中,学生学具的拿与放是比较乱的,同时,在拨的过程中,有学生转动学具钟后面的小棒,有学生直接拨动分针和时针,有学生因为注意力不集中,没跟上节奏,不知道拨到几时。除此之外,还有个别学生整节课时不时就要动一下学具,注意力完全不在课堂里。

由于我对操作环节的指令不够清晰,学生操作起来也是非常随意,浪费了部分课堂时间,也未达到预期的教学效果。

因此,在第二次教学过程中,在课前发放学具时,我便和学生提出了要求:学具一律放在课桌里,除了操作环节,均不动。并明确了拿与收的要求:听到"开始",才把学具钟拿出来,听到"收"迅速地收到课桌里去。在"拨钟"环节,一是在PPT增加了要拨的时刻"5时",防止有小朋友错过不知道拨几时;二是在拿出学具前,明确了操作要求:"等会儿朱老师说几时,请小朋友先想一想,听到'开始',再拨动时针和分针到正确的位置上。"边说还拿学具钟拨动时针分针演示了一下。在这样操作要求与指令明确的情况下,学生操作迅速而有效,不再显得混乱,课堂纪律好了许多,课堂节奏也有所提高。

低年级段的孩子自律性本就较弱,因此有操作环节的情况下,想要保证课堂秩序与节奏,保证操作活动有序、有效开展,教师对于操作的要求要明确,指令要清楚,这样才能促进学生对数学知识的理解,促进数学思维的发展。

三、善于提问追问,调动学生思考

教学活动是教师和学生共同参与的双边活动,在这种活动进程中,师生不仅存在知识的传递,而且还存在着人的感情交流。实现师生互动、双向交流的方法很多,其中常用且有效的就是恰当地进行课堂提问。一个好的问题往往能使学生注意力处于高度集中的状态,带动课堂气氛,是促进课堂上教与学的和谐发展。

在我日常的课堂教学中,学生对于难的问题习惯于退缩、不思考。同时,班中学生之间存在的差距导致部分学生上课一直是积极思考,举手踊跃,而部分学生习惯于不听课,容易开小差。因此教师的提问一定不能是随意的,应当适时地用一些反问,在情境中设问,引导全班学生去思考、去探究。

如《几个与第几个》一课"认识第几个"的环节,第一次教学中,我是直接问:"从左边数,第2辆车是? 从右边数,第2辆车是?"从而引出数的方向不同,车也不同。学生虽能够理解,但是单一的提问,个别学生一对一的回答,不能很好地调动学生的思考,也没有提起学生兴趣。

第二次教学中,为了引发学生思维碰撞,我是这样问的:"小胖说他最喜欢第二辆车,你能告诉朱老师他喜欢哪辆车吗?"学生思考了一会儿,马上有非常多的小手举起来了。因为学生在思考中主动地发现,想要描述清楚车的位置,不仅要知道"第几个",还要知道是从哪个方向数的。这样的提问更能让学生对于知识点印象深刻,理解深刻,在课的一开始,学习兴趣也就随之高涨。

在日常的教学中,有些教学内容对于低年级段的孩子确实比较枯燥,一对一的师生问答往往使不爱发言的学生容易出现分心、开小差的情况。对此,在需要着重强调的地方,我会使用:"你听懂了吗? 谁能再来说说他的想法?""你的想法和他一样吗?""一样地坐端正。"这样的语句来调动全班性的思考,并得到反馈。同时,还能提醒学生打起精神,遵守上课要求。

低年龄段学生在课堂中的注意力是需要教师不断"拉"回来的,适时的表扬与奖励是必要的。此外,教师的语音语调一定要起伏,帮助学生培养"听"的习惯。

四、规范学习要求,正面引导学生

低年级段学生好动,注意力容易分散,面对新鲜的事物好奇、好动,这样直接

会影响到学生的课堂观察、数学思考,影响到数学学习的有效性。因此教师对于学生的语言性的引导以及课堂纪律的把控尤为重要。

在我的日常教学课堂中,往往会出现这样的现象:手在背后放着放着拿到了前面来,玩起尺笔而不听课,在教师提问后,不举手便插嘴发言,两个学生之间讲话,发出细细碎碎的声音。

一开始,缺乏教学经验的我,习惯于用直接点名提醒的方式,甚至大声指责的方式来处理不听课的学生,当全班学生学习状态不好时,常常直接用冷处理的方式。但事实上,这样的效果并不是很好,尤其是全班性的冷处理,一是打断上课节奏,二是打断在听课学生的思路。

在师傅和其他老师的帮助下,我也慢慢意识到,对于低年级段的学生来说,表扬往往比批评来得更有效,比起点名大声指责没有做到位的学生,不如以做到位的学生为榜样,激励他人学习效仿。

因此,在日常教学中,我开始尝试用正面的方式解决问题。比如上课前有学生还在慢慢吞吞整理桌面,我会用"某某已经坐端正了"或是"第1组的小朋友已经坐好了",以好为榜样,这时其他学生也能够迅速地坐好。在动笔完成练习后,寻找笔放端正的学生表扬,并适时用大拇指贴纸奖励这些做到位的学生,这时,往往其他学生也都能安静下来,坐端正表示自己练习做完了。当有学生在课堂中不举手反而插嘴的情况下,我会用:"朱老师特别喜欢发言前先举手的某某,请他来回答这个问题。"

除此之外,为防止学生被尺笔分心影响,我也对学生提出要求:数学课,书放桌面,而尺笔一律备在课桌里。这样也大大地改善了学生不自觉去玩文具的情况。

作为教师,要学会抓住学生年龄特点,正面引导,这样不仅可以使表现好的学生主动地保持好习惯,也能督促还未做到位的学生知道要向别人学习,从而慢慢进步,也不至于失去学习的兴趣与信心。在教师这样的正面处理的做法下,课堂教学内容不易被打断,也提高了课堂纪律与教学效果。

当然,无论如何,一节课想要学生注意力集中,积极主动地参与到课堂中来,回归课堂教学的最初,就要求教师认真解读教材,抓住重点、难点,精准分析学情,细心备课。这样,教师才能有底气地踏进教室,应对所有的课堂教学中生成的问题。一个教师对于课堂的把控能力和应变能力需要在日常的教学中不断磨炼,积累经验。这也要求我们青年教师不断观摩学习,同时积极进行课堂实践,不断提升自我。

英语学科

合理运用 PPT 技术促进小学英语课堂教学

宝山区罗南中心校　沈金霞

【摘要】进入信息科技时代以来，多媒体的教学开始备受关注，以往传统的教学手段比较单一、僵硬，已经无法满足现实教学的要求。而如今，多媒体集形、声、色等强大的功能于一体，能够有效地辅助英语课堂教学。PPT 就是常见的一种多媒体技术。

【关键字】PPT　课堂教学

在以往的小学英语课堂教学中，单词教学时仅是通过卡片、图片之类；语音教学时，通常是教师领读或录音机带读、学生跟读，学习起来机械、单一，容易让学生产生疲倦、厌烦情绪。而在课堂情境创设时，更让许多教师感到无所适从，不知如何下手：学生容量大，教室空间有限，只凭教师口头描述完全达不到创设真实情景的效果，常常在教师描述完情境后，学生依然不知所云，无法感受。

正是由于以上课堂教学中出现的种种问题，才迫使我们需要寻求一种新型、行之有效的解决问题的方法，达到优化课堂教学的目的。多媒体技术是当今教育中应用最多的一种技术，它可以进行图、文、声并茂的多媒体教学，使教学内容化静为动，为学生创设生动直观、活泼宽松的教学情景，让学生爱说、爱听、爱练，从而达到语言的内化作用。

而我们小学英语课堂中使用最多的多媒体技术就是 PPT 了，PPT 简单又实用，但要用好 PPT 却并不简单。如何合理运用 PPT 促进小学英语课堂教学呢？下面以 4A M4U2 At Century Park 教学实例来进行说明如何实现多媒体与小学英语教学的有效结合：

一、合理利用动画视频激发学生学习兴趣

由于小学生对色彩，声音非常敏感，因此动画视频中鲜艳的色彩，欢快明亮

的背景音乐,都能吸引孩子的注意力。在适当的时机插入动画视频,可让枯燥的学习变得有趣,让课堂更加活泼,学生更乐于去学习。

因此 At Century Park 引入部分的设计并没有复习旧知、背诵儿歌等,而是欣赏配有音乐动画的儿歌,感知在公园里的人和事,为新授做铺垫。在 PPT 中插入视频,利用视频的特点,抓住学生的眼球,第一时间进行感知,激发学生的学习兴趣。

如下图:

视频中出现了许多公园中的地点,如本课新授的喷泉、鸟舍等,让学生在欢快的环境中进入学习,在不知不觉中感知新授单词。

又如学习单词 fountain 时,除了通过图片的方式外,也可以让学生欣赏一些喷泉的视频,以动的形式加深学生的印象,帮助学生记忆单词的含义。

如下图:

如果一堂课的引入部分，能引人入胜，激发学生的学习兴趣，则能达到事半功倍的效果。因此在课堂的引入部分，以及新授单词或语句时可适当地运用视频教学，吸引学生注意力，提高学生学习兴趣。

二、合理利用图片文字的动画效果创设情境

小学英语课堂教学，注重学生在语境中学习语言知识，而小学生缺乏生活实践经验，因此我们通常都会使用动画的形式让学生感知语境。但并不是每次都能找到和新授内容一致的视频，这时就需要我们将图片、文字、语音结合在一起通过PPT中的动画效果，将不变的文字、图片，让它"活"起来变成"视频"。

如在课的开始整体感知文章时，可以用图片搭配语音的方式做成动画效果，帮助学生能直观地理解语义，感知新授，猜测新授单词的含义，将语音单词图片语义结合在一起。由于感知语篇较长，通常学生抓不到重点，听得一头雾水就不好了，因此教师可以通过PPT中的"自定义动画"，设置图片、语音、文字出现的方式和时间。让学生们听到新授单词或重点单词时，在PPT上就重点突出单词或相应的单词图片，或者添加放大缩小的效果，让语音和英语单词、图片同步，这样才能达到我们需要的感知的效果。

三、合理利用色彩搭配、版面设计突出重点

除了利用动画来吸引学生的注意力以外，在我们的课件上也可以利用一些色彩的冲突搭配，突出重点。

比如以下的图片：

通常我们的底色都为白色,然后搭配图片文字等,但此处利用了黑色为底,白色的字,黑白色的冲突让学生耳目一新,让学生更清楚地将单词和图片联系在一起。而图片设计也不是简单的一张图片,是由多张图片组合而成,能够更清晰地解释单词的含义。

虽然图、文、声并茂是多媒体技术的特点,但如何合理利用还需要教师多多琢磨,不能让花哨的图片占据孩子的眼球而忽视了单词,因此在制作课件时除了要注重色彩的搭配,更要注意版面的设计。不能有太多的语言文字,让学生看不到重点,也会让学生有眼花缭乱的感觉,如果是对话的形式无法避免,则可以选择一句一句地出现。

因此合理的图片大小,不喧宾夺主,恰当的版面设计,突出重点,这样才能达到促进课堂教学的效果。

但是任何事物都是矛盾的统一体,PPT教学也不例外,在课堂教学中,教师需要不停地操作PPT课件,对学生在课堂上的表现就会有所忽略。而学生的注意力完全集中在播放课件的屏幕上,无法直接面对教师,对教师的表情和体态语言就不太注意了,教师也就不能像传统教学一样全面进行言传身教。这些情况的出现会淡化师生间的交流和互动。因此,在使用PPT辅助教学的时候,要积极倡导和建立师生互动的教学模式,加强师生间互动式的信息交流。要结合学生的认知能力和思维特点,恰当地使用多媒体教学手段,把教和学有机地融合在一起,形成一种和谐的教学氛围。

综上所述,我们在教学时要注意把握住使用PPT课件的度,不能一味地依赖课件。在设计教学课件的时候,应抓住重难点,适度巧妙地使用多媒体教学,充分利用和发挥PPT的优势,使学生真正成为学习的主体,让学生在心理活动处于积极的状态下,加深学生对于英语的理解,使得课堂教学收到事半功倍的效果。

优化教学设计，以语言能力培养带动学生思维品质发展

宝山区罗南中心校 陈 扬

《中国学生发展核心素养》对学生发展核心素养进行了界定，是指学生应具备的、能够适应终身发展和社会发展需要的必备品格和关键能力。英语作为一门基础语言学科，它的核心素养包括语言能力、思维品质、文化意识和学习能力四个维度。结合本学期我所上的区教研主题：优化教学设计，以语言能力培养带动学生思维品质发展，分以下四方面浅谈一下我对核心素养中思维品质发展的看法。

一、语音教学活动设计，观察与发现思维能力的培养

语言最基本的功能就是交流，教学设计必须尊重学生，注重充分发挥学生思维主观能动性，依靠学生直接参与并完成一系列学生活动，让学生真实感受如何用语言进行事物的描述，体会语言的趣味性和意义性，对语言的学习有着非常重要的影响。结合我所上的 M2U1〈Animals in the zoo〉第一课时，在教授单词 panda 这一环节中，从 follow the teacher 到 read it one by one 到最后根据读音进行选择：pan,pen;da,de 从音到形，之后再跟读，通过学生的听音、辨音与观察字母组合情况，引导学生根据已学发音知识进行合理思考，从而发现 panda 的正确发音字母组是 pan 和 da。这样的教学活动设计，体现了对学生语言能力的培养，同时也渗透了对学生思维能力的训练。再如 M4U2〈Children's Day〉这课中教学 cinema 这个单词时，同样根据其读音让学生先思考并进行选择，分三个音节 ci,co;ni,ne;ma,me，这样的语音教学活动设计，在学生这样的学习过程中，教师所培养的就是一种观察与发现的思维能力，从而能逐步提高学生的思维品质。

二、文本设计，阅读文本中信息记忆与转换思维能力的培养

在教学中，需多角度、多方位地设计各种阅读文本，发展学生发散思维，使

学生不单停留在理解和掌握所学的内容上,而且要利用现学的知识,结合已学知识去探索、去创造,增进他们的创新思维深度,在阅读文本中培养学生信息记忆与转换思维能力。在 M2U1〈Animals in the zoo〉的三段文本中,我根据对事物描述的逻辑顺序,从特征、能力到综合感官进行设计,Panda 的文本内容是以特征为主,而 Monkey 则是能力为主,到此环节后,引导学生以能力结合外貌的描述方式进行输出,而最后的 Lion 和 Tiger 环节,则直接出示思维导图,让学生根据思维导图进行头脑风暴;同样在 M3U1〈Seasons〉这课时中 spring 的文本内容是以描述季节特征为主,It's warm and rainy. Summer 则是以进行的活动为主,go to the beach、swim、make sandcastles 等,而对于 autumn 和 winter 这两个季节,先让学生自由说关于这两个季节的任何内容,教师再出示思维导图,引导学生根据关键词归类,例如 ride a bicycle,ice-skate 属于 Activities,We have hats,gloves,scarves 属于 Clothes,最后再进行语用输出。这样的教学设计可以让学生的思维插上想象的翅膀,一个个展开联想,不限定唯一的答案,只给学生发挥的空间,在自由的思绪中组织好语言表达的思路,提高语言的表达能力。

以上思维训练方式,引导学生对课文内容进行再加工,鼓励学生从不同方面、不同角度进行思维。循序渐进的教学方式,可以让学生很自然地从词到句再到语篇对特定事物进行有针对性的描述,以"学法定教法,以教法促学法"的形式帮助学生掌握自主学习法、反思学习法。同时思维导图的设计,不但鼓舞学生学以致用,更培养学生归纳和概括的思维能力。

三、课堂问题设计提升思维品质,发展语言能力

设计问题是我们每一堂英语课的必备环节,因为它能激发学生的思维,是思维的起点,也是思维的动力,但如何进行有效提问,发展学生英语语言能力、培养学生思维品质是我们一直在思考的。在 M2U1〈Animals in the zoo〉第一课时的课堂问题设计中,一开始只是针对教学内容设计了一些提问,但通过试教发现,这些问题的逻辑性、层次性不高,不能很好地引导学生去思考,后来,围绕思维品质的提升做了修改,通过问题的开放性、情境性以及层次性三个方面去设计课堂提问:

(1) 注重问题的情境性,启发学生的思考

我们在教学中,经常提起四个字—创设语境,英语是一种语言,脱离了一定的情境,语言就难以恰当地表述,所以,通过提出的问题,创设让学生产生好奇心和学习愿望的情境。如本课时的一开始,在创设了 Ben 和 Kitty 去动物园这一情境后,很自然地提出 What animals do they see? First? Second? Next? 通过

他们去动物园看到了哪些动物呢？他们的参观路线是怎样的呢？这些问题,让学生在问题的引导铺垫中激发好奇心,抛出问题,引起思考,让学生带着问题进行学习,具有较强的启发性。

(2) 注重提问的开放性,激发学生的创造性思维

在教学中,运用学生已学过的知识或生活实践体验,以问题为主线,结合课文内容,使教材内容与学生已有的知识联系起来,旧知促进新知,它往往没有唯一答案,但能给予学生足够的思考和表达的空间。本课时中,教学猴子这个单词前先观看一段视频,在看猴子的视频前,设计了 What can monkeys do? How are the monkeys? 两个开放性问题,让学生基于本课语言知识和已有的语言积累,通过思考输出 They can swing on the trees. They can climb trees. They are naughty. They are brown.等回答;这些问题的设计把话语权交给了学生,使他们在问题中思考,创造性地去整合知识和语言表达,激发了他们的创造性思维。

(3) 注重问题的逻辑性,推进语用发展

在课堂提问时,我们设计的问题由浅入深,由易到难,循序渐进,让学生在回答的过程中思考、认识、总结,从而带动思维发展,在教授 panda 时,我们设计了递进式的一系列问题 What colour are the pandas? How are the pandas? What do they have? What do they like eating? Do you like pandas? Why? 伴随着这些问题的思维过程,学生的语用发展得以推进,到最后在一步步问题的推进中拆除问题支架,用英语顺畅地来描述所学动物,带动了逻辑思维,让语用能力得到了发展。

灵活运用教材,引导学生多方位思考,在不同阶段抛出不同层次的问题,引导学生多方位思考,激发学生英语思维能力,发展学生语言能力。

四、思维导图式板书设计,培养学生思维品质

除了在课堂教学活动设计中培养与锻炼学生思维品质外,板书的设计同样能够体现出学生思维品质的发展,所以板书设计也需深思熟虑,如下是 M2U1 〈Animals in the zoo〉的第一稿和第二稿板书,这两稿板书看似条理较为清楚,也能体现语用功能,但是仔细推敲则发现缺乏一定的逻辑性。于是试想如果用思维导图式的板书,是不是能让学生更清楚地在脑中构建起一个支架,通过思维导图,那么学生在描述动物时,就能非常清楚地一步步、循序渐进地去思考,从而培养学生的思维品质。最后的语用输出环节学生也能根据思维导图式的板书逻辑性较强,条理清晰地反馈出本课时的核心内容,达到了通过板书设计培养学生思维品质的目的。

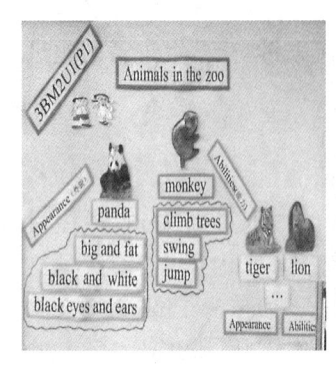

| 第一稿 | 第二稿 | 最终稿 |

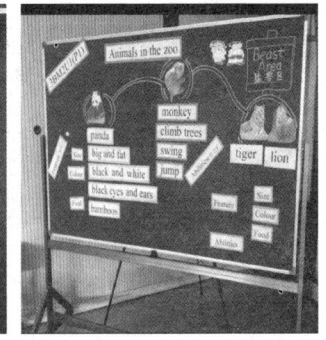

五、总结

  学生良好的思维品质培养是一个长期、渐进的过程。在英语教学中，教师应该多鼓励学生创造性地使用语言，促进他们的语言水平提高，也促进他们的创新思维能力发展。行之有效的活动设计是培养思维品质关键，教师需有意识、有计划、有重点地培训和发展学生的思维能力，学生思维的逻辑性、批判性和创造性才能得到有效地提高。在今后的教学过程中，我会继续慢慢摸索探究，希冀可以找寻到一条既可以丰富学生的思维方式，提供更多有效的学习策略，又能为学生的终身发展奠定坚实基础的康庄大道来。

创设多元化语境深化小学生英语语用体验

宝山区罗南中心校　金灵祎

摘要：小学英语语言能力是英语核心素养的基础，文化品格是价值取向，思维品质是心智表征，学习能力是发展条件。英语学科核心素养涵盖了关键能力和必备品格，四大核心素养相互渗透、融合互动、协调发展，是学生应具备的基础性综合素养。基础教育阶段英语课程的总体目标是培养学生的综合语言运用能力，教学时，可通过创设真实多样化的生活情境，深化学生英语语用体验。

关键词：小学英语　创设语境　语用体验

《英语课程标准》强调，关注学生学习兴趣，倡导体验、实践、参与、合作与交流的学习方式和任务型的教学途径，发展学生的综合语言运用能力、培养跨文化交际意识。英语学科作为一门语言课程，要使学生能用所学的语言在一定语境中进行交流，利用语境带动教学显得尤为重要。

英语作为一门第二语言，由于英语环境的缺乏，与母语有很大区别，初步接触英语，尤其对于低年级学生来说很陌生，因此英语学习对一部分孩子来说有一定困难。如何克服英语学习的不安，增强英语学习的自信，体会英语学习的乐趣，这就需要我们教师创设有趣的语境，真实多元化的语境为英语教学创造了更多的可能性，联系学生实际生活，让学生感受语用体验的趣味性。

语用体验是从语言的理解迈向语言运用的转换中枢，是学生最终语用能力形成的核心特征。我们平时的日常教学中，生硬的课本、单词通过传统的英语教学往往采用反复念读单词句子、师生问答、小组对话等简单、单一的教学活动，对小学生来说太苍白，难以长久记忆，无法带动学生语用体验，创设多元化语境帮助学生从视觉、触觉、听觉对英语学习有更深刻的认识，提高学生语言能力，深化语用体验。

一、语境真实生活化,引起学生共鸣

著名教育家陶行知先生提出的"生活即教育、社会即学校、教学做合一"的生活教育理论源自杜威提出的"教育即生活,学校即社会"观点。在英语教学时,通常依据单元整体设计,分化出一个个单课时话题,围绕话题,组织各种相关知识进行教学,分化出的单课时话题必须以单元为基础彼此之间有所联系,才能让学生在学习时有系统性,如何让学生成为课堂的主人,那么单课时话题创设的语境一定是贴近学生真实生活的,学生才能有所言,乐于发言。在教学中,课本的话题总能给人启发,1B M1 U2 Listen and hear,创设在农场的语境,参观农场动物学习叫声;1B M1 U3 Taste and smell 创设在餐厅用餐的语境,学习礼貌用语点单;1B M2 U1 Toys I like 创设玩具店买玩具的语境,介绍自己喜欢的玩具等。

教学时教具的恰当使用也能帮助真实生活化语境的创设,在 1B M3 U1 Seasons 这课时教学 warm、hot、cold 这几个抽象单词时,我准备了 3 个杯子,一个是装满热水的保温杯、一个是盛有冷水的一次性杯子,还有一个是空杯子,我先让学生触摸冷水教学 cold,接下来观察保温杯的热气触觉感知,学习 hot,最后在空杯子中加入冷水、热水调和出一杯温水,学习 warm,学生马上理解区分了这 3 个抽象形容词,感受领会了一年四季不同温度的表达。英语教学时通过触觉、听觉、视觉是让学生直接感同身受,清晰理解的最好方式,再语言输出,真正将语用体验进行在课堂中。

另外真实生活化的语境一定要基于学生学情,是学生能输出的,在教授 1A M3 U1 In the classroom 时,核心单词是数字,导入时采用 119、110、120 等急救电话号码,见图 1,操练环节设置了加减法、数轴、数个数、读数字等数学概念,联系那段时间学生们刚接触数学运算,我将英语和数学学科融合,创设一堂数学课的情境,将最近学习的数学知识点用学生能理解的英语表达,见图 2、图 3、图 4,学生课上都积极参与,乐于表现,简单的运算让学生们都很有成就感,也感到很神奇,原来英语课上可以上数学课。可见真实生活化的语境的创设让学生有代入感,让学生产生共鸣。学生的语言输入也随之增长,学生能在英语课堂中深化语用体验,让学生感受到英语的实用性,原来是与我们的日常生活息息相关的。

二、语境层层递进,引发学生思考

语境创设要关注语境情节的发展性,是否层层递进,围绕单元主体设计教学活动,将生词、句型学习贯穿在语境的发展中,充分发挥语境助力单词、句型教学,让学生学会在语境中猜测单词的含义,培养学生的思维品质。单词、句型教

图 1

图 2

图 3

图 4

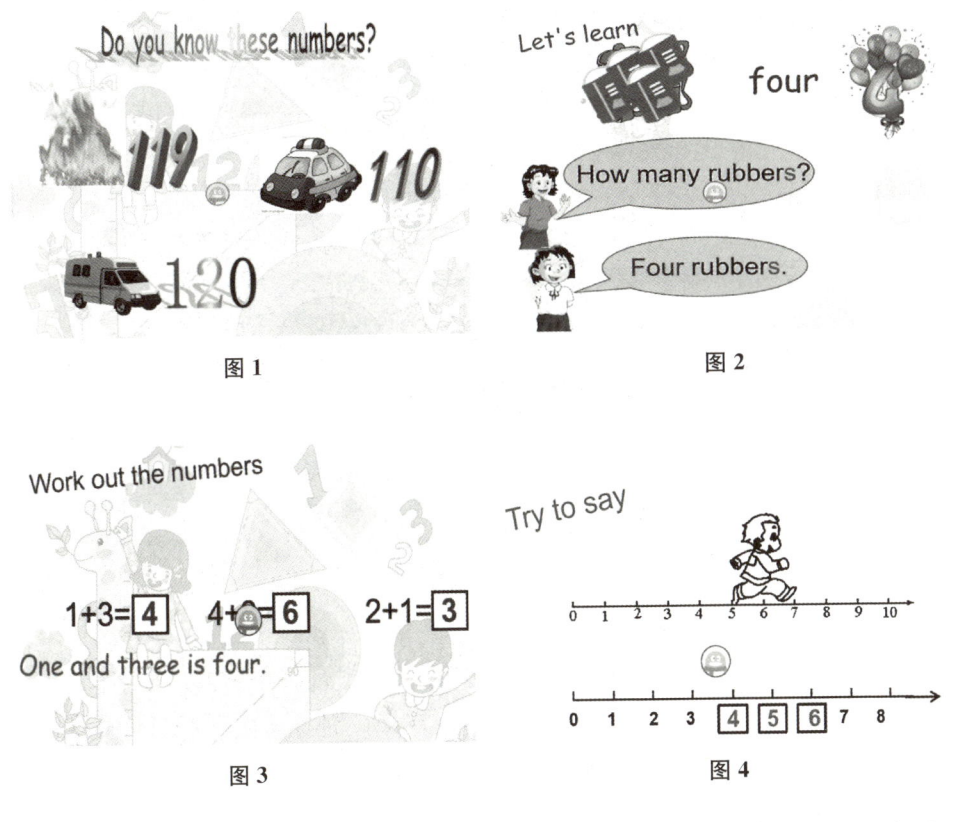

学不能脱离大语境,坚持"整体—部分—整体"的教学方式,在句子中学习单词,只有语段和语境的整体推进才能激发学生的学习兴趣,调动学生的语用情绪,提高学习的有效性。层层递进的语境创设,教师依据逻辑性、应用性设计一个个教学活动,引发学生不断思考,系统掌握知识,这样的教学方式不再是零散知识的一点点输入,而是更好地建设知识体系,学习建构思维方式,再通过语言输出来检验学生综合语言能力,丰富学生的语用体验。

例如,在教授 1B M3 U2 Weather 这一抽象话题时,我编制了一本与天气有关的绘本材料 One day in summer,创设了 Winnie 和 Piggy 两个动画人物夏日的一天的语境,由 Winnie 和 Piggy 在炎热的晴天喝可乐,后来起风了放风筝,到下雨天在雨中跳舞的童话故事,串联起整个故事的发展,语境推进,层层递进,逐段完整感知学习体验,引出核心词汇:sunny—windy—rainy,最后回顾故事,利用板书,见图 5,教师引导问天气 How is the weather? It's ...,聚焦核心语言,学生学会看板书组织语言,输出核心单词、句型,利用板书进行语用体验,进一步深化语用体验。

图 5

三、语境完整呈现，唤醒学生情感

语境的完整呈现，首尾呼应，能帮助培养学生的语言能力，更好地唤醒情感体验，但往往我们在课堂教学时会虎头蛇尾，渐渐忽略了原本创设的语境，使英语教学变成了无源之水，一开始导入时情感丰富饱满，但随着语境情节的发展，而只剩下句型操练、编读儿歌等机械化教学活动了，那么学生学习就慢慢遗忘了原来的语境，不能唤起情感体验，同时语用体验也大打折扣，因此，语境要伴随教学活动的进行，学生边体验边学习。在语境发展中要考虑主观因素和客观因素，想要不偏离语境，要时刻关注语境进行的一切活动，引导学生参与到语境中，例如 1B M4 U2 New Year's Day 教学时，通过 24∶00 倒计时感受新年来了，通过一系列与新年有关的单词教学，编读 chant，让学生浸入式学习，完整的语境让教学活动显得更加真实、饱满，学生时不时的语言输出，加强了语用体验，仿佛是身临其境。

我们教学时一定要关注语境的完整性，让学生投入创设的语境中进行语用体验。在 1B M2 U3 Drinks I like 教学时，话题：A good girl.通过讲述 Alice 如何在妈妈生病时照顾妈妈，在 Alice 和弟弟对话时，Drink some …的核心句型不断在语境中复现，学生通过扮演角色和替换语言内容，进行语用体验，在输出环节，借助人物头饰、饮料等教学资源的运用，学生都能运用核心句型及学到的 juice、milk、water、cola 进行语言输出，将语境真实呈现，随着故事的发展，以 Drink some water, Mum.最后得出 Alice is a good girl.的结论，这个故事唤醒了学生的情感认同，我提问 Why is Alice a good girl? 学生用中文回答，都能做出正确判断，讲出缘由。

四、结语

　　语言的学习是个循序渐进的过程。小学英语教学要为学生创设良好的语言环境,充分利用多元化教学优势,使学生在愉快自信的学习状态下,充分发挥自己的想象力、创造力和实践力。语言能力是英语学科素养的"核",没有这个"核",其他三个维度的素养也就难以养成。在课堂中教师需要开动脑筋,不断创设多元化的语境,学生通过各种方式开展语用体验,一步步深化学生的语用体验。朱浦老师指出:单元统整,内容整合,语境带动,语用体验,我们教师需要思考用真实的、有意义的内容、语境来带动词、句的教学,深化语用体验,让语用体验无处不在,让学生体验英语学习的魅力,真正提高学生们的综合语言运用能力。

参考文献:

[1]《义务教育英语课程标准》(2011年版).
[2] 袁少志. 谈语境创设与学生能力培养. 中国职业教育. 2006.4.
[3] 张爱春. 语境化输入在小学英语教学中的应用[J]. 安顺学院学报. 2009(1).
[4] 龚珺. 在小学英语教学中设置好语境[J]. 基础教育课程. 2008(6).

综合学科

信息技术支撑下的教师专业发展

宝山区罗南中心校　刘　颖

【摘要】 教师专业发展是教师个体专业不断发展的历程,是教师不断接受新知识、增长专业能力的过程。有效、合理运用现代化信息技术对教师专业素质的提高具有十分重要的意义,也对教师能力发展的提升有着非常深远的影响。

随着素质教育的日益深入,教师的专业化发展对教师工作的要求和实践也在不断深化,教师不仅要在学科知识上成为教书育人的能手,更要掌握现代化的信息技术技能,拥有整合学科知识、教育理念、信息技术的综合能力。信息技术的支撑使教师在专业领域的学习及发展不受时间、空间的限制,更对培养新时代的现代化教师的专业发展提供了无限可能。

【关键词】 信息技术　多媒体　教师专业发展

一、现状及思考

当下正处于信息技术发展的快速时期,信息技术的运用为教师们带来便利,我们同样也离不开它。课堂中,它是教师传授知识的重要帮手;工作中,它是教师提高效率的强大手段;学习中,它是教师自我增值的有效途径。

下面我想就信息技术支撑下的教师专业发展谈一谈自己的观点与想法:

1. 硬件设备的完善和网络环境的维护仍需加强,切莫约束教师大显身手的机会

"工欲善其事,必先利其器"——硬件设施的完善和学校网络环境的稳定是促进信息技术环境下教师发展的前提条件和坚定基础。多媒体的运用不应仅仅存在于授课教室中,根据学校自身的特长构建相对应的多媒体教学环境和虚构模拟环境,让学生成为现代信息化教学资源的得益者。学校应建立起包括硬件建设和软件管理的系统体系,给教师授予知识的环境和学生的学习氛围提供最全面的保证。

2. 碍于掌握的技术水平有限,教师不应扮演屏幕"播放员""讲解员"的角色

不少教师在利用多媒体和网络进行教学工作的准备期时,把过多的时间用在了课件的制作上,本意是想在课堂指导过程中能更多地吸引学生的目光和注意力,但这种做法是本末倒置的。将侧重点放在课件的展示效果上,为了展示而将知识点强行融入,可能会令学生在接受知识的过程中只对其中某一个特效下的表征信息起了兴趣,而不是对其背后的知识体系产生认知。如果信息技术的展现与知识的获得是脱离的,它仅仅是为了帮助教师展示图片、播放视频、活跃课堂氛围的话,这会使师生之间缺少交流反馈,生生之间缺少协作互动。

3. 学习反思与合作共赢的意识不够强烈,不善利用公共网络资源为教学工作服务

在铺天盖地的共享网络资源环境下,我们更加注重的是教师专业素质的培养和信息技术能力的提高。许多教师因为某些原因或限制依旧循规蹈矩,之前怎么教,现在也怎么教。倘若仅利用现有的先进教学资源课件进行点一点、圈一圈、画一画、读一读的操作,还需要教师的专业性做什么?智能机器人也可以实现教书。教师的专业性和重要性体现在信息技术开放的优秀资源下能够与其他教师进行相互探讨、合作、反馈,相互查缺补漏,能够结合学生的实际情况因材施教。教师之间应该建立起怎么样的联结才能真正做到将信息技术与教材资料相融合,才不会白白浪费了这大好资源,是应当结合教学实践反复探索和反思的。

二、面临的挑战

1. 教育教学观念的改变

接受信息技术下的教育新形势需要从改变传统教书理念、重视教育教学方法、加强创新研究能力开始,纠正"以分数作为评价学生的唯一考量"的错误观点。教师要进行终身化的学习和研修,提升自己的专业素养、构建自己的技能基础、更新自己的教学手段、拓宽自己的知识领域,始终把学生当作学习的主体,发挥学生自学的主动性,培养学生好学的积极性。

多媒体信息技术与教育教学的结合是对现代化教师的业务能力水平的重大考验,它不是纯粹地把图片从书本搬到屏幕上,不是简单地把影像从网络搬到课堂中。它考验的是教师将信息技术与学科知识科学性地融合,对知识进行梳理、整合、创新,使传统的书本知识通过多媒体的再加工变得鲜活富有生命力。在教学中尊重学生个体的差异,训练学生多维思考的能力,激起学生自主创新的潜能,从而达到事半功倍的教学效果。学生在获取知识技能的同时,情感态度价值观也能够获得提升。

教师既要有深厚的学术根基,又要有广阔的技术才能,利用先进的信息技术

来规划整体的培育目标,设置系统的课程体系,改进固有的教学模式,制定个性的评价方式,这对教师而言是观念的突破和更新,是一项艰巨的任务。

2. 信息技术水平的提升

教师信息技术能力的提升与教育教学实践是分不开的,课堂早已不是教师拿着书本一言堂,"一招鲜吃遍天"的年代也已远去,融合了信息技术的智慧课堂不仅考验教师"教什么",更是考验教师"怎么教"。

运用多媒体辅助教学对于学生来说可以帮助他们从听、说、读、写等各方面激发不同的感官体验,使得知识更易于接受,也能够激发学生学习的兴趣、增强学习的效果、培养个性的发展。运用多媒体辅助教学对于教师来说是一个与时俱进、不断更新的过程,授课内容的制定需要充分考虑到学生的特点与信息技术相结合,从实践中不断摸索。

因此,教师需要从多媒体教学中加强对信息技术应用的认识、了解信息技术在教师专业发展中的作用、提升信息技术在实操中的运用。关注教师信息素养的提升、促进教师专业技能成长,充分开发教师的潜能,显得尤为重要。

在强调多媒体教学必要性的同时,也不能忽略教师仍然是起着至关重要的人,要尽可能地发挥多媒体的辅助作用,不能生搬硬套、不能盲目追求,并不是每一个教学活动都要用到多媒体技术,要将其用在最关键之处,互补不足。

3. 信息资源环境的建设

学校信息化教学环境基本已经全面覆盖、普遍应用,能够达到日常教学的要求。新的信息技术引入后,教师将忙于钻研各类现代技术的学习和操作,无暇顾及其先进技术背后的硬件或网络方面的专业技能。此时,则需要学校提供和确保信息技术的稳定性、安全性。因此,要充分发展教师专业化的前提条件是基本的网络安全保障和强大的技术手段支撑。

学校应更加积极地配置和完善现代化教育教学设施,加强校园网络建设、电子教室、网络教室和办公设备的建设。首先要在硬件设施上满足教师教学和工作的需求。其次,构建平稳的网络平台,丰富和更新信息资源,实现优质素材的互惠共享,为更好地满足教学需要和工作支撑提供强而有力的保障,为教师的信息技能培养和专业发展打下夯实的基础。

二、解决的途径

结合上述罗列的现状以及所面临的挑战,接下来我浅谈几点针对性的解决途径:

1. 借助多元培训,终身学习

教师的专业发展是一个终身持久的过程。信息技术背景下的课堂对教师的要求正在逐层提高,想要成为符合当今社会快速发展下的教师应当明确知识更新的重要性,必须始终保持终身学习的干劲,给予学生一杯水,自己首先必须有一桶水。

教师的专业发展也是一个循序渐进的过程。在与教育环境的交流互动过程中,教师的思想观念、价值态度、知识技能也正不停地调整更新,取长补短,以充实自身发展的需求。

为了能够不断地紧跟社会前进的步伐和适应学科快速的拓新,教师迫切需要专业的信息技术知识和技能指导与帮助。学校规划和制定的各级各类培训为教师创建了一个有利于专业化成长的环境,是教师提升技能的最佳途径。在适当的奖励机制和完善的培训制度下,进行信息化采集的优秀评选活动,刺激教师参与信息技术学习的积极性和调动教师参与科研讨论的热情,鼓励教师使用多媒体教学推动信息技术与各学科的融合,拓宽领域知识,更新知识储备,提高教师培训的质量,形成运用现代信息技术促进持续探究和终身学习的浓厚氛围。灵活多样、时时可学的培训模式给教师提供了广阔的自由度,在不同空间结合自己的碎片时间进行充电,汲取信息技术知识,习得相关基本技能。

2. 多方实践研究,积累经验

专业学科知识的积累和实践操作能力的提升是对自身专业素养发展的需求,也是适应知识快速更新的需求,更是契合课堂实践操作的需求。

教师是"实践者",伴随着信息技术深层次的融入,它所带来的便捷和惊喜更是层出不穷。通过培训所获得的理论知识只有深入到教学实践中,才能解决教师在遇到相似问题时,不断叠加新的知识和技能,以适应学科的发展。"实践出真知"的道理亘古不变,只有强调理论的作用和加强技能的训练,两相结合,积累更多的实战经验、紧跟时代的方向,才能为今后更具有挑战的工作做足准备。

教师是"研究者",对于不同的学生、丰富的素材、多样的教学手段要不断地进行观察、摸索、研究和再创造,利用信息技术与学科教学中各个要素,按个性化的特点,以优化学生的组合、相互的作用,以最大程度地提高教学体系的有效性。教师在课堂教学中运用现代化多媒体技术不能只把它当作一种演示工具,而是应该坚持以学生为本的信念,对教学的内容和方法进行仔细和深刻的研究,多方考虑各要素间的特点和联系,从而提高课堂效率,为学生丰富学习的情境,尽情地投入积极学习的氛围。

3. 善用资源共享,总结反思

借助网络资源是帮助教师反思自我和总结经验的有效途径之一,教师需要通过不断地总结和反思来梳理职业规划、改善教育行为,提升专业素养。迈过

"一个人闷头干"的门槛,利用教师之间互学互助的研讨活动营造出良好的合作氛围,互相敦促,发挥潜移默化的作用,全方位调动教师对于信息搜索、分析评价、自我反思的积极性,造就乐于进取、不断追求的态度,进一步促进专业化发展水平的提升。

善于利用信息世界中的优秀资源是教师"教学智慧"的必修课,利用团结合作的创造性,发挥资源共享的便捷性,通过与同伴的研讨协作,避免重复性的劳动,激发灵感的迸发与潜能的提升。教师在总结和反思的过程中,汇聚出的集体智慧是无法替代的,得出的经验成果是丰硕宝贵的,这些都将丰富教师的内在涵养,促进教师的个体发展,提升教师的反思品质,形成属于自身的独特理念,实现符合自身的创新共赢。

四、结束语

信息技术强有力的加入使得教师从知识传授者转化为浸润式学习环境的创造者,它推动着教师的专业性和发展性快速成长。信息技术的融入对教师专业发展是一项重大考验,更是一种宝贵机遇,首先需要教师从观念上更新、认可信息技术的理论内涵,并逐步掌握、运用信息技术的操作技能,最后结合实践操作不断分析和完善,从而实现教师专业化的全面而长远的发展。

教师的专业发展之路虽任重道远,但这并不会阻挡勇往直前的教育工作者的脚步。在信息技术支撑下的教师们时刻保持着勇往奋进的势头,突破重重障碍,细致地探索研究、不断地操作实践、深入地剖析总结,以优越的硬件条件为基石,先进的网络资源为载体,专业的教师技能为手段,将千篇一律的沉闷课堂转化为五彩缤纷的学习乐园,将祖国早日建设成为教育的强国。

参考文献:

[1] 教育部师范教育司.教师专业化的理论和实践[M].2版.北京:人民教育出版社,2003.50.

[2] 孙晨红,张春宏,王睿.教师专业化发展与教师成长[M].2版.哈尔滨:东北林业出版社,2016(7).

[3] 刘卫华.浅析教育信息化对教师的要求[J].教育信息化.2006(3).

[4] 陈伟平,金炳尧.信息技术教师专业发展的途径[J].教书育人·教师新概念.2007(09).

后疫情时代小学音乐线上线下教学的研究

宝山区罗南中心校　朱文涛

【摘要】 21世纪是一个信息技术时代,信息技术已经普遍渗透到社会各个领域,包括教育领域。目前,越来越多的学校开始构建网络课堂,这种课堂在新冠疫情背景下更是突显其优势。在居家隔离期间,网络课堂为我们的"停课不停学"提供了良好的条件。在疫情渐缓的当下,我们依旧可以利用线上教学,将其与线下教学有机结合在一起,形成教育合力,促进学生的全面发展。

【关键词】 信息技术　空中课堂　线下教学

一、问题的提出

计算机技术、网络技术、通信技术在推行、发展的过程中,逐渐走进人们的生活,在当代,大多数人生活、工作、学习等各个方面都会运用互联网平台,互联网平台及相关辅助软件的应用范围、频率增多了。在"互联网+"背景下,我国教育事业迎来了新的时代。在这样的教育背景下,信息技术与教师的教育教学联系更加密切,构建与应用线上线下融合教学已经成了教育者探索的重要方向。

2020年年初,一场突如其来的新冠肺炎突然在华夏大地肆虐,给中华民族的发展带来了严峻的考验,在这场抗击新冠肺炎的"战争"中,中华民族儿女发扬了伟大的抗疫精神,用了两个月时间就遏制住了这场疫情的蔓延,取得了抗疫战争的阶段性胜利,唱响了一首赞歌。我国社会各个阶层都在坚持抗疫,国家也提出了"停课不停学"的口号,鼓励教师化身主播,利用各种软件对学生进行线上教学,让学生在居家隔离期间也能坚持学习。在此背景下,我们深刻感受到了网络教学的重要价值。如今,我们已经恢复了线下教学,但是我们依旧可以使用空中课堂,将其与线下教学有机结合在一起,促进学生的卓越成长。我是一名小学音乐教师,我根据自己的教学经验,提出在疫情渐缓的当下实施小学音乐线上线下融合教学的具体做法,以供同行参考。

二、后疫情时代小学音乐线上线下教学的意义

(一)有效促进了教育理念的转变

学校音乐教育要引导小学生感受音乐的魅力,发展小学生的审美能力,学校音乐教育应该通过各种各样的活动组织形式,带领小学生感受音乐的韵味。但是在很长一段时间内,小学音乐教师在音乐教育活动组织方面显得比较保守单一。超过一半的教师以常规性音乐教育活动为主,只有不到一半的教师使用主题音乐活动。在实施途径方面,大部分教师使用了课堂传授法,只有少部分教师使用了多媒体教学和情境创设教学。而新课程改革指出学校要实现信息化,多引入多媒体教学和情境创设法,在"互联网+"背景下的教育时代,出现了较多的新课程概念,如微课程。"互联网+"背景下的小学音乐线上线下融合教学,不仅是对小学音乐教学在信息技术层面的创新,同时更是一种超前的教育思维模式。"互联网+"背景下的小学音乐教学使得教师对小学生的个体性有了更深层次的理解,更加注重在音乐教学过程中以学生为主体,尊重学生的个体性差异,尊重学生自身的兴趣爱好,将传统教育模式下的教师的"教"转变为学生自主的"学"。

(二)丰富小学音乐课堂教学形式

首先,传统教学模式下的小学音乐课堂教学模式通常是教师的"教",学生被动地接受教学内容。在这样的教学模式下,学生的课堂反应均在教师的掌握范围之内,课堂教学形式在一定程度上较为单一。但是,在"互联网+"背景下的小学音乐线上线下融合教学,使课堂教学更加信息化,教师利用充足的网络资源可以对课堂教学形式进行多项选择,例如远程教学和交互式电子白板教学等形式。教师借助信息化的教学手段,既开拓了课堂教学的形式,又在一定程度上加强了师生之间的交流,为学生的发展做出了更加有效的保障。其次,在"互联网+"背景下的小学音乐线上线下融合教学,教师能够利用信息化技术将小学生在音乐课堂中的表现及时记录,从而为教师的相关教研活动提供了更加切实的依据。此外,教师利用网络资源与其所在学校的教研资料进行对比分析,通讨与相关教师、专家进行探讨,为小学生的成长提供更为有效的保障。

(三)有效促进小学音乐教学资源共享

要想高效开展小学音乐教学,教师必须结合小学生的认知特点和学习规律,组织多元化的教学内容,使学生能够在教学活动中逐渐形成音乐核心素养。目前,国家已经为小学音乐课程颁发了官方教材。这些教材中的内容具有教育性、

思想性，确实可以培养学生的音乐核心素养，但是教师忽视了在教学过程中结合学生的实际情况，选择更多元化的教学内容让学生学习。即教师在教学过程中将教材内容作为唯一不变的标准，一直满足于将教材内容灌输给学生，忽视了学生的消化吸收能力，而且没有为学生拓展其他的具有趣味性的教学内容，这样就造成学生认为音乐学习是十分枯燥无味的。"互联网+"背景下的线上线下融合教学，推动着小学音乐传统教育教学的转变。互联网为小学音乐教学提供了更加充足的信息资源，并实现了这些资源之间的共享。而信息资源之间的共享的特点是教师、家长随时随地都能对学校的相关教育教学有所了解。除此之外，互联网改变了传统教学模式下教师获取资源的单一途径。相反，则为教师提供了获取更多教学资源的途径，极大地开拓了教师的视野，为教师组织音乐教学活动提供了更大的契机，并极大地提高了学生的课堂学习兴趣与主动参与意识。

三、疫情渐缓下小学音乐线上线下教学的具体实践

（一）为学生制作微课，引导学生掌握重难点知识

要培养学生的音乐核心素养，提升他们的审美能力，需要建立在学生掌握一定的乐理知识的基础之上。比如五线谱知识、乐器知识等。这样可以使学生更有针对性地感受音乐旋律。小学生已经在日常生活中接触了大量的音乐元素，所以我们可以提前为他们布置一些预习任务，让他们提前了解一些音乐知识，以便在课堂上更有针对性地听讲。基于这样的思考，我通过微课为学生布置预习任务。微课是一种新型课程形态，建立在信息技术基础之上，是一种教学视频的形式出现在教育领域，可以解决某个重难点知识，内容通俗易懂。我提前将乐理知识制作成微课视频，上传到网络公共平台中，让学生在家中下载下来进行自主学习，学生可以根据自己的实际情况，选择反复观看视频，直至弄清楚基本的乐理知识，根据小学音乐教学内容的要求，制作成教学视频的内容可以包括音乐史实篇、五线谱篇、器乐篇等。学生自习完这些理论知识后，还要完成教师布置的在线练习，巩固学到的知识。比如我为学生制作了"开心一刻 辨乐器"的微课。我根据学生的接受能力，将常见乐器的图片放在微课上让学生欣赏，让学生清晰地看到各种乐器的区别，让学生进行对比，以此让学生在比较中更好地认识各种乐器。学生们已经在日常生活中见过各种各样的乐器，这样的预习任务紧密结合他们的生活经验，只是知识体系更加系统，学生也能根据我布置的微课提前在家中认识乐器知识，这样我在课堂上正式介绍这部分内容时，学生们能够予以积极的回应，进而提升教学效率。

又比如我在教学一年级第二学期音乐乐园《认脸谱》这部分内容时，使用了微课布置预习任务。众所周知，我国的传统文化源远流长，民间音乐艺术精彩纷

图 1 常见的乐器

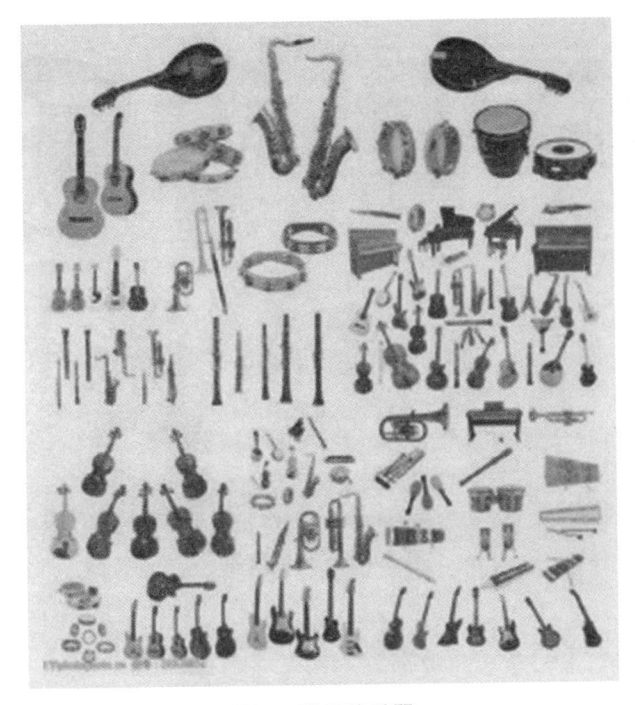

呈,其中,京剧是我国传统文化的精华。毋庸置疑,我国的京剧艺术博大精深,源远流长,是我国传统文化的典型代表。从小就让小学生接触京剧艺术,可以使他们受到我国传统文化的熏陶,让他们增强民族自豪感,但是从目前来看,很多小学生对京剧艺术还存在误解。学生不懂得怎样去欣赏京剧之美。许多学生对京剧比较陌生,说:"一个字干吗唱上老半天? 京剧节奏太慢。""脸上画得乱七八糟。""京剧是老年人看的。"这都反映了学生们与京剧之间的距离,这些误解的产生正是他们不会欣赏京剧的表现。有鉴于此,我们教师首先要采取合适的方式为学生介绍京剧艺术,拉近学生与京剧的距离,自觉接受京剧艺术的熏陶。我的做法是在课前为学生提供关于京剧的微课,让学生利用课前时间提前接触京剧艺术,比如服装、唱腔等,使学生对京剧艺术形成感知,激发他们的好奇心。我还利用小学生喜闻乐见的孙悟空形象,为他们介绍孙悟空的脸谱属于京剧艺术,这样可以人人激发他们的学习兴趣。

(二)抓好课堂主阵地作用

在后疫情时代,我们教师要抓好课堂教学这个主阵地,灵活运用教学方法,为学生传授新知识,发展学生的音乐核心素养。我在课堂教学中结合具体的教学目标和教学内容,使用多元化教学方法。我使用过的教学方法包括以

图 2　认脸谱的微课

下几点：

1. 创设情境，激活学生的回忆

学生学习音乐的欲望可以在创设开放性教学情境中很好地被激发，他们会更好地被音乐吸引并且融入音乐课中。小学的歌曲通常能带动学生的情绪，并且有着一定的情境性，学生的生活经验可以被教师所利用，在教学过程中创设具有交互性和趣味性的情景教学，这时学生能够正确感受到音乐的情感，这也能很好地拓宽学生的音乐视野。比如三年级第二学期《新春乐》，我在带领学生欣赏这首乐曲时，意识到小学生对过新年的场景并不陌生，他们对这首歌曲的主题也有着充分的认知。所以在对学生进行教学时，我先用多媒体技术让学生完整地聆听这首歌曲，激活学生的回忆，让他们想起自己过年的经历。然后我利用微课为学生播放一些过年的视频，并让学生自由诉说自己过年时遇到了什么有趣的事情。在学生讲述的过程中，我穿插《新春乐》这首乐曲，让学生在讲述故事时也感受到这首乐曲的旋律。伴随着回忆，学生再次欣赏《新春乐》这首乐曲，能够很好地正确体会乐曲所表达的情绪。

2. 鼓励学生自编音乐，激发学生的学习兴趣

《义务教育音乐课程标准》要求："小学音乐教师要利用各种教学情境，加强学生的创新能力培养，不断提高小学生的动手和创造力。"小学生对音乐并不会陌生和反感，他们有独立的思考和分析潜力，只需要教师科学的引导。为了培养小学生的创造意识和能力，学会独立编排歌曲，教师要与小学生加强沟通，建立平等的教学关系，为小学生创造良好的学习条件，充分发挥个人想象思维，根据

个人情感体验创造音乐歌曲。

例如,在学习三年级第二学期《花蛤蟆》这首歌曲时,教师可以在歌曲结构基础上改变部分歌词,例如将其中的花蛤蟆改为小青蛙,要求学生重新演唱新歌曲,这有利于培养学生创造思维,并获得良好的学习体验。又比如在教学完《新疆是个好地方》之后,我启发学生思考除了唱歌、跳舞,还可以用什么方式来表现人们的快乐,还有没有其他的路径来呈现人们的喜悦?学生们在这样的问题下,纷纷开动脑筋进行思考。有的学生说可以通过绘画来表现一个孩子的快乐,有的学生说可以通过哈哈大笑来表现快乐。然后我让学生根据自己内心的想法,模仿原作品中的歌词,自编歌词。要求学生做到歌词优美,具有启发作用。学生根据这样的任务,纷纷开动脑筋进行思考和探索,调动已有的知识经验来自编歌词。这样的教学方式激活了学生的创新思维,使他们初步实现创造美,这对他们进一步理解音乐艺术有着广泛而深远的意义。

事实上,鼓励学生进行即兴创作对培养学生的创造力大有裨益,当他们听到一首歌曲时,会主动感受歌曲内涵,进而对歌曲赋予新的意义,激发小学生的情感体验,毫无疑问,起伏的旋律、鲜明的节奏、强弱有序的力度、缓急交错的速度,以及不同的情感交换都能激起儿童形体动作的反应,使学生动起来,这对小学生的即兴创作提供了良好的条件。

(三)对小学生进行多元化评价

单一的音乐技能训练至多只能把小学生训练成一个无主见、无创造能力的人。所以教师不仅要在观念上,而且要在实践中,在评价小学生时不能过于关注小学生掌握音乐知识、技能的情况,而是要重视评价小学生初步感受美和表现美的情感,让小学生愉快、自由地学习、自然地表达,培养小学生对艺术的想象力、创造力,促进其认识情感和人格的健康发展。在很长一段时间内,教师评价小学生的音乐能力时,显得过于单一。比如他们在考查小学生的歌唱时,只是用简单的"好听"与"不好听"来进行判断。这样难以使小学生知道自己好在哪里,不好在哪里。所以教师要优化自己的教学评价方式。我在评价学生的音乐素养时,有意识地从多个角度入手。

首先,我考虑到小学生的自尊心,不管小学生的音乐表现如何,我都给予赞扬,挖掘小学生的闪光点。目前,我国正在提倡赏识教育,对小学生的表扬与肯定是一种非常积极的教育手段,可以使小学生找到归属感,以饱满的热情投入到音乐过程中。其次,我全面看待小学生的发展,用优美的语言表扬小学生,激发他们的自信心,并用合适的语言委婉地指出小学生应该在哪里得到改善,这样的评价方式比较容易让小学生接受。毋庸置疑,教师的肯定与认可,可以成为开发小学生智慧的金钥匙。

具体而言,当下,我构建的小学音乐线上线下融合教学模式如下图所示。

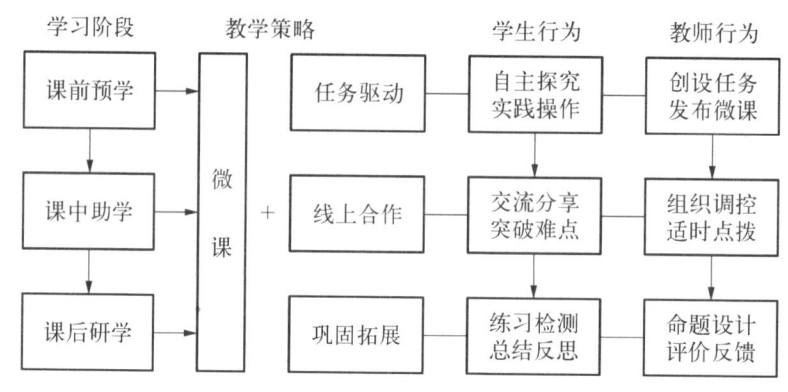

图 3　线上线下融合教学模式

四、结束语

总而言之,在疫情渐缓当下,我们要充分发挥线上线下融合教学的积极作用,点亮小学音乐教学的火花,迸发学生的学习智慧,让他们在优雅的音乐旋律中形成音乐核心素养,实现全面发展。

参考文献:

[1] 叶巧玲.优化中小学音乐在线教学的思考——在线教学与课后在线分班辅导齐行[J].家长(上半月),2020,(5):148,150.

[2] 张微微."互联网+"鞍山市音乐在线教育共享平台的构建[J].黄河之声,2017,(20):21.

以游戏促小学生在美术课堂中活力的激发

宝山区罗南中心校　朱莹姣

【摘要】随着课程改革的不断深化,特别是美育列入教育方针后,在小学美术课上有很多方面值得去探索。同时,学科间的互通融合更是眼下学科发展的趋势。游戏在小学生成长中有着不同凡响的重要作用,激发学生自主学习的潜力,打开学生创意想象的大门,在不知不觉中学会本领。本文将以上海教育出版社第五册教材中,《我的小相框》一课为例,从"游戏互动 理解提升""游戏互动 创意激发""游戏互动 效率提高""游戏互动 认知深化"四方面来阐述游戏促进小学生在美术课堂中活力的激发。

【关键词】游戏　活力　激发　学科融合

一、中西教育对小学美术课堂中游戏作用的研究

西方各国早期就聚焦于游戏在教学中的表现。在古希腊时期,柏拉图的《理想国》中明明白白地指出,对儿童发展教育过程中游戏具有重要的作用,并且他认为强迫孩子学习的行为是不利其健康发展,不符合孩子的心智发展规律的。英国哲学家、思想家洛克的观念也认为:游戏正适合儿童这个年龄段,并且是实现孩子拥有健康的体魄和愉悦心情的最佳方式。福禄培尔认为:在儿童的学习期间应该视游戏为一个重要的部分,因为儿童在游戏中可以充分发展其主观能动性与主动创造性。

国内同样也有相关的研究,刘焱的《儿童游戏的当代理论与研究》这部专著在我国儿童教育领域占有重要地位,在国内这是一部围绕儿童游戏的著作。综合了各个学科的理论成果,对与游戏密切相关的诸多问题都有回应,而且较为详尽地阐述了19世纪之后世界上关于儿童游戏论的主流理论。国内众多的教育工作者对美术课中游戏引入的教学都有深入的研究,中国心理学家朱智贤认为:在游戏中孩子们能感受到比真正的社会生活更为愉悦的心情,还能激发孩子的

探索欲和求知欲,儿童也可从游戏中获得社会生活所必要的认知和经验。冯磊的《游戏可以让小学美术课堂更精彩》中强调小学生的创作欲望和兴趣是可以在教学活动中被激发出来,在他们将想象融入设计的过程中,感受到创作的愉悦,而教学的目的也是在这样轻松愉悦的氛围中达成的,所以这样的教学可以收到更佳的教学效果。

二、基于本人教学经验与学科转换后的融合教学体验

2020年10月我在校上了一节校级教研课"我的小相框",这是一节上海教育出版社第五册教材的综合纸工美术课,本课主要通过学生根据自己的照片设计相框,让学生利用各种纸张材料和生活中的废旧材料进行组合搭配,应用对称、重复、剪贴、绘画等方法来装饰照片,从而激发学生的爱观察、爱动手、爱想象,乐于美化生活的创造能力。

从学生的学情来看,三年级学生已经具有一定的绘画能力和手工制作能力,本课教学取材于生活,运用于生活,课外让学生收集生活中的废旧材料,也是学生比较喜欢做的事情。如把一些不用的小纽扣、拆下的漂亮包装纸、礼盒包装丝带等装饰于照片,进行再次利用创作,是学生喜欢美术的活动。由于小相框的制作不包括新的操作技术,而且学生在日常生活中也见过许多相框框架,所以本节课的难点在于如何引导学生设计适合照片内容及大小的内框,并根据自己带来的材料用绘画、剪贴等方法设计图案重复,富有创意装饰的框面。

本人之前有过五年的数学教学经验,但刚接触美术教学第一年,本文我将谈谈从一堂小学美术综合纸工课中发现的具体问题,到利用多个游戏突破教学难点,激发学生自主能动性和创意表达的措施。为了帮助大家理解本文中的内框、外框及框面,附图如左。

(一)游戏互动 理解提升

课一开始,先简单认识相框的历史、结构、作用后。进入第一个游戏,该游戏主要是帮助学生理解内框大小要小于照片内容及大小这一教学难点。课堂上我提问:"同学们,那椭圆形、圆形这些形状各异的内框适合怎样的照片呢?让我们一起做个对对碰的游戏,手势准备,给编号为A、B、C的照片找到适合的内框。"适时的停顿,在学生经过适当的思考后。接着,我请他们用数学课上常用的手势

表达："想好了吗,请小朋友用手势选择适合 A 照片的相框。"一个个小手齐齐选择了 3 号。后面两个选择,大部分学生也都做出合理的判断。

A　　　　B　　　　C　　　　1　　　　2　　　　3

当我请学生说明这样选择的理由时,学生的回答也有理有据："这个圆形的相框小小的,适合一个人的照片。这个最大的相框适合一家三口的照片。最后这个不大不小的适合紧挨着的三人的照片。"然后,我利用数学学科中一种重要的数学思想方法——验证。请一个小朋友上台来摆一摆,进行验证。

最后,我用语言引导他们思考："通过这个游戏,你们发现了什么小秘密呀?"学生开始思考,通过配对的游戏寻找内框匹配的原因,思考游戏背后隐藏的深意。是啊!那就是在剪小相框的时候,内框大小要适合照片的内容及大小。

其实,在初次备课的时候,我只考虑如何让学生在课堂上学会制作小相框,只考虑美术课技能的学习,忽略了学生的学习体验以及思维的拓展。所以,在第一次试教时,发现对学生的预设不够充分,学生要剪一个适合自己照片内容及大小的小相框有很大的难度,有的学生都剪得太大了,照片能从内框中掉出来,有的学生在剪的时候没有折剪,直接从边上剪,结构剪断开了,还有的学生折剪方向错误,剪出来是断开的两半。学生出现的状况较多,这些都是我课前没有充分预设的。

在充分预设了学生的制作难点之后,我重新调整教案,采用游戏的方法解决学生制作内框时遇到的困难,理解内框与照片内容及大小这两者间的关系,进而再剪一个适合照片内容及大小的内框。此处利用数学学科手势判断和验证思想,在游戏互动中,学生理解能力有所提升,激发学生对美术课堂的喜爱。

(二)游戏互动 创意激发

在理解剪内框的要点之后,我便自信满满地以为学生能剪出一个适合自己照片的内框。然而,现实往往是"打脸"的,第一个游戏环节过后,实际教学中,发

现仍有不少学生在剪合适的内框这个地方还是有困难,问题主要还是剪得太大了,照片要"掉"出来了。为此,我再一次设计一个游戏环节,看看剪怎样的内框才合适。

第二个游戏,两个形状相同,但大小不同的内框。请学生辨别哪一个适合我手中的照片。学生在经过观察比较后,我请他们用数学学科的手势进行选择,一个个小手,都举起了"1",选项1就是第一个小相框,它的内框适合。接下来,我就请他们动手实践啦。未曾想,他们绝大部分都依葫芦画瓢,模仿我的这一内框形状,并未开动自己的小脑瓜。

习主席这样说:"创新是一个民族进步的灵魂,是一个国家兴旺发达的不竭动力,也是中华民族最深沉的民族禀赋。"著名的教育家陶行知先生也说过:"处处是创造之地,时时是创造之时,人人是创造之人。"小学阶段,正是孩子们开动脑筋,展示创意的大好时机。在美术课堂上,正是孩子们表达内心,创意表现的美好时刻。在这节综合纸工美术课上,正是孩子们动手操作,剪出创意的闪光瞬间。经过思考,我换成两个不同形状、不同大小的内框。并请学生独立思考:"还可以替换成什么形状呢?"开个小火车,请一列学生来作答。此处的游戏互动,学生创意表达得到激发。

(三)游戏互动 效率提高

培育能力的事必须继续不断地去做,又必须随时改善学习方法,提高学习效率,才会成功。——叶圣陶。一堂高效的美术课同样如此,要在教学设计中反复调整,要在课堂实践中不断摸索,要在课后不断总结反思调整。所以当我在课堂时间总是不够的时候,那么如何节约时间,提高教学效率和学生的实践效率呢?

首次试教第二个游戏时,我就让孩子们先剪内框,然后再看视频,学剪外框,但在教学时间上浪费了很多。试想,如果将剪内框、剪外框这两个教学过程雷同,都有"剪"的内容合并,势必会大大减少教学时间,提高课堂效率,加速学生的制作速度。

因而,再一次上课时,我就请学生自己来思考:"先剪内框,再剪外框,很浪费时间呀?有没有小朋友想到好办法来帮助老师节约时间呢?"个别学生能够利用生活经验来回答:"老师,一起剪呀!"所以在第二次教学中,请学生发现整合"剪"这一相同点,我提醒学生内框与外框需要注意的地方,再一起剪,节约时间,提高学生剪的效率。再来一个有内框、外框和照片外轮廓的粗线的范例,请学生判断三条线分别代表内框、外框和照片内容及大小三者之中的谁?简单的判断小游戏可以强化学生对这三者关系的理解,进而提升"剪"的效率。接着,还是开小火车的形式,请学生思考还可以有哪些漂亮的形状来提升自己相框的美。学生在思考后给出各种形状,我也利用多媒体展示各种颜色和形状的不同的漂亮内框和外框造型,激发学生创作的灵感。此处游戏互动,学生创意得到激发,"剪"的效率提高。

(四)游戏互动 认知深化

最后一个游戏是认识重复图案,通过部分框面作品的展示,观察框面设计的要点——图案重复。

先请学生仔细观察框面图案排列有什么规律呢?学生回答:"都是一样的图案。""图案在不停地出现。"我解释道:一个图案按一定方向、顺序,反复连续排列,就是图案重复。再请他们观察三四个图案重复的范例。请他们自己判断是否也是图案重复。结果学生都认为当属。而我用省略号引导他们自己想象一下,还有其他的可能情况。

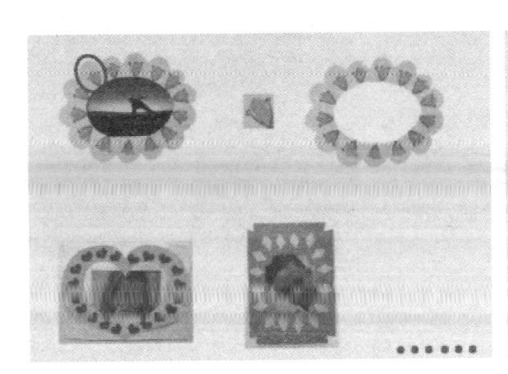

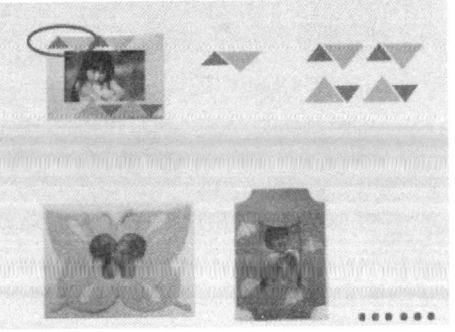

接着,我继续用数学学科常用的手势表示,判断学生是否掌握图案重复这一美术知识点。最后小结:我们在装饰框面的时候,要注意用图案重复的方法。图案重复可以加强给人的印象,使画面统一、美观。

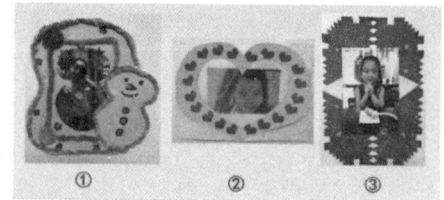

用手势表示其实是数学课堂里常用的一种教学手段,来快速判断学生掌握知识的程度。以我之前的数学教学经验,运用在本节美术课上,利用手势来判断学生对于美术知识的掌握,学生个个就能成为学习的主角,人人都能参与到游戏的环节。这里游戏互动,学生能对美术课堂知识有更深的认知。

学生在真正掌握了图案重复这一知识点,并能运用这一方法来完成相框的框面制作,我就趁热打铁引导学生思考还可以用什么装饰框面呢?有的学生马上想到了用自己带来的废弃材料,有的学生则思考用画笔直接进行美化,还有的学生想到利用剪下的废弃材料,再次加工进行装饰。

郑兴涛在《浅谈小学美术课堂中游戏教学的应用》中总结出美术作为一门艺术性的学科,其创作材料来自生活,学生美术创作的灵感和创新能力的发掘也正是在这里培养出来的。我为学生们积极动脑,巧用废旧材料的行为竖起大拇指!

最后,学生的完成作品中,可以看出他们学会了课堂中图案重复,并能利用废旧物装饰美化框面,通过变废为宝,学生体验美术课堂的快乐。相信学生经过此课的学习,能养成善于收集和利用废旧材料的习惯。

三、后记

从这节小学美术课堂中,显而易见地可以看出游戏促使小学生在美术课堂中活力的激发。从游戏中学生的理解得到提升,激发了学生的创意,学生"剪"的效率也提高了,学生的认知得到了升华。同时,我借鉴数学学科中常用的课堂教学手段,将数学学科中手势判断,验证思想融合进美术学科,还利用开小火车的游戏,激发学生创意表现。同时,创设多个游戏:给照片找到适合的内框;给照片找适合的相框;辨别图案重复的相框。多个游戏与全体学生的互动,调动学生多种感官,用眼看,用耳听,用手摆,激发学生的自主能动性,创意表达能力,动手制作能力。

德国教育家第斯多惠说:"教育的艺术不在于传授知识,而在于激励、唤醒、鼓舞。"美术课与其他学科的不同之处就在于没有对与错,只有谁的画面更有想法,美术课允许孩子那天马行空的想象能力,允许他们别出心裁的创意表达,允许他们与众不同的用心描绘。而游戏就可以激励学生的学习兴趣,唤醒学生的创意表达,鼓舞学生的学习态度,使学生在愉快的学习氛围中,更乐于学习美术课堂的知识,潜移默化间就能学到更多的知识与技能。在课程改革的浪潮中,我们美术教师需要有更多地自我反思,更多地关注学生,更多地积累经验,才能不断地丰富自我,完善自我,超越自我,才能提高美术课堂教学的活力,让美术课堂充满生机。

参考文献:

[1] 刘焱.儿童游戏的当代理论与研究[M].成都:四川教育出版社,1998.
[2] 冯磊.可以让小学美术课堂更精彩[J].科学大众.科学教育,2012(12).
[3] 郑兴涛.浅谈小学美术课堂中游戏教学的应用[J].教育学文摘,2012(06).

综合手段巧应用，线上课堂促学习

宝山区罗南中心校　徐淑君

【摘要】 2020年寒假，一场突如其来的疫情让全国人民措手不及。为有效加强疫情防控工作，更好地保障教师和学生的生命安全和身体健康，国家教育部在疫情防控期间提出了"停课不停教、停课不停学"，"在线教学"已然成为教育系统战"疫"的关键词。在这期间，老师们积极投入到在线教学的实践中来，从"熟悉平台使用，进行在线指导"到"了解把握学情，提供个性辅导"再到"精准分析学情，制订后续方案"，在实际操作中我们难免会遇到各种各样的困难，各种各样的困惑。

【关键词】 线上教学　小学美术

【教学背景】 此次线上教学我担任的是三年级美术教学工作，虽然只教授一个年级，但是8个班级同时开展线上教学对我来说是人数以及时间分配上的一大挑战。

果不其然，在美术线上教学开始的第一节课堂就出现了种种问题：多个班级学生上课积极讨论提出问题，对于众多的班级提问一一回复显得手忙脚乱；学生交作业积极、速度快，在刚听好名师录播课的5分钟内就完成了作品，显然质量不高没有按照要求作画；班级多、上传的作品多，教师点对点的评价工作效率不高工作量大……以上种种对我来说都是巨大的挑战。

美术课将如何有效、有序地开展线上教育教学活动呢？围绕这个问题，通过仔细研读《小学生网络视频课学习与教师网络教学指导建议（小学美术学科）》，我进行了大胆的探索与尝试，以遵循"学生中心"的原则，采用翻转课堂教学模式。

一、教学准备做充分，线上内容有变化

在《教师网络教学指导建议（小学美术学科）》的"在线答疑解惑"中指出，要

以"提供资源为主,个别对话为辅",老师可提供给学生的资源以结构梳理、作业分析、预习建议、方法指导为原则,具体可包括课时知识结构梳理、预习学习单、学习方法指导、补充关键内容和作业讲解、视频课板书梳理等资源。老师做到课前认真收看网络名师录播的视频课,做听课记录,当准备充分后可尝试多种教学方法,如下:

教学方法	教学内容	操作方式	学生活动	教师活动
讲授法	重难点提取、讲解	图文简述	理解并运用	讲解、叙述
演示法	重难点示范	上传图文、视频	观看做参照	示范视频、图文教学
讨论法	回答解惑	开讨论区	聊天窗口	倾听并给予提示
提问法	提出问题	开提问区	提出疑问	回答并解决问题

其中讲授法(如图1)既是引导也是教授,老师通过提前对课文内容的理解,运用文字和图片的方式概括提取本课的知识,做到清晰明确以帮助学生更清楚了解掌握本课的重难点;演示法(如图2)是老师提供视频或操作步骤图进行教学,当然视频要做到短小精悍,在线上教学方式中起到重难点示范的作用,给予学生更直观的学习体验,同时也可以作为一种课堂内容的补充;讨论法(如图3)和提问法(如图4)实施的是自主自愿性原则,看名师录播课时会有学生思考讨论时间,可适当运用这些时间倾听学生的回答以及提问,这样学生既掌握了学习的主动权又避免了绘画时会出现的问题。

由于教授的班级多,这些方法我会轮流在班级中尝试,在这过程中给到了学生线上课堂丰富变化的同时可能帮助找到更适合的,前提是教师应认真备课,才能为学生在线学习平台提供相应的美术教学资源,促进学生的美术学习。

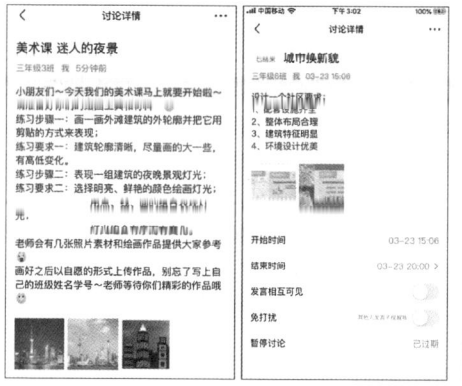

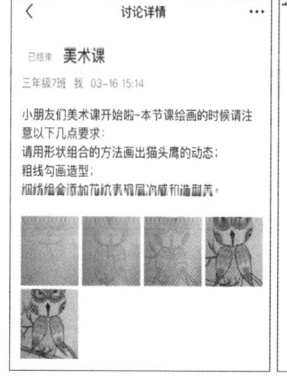

图1　　　　　　　　　　图2

图 3　　　　　　　　　　　　　　　图 4

二、教学评价多样化，学习热情有提升

在 3 月 2 日刚开启线上教学的第一天，面对三年级 328 名学生中有将近 150 名学生递交作品，原先本着"对学生主动递交的作业，可采用等第制＋评语的激励性评价方式"这一形式，但是这一天过后发现工作量大是一方面，除此之外学生作品点对点的评价的有效性值得思考。

名师录播课每节课最后都会给学生一张自评表，为了提升学生的自评能力也更有助于他们对学习内容掌握程度有更好的了解，我充分运用自评表（如图 5）让学生同平时课堂学习一样完成作品的自评和互评，这样的线上评价方式更能够促进学生学习的积极性，有助于他们评价以及审美能力的提升。由于线上教学的操作限制，我采用星级评价法，更方便学生评价操作，在此基础上老师再加以个性化的评语，做到师评、自评、互评相结合的方式。

三、教学反思应及时，建构学习促成长

在这段"云"课堂教学期间，老师不光要做到课前充分准备，课后面对新教法、新问题更重要的是做到及时反思。老师在分析学情的同时，对学生的在线学习质量进行诊断评估，有针对性地制订教学计划。疫情过后要对学生的学业情况进行评估，根据学生的作品制订具体的后续指导方案。观看了这么多的名师录播课堂，我也学习到了不同的教法，为了提升自身的教学能力，在以往的教案和听课后笔记做了反思与归纳（如图 6），相信这也是促进教师成长的机会，对于年轻教师来说，不断地反思才能有更好地成长。

全新的"云"上教学，它不再是像以前那样浅尝辄止，让我们对教学方式有了新的思考与转变。在提供学生必要的美术在线教学资源的同时，更应该针对学

图 5

生个体需求开展多样化的美术在线教学,促进学生的美术学习。作为教师也要加强进一步反思自我,提高线上教学质量。相信通过每一位老师的那份责任心与爱心,对于线上课堂敢于尝试,不断努力,综合应用多元化的教授和评价方式,不仅是学生体会学习乐趣,教师自身也会收获教学能力的提升!

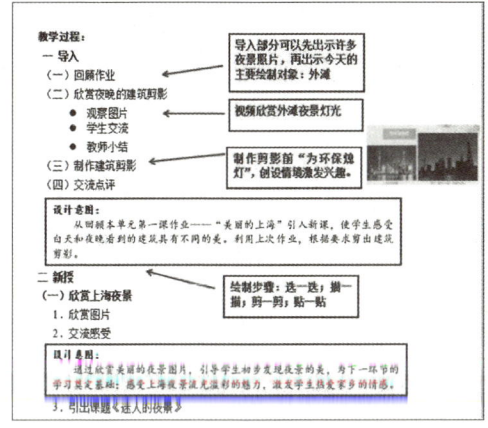

图 6

一颗糖果引发的风暴

宝山区罗南中心校　朱　华

一、厌学

我们经常会提及学生上课注意力不集中，开小差。这其实是厌学的一种表征。学生的厌学有三种程度：轻微、中度和重度。

轻微厌学的表现为会有抵触情绪，例如学生会出现不想上课、不想做作业等情绪。中度厌学的表现为将这种抵触情绪付诸行动，例如上课开小差、作业拖拉、消极怠工。重度厌学的表现为出现学校恐怖症。

学生为什么会厌学？难道是知识很无趣吗？其实从孩子出生开始，他们就用各种方式在尝试接触这个陌生的环境。在这个过程中，为了孩子的安全，家长会不断地进行限制和引导。当孩子进入学校后，教育内容是一个框架，需要学生在指定的区域内进行探索。所以往往导致学生厌学的是现在规定的学习方式和限定的教学内容。

当然学生厌学的原因还有很多种。

1. 学生能力不足。这种不足可能是认知方面的，也有可能是学习方法的不对。

2. 学生期待不当。一种理想自我和现实自我的落差。认为自己就应该考第一名的，但实际上没有做到。

3. 目的不清，学习动力不够。很多学生不清楚为什么要学习以及学习的意义是什么，从而导致学生没有梦想。

4. 现实的压力。学生承担着这个年龄所不应该承受的压力。童年缺少游戏和探索的时间，更多的时间被花在了培训和课外辅导中。

……

既然目前没有办法改变教育的学习方式和教学内容，那么可以先尝试探索提高学生的学习动力，让学生发现学习的意义。

二、糖果的魅力

糖果，教师所提供的糖果不仅仅是物质上的，更有一个精神价值——认可和奖励。

（一）第一次（第一步骤）：无意间的奖励，建立强化

正式上课前，老师说："今天观察哪一组表现最好？"

这样简单的一句话，很多学生都会忽视这句话，因为这一句话对于学习动力强度不高的学生而言不能激发内在强烈的表现欲望和荣誉感。不出意外，整节课的表现会和以往上课并没有多大的变化。

课堂快结束的时候，教师提醒一组学生上台，并奖励糖果。刚听到这句话的时候，这一组的学生会有迷茫和疑惑——为什么老师要叫我们上台？在小朋友拿糖果的过程中，解释为什么他们能够获得糖果。在这个时候可能会出现学生会问："老师，我可不可以现在吃？"教师一定要给予肯定，并且一定要当着全班的面，问一句：甜吗？

"课前老师说过的一句话，你还记得吗？在这节课中，这一组的学生坐姿最端正，回答问题最积极。"这一段具体的解释，其目的是为了引导学生以后要认真听教师的每一句话，教师的每一句话都会有深意。明确学生获得奖励的理由，有明确的方向会让模仿变得更加容易。

在学生拿到糖果后，一定要让获得糖果的学生在课堂上吃。一句"甜吗？"一方面能够激发学生的成就感和荣誉感，另一方面可以刺激没有吃到的学生，也给予他们获得这种成就的方向和模式。

在这整个过程中，核心用意就是为了建立一种条件反射：上课坐端正、积极思考会获得好吃的糖果奖励。

（二）第二次（第二步骤）：明确无奖励，但给了奖励

正式上课前，老师说："今天观察哪一组表现最好，但今天没有奖励。"

这样一句话会让部分学生放弃认真的念头，因为对于部分学习动力不高的学生而言，今天认真学习的目的是为了获得物质奖励，如果没有这个物质奖励，那么就没必要辛苦付出。

课堂快结束的时候，提醒一组学生上台，并奖励糖果。刚听到这句话的时候，这一组的学生会有迷茫、也会有激动。因为学生应该可以意识到要奖励糖果了。

在这整个过程中，核心用意就是为了建立一种想法：上课坐端正、积极思考，还是会有奖励。

（三）第三次（第三步骤）：明确无奖励，真的无奖励

正式上课前，老师说："今天观察哪一组表现最好，但今天没有奖励。不骗你们，而且认真听课就只是为了吃糖吗？"

课堂快结束的时候，找到表现最好的一组。明确这一组哪里做得比其他几

组更好,用掌声奖励。

在这整个过程中,核心用意就是为了建立一种想法:上课坐端正、积极思考,并不是一定会有糖果的。虽然学生没有获得物质奖励,但其实学生仍是收获到奖励的,这个奖励是精神奖励——同伴和老师的夸奖。

三、理论支持、运用和反思

条件反射的建立是指条件刺激反复与无条件刺激相配合同时出现或先后出现,使条件刺激获得信号意义的过程,即条件反射建立的过程。

条件反射的消退是指在条件反射形成后,如果条件刺激重复出现多次而没有无条件刺激相伴随,则条件反应会变得越来越弱,并最终消失。

在第一阶段中,为了帮助学生习得"上课坐端正、积极思考"的能力,第二和第三步骤需要反复使用,而且第二步骤的频率要高于第三步骤。在这个过程中,一方面可以给予学生足够的时候去养成学习的习惯和意识到学习的本质是由内而外的,是自我要求。学生的成长是需要时间的,当某一个阶段暂时无法获得学习的乐趣和动力时,需要给予学生足够的时间去过渡并且引导他们重新发现学习的乐趣。

在第二阶段中,为了消除之前建立的条件发射——上课坐端正、积极思考,就会有奖励,第二和第三步骤仍需要反复使用,但此时第二步骤的频率要低于第三步骤。最初建立这个刺激反应的目的是引导学生认真上课。学习是一件终身行为,需要让学生意识到为什么要学习和学习的意义。在学生学习动力不足的时候,可以借助外力来帮助,但不能够忘记学习的动力是自我对于学习的认识和需求。过度借助外力会导致学生的学习目的不明,从长远角度来看是有害的。所以在第一阶段所建立的条件反射是一定需要被消除的。

在整个操作过程中,困难点就在于后期的调整。计划在预演中可以很完美,但现实中没有完全相同的个体和团体。所以要想有一个好的效果,一定是需要计划——调整——再调整的。在操作的过程中,会激发更多的想法,仍需要不断的尝试和验证。一个想法需要很长时间的验证和探索,实践让这个想法生根发芽、枝繁叶茂。对比实验和相关案例,就是这棵大树的根。

爱 的 教 育
——爱就是鼓励和赏识

宝山区罗南中心校　李夏萌

陶行知先生说得好:"捧着一颗心来,不带半根草去。"这里的"心"是对学生的关心、对教育的爱心。充满关爱的心是清泉,滋润着学生的心田;是钥匙,能够打开学生心灵的窗户。充满关爱的心更是成功教育的原动力,有了它才能护送学生到达成功的彼岸!以下案例中说到的这个爱就是鼓励和赏识。

【情景再现】

小朱是一个聪明阳光的小男孩,刚入学就已经有了较大的识字量,他于是开始沾沾自喜,对拼音的学习显得比较懈怠,曾教育过他几次,都无济于事。当"老本"吃得差不多时,他再也骄傲不起来了,由于他拼音学得不扎实,不会自主识字,所以对学习也越来越没信心了。原来活泼的他也慢慢变得沉闷了,脸上的笑容不见了,甚至有点自暴自弃。怎么办?一次课间,听到他在跟同桌讲关于恐龙的知识,讲得绘声绘色,连我都惊叹他的知识面如此的宽广。我想我找到了一个重新树立他信心的办法了。

一次课上正好讲到地壳的运动,讲到生物的变迁,我随即抛出古生物中的恐龙,并盛邀他来做老师给大家讲讲有关恐龙的知识。他先是一惊,马上微笑着走上讲台。我坐在他的座位上,也叫他朱老师,听他娓娓道来。他滔滔不绝地讲述,全堂班同学惊叹不已,讲完后掌声雷动。那一刻,孩子脸上那灿烂的笑容终于又回来了。我知道教育的机会来了。

课后,我来到他身边,高兴地说:"文文,你今天的介绍真棒,我要替同学们谢谢你这位小老师哦!"小朱眯着眼睛害羞地看着我,显然他很满意我这位旧朱的夸赞,脸上虽没有笑容,但我知道他心里已经乐开了花。

"但是,"我随即拉起小朱的小手说,"文文,你的这些故事还是有限的,终究会讲完的,今天开始你要学好拼音,认识更多的字,看更多的恐龙的知识、生物的知识,有机会的话我以后再请你当老师来上课,源源不断地教给小朋友恐龙方

面、生物方面的知识,好吗?"小朱的眼睛一亮,腼腆地看着我:"真的吗?""当然!"我毫不犹豫地回答。小朱伸出肉肉的小手,小指微微一跷,我懂了,马上也伸出小指,紧紧勾住他的,默数"一、二、三",用力拉了三下,已然"一百年不许变"了。

这次谈话以后,小朱感受到了我对他的欣赏和肯定,他每天早上主动朗读我写在黑板上的音节,不会的就积极请教同学,拼音知识越来越扎实,学习的积极性也越来越高,自信又明显地挂上了他的脸。

【案例分析】

渴望被赏识是人类最本质的需求,而对于成长中的青少年学生,赏识尤为重要。教师欣赏表现好、成绩好的同学,这是人之常情,但如何对待后进生便必然成了每个教师都会遇到的难题。要真正处理好这些问题,就应该真正地去关爱他们,抱着任何时候都不放弃他们的心态,去欣赏他们、信任他们、鼓励他们,帮助他们克服自卑,树立自信心。

人无完人,金无足赤,每个孩子都有不同的特点,我们应更多地鼓励孩子,欣赏孩子,与孩子真心相见,让"亮点"亮起来。我们应该善于捕捉学生的潜力,从爱孩子到欣赏孩子,发现孩子的闪光点,挖掘出创造的潜能。例如,有些孩子喜欢画画,作业做完就允许他画画;有些孩子喜欢踢球,上完体育课就允许他留在操场上踢上几分钟的足球;有些孩子顽皮,但聪明;有些孩子不善言辞,但内心又有自己丰富的世界……我们要给学生一定的发展空间,这样孩子的个性就可能得到充分发挥。班级中陆续出现了写字小达人、朗读小达人、故事小达人、运动小达人、画画小达人、唱歌小达人、舞蹈小达人、乐器小达人……

鼓励和赏识,是爱的教育,是充满人情味、富有生命力的教育。人性中本质的需求就有渴望得到赏识、尊重、理解和爱。就精神生命而言,每个孩子都是为得到赏识而来到人世间,赏识教育的特点是注重孩子的优点和长处,发现并表扬,逐步形成燎原之势,让孩子在"我是好孩子"的心态中觉醒。不只是好孩子应该赏识,所有的孩子都需要。孩子是脆弱的、敏感的。适当的赏识是一种正确的爱,也是对孩子的一种鼓励和赞赏!

案 例 篇

教育类

以撰写感恩日记来提升教师职业幸福感

宝山区罗南中心校　杜秋萍

近年来,学校活动越发丰富多彩,老师的工作难度和工作量随之递增,加之老师们逐年进入工作高原期,产生职业倦怠感,缺乏工作热情和创造力。学校旨在通过让老师们撰写工作、生活中的感恩日记形式,寻求、发掘身边事物的美好一面,感受这份美好,拥有积极情绪体验,以此激发工作热情,提升职业幸福感。

[情境再现]

（地点：××年级办公室）

情境一：

"又要十月诗歌会了,烦死了,哪有时间排练。"

"我们语文书上不是有一篇和爱国主题有关的课文吗？让他们念一念么好了,每年念来念去不都是这几篇嘛！"

"咦,这个主意不错噢！"

……

情境二：

"××老师,你们班级布置好了吗？我还没动呢,怎么弄啊！"

"你们教室里去年那个班级布置的东西都在吗？有的话就不要弄了,我就准备这样,这叫'巧干',反正我也不想评优秀,过得去就行了。"

"是的呀,我作业都来不及批,随便弄弄好了,无所谓的。"

……

[问题呈现]

看了这两个情境,估计老师们都感到很熟悉,这就是我们真实的、常态下的工作状态。在这里,我们感受到老师们对工作都缺乏热情和创造力,学校活动以

应付了事。从言语中不难听出老师的无奈与不耐烦。不是常说"教师是太阳底下最光辉的职业"吗？老师不应该在自己的岗位上发光发热吗？这是怎么了？

[原因分析]

随着教育理念的不断更新，人们对教育的本质有了更客观、更全面的认识，更注重学生的综合能力培养。我们深切感受到学校的各种主题活动越来越丰富、越来越密集，旨在通过各种各样的活动来锻炼人、培养人，给学生搭建展示的舞台。而在这一个个层出不穷、轰轰烈烈的活动背后，老师们的工作难度和工作量也随之递增。在完成教学任务之余，还需要牵扯大量的时间和精力开展活动，常常顾此失彼。久而久之，有的老师感到身心俱疲。老师们感叹工作压力大，时间不够用，每天忙得像陀螺，转不停。

对于有些年岁的老师来说这样的教育形态挑战更大。平日里，他们对于一些新鲜事物已然接受有限，对于一些新技能似乎也没兴趣，或者说对教育现状的认知还没有完全转变。因此，渐渐有些不适应，跟不上节奏，时常感觉自己黔驴技穷。同时，也逐步处于职业高原期的他们，常常有些负面情绪。时常日久，工作没有了动力，没有了干劲，不再求"好"，只求"过"。

当然，让老师们产生倦怠感的另一个重要原因是有些活动没有新意。老师们埋怨："活动年年搞，年年都一样，老一套。"

[知识链接]

每个人与生俱来两种基本能力，即认识的能力（知觉）和爱的能力（情绪）。而由爱可以派生出：耐心、时间、交往、信心、信任、希望……

积极心理学是培育人类最好的正向力量，发挥人类正向或积极的潜能，如幸福感、自主、乐观、智慧、创造力、快乐、生命意义等，用一种积极的心态去看待我们身边的人、物以及我们自己。

作为教师，我们是学生的主要引导者，也是除了父母以外能够给予他们最多支持的人。想要给予对方快乐，我们首先必须自己先体验到幸福，找到使自己快乐的真谛，必须拥有工作的幸福感。如果我们的工作不能让我们感到快乐，我们就会感到很无力，从而变得没有任何激情。

[我们的实践]

作为区首批积极心理项目研究团队的成员，我们关注到老师们的如此种种状态。联想积极心理的意义所在，何不把积极心理研究和学校实际结合起来呢？这样一来，不仅使项目研究更贴合实际，同时也能借助研究来缓解、改善学校状况,使研究更具说服力。因此,在积极心理项目领衔人蔡老师的指导下,我们进行了"以撰写感恩日记来提升教师职业幸福感"的实践研究。

我们从四十多名班主任中选取了不同年龄段、不同性格、不同学段的十位班主任,组建了一个实践研究小团队——"荷家欢"。几位班主任通过笔尖、镜头记录下自己教学、活动过程中的点点滴滴:

教师1:捣蛋鬼小辉这个学期多次受到几位老师的表扬,他私下告诉我,他想当小队长,妈妈说不可能,他要和妈妈打个赌。今天班委改选,小辉可紧张了,一脸的严肃,眼睛盯着黑板,随着票数的变化,小脸越来越红,让我也不觉替他担心起来。最终小辉还是没有被选上小队长,他满脸的委屈与伤感,但他极力地掩饰着一切,让我有些心疼。真想偷偷给他补上几票,让他当选,没准他真能当好这个小队长呢!捣蛋鬼也有春天!

教师2:昨天的校运动会,最后的接力比赛,我们以微弱的劣势与第一名失之交臂。回到教室,大家垂头丧气的,也有互相埋怨的,一向公认的"飞毛腿"小吴还偷偷抹起了眼泪,脸上赫然写着"不甘心"三个字。"没关系,我们也不差,就慢了那么一丁点儿,你们已经很棒了,说不定明年我们就能拿第一了。"虽然我极力地安慰他们、鼓励他们,但教室里还是弥漫着浓浓的低气压。回到家,本已疲惫的我想到一张张失望的小脸,心中甚是惆怅。"妈妈,这是今天老师奖励我的棒棒糖。"看着女儿高兴的样子,我猛然想到:棒棒糖!第二天,我带着两大包棒棒糖走进教室,孩子们顿时欢呼雀跃。昨天的不快顿时烟消云散,"明年我们一定能拿第一,谁都别跟我们抢!""嗯!只要我们不掉棒,稳住,肯定行!"……我被快乐包围着、感染着。原来,快乐就是那么简单,一根棒棒糖足矣!

教师3:新的学期、新的面貌、新的烦恼……教室布置这件事每年都折腾,贴来剪去,有谁会看。"今年的教室布置就交给你们了,你们也知道每一块版面该布置些什么吧?"想着只要能糊弄过去就行,我把任务甩给了几个班委。一天、两天,怎么没动静?第三天早上,班长过来怯怯地问我:"老师,能不能不按以前的米布置,我们想变一变,可以吗?""行,你们怎么想就怎么弄。"得到允许,班长一溜小跑地奔传达精神了。接下来的几天,每逢课间他们几个首凑在一起,感觉在谋划什么大计。周一早上,还没踏进教室,就听见唧唧喳喳伴着咯咯的笑声。带着好奇加快脚步来到教室,惊呆了!原本的宣传标语栏内贴着一个个略带夸张的简笔画人物头像。"这个是小曹,你看他根根竖起的头发。""这个肯定是你,眼睛一条缝,哈哈哈!"……"这个不会是……"话音未落,小的们眼神都落在了我的身上。这帮家伙,还真有两下子,虽不是什么大作,但个个那么传神,那么鲜活。把三十八个宝一个也不漏都请了上去,还给我来了个大特写,美其名曰"相亲相爱的一家人"。感动于这份师生情谊;感慨几年来你们的成长;感谢有你们相伴相

随,让我遇见更多的美好!

……

几年来,老师们记录下了一个个小故事、小细节。虽微小,但真实、感动。酸甜苦辣,个中滋味,细细品来,莫名的幸福涌上心头。教师的快乐就在于此。渐渐地,抱怨声、牢骚话少了。良好的工作氛围激发了老师们的智慧,同时也带动着家长们积极加入其中。一个人在自觉自愿的前提下,对某一活动或事物表现出浓厚而强烈的兴趣,并能推动自己完全投入进去,把自己的优势发挥到极致,进入一种完全沉浸其中的状态,这就是幸福的感觉。只有自己拥有快乐,感受幸福,我们才能用一种灵动的眼光看待我们的学生,才能为他们提供更好的帮助。

幸福有三个层面,一个幸福的人,当他回顾过去,心怀美好、感激;活在当下,会积极投入、倍加珍惜;展望未来,对未来有所期待、憧憬。

张爱玲说:因为懂得所以慈悲。古人云:扬人之长,谅人之短,容人之过,念人之功。让我们试着换位思考进而拥有积极情绪体验。通过感谢生命中的每一个人、每一件事、每一种经历,让自己变得豁达。

"赢了孩子"VS"赢得孩子"
——浅谈"赏识教育"如何运用到低年段学生的教育中

宝山区罗南中心校　顾怡麟

【问题呈现】

赏识教育，是生命的教育，是一种爱的教育。每一个人，无论是婴儿、孩子还是成年人，都渴望得到尊重、理解和爱。也许，大多数老师都明白这个道理，也会在日常的教育教学过程中，发现孩子的闪光点并大加赞扬。可是面对那些行为习惯较差的学生，老师们真的是使尽百般解数，换来的只有孩子们的怨声载道和与良好的行为习惯渐行渐远。

那么，在小学低年段学生的行规教育中，我们怎样做，才能激发孩子对学习的热爱，自觉形成良好的学习习惯、行为习惯，自觉自愿爱上学习并对美好校园生活充满向往呢？

【案例描述】

语文组长责任重大

说到淘淘，教过他的老师对于他的印象几乎都是：帅气白净的小胖墩，脑袋聪慧过人，习惯令人"大跌眼镜"。从一年级入学的第一天起，甚至到二年级下半学期，上学时白嫩干净的脸庞，放学时总能变成"调色盘"。教过他的陶老师、王老师、朱老师和我自己，因为他上课坐姿歪歪扭扭，书写一塌糊涂，几次三番找家长谈话，完全没有效果。越是对他约束管教，他越是抵触，照样我行我素，挂着两条鼻涕"漫步"在校园的长廊中；啃着像沾了蜜的红领巾，用手擦擦鼻涕，有滋有味地写着作业，一点都不顾及自己的形象。唉，遇到行为习惯这么差的孩子，可怎么办呀？着实令人头疼！

听孩子妈妈说，他还是家里的"起床困难户"，除了需要家长反复喊上几遍外，痛苦地起床后，还有很大的"起床气"，每天早上家里不说是鸡飞狗跳也是乌

烟瘴气。

而这个学期,突然有个周日的晚上,淘淘主动要去了闹钟,并设定了6:45的起床铃,然后……隔天早上还真的按时起来,自顾自地穿着洗漱,定定心心吃完早饭,第一次由淘淘主动"催促"姥爷赶快出发去学校。

第一天,淘淘妈并没有放在心上,谁知自从这天起,孩子像变了一个人似的。无论前天晚上几点睡下,第二天都能准时在6:45起床,由家长的督促起床转变成他每天催促姥爷赶紧出发。

妈妈觉得不可思议,将上述情况告诉了我,我这才恍然大悟。原来,是因为我请淘淘担任了语文小组长,每天早上负责收齐小组的语文作业。

别看虽然是个收作业的小组长,淘淘干起来毫不含糊。为了圆满完成这个任务,我能清楚地看到事前事后孩子的变化和反差,并且真真切切地感受到他付出了极大的努力和责任心。起初,让淘淘担任语文小组长的初心是希望淘淘可以通过自己的努力,逐渐改善自己行为习惯方面的不足,就像卡尔罗杰斯笔下的那颗小土豆,有了些许阳光的滋养,日后将会茁壮成长。

往后的每一天,淘淘都尽心尽力地早早到了学校,认认真真整理小朋友交上来的作业。无一例外,他永远是第一个收齐作业,整整齐齐放在我的办公桌上。

可是有一天,我迟迟等不到他们组的作业,心里想:淘淘是不是又埋头数学解题,忘记了收本子呢?正当我疑惑的时候,这个胖嘟嘟的小孩子,抱着一大叠本子,气喘吁吁地跑到办公室来,放下了厚厚的几叠作业。还没等我反应过来,这家伙"咻——"一下跑去做广播操了。我仔细一看,本子上放着一张小纸条,上面写着"抄写本没带:张某某、李某某;默写本没交:张某某;没来:王某某。"看着小纸条上不算特别工整的字迹,我的心里瞬间美滋滋的……

虽然淘淘平时的表现可圈可点,时不时还要耍点小性子,偶尔也和同学大打嘴仗,并不适合担任一名合格的班干部,但是"语文组长"这个小职务,却让孩子收获到了更多的责任心。

你有没有一种相信,相信总有一天,他可以?

嗯,我信。

任何一种习惯的培养,如果不是先去接纳,而是着急改造,毁灭几乎是必然的结果。因为他们都是独一无二,有灵性的孩子呀!在他的身体内,蕴藏着无穷的可能性。而我,作为四十几个孩子的班主任,是否能全然接纳班上每个孩子的独特性呢?我陷入了沉思……

【反思】

在小学低年段学生的教育教学中,怎样做,才能激发孩子对学习的热情,自觉自愿养成良好的行为习惯,爱上学习并对美好的校园生活充满向往呢?文中的这个案例,其实是用"赏识教育",一种充满人情味、富有生命力的教育,来推动孩子积极向上,让孩子成为更好的自己,也让家庭教育中家长与孩子的关系更和谐、更亲密。"赏识教育",并不是简单地表扬,"赏识教育",更是——

一、欣赏每一个孩子,给他们更多的尊重

被尊重是人的天性,而不信任是不被尊重的表现之一。包括我们自己,每个人都渴望被尊重,希望被肯定。我们也都曾是有点不一样的小孩,也正是因为这一点不一样,使得我们成了独一无二的自己。

赏识孩子的前提,是接纳,而不是强制安排。给予孩子们充分的尊重,然后就是等待、包容。

二、欣赏每一个孩子,给他们更多的接纳

赏识孩子的前提,是接纳。

在低年段学生的行规教育上,如果我一直操之过急,要孩子达到我所谓的"要求",这真会是拔苗助长。因为孩子有他自己成长的过程,有他自己的认知规律,只有当你真正理解了孩子,你就会接受。一、二年级的男孩,思想就是比同年龄的女孩晚熟,行为也会有这样那样的偏差。那么老师的教育也应像大地母亲一样包容万物,让爱从广袤的大地出发,托载起孩子幼小的心灵,接纳属于孩子的一切。"赏识",就是等待,是安之若素。

三、欣赏每一个孩子,给他们更多的自由

赏识孩子,应该建立在给孩子"自由"这片肥沃的土壤上。

记得《祖父的园子》一课里有这样一段话:"花开了,就像睡醒了似的。鸟飞了,就像在天上逛似的。虫子叫了,就像在说话似的。一切都活了,要做什么,就做什么。要怎么样,就怎么样,都是自由的。倭瓜愿意爬上架就爬上架,愿意爬上房,就爬上房。黄瓜愿意开一朵花,就开一朵花,愿意结一个瓜,就结一个瓜。若都不愿意,就是一个瓜也不结,一朵花也不开,也没有人问它……"田里的植物自由自在地生长,无忧无虑。

在教育中,老师时常错把"控制"当成教育,却不知每一种控制,都是一条隐形的绳索,捆绑着孩子,导致孩子们的心理出现了问题。那么在纠正孩子时,不妨换一种引导的方式,比如:"如果这么做,你觉得呢?试试看吧!老师相信你可以的!老师期待着你小小的改变……"这样鼓励式的话语,不再是逼迫,不再是催促,孩子内心就不再抵触,就像花朵,到了花期,它就自然开放了。我们也不喜欢被约束、被捆绑,更何况是这些幼小的孩子呢?那些被约束被管教长大的孩子,他们最终会变得胆小懦弱、暴躁狭隘……

让自由之花开满孩子们的心田,让他们收获人生中每一次成长,好的、坏的、

都是他们自己的,难道不珍贵吗?

【结束语】
  我从"尊重、接纳和自由"三个方面,探讨着如何将"赏识教育"细化到低年段学生的教育中去,也印证着美国教育学博士简·尼尔森说的——你是要"赢了孩子",还是要"赢得孩子"? 人们通常用控制、惩罚,迫使孩子屈服来"赢了"孩子,而不是维护孩子的尊严,相信可以跟孩子合作来"赢得"孩子。"赢了"孩子,让孩子成为失败者,导致孩子反叛或盲从,"赢得"则意味着获取孩子心甘情愿地合作,彼此尊重。

疫情时期异常学
创意游戏趣味多
——家长参与学校活动设计创意

宝山区罗南中心校　冯　霞

一、活动主题

2020年的春季注定非同寻常,在新型冠状病毒的来势汹汹下,我国的疫情状况每时每刻都牵动着国人们的心。在同学们无法正常来校上课的情况下,为了缓解家长的焦虑,为了让同学们在家的学习生活更加有意义,我们在线上开展了——疫情时期异常学,创意游戏趣味多的活动。

二、活动背景

"疫情时期异常学,创意游戏趣味多"的这个创意思考,灵感更多地是来源于学生,来源于家长。在这段疫情的特殊时间里,我们更多地是在线上和同学、家长们进行联络。在相互的沟通下,很多家长都谈道:当下的疫情蔓延形势严峻,大家为了配合国家的号召,努力做好隔离工作,尽量不外出接触。但是怎么样在这段特殊的封闭时期让同学们快乐起来呢?这需要老师和家长们的相互配合、相互引导,让同学们自由自在地体验和感受学习的快乐,让他们茁壮成长。

其一,我发现,目前我们同学的爸爸妈妈们想法、创意都很独特,而且最重要的是,他们都很了解自己的孩子需要什么。作为班主任的我,如何发挥家长这个"家庭教师"的重要作用呢?如何引领家长参与到设计活动中来呢?

第二点,我在思考,什么活动能真正展现学生的个人能力,放手让学生有更多的思维空间和独立动手能力。基于这两点的思考,这么一个"疫情时期异常学,创意游戏趣味多"的活动就衍生而出。这个活动充分体现了尊重与放手。尊重:就是老师尊重家长与学生。尊重家长的创意,尊重孩子们的评分结果。而放手就是老师与家长让学生选择他们居家喜爱的游戏。通过这么一个活动更好地让家校共同关注学生的成长,让每一名学生健康快乐地成长。也将学生在先,我们在后这个理念真正地落实。"疫情时期异常学,创意游戏趣味多"的活动体现了平等,将个人的智慧创新分享给集体,也让家长成为学校的一分子,参与创新活动,搭建更好的平台。

三、创意的目的

1. 在家长设计创意的过程中,让教师关注学生们想法,也扩大了和家长交流的频率。

2. 通过这个创意游戏活动内容设计,能将家长一些新颖的想法与我们的主题活动相融合,让家长们更多地参与到我们的游戏活动中,同时增进亲子之间的感情。

3. 加强家长们参与班级创意活动的设计,提升家长的主人翁意识,发挥家长作用,有效推进家长工作成效。

四、创意活动对象

一(6)班家长和学生

五、创意活动准备

1. 通过"晓黑板"告知家长活动事宜
2. 汇总游戏内容
3. 制作相关的PPT

六、创意活动的设计

(一)"疫情时期异常学,创意游戏趣味多"的设计阶段

"疫情时期异常学,创意游戏趣味多"活动发送晓黑板,让家长和同学们了解我们的目的。

(二)"疫情时期异常学,创意游戏趣味多"的推进阶段

"疫情时期异常学,创意游戏趣味多"由班级班主任、家委会负责。

1. 根据我们的设计理念,与班委会家长通过腾讯会议同他们线上沟通。沟通一下我们的这个想法,看看是否有必要开展。

2. 线上访谈会:与学生们进行沟通,你们在这段特殊的时期里,最喜欢在家里和父母玩什么游戏?为什么?老师根据学生说的内容,用电脑进行记录。比如:我喜欢摸瞎子游戏,觉得非常有意思。

3. 通过线上与班委会和学生访谈会,我们在"晓黑板"讨论群推出的活动,鼓励每位家长积极参与到班级活动中。通过这样的方式,让每一位家长了解我

们的这个活动内容。

4. 深入思考：通过班委会和访谈会，班主任老师仔细思考游戏表格，并进行设计。

5. 通过讨论群，发放创意游戏的表格，鼓励家长参与到我们的活动中，充分发挥家长智囊团的作用。

6. 及时汇总并分类：一个时间节点给家长，家长们在这个时间点用附件传到"晓黑板"的讨论区，老师进行汇总。老师将家长写的内容进行一一分类，如语言游戏的放一起，体育游戏的放一起，智力游戏的放一起，等等。

7. 一个家庭为单位，由学生线上介绍游戏内容、玩法等。然后同学根据图片进行点赞，选出自己最喜欢的游戏。

8. 及时反馈与实施。将幼儿评出最有创意的游戏，进行公布。

"疫情时期异常学，创意游戏趣味多"的流转运作过程

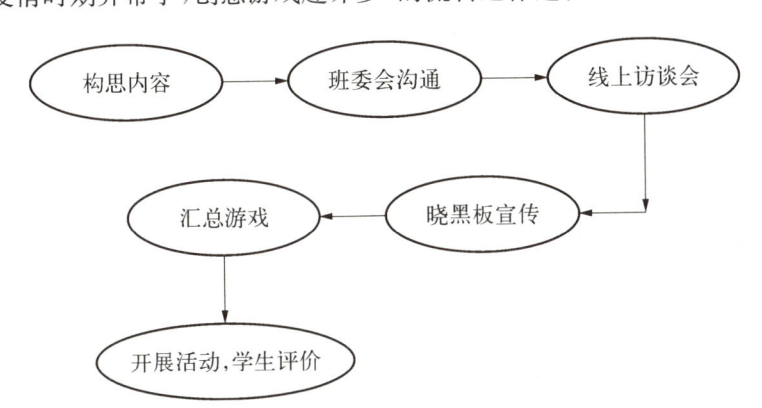

构思内容 → 班委会沟通 → 线上访谈会 → 晓黑板宣传 ← 汇总游戏 → 开展活动，学生评价

"疫情时期异常学，创意游戏趣味多"的流转运作过程

七、活动过程

（腾讯线上活动）

（一）谈话导入

今年的春季注定不一般，新型冠状病毒来势汹汹，牵动着每个人的心。在学生无法上学的情况下，为了缓解家长的焦虑，为了让同学们在家的学习生活更加有意义，我们在线上开展了——疫情时期异常学，创意游戏趣味多。

（二）说说玩玩

1. 疫情防控期间，你和爸爸妈妈在家中玩过哪些游戏？
2. 出示游戏图片，（家庭为单位）介绍游戏名字、玩法、价值。
3. 同学们，说说你喜欢哪个游戏，理由？

4. 同学们进行"晓黑板"评选。

5. 一起玩游戏。同学们,现在和你的爸爸妈妈一起来玩一玩游戏。

6. 说说游戏中的感受?

(三) 延伸拓展

还有哪些游戏,我们也可以在家中进行呢?

八、"疫情时期异常学,创意游戏趣味多"的实践效果

"疫情时期异常学,创意游戏趣味多"在我班实施了一个学期,通过这个学期创意游戏的实施,不仅丰富了同学们在家的生活,也拉近了亲子之间的距离。在这次活动中,我们看到线上学生们积极参与,家长们的积极配合下,我们的"疫情时期异常学,创意游戏趣味多"非常顺利地进行着。

同学们的收获:

1. "疫情时期异常学,创意游戏趣味多"的实施,通过这些创意的游戏设计,丰富了学生居家的游戏内容。

2. "疫情时期异常学,创意游戏趣味多"的实施。让同学们参与游戏评分,体验了自己成为班级的小主人,充分发挥了他们的主体地位。

3. "疫情时期异常学,创意游戏趣味多"活动中,锻炼了同学们语言表达能力、思维发展,有利于学生的健康成长。

家长的收获:

1. "疫情时期异常学,创意游戏趣味多"增进亲子之间的情感。

2. "疫情时期异常学,创意游戏趣味多"激发了家长参与活动的积极性。

3. "疫情时期异常学,创意游戏趣味多"让家长也参与到我们班级的活动中,使其成为班级中的一员。

教师的收获:

1. "疫情时期异常学,创意游戏趣味多"帮助教师更好地掌握班级学生的个性需求。

2. "疫情时期异常学,创意游戏趣味多"让教师更多地了解家长们的一个能力水平,为以后的班级活动做好一个铺垫工作。

3. "疫情时期异常学,创意游戏趣味多"使老师与学生,学生与家长,在活动中体验创作设计与游戏带来的快乐。

总而言之,"疫情时期异常学,创意游戏趣味多"这一活动开展后,得到了家长们的认可,得到了学生们的好评,也让我们在这个特殊时期里,收获更多!

家班共育，促进后进生的发展
——"后进生"小 L 的教育案例

宝山区罗南中心校　胡燕华

家庭是学校重要的合作伙伴，在学生良好行为习惯养成过程中具有重要作用。对于班级一些"后进生"，我们怎样通过家班共育，更好地帮助他们成为一个积极向上的好学生呢？请看以下案例——"后进生"小 L 的转变。

家庭教育是学校教育的基石，对于一个孩子的发展尤其重要。而进入学校之后，孩子的教育就不应当只是单一的校园教育，而应当与家庭教育相结合，只有家校合力，建立起沟通的桥梁，才能让孩子更健康地成长。

对于班级中的一些后进生，各方面行为习惯已经落后于其他同学，因此，家校沟通、家班共育就显得更为重要。正是对于这一点的确信，我与班级中的后进生小 L 同学"结对"，进行了深入的辅导教育，在这个过程中也努力与其家长达成共识，共同帮助其进步。

一、基本情况

小 L 是我任教班级的一个男生，今年 9 岁，读二年级。

他性格开朗，但十分调皮。课堂上，他极少举手，眼神也飘忽不定，经常分心，小动作不间断。课间休息时，他经常与人打闹，发生肢体接触，在厕所门外的走廊上奔跑等。

面对这样的孩子，我总想用自己的爱去感化他、帮助他，希望他能够改变这样的现状。可是，刚开始时却屡屡失败。

二、失败的苦果

其一：那是一年级第一学期刚开学没多久，课间休息时，他去上厕所，可是久久未能出来，于是，我便让男孩子去看看有什么事。当孩子们带他回到教室时，我被告知他在厕所玩水。虽然当时我十分生气，不过，还是温和地问他："小 L，你上完厕所后为什么不直接回来呢？不可以玩水，知道吗？"接下来他的反应

令我惊讶,只见他横着脸,不正眼看我,嘴巴撅起来,十分不情愿的样子,此时的我既生气又无奈。

其二:一年级第一学期的一节语文课上,全班同学都非常认真地坐好听老师讲课,唯独小L同学还东倒西歪地坐着,此时,我强压着内心的怒火,和颜悦色地说:"小L同学,请你坐端正。"可是,令人吃惊的是,他不仅没有坐好,还趴在桌子上,整个人好像没听见似的。此时,我真想大声地问一句:"孩子,我该如何去爱你?"

三、原因分析

一次次失败的尝试让我痛心,让我几乎绝望了。但是,转念一想,他这样的情况并非天生,一定和他的性格、家庭等因素有关。想到这,我立刻不再抱怨,而是选择理性地找寻产生这种现象的根源。为了能够找到小L产生如此现象的根源,我多次与他家长沟通,包括是亲自家访,请家长来校,或者电话交流,通过这一次次的恳谈,我终于找到了其中的缘由。

1. 性格因素

儿童的成长过程中,自身的性格、气质对儿童良好个性的形成有着十分重要的作用。小L自尊心极强,而且十分固执,他往往把老师的好言相劝或者老师的好意当成一种责备、一种训斥,从而导致了以上这样的现象。

2. 心理因素

像小L这样的孩子心理还没有成熟,对许多事物的看法十分片面。他可能会把老师的好意当成是一种批评。此外,他还十分倔强,自己认为对的事情就无法接受他人的教育,因此才会出现一系列的"无声反抗"。

3. 家庭因素

家庭教育对于一个孩子的成长有着无可替代的作用,可以这样说,孩子最先接受教育的场所便是家庭,因此,家庭环境对孩子的成长至关重要。

通过家访,从他爸爸的口中得知,他们是一个重组家庭,孩子的妈妈从小离开了他,后来孩子又有了一个新妈妈,但是,爸爸和新妈妈工作很忙,对于孩子的教育是疏忽的,很长一段时间,孩子都是自己上学,自己回家,家长回家都要九点、十点了,根本没有时间与孩子交流。而对于孩子如此"不争气"的表现,孩子爸爸只会采取暴力行为,对孩子又打又骂,想要借助这种"狂风暴雨"式的教育来改变孩子,殊不知这样只会适得其反。小L长期在这样的家庭中生活,自然也就形成了这样的性格,十分倔强,不听从教育。

四、辅导措施

了解到这些情况后,我首先与他的爸爸做了一次推心置腹的沟通,努力争取家庭的支持。他爸爸的态度十分诚恳，他也意识到了孩子性格、行为习惯上的问题，愿意从自身家庭开始改变，尝试多与孩子交流，多陪伴孩子，少采用简单粗暴的方式。其次，我联合其他任课教师，经常与他交流，了解他的内心想法，给予他各方面的关心、鼓励。当他学习进步时，多给予孩子表扬，甚至奖励。总结起来，我主要做了以下几方面的努力。

1. 真心相待，取得信任

为了取得小L的信任，我努力成为他的朋友。课堂上，他还是经常走神，为了不伤害他的自尊心，我就悄悄地提醒他，可能是一个眼神，或许是一个动作。刚开始时，他也不理睬我，还是老样子。可是，随着时间的推移，他也逐渐感受到了老师对他的"特别关心"。于是，渐渐地，他愿意听我的提醒了。抓住了这个契机，我就在课间主动与他谈心。他特别喜欢自己的本子、文具用品，总是拿出来看了又看，于是，我就趁机夸夸它们："呦！孩子，你的本子好漂亮！给我看看呗！"听到这里，他脸上竟然绽放了笑容，那种从心底里涌出的欢愉，太纯真、太美好了！我真的从未见过他这样。就这样一来二去，我们逐渐有话可聊了。从刚开始的文具、书本，逐渐到他每天的心情、他内心的想法。终于，他对我产生了信赖，也不再与我"对着干"了。

2. 献出爱心，抚慰心灵

一、二年级的孩子正处在人生的重要转折阶段，而小L这个倔强的孩子更是一下子无法适应。为了更好地帮助他成长，我发动了全班同学一起来帮助他。他理书包极慢，我没有当全班同学的面批评他，而是自己亲自教会他。开始时，他理得很费劲，但是，我们都不催他，还夸他有进步。回家后，我又提醒他的爸爸督促孩子练习理书包。没想到过了一个月，他理书包的质量和速度都有了质的飞跃。我们全班都为他高兴，于是，借此机会，我呼吁大家一起来夸夸他，他听后小脸红扑扑的，竟然害羞了，眼里充满了对老师和同学的感激。

渐渐地，我发现他有朋友了，同学们愿意与他真心相待，而且孩子们还特别喜欢帮助他，特别喜欢和他在一起。那份暖暖的感觉，真好！

3. 鼓励赞扬，建立自信

小L是一个缺乏自信的孩子，因此，他上课回答问题声音特别轻。而我却深知，其实，他并不差，甚至可以说是很棒的孩子，只是，缺乏表现自己的勇气。于是，在课堂上，我经常叫他回答问题。特别是一些比较容易的问题，他回答得都很不错，我就趁机让孩子们一起表扬他："棒！棒！你真棒！"听完老师和同学们的夸赞，他的眼中仿佛充满了自信的光芒。就这样多次，他的自信心已经完全建立起来了，竟然能够主动举手回答问题了，而且只要我提问，我都会看到他高高举起的小手，真是令我欣慰。

五、教育启示

这个教育案例,令我得到了颇多启示。

首先,我们应当正视"问题儿童"的诸多表现,不该逃避,而应当理智地面对他们的"特别"。用最真的心、最科学的方法去处理这些问题,去改变他们。也许在这个过程中,你会发现世界上最美的笑容。

其次,在教育孩子时,时刻不忘与家长的沟通交流,取得家长的信任比什么都重要。同时,也要适当指导家长如何进行教育,只有这样,才能家校合力,共同帮助孩子取得长足的发展。

最后,对待不同性格的孩子,我们的教育方式也应当有所不同,用最适合的方式去爱他们,这样才会得到孩子的信任,也就能帮助他们更好地成长。

正如美国心理学家亚伯拉罕·马斯洛曾所说,任何一个正常学生的发展总要经历一个过程,因此不可用静止的眼光看待学生,静止的眼光是对学生发展的最大束缚。要相信每一个学生都是愿意学好的,也是可以学好的。每个学生都具有发展的可能性,都蕴藏着巨大的发展可能性。我们学校要做的就是与家长一起合力帮助孩子一起发展,一起进步!取得家长的信任,取得家长的理解,取得家长的配合,往往教育的效果会事半功倍。

总之,每个孩子都是被上天咬掉一口的苹果,他们都不是最完美的天使。可是,相信在老师和家长的共同努力下,他们会成为最可爱的天使,拥抱最美好的人生。

如何让孩子爱上学校、爱上学习

——我的爱心案例串烧

宝山区罗南中心校　陶小璐

说起上学,孩子内心多多少少都是有点不情愿的。因为要集中注意力听课;还要写许多的作业,总而言之,是辛苦的,且不那么有趣的。那么,如何最大程度地降低孩子对学校的排斥,让孩子爱上学习、爱上学校呢? 今天,想用一些亲身的体会,凝结成两点,分享给大家。

一、做一名让学生又敬又爱的老师

有"敬"才守得住规律,今天主要说说"爱"。

大家可以回忆一下自己的学生时代,是不是喜欢哪个老师,他的课就特别爱听,他的要求你也会心甘情愿地去执行,这就是一种情感驱使的力量。那么,在"敬你"的前提下,如何让孩子爱你呢?

1. 愿意花时间,与孩子在一起。毫无疑问,我们总是把时间、精力最大程度地留给自己认为重要的事情。一下课,你是否愿意留几分钟听听孩子们的闲聊?如果你愿意,对于孩子,他们一定觉得这是一个愿意倾听的老师,或许比爸爸妈妈做得还好呢! 对于一些日常的麻烦事,你是不是愿意负责地帮他们解决一下,比如,看到他不停地吸鼻子,你会不动声色地随手给他一张纸巾;上完体育课,辫子散了,你会自然地替她绑一下;孩子尿裤子了,你的平静与坦然,让那些正准备开始嘲笑的学生乖乖闭了嘴,这点点滴滴,积累起来的,就是孩子对你的爱,对你的信任啊。

2. 积极动脑,想方设法,创建孩子们喜欢的上课模式、激励模式。孩子们都喜欢活泼、有趣、多变的课堂,也喜欢老师变着花样激励他们。比如,上到《找春天》这一课,我会带着孩子也去学校里找一找;今天的教学任务完成了,我们就去捡捡树叶,做做贴画吧;班会课,设立小信箱,就一个问题展开讨论时,不好意思开口的,可以把想说的话写下来投进信箱;用奖券的方式,用他们真正喜欢的东西去奖赏他们,如换一天同桌、做一天班长、与老师换中饭等等;晚上看微博,看到很有教育意义的视频,第二天晨会课就放给他们看:一个为一名学困生的进步而全班鼓掌的视频,他们看了哈哈大笑后,也开始模仿如何给同伴爱的鼓励;运动会前,我还让他们看了热血沸腾的奥运会接力比赛视频,把他们激动得不行,发誓一定要团结;要开家长会了,我让他们每人给爸爸妈妈写一封信,在家长会上让家长看,他们感受到了成长的平等。所以,只要有心,教育资源到处都是,不但效果好,孩子还特别喜欢。

3. 不偏袒,公平地对待每个孩子。班级的管理其实不是靠几个小干部站在讲台上,拿着棒子敲几下,吼几声,黑板上写几个名字就能管好的。我认为最完美的班级管理模式就是孩子们的自觉,形成一个自动化管理班级,班干部的存在就是为大家服务的,而不是享受特权的,手臂上鲜红的杠杠确实是一份荣誉,但不是你炫耀的资本,而是为大家服务的提示。要达到这种模式,一年级起就需要老师不断地强化班级是家,同学是亲人的概念。此外,也要对班干部提出较高的要求,一两年左右,每个人都会非常清楚地知道,自己就是班级的主人,不能为班级抹黑,作为班干部的我是班级小公仆的意识也逐渐形成。此外,班里的许多活动,老师可以让每个孩子都去尝试参与一下,不要怕他们做不好,其实做得不好也没关系。比如黑板报,我们班43人,我每2人一期,到了五年级我想应该每人都能轮到了,能力强的,打个样,先出,后面的,跟上。不用过于强调结果,字好不好,图美不美,每个人动手去试一试,自己是大家庭的一员的这种归属感会更强,能力弱一点的,他也会尽全力去做好,也是值得表扬的。

4. 班里发生一些小事故、小麻烦很正常,用平常心看待,不要急躁,给自己几分钟想想,怎么解决,对孩子是最好的。如果不是一些班级共性的问题,我都会单独谈,给孩子面子,给足时间,谈彻底,说清楚前因后果,也说清楚再犯的后果。前阵子,有个孩子拿了同桌的好几把尺,还有一个笔袋,同桌家长跟我反映了,我了解以后,进行了深入的交谈,神情是严肃的,但眼里是爱他的。第二天,他就把所有的东西都带来了,笔袋里还给同桌写了一封真诚的道歉信,直面自己的问题,检讨自己。我也给同桌的妈妈解释了我没有在班里批评他的原因。从这件事以后,孩子变得很懂事,无论从学习还是行规都有了大变化,我也答应他,只要没有第二次,我会替他保密到底,也让同桌女生替他保密到底。还有一个女生给自己喜欢的男生写了一封信,还给自己的信起了个名字:情书。男生收到就扔进了垃圾桶,男生的好兄弟还告诉了我,我忍不住笑了,不是嘲笑,更没有讽刺,只是觉得孩子的喜欢很美好,但现在需要引导。我找到女生,跟她说了情书的意思,使用的场合,也分析了现在小朋友之间的喜欢,与爸爸妈妈之间的喜欢不同,并让她做更好的自己,长大以后遇到那个对的人,会更有自信,女生开心地笑了;我也找到了男生,恭喜了他的魅力,也告诉了收到信之后不用慌张更不用不好意思，对方只是想和你做朋友，你们如之前一样相处即可，也不用在班级里宣扬，男孩子可以适当照顾女孩子的小心思，至于家长，你随意，说不说都行，因为这不是一件坏事。事后双方家长我都没有联系过。现在，他们还是开开心心地相处着，没有尴尬，也没有羞涩，我觉得就对了。

二、做一名能让学生收获成功的老师

让孩子持续学习，克服畏难情绪很重要的一点就是让学生收获成功，各方面的成功。我很擅长表扬，也很喜欢表扬，表扬的魔力真的太大了。从品行，到学习，任何一个小小的方面，我看到了你的进步、你的坚持，你的优秀，我都会不遗余力，不吝啬自己的赞美之词来表扬你。而且，我一直告诉自己，每天，每个孩子，都要表扬到，不管是哪方面，你总归能找到今天的闪光点。另外，拍拍他的头，摸摸小脸，搂搂肩膀，这些细微的肢体动作，也会对孩子的心理产生影响，他会特别开心。有些老师可能会担心表扬会使学生骄傲、退步，的确会有这样的情况发生，不过这也是正常情况，稍微有一点波动都是很正常的，孩子的进步本来就是螺旋式上升，没有青云直上这一说，从班级建设的长远来看，从孩子的身心健康发展来看，性格养成自信培养来看，表扬激励，正向强化真是太重要了！只有在这样的一种心境下，虽然学习辛苦，他也会勉励自己用功努力，才会打起精神，每天面对好几门学科，甚至还有周末的辅导班、兴趣班，晚上视频课的狂轰滥炸。学生们确实也不容易，在这样一个教育大环境下，我们大人也要理解他们。

做老师，做班主任，确实会有烦恼，但我觉得更多的是成就感，是喜悦。通过自己的智慧，帮助孩子养成了好的习惯，建立了正确的三观，营造了积极向上的班风，让他们在我这个大家长的带领下，通过我的一些小方法、小技巧，在这五年里，帮助他们在求学这条艰辛的路上，不畏艰辛，勇往直前，在人生这条道路上，脚踏实地，堂堂正正朝前走，我认为这就是这份工作的全部意义，是一个老师全部的价值。多爱孩子一点，多花些时间跟他们相处，多让他们收获成功，在学科与教学上多动脑筋，你一定会收获到特别多的意外，美好与幸福！

语文学科

提高小学高年级段学生古诗学习的兴趣

宝山区罗南中心校　何晓华

一、案例背景

随着课改的进行,古诗词在教材中的出现频率越来越高,渗透得也是越来越深。古诗词越来越多地进入小学教材中定有其中缘由,通过教学与学习,我们也感受到了古诗词学习的好处,学生们天马行空的想象力进一步得到培养,他们眼中的世界变得更丰富;学生们对美的感悟进一步提高,越来越多的学生能理解诗人笔下那富有诗情画意的意境美;学生们的理解能力也越来越强,通过对诗句的想象和理解,他们不仅能感受意境美,更能体会到诗人所蕴含的情感。但如今孩子们学习古诗词的现状是怎样的呢?晦涩难懂的诗词对于学生而言恰似一味中药,令他们"闻风丧胆",每次教学古诗的课堂也显得死气沉沉。归根结底,是由于学生们对于距离他们遥远的古诗词兴趣寥寥。那么如何提高学生古诗学习的乐趣呢?在不断的教学摸索中,我有了一点自己的体会与收获。

二、实录与分析

教学实录1：

师：请同学们借助拼音把《稚子弄冰》读正确,读通顺。

生1读、生2读、生3读。

师：这名同学把字音都读准确了,同学们在读的时候要注意读准"稚、钲、磬"的读音。

师：要理解古诗的内容有一定难度,我们一起来尝试一下,请大家先借助注释自己说一说,然后同学间再交流交流,并记下不理解的地方和不明白的问题。

生：(交流古诗大意)

师：你已经通过多种方式了解古诗大意了,相信其他同学也没问题了,下面

就由老师再来有感情地朗读一遍,请大家闭目思考,这是一幅怎样的画面呢?

生1:孩子们在冬天敲打冰块来玩,敲碎冰块的声音可真动听。

生2:孩子们在快乐地玩冰,作者也沉浸在这份快乐中,真是一幅美好的画面啊!

生3:我有补充,这首诗描写了孩子们在冬天无忧无虑玩冰的画面,作者也很喜欢这幅充满童真的画面!

师:同学们各抒己见,把这首诗描绘的画面说清楚了,同学们在天冷时有过玩冰的经历吗?你们自己又是怎么玩的呢?交流玩冰时的画面和自己的心情。

生1:我小时候和弟弟玩过冰,每次我都抓起一块冰追着弟弟跑,大人们就在边上呵呵地笑,那时候别提有多开心了。

生2:我发现自己小时候玩冰的经历和作者看到的孩子们玩冰的画面有些类似,我小时候喜欢把冰砸碎,那声音如同玻璃碎掉的声音,我特别喜欢听,小时候玩冰的画面现在我还是记忆犹新,真想赶快到冬天再去玩冰啊!

师:同学们结合自己的生活经历把自己小时候玩冰的画面和感受说具体了,真是一幅幅充满童真的美好画面啊!

教学实录2:

师:接下来,让我们一起来鉴赏"昼出耘田夜绩麻,村庄儿女各当家"这两句诗吧!谁来说说,这两句诗让你看到了一幅怎样的画面呢?

生:我似乎看到了农民伯伯披星戴月地在地里忙活,各户人家的子女也都在帮忙,大家都很繁忙。

师:"昼"和"夜"分别指什么?

生:白天和晚上。

师:农民们除了"耘田""绩麻"还要干些什么农活?

生:插秧、收割、犁地、积肥……

师:看到此情景作者会对"村庄儿女"说些什么?

生:农家男女都各自挑起家庭的重担。你们虽然辛苦,但生活是快乐的。

指导朗读。

师:我们都了解古诗的大意了,那"小画家"们能不能用自己手中的笔把这两句诗所描绘的画面画下来呢?赶快来试一试吧。

生:(描绘这两首古诗的画面并交流)

师:看来两句诗难不倒大家,那大家能把一整首古诗的内容以连环画的形式描绘出来吗?看看谁画得又快又准!

教学实录3：

掌握作文中运用诗句的方法。

第一种：直接引用。

师：请大家看例子,例如：雪花漫天飞舞,令人陶醉,"黄昏门外六花飞,困倚胡床醉不知"。把一首诗的部分或者全部引用到习作中,这是直接引用,若能在习作中多多引用诗句,文章就能更上一层楼,也更富有诗情画意。

第二种：引用＋阐述。

师：请大家看例子,例如：我看着春天"朝来新火起新烟,湖色春光净客船"的生机勃勃……这句话中运用到了诗句,同时也用"生机勃勃"这个成语阐述了诗句想表达的意思,这种方法使诗句融入文章中,达到情景交融的境界。

第三种：变化式。

师：请大家看例子,这气势磅礴的瀑布直冲下来,让旅者看着有种银河从九天之外落下的感觉！这里其实是把一首诗的内容引用了下来,那就是"飞流直下三千尺,疑是银河落九天",在习作中,把诗句灵活地运用到自己描写的语言中,就是学以致用,在熟练掌握古诗的意思以及蕴含情感的前提下运用古诗,更能体现语言艺术的独特魅力。

师：以上几种就是最常用的将古诗运用到习作中的方法,正确引用古诗能让自己的习作更富有诗情画意,希望同学们能学以致用,让自己的文章更上一层楼。

三、反思与启示

1. 练读古诗,培养情趣

古诗词的特点较为鲜明,其整齐的句式,押韵的节奏,读起来那是朗朗上口。学生对于古诗词的学习兴趣不高,最主要的一点是因为对于内容的不理解。因此教学古诗应该重视朗读和背诵。如教学实录1中,我在教学古诗时,首先让学生通过多种方式反复读,再通过老师的引导让学生了解古诗大意。

了解大意后,学生会发现,原来古诗和平时学习的那一篇篇生动有趣的课文内容无异。接下来,我注重引导学生结合自己的生活经历谈谈自己的理解与体会,如在教学《稚子弄冰》时,在学生了解古诗大意后,我让孩子们结合自己小时候玩冰的经历谈谈当时的画面和感受。顿时,之前死气沉沉的课堂一下子变得热闹起来。学习古诗时,如果光停留在课本上是无趣的,也是肤浅的,应该引导学生结合自己的知识和生活经验去体悟语言内涵,这样才算是对古诗融会贯通,理解其表达的韵味。

古诗教学不同于一般课文的教学,更应该鼓励学生多读多背,在不断地背诵

和积累中,发展自己独有的语感,培养自己的审美情趣,让古诗真正为己所用。

2. 画演古诗,交流创意

古诗都有它独特的美,这种美是一种意境美,"意境"即诗人的思想感情和他所描摹的客观事物的结合而达到的一种完美和谐的艺术境界。古诗教学的其中一个难点就是学生能否进入这个艺术境界中,这也是古诗教学成功与否的关键所在。

王维的诗被赞誉为"诗中有画,画中有诗",其《山居秋暝》中的那句"明月松间照。清泉石上流"更是成为千古绝唱。古诗的特点就是诗中有画。在理解古诗内容的时候,每个学生脑海中都会浮现一幅画。然而,如何把这幅画具象化、实体化,需要一个思维的加工过程。教学实录2中,我让学生通过绘画来表现自己脑海中诗的画面,谋求一种与众不同的理解。鉴于小学生的能力水平问题,在实际教学操作中,可采用小组合作的形式,让学生在绘画过程中,边讨论,边思考:画什么,该怎么画?这样,学生在和谐、合作的气氛中,自主学习,各抒己见,培养了学生创造性的思维。

考虑到小学生的实际能力问题,我先从"昼出耘田夜绩麻,村庄儿女各当家"这一句话入手,让学生画一画、说一说,课堂氛围也到达了一个高潮,然后再让学生把全诗的内容以连环画的形式表现出来,学生们个个摩拳擦掌。最后的结果也十分喜人,大多数学生都能用自己手中的笔把这首诗画出来。

3. 习作引诗,活学活用

古诗的教学越来越多,学生能记能背的也越来越多,可一旦一段时间不背不用,那些学过的诗句就被抛之脑后了,那么,如何解决"积累"与"运用"之间的矛盾呢?我认为,在习作教学中适当地运用古诗可谓是一石二鸟。学生能更深入地理解古诗内容,加强学生在写作中运用古诗的能力,并且学生的习作也因此增色不少,富有诗情画意。

如教学实录3所示,在习作教学中,我通过多种在习作中引入诗句的方式让学生理解如何把自己背诵、记忆的古诗运用到实践中去,让学生用学过的诗句习作。这样,就最大限度地发挥了学生的创造潜能,让他们自我创新,从而培养学生对古诗的兴趣。

如果在古诗教学中,我们仅仅只是把前人遗留下的作品进行剖析、理解,而应该寻找创新教育的支点,树立学生的创造观念,开发学生的想象能力,养成对古诗的浓厚兴趣。

从读中悟 在悟中读
——读悟结合在小学低年段语文朗读指导中的应用案例

宝山区罗南中心校 唐苏婷

[摘要]《义务教育语文课程标准(2021年版)》强调在小学学段要"学习用普通话正确、流利、有感情地朗读课文",说明了朗读教学在低年段小学语文教学中的重要性。小学低学段的学生由于理解力欠佳,朗读存在着很大的问题。在此,本文将依据具体事例浅谈如何指导学生从读中感悟,从感悟中朗读。

[关键词] 小学语文、朗读指导、读悟结合

一、案例背景

语言的学习离不开读和说,古人常说:"读书百遍,其义自见。"这体现的就是朗读在语文学习中的重要性。《语文课程标准》非常重视朗读的教学,认为朗读不仅是一种技能的训练活动,更是一种主体的生命活动①。翻开语文书,小学低学段课文的课后练习第一题通常都是"朗读课文",或是"正确地朗读课文",或是"分角色朗读课文",或是"读出不同句子的语气"。而配套练习册中也不乏多种句子、段落的朗读训练,足可见朗读在语文教学中的重要性。

朗读有助于学生形成良好的语感,有助于学生积累知识,有助于激发学生的情感价值观,有助于增强学生的理解力和记忆力。朗读对于小学低年级的学生来说尤为重要,也是低年级学生学习语文的主要方法。因此,在进行低学段语文教学时一定要注重朗读的训练。

然而,大多数低年级学生在朗读时都存在着以下问题:逐字读、一字一顿地读,不能连贯地读成完整的句子;唱读、拖音等。朗读对于低年级学生来说确实是需要突破的一大难点。造成这些问题的主要原因是学生不能理解句子,不能

---

① 卢体秀.有关小学低年级朗读教学的研究[J].读与算,2011(62).

感悟课文所表达的情感和道理。"情感化朗读"是新课标对小学低段课文朗读继"正确、流利"之后提出的更高境界的要求,亦是学生能得以通过朗读深入文本情境、体悟作为文本灵魂之情感的关键[①]。因此,语文教师在教学时一定要注重指导学生读悟结合,让学生在感悟道理中朗读,从朗读中培养情感。那么,怎么样才能更好地在朗读教学中指导学生进行读悟结合地学习呢?

二、实录与分析

(一)片段1:《青蛙写诗》

1. 借助插图,仔细观察。

师:小朋友们,仔细看看插图,你发现小青蛙的心情是怎么样的?

2. 指名交流,说说理由。

生:我发现小青蛙是很开心的。我看到图片上青蛙在咧着嘴笑。

3. 指导朗读,体会心情。

(1)师:是呀!你观察得真仔细。瞧,小青蛙咧着嘴笑得多开心呀!那它说了什么?谁来做一做小青蛙,读读他说的话?(指名读青蛙说的话,放大变红感叹号)

(2)师评价并小结:你读得真不错!感叹号的语气是很强烈的,你把感叹号的语气也读了出来!谁还能像他一样读出高兴的语气?(指名读青蛙说的话)

(3)指名读,师评价:老师观察到你读的时候,嘴角微微上扬,真高兴呀!我们一起学着他的样子,读好高兴的语气吧!

(4)配乐齐读第一自然段。

师:下雨了,雨点儿轻轻的、柔柔的,青蛙看到这样美好的画面,高兴地宣布:"我要写诗啦!"让我们配上轻柔的音乐,一起来读好第一自然段。

[①] 田明月.小学语文低段课文朗读指导策略探析[J].科幻画报,2020(12):85.

分析： 低年级学生对于课文插图是非常感兴趣的,我在指导朗读青蛙说的话时,借助课文插图,先让学生观察青蛙的表情,从而再了解到青蛙的心情是很开心的,那么朗读这个句子时就应该读出开心、高兴、自豪的心情。紧接着,我通过出示放大变红的感叹号,给予学生特别形象、清晰的提示,指导学生读出强烈的语气,配上音乐,渲染情感,润色朗读。

(二)片段2:《升国旗》

1. 指导读句:国歌声中,徐徐升起。

(1)要求学生仔细观察:国旗是如何慢慢升起的?(播放PPT国旗升起)

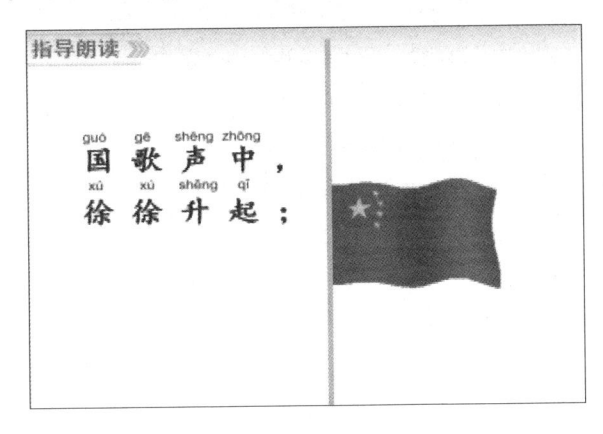

```
指导朗读 >>

        guó  gē  shēng zhōng
        国  歌   声    中,
         xú  xú  shēng qǐ
        徐  徐   升    起;
```

(2)学生交流。

师:伴随着国歌声,国旗是怎么升起的?谁观察到了?

生:我看到国旗升得很慢。

师:你真会观察!能不能连起来说一说,伴随着国歌声,国旗是怎么升起的?

生:伴随着国歌声,国旗是慢慢升起的。

师:你把句子说完整了,真不错!"徐徐"就是慢慢的意思,那么"徐徐升起"就是?一起说。

生齐说:慢慢升起。

(3)指导朗读。

师:所以在读这句短语时要读得怎么样?谁知道?

生:要读得慢一点。

师:是的,请你读给大家听一听。指名朗读,老师评价。

2. 指导读句:向着国旗,我们立正;望着国旗,我们敬礼。

(1)播放天安门升国旗视频。

师:这是天安门广场上的升旗仪式,请你们认真看,再来交流自己的感受。

(2) 学生交流观后感受。

师：谁来说说，看完视频，你有些什么感受？

生1：我觉得解放军叔叔们的队伍很整齐。

生2：我觉得场面非常壮观。

生3：我感觉解放军叔叔们很威武、很精神。

生4：我感觉他们的表情都很严肃、很认真。

生5：看完视频，我觉得特别自豪。

(3) 指导朗读。

师：是呀，你们交流得真好！你们瞧，解放军叔叔们的队伍特别整齐，在升国旗时站得笔直笔直的，脸上的表情严肃而认真。看到天安门上这么壮观的升旗仪式，我们的心里都特别自豪。谁能读好这句话？

(出示句子："向着国旗，我们立正；望着国旗，我们敬礼。")(指名读句)

师：你读得真不错！谁有信心读得比他更好？(指名读句)

师：让我们学着他们的样子，一起来读一读。(全班齐读)

分析：在指导朗读"徐徐升起"时，我制作了升国旗的动画帮助学生理解到"徐徐"就是慢慢的意思，引导学生语速放慢读好短语；在指导朗读"向着国旗，我们立正；望着国旗，我们敬礼"这句话时，我找来天安门升旗仪式的视频给学生看，并让学生联系观察到的场景，交流自己的感受。通过情景体验，体会到升旗仪式的神圣庄严，自然而然地读出了自豪的情感。

(三) 片段3：《青蛙写诗》

1. 指导读好小蝌蚪说的话。

师：谁来读一读小蝌蚪说的话？(指名朗读)

师：小蝌蚪说："我要给你当个小逗号。"

2. 句式练习：运用"要"说一句话。

(1) 老师示范引路。

师：瞧，老师能用上"要"这个字来说一句话：开学了，我要帮老师发新书。

(2) 创设情景一：奶奶口渴，我要帮她。（做什么）

师：谁能学着老师的样子说一说？

生：我要帮她倒水。

师：请你把句子完整地说一说。

生：奶奶口渴了，我要帮她倒水。

师：你真是个懂事的好孩子！

(3) 创设情景二：吃好晚饭，我要帮妈妈。（做什么）

生：吃好晚饭，我要帮妈妈洗碗。

(4) 引导体会情感。

师：你真是个勤劳、能干的好孩子。瞧，在别人需要帮助的时候，你能帮助到别人，你的心情是怎么样的呢？

生1：我是很开心的。

生2：我会很高兴。

师：是呀！当你能帮上别人的忙时，你的心情是很开心的，大家会觉得你是一个热心肠的好孩子！又草里的小蝌蚪也是好孩子，一听说青蛙可以了，马上赶来帮忙了。多么热心、爱助人的小蝌蚪呀！你们喜欢这样的小蝌蚪吗？

齐说：喜欢！

(5) 尝试读出语气。

师：谁有信心能读好蝌蚪说的话？（指名读句）

师：你读出了小蝌蚪的热情，我们学着他的样子一起来读一读！（全班齐读）

片段4：《明天要远足》

1. 教师范读第三自然段，学生体会人物心情。

师：请大家边听边想：此时小女孩的心情怎样？

生：她的心情是很着急的。

师：你是从哪句话看出来的？

生：到底什么时候，才天亮呢？

师：从这句话中，你感受到小女孩有多着急？

生：特别着急。

师：除了着急，你还感受到小女孩的什么心情？

生：我感觉小女孩是特别无奈的。

师：真不错！你是从哪个字看出来的？

生："唉。"

2. 联系生活，体会心情。

师：小女孩很无奈，叹着气，读"唉"时要注意后面的破折号，声音要延长。

师：小女孩是这样急着天亮，她要去——（远足）。她太高兴了，所以翻过来，翻过去，怎么都睡不着觉，急切地盼望着天亮，可是天一直都没亮，她非常无奈。你在什么情况下，有过这样的心情呢？说说你当时的感受。

生1：暑假里，爸爸妈妈第二天要带我去游乐园玩，我太兴奋了，怎么都睡不着。

生2：爸爸妈妈带我去厦门旅游，我一整晚都没睡着。

生3：周末，妈妈带我去开赛车，我激动得翻过来，翻过去，好晚才睡着。

3. 指导读好句子。

师：看来你们都曾有过这样的体验，第二天要出去玩，盼望着快点儿天亮，既高兴又无奈。相信你们一定能感受到小女孩的心情，读好这段话，谁有信心给大家读一读？（指生朗读第三自然段）

师：老师从你的朗读中，听出了无奈和着急。谁也能读好这段话？（指名读）

师：你读出了小女孩盼望天亮的急切心情，我们一起来读一读。（全班齐读）

分析：在指导朗读小蝌蚪说的话时，我创设了情境，让学生用"要"这个字说话，感受帮助人的快乐，体会到小蝌蚪在说这句话时很热情、很高兴的心情，从而读好这句话，把朗读、理解与语言表达紧密地结合起来。在指导朗读《明天要远足》的第三自然段时，让小朋友联系自己生活中遇到这种情况时的心情，从而更易于感受文中"我"远足前一晚的心情，读出开心、着急又有些无奈的语气。

（四）片段5：《乌鸦喝水》

1. 指导朗读"一只乌鸦口渴了，到处找水喝"。

（1）理解词语"到处"。（出示"到处"）

师："到处"就是四处的意思，乌鸦飞去了许多地方找水喝。

想一想：乌鸦可能会飞到什么地方找水喝？

生1：我猜乌鸦可能会去树林里找水喝。

生2：乌鸦可能会去花园里找水喝。

生3：我猜乌鸦会去山上找水喝。

（2）体会乌鸦的心情。

师：是呀！乌鸦太渴了，到处找水喝，飞去了许多许多地方，可能去了树林、公园、草地等这么多的地方，可是都没有找到水。想一想：乌鸦飞了这么多地方，累不累呀？——（累）是呀，那你觉得它的心情是怎么样的？

生1：我觉得它肯定很着急。

生2：我觉得它肯定特别无奈。

（3）指导朗读

师：你们真会动脑筋！"到处"这个词语告诉了我们乌鸦飞了许许多多地方找水喝，找得很辛苦。我们怎么才能读好这句话？谁来试一试？（出示句子，指名读）

师：老师注意到你读的时候把"到处"这个词语加重了，真不错！我们学着他的样子一起来读好这句话，读出乌鸦飞了很远，到处找水喝的着急。（全班齐读）

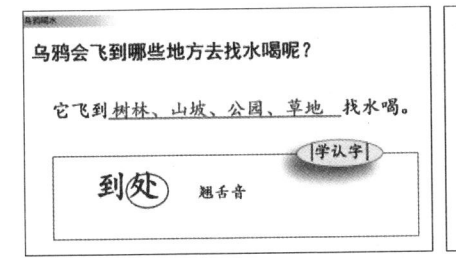

2. 指导朗读第三自然段。

（1）关注短语"一颗一颗"。

（出示句子：乌鸦把小石子一颗一颗地放进瓶子里。泛红短语"一颗一颗"）

师：请你们读读这句话，想一想：句子里的"一颗一颗"能删掉吗？为什么？

生：不能，因为乌鸦是一颗一颗放进去的，不是一下子放进去的。

师：你想到了！那乌鸦为什么是一颗一颗放呢？

生1：因为瓶口很小，只能一颗一颗放。

生2：因为石子很小，乌鸦用嘴巴叼着，只能一颗一颗放。

（2）体会乌鸦的耐心，读好句子。

师：你们能联系前文思考，真会动脑筋。乌鸦为了能喝到水，一颗一颗地放石子，你们觉得乌鸦做事怎么样？

生：我觉得它非常有耐心。

师：是呀！真是一只耐心的乌鸦，你能不能读好这句话。（指生读句子）

师：老师发现你把"一颗一颗"读得很慢，读出了乌鸦的耐心，真不错！我们一起读一读。（全班齐读句子）

（3）关注词语"渐渐"。

（出示句子"瓶子里的水渐渐升高""瓶子里的水很快升高"）

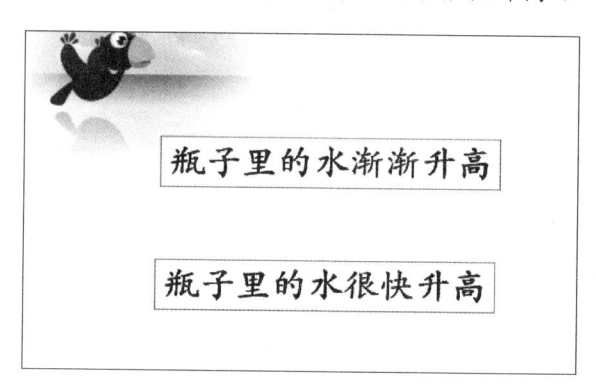

瓶子里的水渐渐升高

瓶子里的水很快升高

师：请你们自己读两个句子，想一想：哪一个句子更好，为什么？

生：第一句好。瓶子里的水是渐渐升高的，不是一下子升高，所以不能用"很快"。

师：为什么瓶子里的水是渐渐升高的？

生：因为乌鸦把小石子一颗一颗地放进瓶子里，所以是渐渐升高。

（4）理解词语，再用"渐渐"说一句话。

师：你真会动脑筋，"渐渐"就是慢慢的意思。请你看看冰块融化的动图，也试着用上"渐渐"来说一句话吧！（播放PPT冰块融化动图）

生：杯子里的冰渐渐融化。

师：那么，太阳是怎么升起的，花朵是什么开放的，谁来看着图说一说？

生1：太阳渐渐升起。

生2：花朵渐渐开放。

（5）抓住"渐渐"，指导读好句子。

> "渐渐"是慢慢的意思。我也能观察右图，用这个词语说话。
>
> píng zi lǐ de shuǐ jiàn jiàn shēng gāo
> 瓶子里的水 渐渐 升高。 
> róng huà
> 杯子里的冰 渐渐 融化。

师：是呀，太阳不可能一下子就升起来，花朵也不是一下子就完全开放的。乌鸦把小石子一颗一颗地放进瓶子里，瓶子里的水当然是——（渐渐升高）。谁来读好这句话？（指名读句）

师：你读出了水慢慢升高的样子，真不错！我们一起来读一读。（全班齐读）

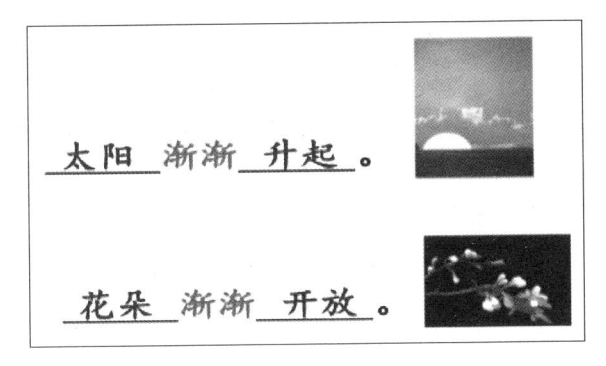

太阳 渐渐 升起。

花朵 渐渐 开放。

（6）指导朗读第三自然段。

师：瞧，第三自然段中的"一颗一颗"和"渐渐"告诉了我们，乌鸦一颗一颗地把石子放进瓶子里，水渐渐升高，才喝得着水。虽然乌鸦急着喝水，可它非常有耐心。我们读这个自然段时，可以把这两个词读得慢一点。

① 教师示范读句。

> wū yā bǎ xiǎo shí zi yì kē yì kē de fàng
> 乌鸦把小石子一颗一颗地放
> jìn píng zi lǐ píng zi lǐ de shuǐ jiàn jiàn shēng
> 进瓶子里。瓶子里的水渐渐升
> gāo wū yā jiù hē zháo shuǐ le
> 高，乌鸦就喝着水了。
>
> 好焦急啊，
> 但是要耐心
> 等待。

② 指名朗读句子。

③ 全班读第三自然段。

分析：在指导朗读第一句话时,我引导学生关注"到处"这个词语,先理解词语的意思,引导学生想象乌鸦飞去了许多地方,但依然没找到水喝,感受到乌鸦很累、很着急的心情。朗读时通过重读"到处"这个关键词,读好句子。在指导朗读第三自然段时,分别引导学生关注到"一颗一颗"和"渐渐"这两个词语。在理解词语意思的基础上,感受到乌鸦虽然焦急但依然很有耐心的表现。在指导朗读时,引导学生根据自己理解后的体会,把这两个关键词读得稍微慢一些。

(五) 片段6：《荷叶圆圆》

1. 学习句子"小水珠躺在荷叶上,眨着亮晶晶的眼睛"。

(1)(课件出示第二句话)师：第二句话写了小水珠在荷叶上做了什么。(板贴"做了什么")谁来读一读？

指名读。

(2) 学习词语"亮晶晶"。

① 师：小水珠躺在荷叶上,还眨着亮晶晶的眼睛。(板贴"躺""眨")用手配合,我们来做做眨眼睛的动作,你们的眼睛亮晶晶的。小水珠在阳光下也是亮晶晶的,所以说它眨着亮晶晶的眼睛。

学生齐做眨眼睛动作。

② 识记生字"晶"。字音小老师领读,开火车读,齐读。

师：谁有好方法记住它？

生：三个日就是"晶"。

师：你编了个顺口溜记住"晶",真会学习。

③ 指导理解词语"亮晶晶"。

师：课文里告诉我们,亮晶晶的眼睛,明亮而闪着亮光的,我们就能说亮晶晶。(出示图片)生活中也有许多亮晶晶的事物呢！瞧,天上闪亮的星星我们可以说——亮晶晶的星星,钻石我们可以说——亮晶晶的钻石。

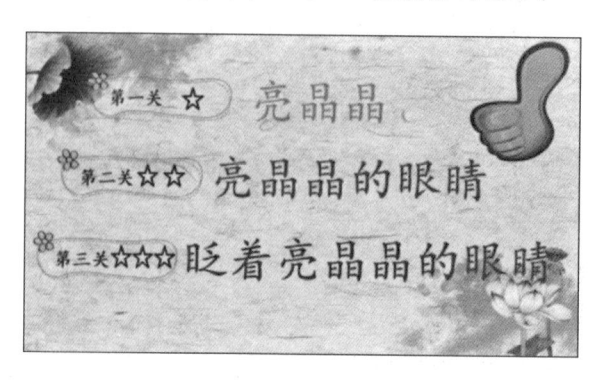

④ 指导朗读短语"亮晶晶""亮晶晶的眼睛""眨着亮晶晶的眼睛"。

师：同学们，让我们一起来玩个闯关游戏，读好它们吧！

(5) 指导朗读句子。

① (出示摇篮图片)师：瞧，小水珠就像小宝宝一样躺在荷叶上，一阵风吹来，荷叶轻轻摆动，小水珠躺着多舒服多享受呀。谁能来做做小水珠，读出这种舒服享受的感觉？

② 指名读。

③ 师：我们一起来做做小水珠，读好这句话，读出快乐舒服的感觉。

生齐读句子。

2. 学习句子"小蜻蜓立在荷叶上，展开透明的翅膀"。

(1) 师：小蜻蜓又是怎么做的呢？请男孩子读读这句话。男生读句子。

(2) 学习词语"展开"。

① 师：小蜻蜓立在荷叶上，展开透明的翅膀。(板贴"立""展开")荷叶在水面上漂浮晃动，要保持平衡的，所以小蜻蜓展开翅膀。(出示荷叶道具)

② 识记生字"展"。字音小老师领读，男女生读，齐读。

③ 指导理解"展开"。(出示蜻蜓、飞机图片)

师：小蜻蜓展开翅膀，就像飞机一样。"展开"就是舒展开来的意思，现在你们就是小蜻蜓，请你们展开自己的翅膀。

学生齐做展开手臂动作。

(3) 学习词语"翅膀"。

① 字音小老师领读，开火车读词语，齐读。

② (出示词卡"展开翅膀")齐读短语。

(4) 借助图片，理解词语"透明"。(出示蜻蜓翅膀图片)

① 师：小蜻蜓展开什么样的翅膀？

生齐读：透明的翅膀。

②（出示词卡"展开透明的翅膀"）齐读短语。

③师：蜻蜓的翅膀很薄，可以透过亮光，所以说它的翅膀是透明的。瞧，玻璃窗是——透明的，保鲜袋是——透明的，眼镜片也是——透明的，我们的生活中有很多透明的东西。

（5）指导朗读句子。（出示飞机、停机坪图片）

师：小蜻蜓展开透明的翅膀立在荷叶上，多像一架小飞机停在——停机坪上，多神气呀！所以，它才说，一起读——荷叶是我的停机坪。多有意思呀！我们一起来读一读第三自然段，读出这种神气的感觉。

分析：在指导学生读较长的短语时，我通过字、词、短语循序渐进地引导学生读，从读中理解，在理解中读，降低了难度。如指导朗读短语"眨着亮晶晶的眼睛"时，我把短语分解成"晶""亮晶晶""亮晶晶的眼睛""眨着亮晶晶的眼睛"，并设计了闯关挑战，让朗读变得更有趣；又如，指导朗读短语"展开透明的翅膀"时，我制作了"翅膀""展开翅膀""展开透明的翅膀"的词卡，层层推进让学生在理解句意的基础上读好字词句，掌握停顿。在理解的基础上分步读好了短语，最后，再回到句子中，朗读句子就会变得容易多了。

三、反思与启示

1. 借助课文插图，提取重要信息，助力朗读

课文插图是非常好的教学资源，低年级语文书的每一课中几乎都有插图，这些插图往往是与课文相对应的，能提示我们一些重要的信息。因此，老师在教学课文时应该利用好课文的插图，尤其是能表达段落意思和文章主人公心情的图片。比如《青蛙写诗》一课中青蛙的插图告诉我们青蛙是很开心的，朗读时要读出开心的心情；《大还是小》一课中，小朋友够不到门铃发抖的图片告诉我们朗读时要读出这种焦急的心情；《明天要远足》一课中，高高挂起的月亮表示天很晚了，小女孩还睁着眼睛，嘴角微微上扬，让我们了解到小女孩因第二天要远足睡不着。低年级学生对于图片是特别感兴趣的，他们乐于从图片中提取关键信息，交流自己的观察与发现。因此，借助课文的插图帮助学生感悟情感，是指导学生进行读悟结合的不错方式。

2. 借助信息技术，理解词句意思，助力朗读

除了借助课文已有的插图，我们还可以根据课文的内容制作符合的教学资源，让文章语言具象化，帮助学生理解内容。低年级学生对于未知的事物充满着好奇心，对于图片、视频等常常比文字更感兴趣。因此，难以理解的语句，我们不妨把它们变成图片、变成视频，让学生能够更直观地感悟到文章所要表达的内容和情感，并通过朗读表现出来，从而达到读悟结合的目的。这些教学资源一定是

要和文章内容有联系的,或是能直接表现出文章感情的,这就要求教师自身能够准确地把握课文表达的情感。

3. 创设生活情境,体验人物心情,助力朗读

有些文章表达的情感是比较能让人感同身受的,对于这样的课文,可以创设符合学生生活的情境,让学生体会在自己遇到此类事情时的心情,设身处地地感受文章所要表达的情感。比如,在教学《大还是小》中的"我听到雷声喊妈妈的时候"这句话时,可以给学生描述一个打雷下雨独自在家的夜晚,让学生感受心情;在教学"更多的时候,我盼望着自己快点儿长大"这句话时,可以让学生想象交流长大后的开心事,从而激发学生想要快点长大的心情,读好这句话的语气。

4. 关注重点词语,把握朗读语气,助力朗读

有些句子中有重点字词的,抓住这些重点字词,就可以更好地体会句子要表达的意思,读好句子的语气。低年级学生无法自主理解整个句子的意思,老师可以引导他们找出句子中的重点字词,先理解词语,再把握整个句子的意思;在理解的基础上再进行朗读指导,就更容易读好句子。比如,在教学《明天要远足》中"到底什么时候,才天亮呢"这句话时,可以重点关注字词"到底""才",体会小女孩期待和无奈的心情;又如,在教学《小蜗牛》中"小蜗牛爬呀,爬呀,好久才爬回来"这句话时,可以重点关注"好久"这个词,体会小蜗牛爬得慢,从而读好这句话的语气;再如,在教学《要下雨了》一课,课后练习要求朗读课文,说说课文里有哪些动物,再分角色读一读。分角色读一读是本文的难点,怎样才能读出动物不同的语气呢? 引导学生仔细观察文中出现的许多语气词"呀、呢、吗、吧",只有读好这些语气词,才能读出不同的感情,才能深刻体会小动物们的心情,读出角色心理。学生在朗读中的难点才能真正得以化解。

5. 借助课后练习,激发想象能力,助力朗读

课后练习是语文教材的重要组成部分,它体现了编者的意图,认真解读它,才能准确地为课堂定位"教什么"。除了前文列举的部分教学片段,再如《四个太阳》的课后练习:朗读课文,说说你会为每个季节画上什么颜色的太阳? 试着画一画,并说明理由。这是一篇想象奇妙的短文,课文充满了童趣和想象力,意在激发学生的想象,通过想象的画面,读好课文语段,同时丰富学生语言的积累。

6. 借助学习支架,形成梯度挑战,助力朗读

一年级下学期的课文难度逐渐变长,读好长句子是学习要求之一,如第四单元的语文要素首先就是指导学生读好长句子,在《端午粽》和《彩虹》的课后题目中,都提出了"读好长句子"的学习要求,关于读好长句子的要求很好地体现了教

材编者所说的"循序渐进,螺旋上升"的梯度性。低年段学生对于长句子的理解和朗读都是比较困难的,读好句子的关键是要让学生理解句子的意思。在指导朗读时,教师可以对课文原句进行加工,把长句子或短语拆分成字、词、短语的形式,让学生的学习难度层层递进,形成梯度式的挑战,学生在朗读时也会更加感兴趣。与此同时,这种层层递进的朗读方式也能帮助学生更好地理解句意,明白词语和短语间的关联,并在理解的基础上读好停顿。

7. 借助动作演绎,增加课堂趣味,助力朗读

根据低年级学生的性格特点,枯燥重复地朗读会让学生感到乏味,而课堂增加趣味性能让学生对学习产生兴趣。在指导学生朗读像《荷叶圆圆》《动物儿歌》这类带有动作描写的课文时,不妨让学生一边做做动作,一边朗读。做动作演一演的形式不但能帮助学生理解并记诵课文表达的内容,而且能提升学生的学习兴趣,让课堂氛围变得轻松活泼。

8. 借助朗读评价,提升学习兴趣,助力朗读

朗读评价是激发学生朗读兴趣、增强朗读自信、提高朗读水平的重要手段。教师评价学生,重点是为了点拨。教师对学生的朗读不能仅仅是简单的"好"与"不好",而应让学生知道好在哪里、怎样才能读得更好,从而激发学生对朗读内容更深层次的思考与体验,激起他们渴望再次尝试朗读的强烈愿望[1]。如上述教学片段中展示的朗读评价:① 你读得真不错! 感叹号的语气是很强烈的,你把感叹号的语气也读了出来! 谁还能像他一样读出高兴的语气? ② 老师注意到你读的时候把"到处"这个词语加重了,真不错! ③ 老师发现你把"一颗一颗"读得很慢,读出了乌鸦的耐心,真不错! 教师应该重视日常教学中对学生的评价,朗读评价不仅能点拨学生认识到自己朗读的优点和不足,而且能引导学生更好地理解课文。

综上所述,低年级语文课上进行朗读教学,不仅可以引领学生感知课文内容,感受文中角色形象,体会故事蕴含的道理,还能帮助学生在朗读练习中积累学习方法,提升语言素养。我认为老师一定要想方设法在课堂上运用多种方法,让学生在理解课文词句意思的基础上,再来引导学生体会句子所表达的情感。只有学生真正地感受到作者所要表达的情感,才能用不同的语气读好句子,表达出自己对课文内容或角色的理解与态度,进而读好课文。而同时,朗读又能帮助学生加深理解课文内容。如此,将读与悟紧密地结合起来,才能更好地读好课文。因此,在教学前,老师一定要准确把握文章的情感,因文选取不同的方法,帮助学生读悟结合,深入地学习,趣味盎然地学习。创设情境,激发兴趣,读好课

---

[1] 吕嘉涵.教师"智"评价,学生"慧"朗读[J].教育家,2020(42):68.

文。培养学生的朗读能力,让学生掌握朗读的方法,并不是一蹴而就的,需要日积月累,经过循序渐进地训练,才能慢慢地提升朗读能力。如何更好地提升低年级学生的朗读能力,还有更多值得我去探索的。

依托评价表，把评价贯穿于习作教学全过程
——基于小学习作教学如何评价修改的实践与思考

宝山区罗南中心校　朱　萍

一、案例背景

众所周知，作文教学是中高年级段的语文老师最头疼的问题。其实，教师不是怕教作文，而是最怕批改。当面对那一摞作文本，总会皱起了眉头。老师们常常把学生的作文本带回家，发扬蚂蚁啃骨头的精神，今天改几本，明天再改几本……一个星期过去了，正好改完作文草稿；第二个星期过去了，差不多改完作文的誊写本。如此，周而复始，循环往复，往往耗时费力。

然而，面对老师精心批改的作文，学生是否又认真对待了呢？吕叔湘先生早有深切地体验："在学生方面，作文本发下来之后，认真琢磨批改的道理的毕竟是少数，多数是只看看总批和分数，批改的地方越多越懒得看，这样，教师的辛勤劳动也就收不到应有的效果了。"叶圣陶先生也说："我当过教师，改过学生作文，不计其数，得到个深切的体会——徒劳无功。"

我是一名高年级的语文老师，也常常非常困惑：如何为作文批改减负？如何提高作文评价的有效性？这样的问题一直在我的心头萦绕。

《小学中高年段语文学科基于课程标准评价指南（征求意见稿）》指出，中高年段的评价强调以课程标准为主要依据，凸显为了改进学习的评价。教师要树立运用评价改进学习的基本观念，强调评价的诊断、改进与激励功能。语文教师要拿起评价的武器，合理、适度、多元化地对学生作文进行评价。让评价成为促进学生写作的教学平台。

这几年，我们学校进行了作文评价表的实践研究。评价表关注到年级的差别，循序渐进、由浅入深，经过一次又一次的修改和调整，最终确定了评价表的四个基本板块，即选择材料（写什么）、组织材料（怎么写）、语言表达（写得怎样）以

及书写、标点、错别字。

基于以上的教学现状和课程标准要求,结合学校的作文评价表,在《都是_____惹的祸》这一篇作文的教学中,我进行了以评价表为依托的作文评价实践。

二、案例呈现

(一)评价表——作前指导的支架

基于语文课程标准和年段的作文教学目标,根据本篇作文题目的要求与学生实际,围绕着以下四个板块设计了作文评价表:(1)选择材料(写什么);(2)组织材料(怎么写);(3)语言表达(写得怎样);(4)书写、标点、错别字情况。

评价内容	作文题目:《都是——惹的祸》	评价等第 (在符合的选项后打√)
选择材料 (写什么)	1. 能否根据题目及要求选择合理的材料? 2. 选择的材料是否表达了自己的感受或得到了什么教训?	自评:优良　合格　须努力 互评:优良　合格　须努力 师评:优良　合格　须努力
组织材料 (怎么写)	1. 作文是否通过具体的事例写清楚了"祸事"的前因后果? 2. 过程的叙述是否有详有略? 3. 最能反映文章中心的部分是否重点写了?	自评:优良　合格　须努力 互评:优良　合格　须努力 师评:优良　合格　须努力
语言表达 (写得怎么样)	1. 作文的用词是否恰当、准确呢? 2. 文中的语句是否通顺、连贯呢? 3. 是否细致地描写了人物的神态、语言、动作、心理活动等?	自评:优良　合格　须努力 互评:优良　合格　须努力 师评:优良　合格　须努力
标点、错别字 书写情况	1. 文中有错别字吗? 2. 标点是否正确使用了? 3. 书写认真吗?字迹端正吗?	自评:优良　合格　须努力 互评:优良　合格　须努力 师评:优良　合格　须努力
	得分:　　　书写:　　　日期:	

在作前指导课的时候,我利用评价表分二步实施。

第一步,也是最重要的一个环节,就是确立中心,审题选材。我出示"选择材料"这个板块的内容,通过其中的几个问题,引导学生明确题意,帮助学生打开写作思路,立下中心,选择合适的材料。"选择材料"板块中的两个问题:

1. 能否根据题目要求选择合理的材料?
2. 选择的材料是否表达了自己的感受或得到了什么教训?

通过交流,学生明白了,这个作文题首先应该关注"祸"这个字。这篇作文在选材时要注意,不是写好人好事,而是要记录一次你闯下的祸,惹下的麻烦。当然,很多麻烦不是你引起的,而是一些东西不经意间给你带来了很多麻烦,比如说你的个子很高,或者身材很胖,你的发型很独特……这些特殊的情况也会给生活带来麻烦,让人烦恼不已。那么这些引发麻烦的事物所惹出的"祸事"也可以成为写作的材料。

另外,学生还知道了,不能就事写事,这件祸事给你什么教训,让你懂得了什么,文章的中心要明确,那么这"祸"也就没白闯了。

第二步,即材料的组织。同样地,利用评价表中"材料组织"这一板块的内容,帮学生理清思路,明确写作的重点,合理地组织材料。

"材料组织"板块的三个问题:

1. 作文是否通过具体的事例写清楚了"祸事"的前因后果?
2. 过程的叙述是否有详有略?
3. 最能反映文章中心的部分是否重点写了?

通过这三个问题的交流,学生懂得一定要把事情的经过写具体,"祸"因何而起,经过怎样,结果如何,这些都要娓娓道来,细细解说,文章才会生动精彩。在叙事的时候还要注意的是,经过部分中最能反映文章中心的内容是重点,应该花更多的笔墨去描写,这样文章就能做到材料组织有详有略了。

第三步,即语言表达。出示评价表,让学生明确自己在写作时应该从哪些方面和细节处进行描写,让自己的文章更加具体生动。

"语言表达"板块的三个问题:

1. 作文的用词是否恰当、准确呢?
2. 文中的语句是否通顺、连贯呢?
3. 是否细致地描写了人物的神态、语言、动作、心理活动等?

通过交流,让学生明白在把句子写通顺的基础上,用词要仔细斟酌,力求正确;而要使文章生动,这篇作文可以从人物的神态、语言、动作以及心理活动的细致描写入手。

第四步:即标点、错别字、书写情况。出示这一板块的三个问题:

1. 文中有错别字吗?
2. 标点是否正确使用了?
3. 书写认真吗?字迹端正吗?

通过这一部分的交流让学生明白,不写错别字,正确使用标点符号,认真书写也是写作中非常重要的一部分。

最后,在课堂充分交流的前提下,我把这张评价表发给学生,让学生在草稿落笔前对照表格中的相应标准进行选材、组材以及语言表达等方面的再一次思考。

(二)评价表——学习修改的依据

学生完成了草稿,接下来似乎就是老师的事情了,而正因为如此,老师作文批改的工作量就变得很大。那么,如何减轻批改作文的工作量,而又能让学生作文修改的能力有所提高呢?于是,我在课堂上利用评价表,组织学生对作文进行自我修改。具体操作如下:

第一步:指名交流,示范评价。请一名学生朗读自己写的作文,其他同学对照评价表中四个板块的内容,给出评价,并提出改进建议。这一过程目的是给学生如何进行评价作一个示范。

第二步:伙伴结对,互评互改。和自己的好朋友互换作文,对照评价表中四个板块的内容,口头评价,给出修改建议。伙伴之间互相阅读和修改,对双方的作文进行评价,可以弥补自身的不足。在帮助伙伴进行评价时,通过发现别人存在的问题,指出并给予解决方案,在帮助别人的同时提升自己的阅读能力、写作能力和修改能力。同时,还可以通过伙伴的评价,发现自己作文中存在的一些自己未能发现的问题。

第三步:对照评价,自我修改。根据同伴的评价和修改建议,自己再认真对照评价表进行作文的修改。

以下是一名学生在班级中交流时的原稿片断:

我不止一次问爸爸:"茶好喝吗?""好喝!"爸爸回答。可当我提出要尝尝他喝的茶时,他总是说:"小孩儿不能喝茶。"

同学们对照评价表的"语言表达"板块内容提出了自己的建议:"句子写通顺了,用词也正确,但是人物的语言、神态等细节描写不够生动,建议对文中人物的语言和神态作细致刻画,把人物的性格特点表现出来。"

听了大家的建议,该同学进行了修改,这是修改后的内容:

我不止一次问爸爸,茶有那么好喝吗?"那是,那是。"每次他都一脸陶醉地回答我。当我提出想尝尝能让爸爸如此痴迷的东西,他总以大人那种居高临下的口气说:"小孩儿不能喝茶。"

显而易见,通过小作者的修改,人物一下子"活"了起来,充满了浓浓的生活气息,画面感十足。可见,通过评价表,同伴之间有依据地进行评价,使修改作文的方向一下子明确了。

当然,这只是个例,班级中那么多学生,不可能每一个都有那么高的悟性,可以把作文修改得很好,因为学生修改作文的能力是有很大差异的。确实如此,但换个角度思考,作为老师,你需要的是一篇篇完美的作文还是学生通过你的教

学,自己努力学习后所得到的写作水平和修改作文能力的提高呢？我想,答案是显而易见的。评价表是支架,学生通过一次又一次这样的互相评价,互提建议,其实也是在不断地内化、反思和进步,那么其修改作文的能力一定是会逐渐提高的。

（三）评价表——作后评价的标准

学生在互评的基础上完成修改之后誊写下来,这时就要进行最后一次的作文评价了。这最后一次的作文评价,仍然借助评价表,通过学生的自评、互评和师评来完成。具体操作如下：

（1）自评：认真读读自己的作文,在每个问题后面,打出相应的等第。

（2）互评：用心读读同学写的作文,在每个问题后面,打出相应的等第。然后对照评价表写一写作文的总评和建议。

（3）师评：老师在每个问题后面,打出相应的等第,再抓住作文中某一个亮点或不足之处,写上简明扼要的评语。

以下是最后一次作文评价表使用的情况：

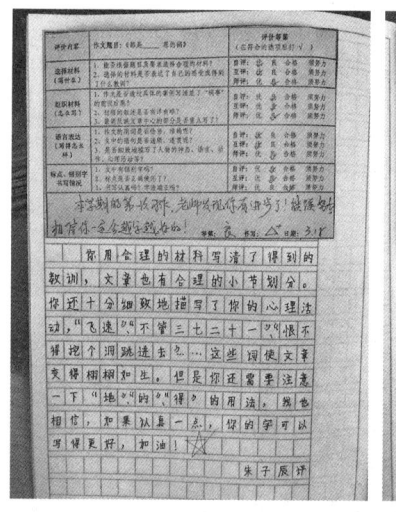

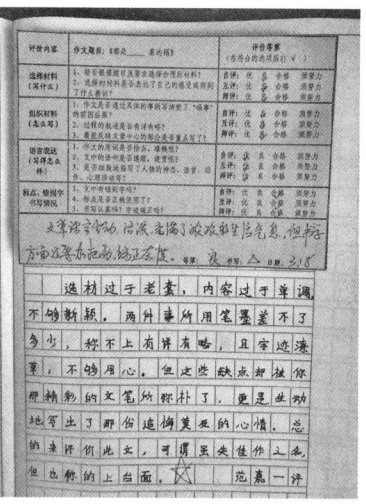

三、案例反思

评价的最终目的是为了促进学习者的学习。运用学习评价表,为学生搭建了学习的支架。在老师的引导下,学生自主地参与到评价活动中,发现问题,加以改进。

作文教学是小学中高年级语文教学占比极大的一部分,也是教学中需要教师重点关注的部分。传统的作文教学中,普遍存在学生对作文缺乏兴趣,不知道该怎么写、写什么,感到乏力。针对这一现象,教师需总结经验,注重作文教学中的评价指导,赋予学生评价作文的权利,让学生参与到评价中去,培养学生对作文评价的能力,提高学生写作质量,激发学生写作兴趣。

本案例,教师依托评价表,在作文课上"你评、我评、大家评",学习作文的兴趣一下子高涨起来了,作文评价也变得有趣起来了。通过这样的形式,无形中也减轻了老师批改作文的压力。有了评价表,老师撰写评语时,无需面面俱到,把学生的作文进行一一详细的总评,而是有所侧重、有所选择地把作文中某一方面的亮点或者存在的问题加以阐述。

我们的习作教学,往往习惯了教师先讲,学生后写,最后教师讲评的模式。这其实缺少了一些习作的教学过程。评价表的制订和使用,使学生在习作的过程中明晰习作要求,端正态度,逐步养成良好的习作习惯,从而引导学生有效写作。伴随着习作过程的评价,学生的习作也在不断改进。评价表的运用,从学生自评、伙伴互评、教师评价三个维度对学生习作进行评价,充分发挥同伴学习的力量,改变了以往学生写好作文就交给老师,老师批好再发下来的模式,将评价融入教学,促进了学生写作能力的提升。

在本案例实施过程中,关于评价表的设计仍存在着一些值得思考和改进的地方。如第一板块选择材料中两个问题的设计,对于作文中心的确立的重要性还体现得不够,在今后的实践中将慢慢改进。

最后我想说的是,只靠一张评价表并不能涵盖所有的作文教学以及作文评价,我们在教学中还应灵活一些,通过各种不同的方法来进行作文评价,从而逐渐提高学生修改文章的多种技能技巧。作文教学这条路任重而道远,让我们一起努力,实现教师与学生的共同成长与进步!

将阅读和习作思维的联合方法融入习作单元教学
——以统编教材语文三上习作单元教学为例

宝山区罗南中心校 沈艳

一、引言

步入三年级的学习，对学生习作的表达要求逐步提高，统编教材的特别之处是三年级开始有独立的习作单元，三年级习作单元第五单元内容包括：《翠鸟》和《金色的草地》两篇精读课文、《我家的小狗》和《我爱故乡的杨梅》两篇习作例文，以及交流平台初试身手和习作两个板块。整个习作单元由这些内容构成，形成了一个完整的体系，层层递进，相辅相成。围绕本单元语文要素"体会作者是怎样留心观察周围事物的"制定单元教学目标，展开教学。

三年级的学生，已经能对课文有一些初步的感知能力，预习遇到疑问时也有了一定的理解分析能力，针对本单元的"观察"这一点要求能够在生活中初步体会，但离写作的要求还较远，因为写作的前提是希望学生能够在生活中体会细致观察的重要性、感悟观察发现之乐。习作单元的学习整体性较强，如何在阅读教学中融入习作思维的训练，值得思考。

那么在教学设计中怎么样利用好习作单元的整体思路进行设计呢？知识只能看到一块石头就是一块石头，一粒沙子就是一粒沙子，智慧却能在一块石头里看到风景，在一粒沙子里发现灵魂。[①] 知识很重要，我们要做的是利用教师的智慧让孩子历经过程，习得方法。我们要充分利用不同板块的不同特点：在精读课文的学习中引导学生体会表达上的特点，在习作例文的学习中学习教学生初步掌握写作的手法——借助例文中的批注让学生"知其然且知其所以然"，两个部分有所穿插又各有重点，帮助学生完成习作单元的习作练习。下面就我执教的两个教学片段浅谈阅读思维和习作思维的联合教学。

---

① 李政涛.做有生命感的教育者[M].北京：北京师范大学出版社，2010：26-27.

二、教材分析

《搭船的鸟》一课,翠鸟的一静一动都是作者观察所得,习作例文《我家的小狗》也是关注到了动物的一静一动,调动了多种感官进行观察。前者引导学生体会翠鸟的外形美丽和捕鱼时的动作灵敏,这两部分都是作者亲眼所见细致观察后记录下来的;后者的学习则让学生明白原来观察动物可以从动物的外形、声音、活动等多方面着手。

《金色的草地》是一篇精读课文,本篇课文充满童趣,既表达了作者和弟弟在草地上度过的美好童年时光,又抓住了时间的变化,写出了作者细心留心观察后发现草地会变色的原因,从而所获得的乐趣。引导学生做个生活中的有心人,留心观察身边的景物。在教学目标的设定中,要学生感受发现之乐和观察之乐,后体会细致观察的重要性,在这样的基础上,再自己留心观察身边的事物和同学进行分享,由此设定教学目标有梯度。

第一课时:
1. 认识"蒲、英、钓、拢"四个生字,能在田字格中书写"蒲公英、观察"两个词。
2. 能正确、流利地朗读课文。
3. 重点学习课文1.3自然段,能说出草地颜色变化情况和原因。
4. 感受作者的发现之乐,观察之乐,体会细致观察的重要性。

第二课时:
1. 认读"欠、耍"两个生字,能在田字格中书写"玩耍、打哈欠"等11个词语。
2. 能正确、流利地朗读课文。
3. 重点学习2.4两个自然段,想象我和弟弟愉快玩耍的场景,感受作者对蒲公英的喜爱之情。
4. 能自己观察某一种动物、植物或一处场景的变化情况并和同学交流。

与其《金色的草地》一课相同,习作例文《我爱故乡的杨梅》也是通过作者的细致观察对杨梅的外形、颜色和味道等特点进行梳理,写出了变化,引导学生细致留心地在生活中进行观察。特别值得一提是我们可以充分利用习作例文中的批注,如:"作者把杨梅的味道写得这么具体可感,让人想亲自尝一尝它的滋味。"这一批注有效地引导了学生对习作要求的把握,知道了自己在习作中也可以调动多感官让文章内容变得"具体可感"。

三、课堂教学片段

【片段1.1】
学习1—3句

a 生字：钓

b 找找表示时间的词，交流，填空（板贴：早上、中午、傍晚）

早上，草地是绿色的。

中午，草地是金色的。

傍晚，草地又变绿了。

师：想知道草地是怎么变色的，让我们先在句子中圈出表示时间的词吧。根据时间，把草地颜色的变化说清楚。

c 根据图片说出草地颜色的变化

d 体会心情，知道心情变化的原因

师：现在请你猜一猜作者的心情怎么样？

生：作者一定很惊喜！

师：为什么？

生：因为作者发现了有趣的现象！

e 男生读（板贴：发现）

师总结：这三句话告诉了我们作者在这一天有了偶然的发现。（板贴：发现）

【片段1.2】

学习第4句：这是为什么呢？

a 引导思考

师：生活中有了发现，你感觉怎么样？

生：如果我发现我家窗前的草地会变色的话，我一定很疑惑。

师：你和作者想的一样，作者也很疑惑，所以有了思考，哪句话告诉我们作者也在思考呢？

生：我找的句子是："这是为什么呢？"

b 指导朗读

【片段1.3】

c 引导对发现的现象进一步思考

师：为了解决自己思考的问题，作者马上去干吗了？请一名同学来读5—8句，其他同学思考，用一个词告诉我。

生：作者到草地上去观察了！

4. 学习5—8句

1）学习第5句

a 关注"观察"

师：是啊！不光光是观察，作者来到草地进行了仔细的观察。

b 齐读

c 生字：拢

d 猜一猜观察的时间

师：你猜猜作者什么时候去的？

生1：我觉得作者马上就到草地上去了。

生2：我觉得作者不光第一天去了，他第二天也去了。

2) 学习6—8句

a 关注"原来"一词

师：作者有了思考后，去观察了草地变色的原因，他找到原因了吗？

生：找到了！

师：你从哪个词读懂的。

生：我从"原来"这个词知道的，作者找到原因了。

师：是啊，一个原来就告诉了我们，作者找到原因了！

【片段2】

总结写法

思考：批注说"作者把杨梅的味道写得这么具体可感"，那作者是怎么把杨梅的味道写得具体可感呢？又怎么具体写了杨梅的形状、颜色的呢？

生1：作者对杨梅进行了特别仔细地观察，不仅用眼看，用手摸，而且还放到嘴里品尝了。

生2：作者不仅观察了杨梅树，而且观察了杨梅的果实，不仅观察了杨梅的样子，而且留心观察了杨梅的生长变化。

师总结：同学们说得都对，你们都跟着作者进行了对杨梅细致的观察。其实在观察任何事物的时候我们都可以用上观察的五件宝：眼看、手摸、嘴尝、耳听、鼻闻，这样我们就可以把东西写得生动具体了。

四、案例说明

选取的两个教学片段来自精读课文《金色的草地》和习作例文《我爱故乡的杨梅》两课。

片段一呈现了第三自然段中1—3步的教学，是在教学时把重点的第三自然段分成三个部分，1—3句是发现，第4句是发现后的思考，5—9句是细致的观察所得，帮助学生理清文章的写作思路，达到了精读课文的学习目标。第三自然段是集中体现作者观察细致的部分，通过三步的教学引导学生体会文章的表达特点。关注心情的变化、"原来"一词的特殊性以及作者的行动，让学生由字词也能学习到文章的表达特点。我们通过跟随作者的文章，从发现到思考再仔细观察

的脚步,将节奏放慢,是要学生先得在生活中发现,再有所得。将写作教学通过阅读教学的铺垫后融入课堂,引导学生在习作练习时也可以用上这样的方法。

片段二呈现的是习作例文《我爱故乡的杨梅》的教学中最后的学法总结部分。在例文的学习中,首先充分借助课后的表格在文中找出杨梅的变化。有了《金色的草地》一课的学习,同学们已经初步知道了在生活中我们要留心、细致地观察周围的事物,再通过文章后的表格,让学生知道留心细致的观察后,会让我们注意到事物会产生变化,如何将变化写清楚,我们则可以利用我们的多感官:眼看、手摸、嘴尝、耳听、鼻闻,这样一来观察的事物就可以通过我们的笔,记录下来。借助表格和批注充分了解了文章内容,习作方法教学的可操作性就变得更强了。

五、课堂反思

1. 教学设计紧扣明确教学目标

习作单元的特殊性明确了本单元目标制定的特殊性,融会贯通、一气呵成,所有的板块要做到劲往一处使。这就要求老师一定要充分解读教材,把握教材方向,有机结合板块内容,完成单元整体教学。本习作单元的教学目标绝不是单纯地借助精读课文和习作例文等板块完成一篇有关观察的习作,而是在这一连贯的学习中体会观察的乐趣,从而感受观察的重要性。通过一个单元的学习,让学生真正能对生活的感知力有进一步的提高,基于这样的教学目标设计一步一步的过程,才能引导学生从文中感悟、从文中有得,做个生活中的有心人。

2. 客观看待习作例文

回想起刚接触到教材的时候,对待习作例文更多的是焦虑和恐惧,不知从何处着手;不知优秀的例文是否会给孩子带来反效果,造成他们的畏难情绪;不知如何利用习作例文教学习作思维与方法……

研读教材后教学,轻松将精读课文和习作例文的不同重点列出,把握大方向,梳理思路,设计教学目标,联合阅读思维和习作思维,帮助学生一步一个脚印,更扎实有效地学习。观察是一种生活习惯,在例文的学习中,我们不应该将名家的思路照模照样硬搬给孩子,过重看待例文的重要性,我们也完全可以借助伙伴习作、课堂习作、生活小发现等方式激发学生的学习。学习模式的多样性和创造性等着我们不断地探索和发现。

3. 明确定位习作单元的教学价值

通过这一单元的整体教学,也让我明确了习作单元的教学价值。在习作单元中,阅读思维教学和习作思维教学要两手抓,如何做到有机结合、巧妙融合,就需要我们把握学生特点,联系生活实际,借名家之作引导、激发学生的学习兴趣,兴趣的培养才能使语文教学不再脱离生活,让教学大放异彩。

了解历史 勿忘国耻 振兴中华
——《圆明园的控诉》教学案例

宝山区罗南中心校 王文静

【案例背景】

教材分析：

《圆明园的控诉》是《品德与社会》四年级第二学期第三单元"屈辱与抗争"中的第二课。这一单元共有四篇课文，前有《虎门销烟》，后有《武昌起义》和《五四运动》，根据时间顺序展现中华民族近代史上深重灾难和英勇抗争，整个单元都是落实民族精神教育中有关"民族历史""国家自强"教育的重要载体。

《圆明园的控诉》第一课时，我选取教材中"历史坊"和"聪明豆"的内容，通过图片、视频、文字及雨果的信，呈现出圆明园曾有的辉煌和被毁的经过，旨在揭示中华民族遭遇的屈辱，增强学生的民族意识和自强意识，为下一课时的"抗争"学习做好铺垫。

学情分析：

这一课的内容与学生的实际生活体验相距甚远。在教学设计前，我进行了口头调查，了解学生现有的认知水平。我发现：全班仅有三名学生去过北京，去北京的同学也没去过圆明园。现在的圆明园究竟是什么样的？学生根本就不清楚，更何况是圆明园辉煌时的盛景？它是怎么会毁灭的？圆明园为什么会发出控诉？学生们知之甚少。因此，课前我让学生去收集有关圆明园的资料、图片来初步了解圆明园，为上好这一堂课做准备。

目标分析：

根据教材和学生情况，在教学中拟定以下教学目标：

1. 了解圆明园曾有的辉煌和被毁的屈辱，知道晚清统治者的腐败无能和外国侵略者的野蛮残暴，产生对外国侵略者的憎恨之情。

2. 初步学习用对比材料思考问题的方法。

3. 明白落后就要挨打的道理，树立起中国必须强盛的民族责任感和使命感。

【案例描述】

教学片段一：走进圆明园，了解昔日辉煌。

1. 师：同学们，在我国首都北京曾经有这样一座园林，那儿曾经有金碧辉煌的宫殿，有玲珑剔透的亭台楼阁，现在我们一起去领略一下它以往的辉煌。

2. （播放课件：圆明园昔日辉煌）看了录像后，你有什么感受？学生交流。

3. 告诉大家，这么美的地方，他有个别致的名字叫——圆明园（板书：圆明园）

4. （出示：圆明园面积图）课文的第1、2小节对圆明园也有比较详细的介绍，请大家打开书，读一读，说一说哪一方面的介绍令你最叹为观止？

5. 学生交流，教师引导深入了解。

生1：我觉得最惊叹的是这个地方"全盛时占地约5 200亩……"

（1）比较：圆明园占地是（生：5 200亩），我们学校占地约16亩，算一算，圆明园是我们学校的多少倍啊，算一算？（325倍）也就是说325多个罗南中心校，才抵得上一个圆明园，真是布局规模宏大！

（2）师：我们看到了一个数据——圆明园的周长，可以和我们刚才换算的面积结合起来，也是告诉我们圆明园占地面积非常大。

生2：学习第1、2小节，我知道了"园内有著名景点100多处"。

（3）师：是的，圆明园内的景点很多，多到什么程度？让我们一起去欣赏一下吧！（课件播放）

师：感觉怎么样？是呀，正因为景点如此精美繁多，难怪建造的时间长、财力大、人力多！

生3：我知道"圆明园不仅以园林著称，也是一座皇家博物馆，更是世界上极为罕见的文化艺术宝库"。

（4）师：那么这座艺术宝库里可能有些什么？（播放课件录像：圆明园文物集锦）

师：圆明园里的宝物不计其数，有些在世界上都极为罕见，而我们刚才看到的只是其中的一点点而已，用个词语来形容就是沧海一粟。

生4："……万园之园，世界园林的典范。"

师：正因为圆明园布局规模宏大、景点精美繁多、文物不计其数，所以它被誉为——万园之园。

教学片段二：观看录像，声讨侵略者的残暴行径。

1. 播放课件录像：《火烧圆明园》片段。

2. 小组讨论并交流：你看到了什么，想到了什么？

3. （课件出示）适时补充资料：圆明园内当时仅陈列和库存的欧洲各式钟表即达441件，劫后幸存的只有一件大钟。

——事后经查缴被土匪抢走和丢失的物件达1 197件，这充其量不过是园内被抢物件的千分之一二。

按千分之一计算,园内被毁坏和被抢走的物件总数大约是多少?(1 197 000件)

4. 师:面对这些镜头,面对这一个个触目惊心的数据,此时,你有什么想对他们说的吗?

教学片段三:合作探究,控诉清政府的腐败无能。

1. 师:为什么侵略者可以肆无忌惮地掠夺和毁坏我国的国宝?让我们在学习包中寻找原因。然后以圆明园的名义继续展开"控诉"!

2. 小组学习有关资料,自主合作学习了解历史背景,然后探究圆明园被毁的原因,以圆明园的名义展开控诉。

适时补充资料:(出示课件:不平等条约部分内容)

	时间	侵略国	不平等条约	条约主要内容
1	1842	英国	《南京条约》	割让香港岛,赔款2 100万银两
2	1858	俄国	《瑷珲条约》	割让外兴安岭以南、黑龙江以北的大片领土
3	1858	英国	《天津条约》	增开9个通商口岸,赔款400万银两
4	1860	英国、法国	《北京条约》	割让九龙半岛南端给英国,赔款给英、法两国各800万银两

生1:我从资料包里知道了当时举国上下都在吸食鸦片。

师:从《虎门销烟》一课的学习中,我们已经知道了人吸食鸦片后会变得——精神萎靡、骨瘦如柴……

师:是呀,哪还有精力去关心国家大事,哪还有体力去与侵略者抗击啊!

生2:我觉得还有一个重要原因,就是那时我们中国的武器非常落后,外国人都已经使用洋枪洋炮了,我们中国人还在使用土枪土炮,所以一次又一次被打败。

3. 师:落后就要挨打,这是历史的教训。现在大家的心情是一样的,对清政府充满了愤恨,你又想对他们控诉些什么?

生3:太腐败了,太无能了……你们是千古罪人!

4. 小结:这就是圆明园向世人发出的控诉——控诉侵略者的残暴野蛮,控诉清政府的腐败无能。落后就要挨打!这是多么沉痛的历史教训啊!

【案例反思】

由于本课内容与学生的实际生活相去甚远。如何让学生了解圆明园昔日辉煌盛景以及它所具有的文化价值?圆明园被帝国主义列强肆无忌惮抢劫、焚烧的真正原因又是什么?……这些深刻的问题要让四年级的学生来回答,显然是

具有一定难度的。

如何拉近文本与学生的距离？如何提高课堂教学的实效性？我在实践中不断地思考着。有人说过，课堂教学是师生生命历程中最辉煌的一段历程。随着教育现代化不断深入，现代教育技术进入课堂又为"辉煌的历程"增添了神奇绚丽的一笔。信息技术在《品德与社会》学科的教学中，也已经显示出了它强大的生命力，取得了传统教学无法比拟的效果。为此，在本课时的教学设计中，我依据品德与社会学科的特点，教材的内容，学生的实际来借助现代信息技术，实现有效课堂教学。

一、整合资源，感官冲击，惊叹辉煌

根据新的课程理念，课程资源不限于传统意义上的教材，教学内容可以从教科书扩展到学生的整个生活空间。在本课中，我注意了正确、灵活地使用教材，创造性地整合了教材内容及活动内容。

面对圆明园曾经有过的辉煌，学生无法感受，教材上只有单调的几幅图画，简短的几段文字。因此，课前我与学生一起搜集了大量有关圆明园的资料、图片、影片等。在教学过程中，我通过图片介绍、播放影像片段，向学生展示昔日圆明园的辉煌，使学生仿如身临其境，感受到了圆明园独特的魅力及文化价值，从而萌生一种强烈的民族自豪感。这样可为学生了解火烧圆明园给我国带来的巨大损失埋下伏笔。

二、再现情境，多维对话，体验屈辱

在《品德与社会》课上，学生更多的是通过实际参与活动、动手动脑，而非仅仅依靠听讲来学习，这就要求我们在课堂教学中要创设他们愿意也能够体验的情境，引导他们更加主动地参与进来，积极自主地去体验。

在本课中，我通过课件播放影像片段，展示圆明园被毁前那举世无双的雄伟和华贵，让学生感受中国文化的博大精深和中华民族的伟大；接着，我再展示圆明园被毁后的废墟场景，试图让学生在观看中产生悲壮、愤恨之感。此时，我再播放英法联军掠夺圆明园的影片，目的是为了激发学生内心强烈的爱国主义情感，树立民族责任感和使命感。在本课中，我将通过对比材料探究问题的方法，借助信息技术辅助教学，让课件伴随着教学层层深入，使学生感情不断积累、铺垫，最后达到高潮，得以升华，使教育显得更有说服力。

三、巧用学习资料，合作探究，树立责任

在探讨圆明园为什么会毁灭这一环节的教学中，通过课前学习资料的调查

了解,我觉得要让学生了解那段历史,感受晚清统治者腐败无能及当时中国的情况对学生来说是有一定难度的。为此课堂中,我对课前在网上搜集的资料进行了整合,巧用学习资料,引导学生以小组合作的形式,自主探究,参与讨论,在生生互动、师生互动中目睹清朝政府的腐败,深刻理解中国必须强盛的道理,树立民族责任感和使命感。

我想:在《品德与社会》学科的教学中,教师只要找准信息技术与《品德与社会》课程内容的切入点,并把两者、合理运用,有机整合。这样不仅能够培养学生的信息意识,而且能够拓宽学生的视野,也能更好地帮助学生对《品德与社会》这门学科知识的理解,从而切实提高品德与社会课堂的实效性。

当然,在课上,老师情感的投入会直接影响学生对于课文的理解。因此在整堂课的教学中,我始终怀着满腔的爱国激情,并让这种发自内心的激情溢于言表,感染和影响着学生的情绪,形成了师生情感的共鸣。但遗憾的是,学生的发言还是比较有局限性,思路不够开阔,如果作为教师的我能多加以点拨引导,可能在增强民族精神教育的效果方面会更好些。

促进学习方法多样性注重学生经历体验学习快乐

——《场景歌》教学案例

宝山区罗南中心校　胡佳佳

【案例背景】

教材分析：

本单元是本书唯一的识字单元，该单元的课文由4节儿歌组成，包括儿童歌、拍手歌和时间序列歌。每首儿歌都指向一个固定的主题，为识字创造不同的语言环境。本单元旨在通过集中识字的形式，完成识字任务。

学习本单元，宜在学生已有的识字学习基础上，利用好韵文情境，将识字与诵读结合起来，与认识事物结合起来，与看图结合起来，学习更多的识字方法并使学生们愿意尝试使用，形成初步的学科素养。

本课描写的是海滩景观地图、山村田园地图、公园景观地图和少先队的活动，将量词的短语组合成一个诗句来描述每个场景，让学生感受到场景中的美景，感受生活的美。全文旨在引导学生识别场景中的事物，识别代表事物的汉字，并初步感知不同事物的定量表达。

学情分析：

在学生进入二年级后，他们突破了识字方面的困难。然而，由于识字率的提高，有时会出现同音词，并且在上下文中需要重复难以理解的词。

我们班上的大多数学生都有扎实的基础，可以积极完成老师安排的学习任务。孩子们可以阅读课外阅读材料，并与他人交流自己的感受和想法。在教学中，我尝试通过小组阅读，男女学生阅读。使学生在阅读实践中将课文读正确、读流利，在语境中识字，通过多种识字方法放手让孩子们自主识字并引导学生去感受、体验、思考，要理解作者想传达的感受，然后通过他自己的阅读来表达。

学习《场景歌》这课时，孩子们接触到的事物可能没有那么多，因此对课文介绍的某些场景可能不会有深刻的体会。我试着引导学生观察文本和地图，以帮助他们理解文本并感受语言的美感。

促进学习方法多样性注重学生经历体验学习快乐 **235**

【案例描述】
　　课堂实录 1：
　　师：小朋友们，今天我们要跟随着一群哥哥、姐姐去旅游，瞧他们来了！（出示课文配图）他们是谁呀？
　　生：少先队员。
　　师：你们怎么知道的呀？
　　生：戴着红领巾。
　　师：我们可以说戴着一什么红领巾？
　　生：戴着一条红领巾。
　　师：我们还可以说一队红领巾，为什么说是"一队"？这一队"红领巾"指的是谁？引导学习生字"队"，学生小组讨论交流："一队"这里指人。
　　师：再来看看这是什么？一什么队旗？再来观察，你还发现了什么？（看图片了解"青铜器"并展示长号、短号、小号和号角的照片）谁来读读这两个词。
　　师：一什么铜号？（学习单词"铜"和"数字"）告诉我用什么方法来记住这些词。生："领"用加一加的方法："令"加"页"就是"领"；也可以通过换偏旁的方法：单词"拎"取代了"领"字旁边的页面。"铜"：金字旁加"同"，就是"铜"。
　　……
　　说明：
　　引导学生观察图片，通过随文识字学习"铜、号、队"等，掌握识字方法：词串识字、归类识字、生活识字和字理识字。帮助学生理解一队"红领巾"，在语境中识字和记忆。

　　课堂实录 2：
　　师：前面是什么地方，到处一片翠绿鲜红？出示：乡村景色，你看到了什么？
　　生：一方鱼塘，一块稻田，一行垂柳，一座花园。
　　师：这里的生字宝宝也想考考你。通过了，我们就去下一个地方参观。
　　学习生字：稻、园。自主学习生字，交流识字方法。
　　出示：一方鱼塘、一块稻田、一行垂柳、一座花园，朗读词语。
　　师："一方鱼塘"小鱼们在快乐地游来游去。"一方"作为数量词，一般用来形容方形的物品。例如：一方砚台、一方手帕，也可以说"一方水土"。"一行垂柳"，理解"垂柳"，引入古诗"碧玉妆成一树高，万条垂下绿丝绦"，感悟"一行垂柳"的绿色和多姿。
　　师：花园里五颜六色的花儿正向你们招手呢，小村子美吗？谁想用朗读来表现它。

……

课堂实录 3：

师：我们已经到了最后一站。你看到了什么？

生：一道小溪，一孔石桥，一丛翠竹，一群飞鸟。

师：你会读这两个词语吗？出示：石桥、翠竹。

师：学习认识"桥""翠"。特别注意"桥"的右边是"乔"而不是"交"。

师：请同学借助图画说说你理解的"一孔石桥"。

生：石桥弯弯的，桥洞圆圆的，和水中的倒影形成了一个大大的圆，就像一个大洞，所以可以说成"一孔石桥"。

师：瞧，一竿竿翠竹修长挺拔，一孔石桥横跨小溪，溪水哗啦啦地唱着歌，歌声引来了一群快乐的飞鸟。让我们一起带着美好的感受再来读读第三自然段。

……

说明：

本课学习重难点在于学习并积累不同事物的数量词表达方法。教学中在画面的帮助下，大部分可以一一对照，不难理解，教学时可以通过图文结合，反复朗读，让学生自主学习理解。其中比较难的"一方鱼塘""一行垂柳""一孔石桥"这几个就需要教师在教学时多引导，帮助孩子理解。

【案例反思】

首先，为了吸引低年龄段孩子们的注意，我在教学生需要营造简单又愉快的教学环境，从而能够激发孩子们的学习兴趣。

本课是数量词的归类识字。课文由四个自然段组成，将相关的量词组分成了四个不同的图片，让孩子们在学习的过程中去欣赏美丽的风景，去感受身边美好的生活。在语境中识字，在语境中去认识生活中的事物，学习代表事物的汉字，并且初步认识到不同事物的量词的表达。

在教学伊始，我通过简单的识图游戏介绍它，从而激发了学生对课文内容学习的兴趣。由图片引出少先队员去旅游，让学生通过观察知道戴红领巾的就是少先队员，为后文学习做好铺垫。

苏霍姆林斯基说过："在人类心灵的深处，有一种根深蒂固的需要，就是说，我想要感觉自己是一个发现者、研究者和探险家。"所以在整体感知环节中，我需要给学生一个做发现者的机会，让学生边读边思考了解课文提到的不同场景，并在学生交流中指导归纳。在学习第四段时，引导学生首先对应量词。能在朗读中感受郊游中的愉悦,生活的美好。

在低年级儿童的特点教学中,我创造了各种教学情境,引导学生通过灵活多样的教学方法逐步进行讨论和交流。让他们在讨论中学,学生在活泼积极的学习氛围下能够更加喜欢汉字,喜欢语文。促进学习方法的多样性,注重学生的个人经历,让孩子体验学习的快乐。

在开始上课时,我让学生观察语文书上的图片并讨论交流他们看到的内容:在响亮的铜号声中,一队"红领巾"高举队旗,愉快地开始了郊游。然后引导学习:生字你是怎么学会的呢?你是用什么办法记住它们的?学生可以通过多种方式阅读读写能力。"领"用加一加的方法,"令"加"页"就是"领";也可以通过换偏旁的方法,"拎"的提手旁"领"字旁边的页字边。"铜":金字旁加"同",就是"铜",学会多种识字方法后回到课文中去,孩子们齐读,再男女生分句读,多种形式趣味读。

我想如果我能充分利用学生的生活经历,调动学生阅读文字的积极性,创造性地运用教材,就能达到更好的教学目的。在之后的教学过程中,我要更加注意识字教学的生活和背景。重要的是引导学生发现汉字规律,鼓励学生运用自己的识字方法学习文化,并结合读写、写作和阅读教学。

我们深知教师应当只是课堂教学的指导者,学生才是主体。所以在教学中,我以第一个自然段为例为学生创造一个情境,让学生在阅读中想象美丽的风景,然后引导学生在特定的情境中识字。在第二个部分中,我帮助学生在想象和提问中感受到画面,然后渗透到前一部分的学习方法。让学生在理解了这些思想后,找出了第三和第四自然段的相关内容,体现了教师的主导作用,突出了学生的主要地位。自主学习,合作和探究的学习方式贯穿始终。

例如,当我们引导访问第一站时,我展示了海边的照片,以鼓励学生表达。学生观察图片,交流看到的内容:这是什么地方?你看到了什么?引导学生想象海水轻轻拍打海滩,海鸥在空中自由飞翔,一艘军舰和一艘帆船从海上驶来。然后组织学生学习文的第一个自然段:借助拼音读通课文。我们去了什么地方?都看到了什么?有什么好办法熟悉外形复杂的字?在这一小节里你认识了哪几个字?你是怎么学会的?可以用什么办法记住它们?等等。在接下来的学习中,我采取"推杆"的形式,让学生按照提示,感受、思考、理解和体验,并与老师和学生互动。在小组合作过程中,我注重巡逻指导,在学生自主学习的基础上进行有针对性的指导。在文本研究时,首先要看图片,总结图片的含义,然后在哪里可以感受到快乐的沟通。指导读文,感悟快乐。引导学生带着学文后的感受去读文,通过朗读体会风景的优美,感受生活的美好。

但是,在我自己设计的延伸中,做"小诗人"的教学过程并不是很理想。

学生的发言有局限性,思路不够开阔。我对合作学习的理解不够深入,忽略了一些学生未能进行充分的个人学习和自我实现。为了学会实践,学生需要在合作之前独立思考。这将为不喜欢思考或学习遇到某些困难的学生提供机会。

关注特殊　分层设计
有效落实

宝山区罗南中心校　苏　丽

【案例背景】

每个班级都是一个大家庭,而每一个成员都有着自己的特殊性。我们随班就读的小管同学就是一个特殊的孩子,她患有先天自闭症,在平时交流中不难看出她伴有轻度智力低下、语言障碍和交往困难等状况,由于她的认知能力是比较弱的,语言表达也随之得不到相应的练习,所以呈现出来的学习状态也是十分薄弱。

在低年段的课堂学习中,小管同学总是会不由自主地发出"啊啊"的干扰声,经过老师的训练和家长的教育,上四年级后这种情况好转了很多。三年多的小学校园生活,小管同学在语言表达上进步较大,但是在交流时,表现出来的是说词语或短语比较多,一句长句或者更多的语言交流对于她来说是困难的。

整体来看,小管同学在课堂上是个比较沉默的学生,针对这种情况老师经常会主动给她提供一些学习机会,同学们也经常会送给她鼓励的掌声,在班级的大家庭中我们一直是在给予她更多特别的爱。

【过程描述】

学生知识的增长主要来自课堂,在课堂教学这个主阵地里,我关注着班级里的每一个孩子,尤其是对小管同学,总是想着要多给予一份关注给她。针对小管同学,我会相应地设计教学目标,调整教学手段,尽量做到兼顾普通学生和随班就读学生,使学生们共同成长和发展。下面我就以《爬山虎的脚》这一课为例,来叙述我们在课堂学习中的互动。

一、课前预习有坡度

因为小管同学的智力比一般孩子弱,客观因素限制了她的学习能力,同时她的语文学业水平与普通学生有一定的差距,基于客观实际情况,于是设计她的预习单时,我降低了要求。

小管同学语文学习能力弱,主要体现在两个方面:一是可以读文,但是读得不流畅,所以预习单中,她的朗读要求设置为尝试把课文读正确,没有要求需达到流利的程度;二是思辨能力,即提出问题后再解决问题的能力,这对小管同学来说是比较困难的,所以对文本的思考这一块,我设计为尝试着去思考。

良好的预习,让学生准备很充分,在课堂上教学目标才得以顺利达成。

预习单:	
普通学生	特殊学生(轻度自闭症)
1. 读准生字、词语,读通课文最后达到流利 2. 查词语:触、巴、逐渐、痕迹 3. 思考课文哪些地方可以看出作者观察得特别仔细,读读表达准确、生动的句子	1. 试着读准生字、词语、短语,并尝试把课文读正确 2. 查词语:触、巴、逐渐、痕迹 3. 尝试思考课文哪些地方可以看出作者观察得特别仔细,读读表达准确、生动的句子

二、目标设定有梯度

备课前,老师都会进行自我追问:哪些是学生已知的?哪些是学生未知的?我们的教学起点是什么?如何设定自己的教学目标?又如何让这些目标在学习过程当中达成?在教学《爬山虎的脚》这一课时,我也这样追问了自己,让教学目标引领自己的课堂教学,以学生的实际学情搭建教学达成的维度。我反复研究教材,关注了单元教学目标,了解班级学生现有学情,还和小管同学进行了课前交流,之后制定了教学目标及教学重难点,内容涉及字、词、短语、句子以及关键段落。整个教学目标设定是比较全面的,也是有着自己反复揣摩与思考,在一次次制定后,又一次次地推翻,又重新制定,最后设计如下:

教学目标及教学重难点:	
普通学生	特殊学生(轻度自闭症)
1. 在语言环境中认读"茎、柄、蜗、萎、固"5个生字,读准多音字"曲";正确、流利有感情地朗读课文 2. 品读描写爬山虎的脚和向上爬的过程的语句,抓住表示动作的关键词和"像蜗牛的触角""像蛟龙的爪子"等关键短语,体会作者准确生动的表达,感受作者连续细致的观察 3. 通过圈画关键动词,借助图片说出爬山虎是怎样往上爬的,积累并运用文本语言;感受作者连续的观察后准确生动的表达 4. 感受事物变化过程,学习作者连续细致观察方法	1. 在语言环境中正确认读"茎、柄、蜗、萎、固"5个生字,读准多音字"曲" 2. 借助图片试着理解"像蜗牛的触角""像蛟龙的爪子"等准确生动的短语 3. 通过"画爬山虎的脚"引导小管理解它的脚是怎么样的 4. 力求正确朗读课文部分重点语段,例如描写爬山虎的脚是怎么样的短语和句子,以及它是怎么爬的语句 5. 尝试圈画关键动词(触、变、巴、拉、贴)来理解爬山虎是怎样爬的;借助填空和同桌示范,试着说说爬山虎怎么爬

目标一解读：运用多种方法理解词语是学生需要训练的语文能力之一。本课教学中，指导学生用查字典、看图片等方法来理解"茎、叶柄、蜗牛、萎"等词语。课前个别辅导是课堂学习的准备，小管同学的课前预习能够按照要求去做，所以在课堂上字词的学习，她是可以参与进来的。例如：开列火车读词语，我设置从小管同学这一小组开始，给她提供课堂互动的机会。

目标二解读：作者连续细致的观察是准确、生动表达语言的前提和基础，前者是手段和方法，后者是内容。本课关键在于品读两个生动、形象的句子，从而理清爬山虎的脚"怎么样、怎么爬和怎么变"，并达到积累优美文字目的。目标二对于小管同学来说是相当困难的，因为连续的语言表达对于她来说是很艰难的。于是，我把对于她的学习目标定为：借助图片试着理解"像蜗牛的触角""像蛟龙的爪子"等描写生动形象的短语。希望降低要求后的目标，她能够争取达到，获得学习的自信心。同时在理解文本的基础之后，通过画图引导小管同学理解爬山虎的脚是怎么样的，既是巩固学习的内容，又是学习后的检测。

目标三解读：理解文字的细腻，关键在于品读关键性的词语。在品读爬山虎的脚怎么爬时，关键点是体会动词的准确性，从而理解叶圣陶先生语言表达的准确性、生动性。对于小管同学的教学目标定为：一是力求正确朗读课文重点部分语段，例如，描写爬山虎的脚是怎么样的短语和句子，以及它是怎么爬的语句。二是尝试圈画关键动词"触、变、巴、拉、贴"，借助填空说出是怎么往上爬，试着积累文本语言。为此，我设计了资料卡（二）和课后分层作业，为实现目标做梯度铺垫。

目标四解读：这一目标是单元学习的要素之一，是学生能力的培养，有些难度。这一目标的训练对于小管同学来说是最为困难的，但是课堂中也会让她参与文本的学习与理解，适度即可。

我们常说教学目标是课堂教学过程中的教与学的互动目标，是关于教学将使学生发生何种变化的明确表述，是指在教学活动中所期待得到的学生的学习结果。在教学过程中，教学目标起着十分重要的作用，教学活动以教学目标为导向，且始终围绕实现教学目标而进行。《爬山虎的脚》这一课的教学目标不仅关注到单元教学目标、学生的学情，而且特别关注了特殊学生小管同学，所以在课堂教学中起到了很好的指挥棒的作用。

三、环节设计有巧度

教学环节是教学活动中链锁式结构的诸组成部分，教学设计是指教师为达成一定的教学目标，对教学活动进行的系统规划安排和决策。好的教学设计是教学活动得以顺利进行的基本保证,可以为教学活动提供科学的行动纲领,使教师在教学中工作中事半功倍。这节课中,我精心为小管同学设计了以下四个环节。

环节 1:

复习引入
1. 齐读课题《爬山虎的脚》
2. 复习词语,开列小火车
操场、嫩红、舒服、均匀、重叠、空隙
3. 复习文章脉络:生长地方、叶、脚

环节 1 设计说明: 对上节课学习的关键性词语进行复习是知识点的再现,点出叶圣陶先生是在通过观察后才能把爬山虎的叶子颜色变化和形状特点写得美极了,从而明晰这节课我们重点要学习的是爬山虎脚的内容,这也是作者在观察后的准确生动性的描写。在开列火车朗读词语时,我设置从小管同学这组开始,给她提供课堂互动的机会。这个环节的设置,使小管同学可以最有效、最迅速地集中思想到这节课中,具有较强的针对性。

环节 2:

学习描写爬山虎脚的句子
① 位置:借助媒体图片理解
爬山虎的脚长在(茎上长叶柄的反面)
② 形状:
○ 像蜗牛的触角(媒体图片做比较)
○ 枝状的六七根细丝(准备好树枝)
③ 颜色:
出示句子:细丝跟新叶子一样,也是嫩红的

环节 2 设计说明: 指导小管同学把描写爬山虎脚的颜色的句子读正确,力求达到教学目标 4 中的部分要求。前面复习词语让小管同学读词语"嫩红",为此处做铺垫;朗读句子时关注语气、语调对于她来说是很困难的,所以力求小管同学达到读正确即可。

环节3：

借助资料卡一,画爬山虎的脚。
出示:"爬山虎的脚"资料卡(一)

位置	茎上长叶柄的反面
形状	枝状的六七根细丝
颜色	嫩红

我能画出爬山虎的脚。

环节3设计说明：学习第3自然段重在理解爬山虎的脚是怎么样的,即它的位置、形状和颜色。借助于资料卡一,引导学生读文思考,然后对"位置"的理解时借助于媒体的出示讲解,对"形状"的理解借助于实物树枝,从而体会作者的语言是准确生动的。当知识点一步一步扎实学习后,要请学生当堂反馈,于是我请小管上台来画爬山虎的脚,当面指导她进行了对文本知识的二次理解,班级里其他学生在资料卡纸上画。

环节4：

填动词,出示：触变巴拉贴
爬山虎的脚（　　）着墙的时候,六七根细丝的头上就（　　）成小圆片,（　　）住墙。细丝原先是直的,现在弯曲了,把爬山虎的嫩茎（　　）一把,使它紧（　　）在墙上。爬山虎就是这样一脚一脚地往上爬。

环节4设计说明：先由视频导入,激发学生的学习兴趣,他们把自己所看到的与文本相对照,加深理解作者表达的准确性。再圈画表示动作的词语,替换关键性动词"触"和"巴",做到有针对性地指导。大部分学生通过看视频、圈动词、交流词义等方法,基本上可以完成填空。于是,我设计让小管同桌先完成填空,试着让她在听中体会,最后再来尝试完成"填动词"的练习,巩固她课堂上的习得。

好的教学设计在内容上都是由浅入深的,形式上是由简单到复杂的,这节课与特殊学生小管同学的互动环节也正是体现了这一教学设计的理念。环节1的读词语"嫩红"为环节2的读句子"细丝跟新叶子一样,也是嫩红的"做铺垫,环节2的读句子为上台画爬山虎的脚做准备。

教学环节是螺旋式上升的,它不仅要符合学生的认知规律,更应该体现由认知到理解再到运用的过程,在课堂上,我们老师给特殊学生提供了充分的课堂互动的机会,小管同学的表现也特别优秀。

四、作业达成有层度

分层作业是针对班级学生的学习能力不同层次而设想的,也是把对小管同学的辅导学习由课内向课外延伸。对于小管同学我在预习单里已经进行了"积累"的指导,即"读读表达准确、生动的句子"为这节课的"积累"做了铺垫;而"运用"作业是课堂上重点内容学习的反馈,相信有了课堂上的交流互动,小管同学可以试着"自我介绍"地表达内容;两种不同形式的观察记录需要与小管同学的家长课后商量,再决定她适合做什么。

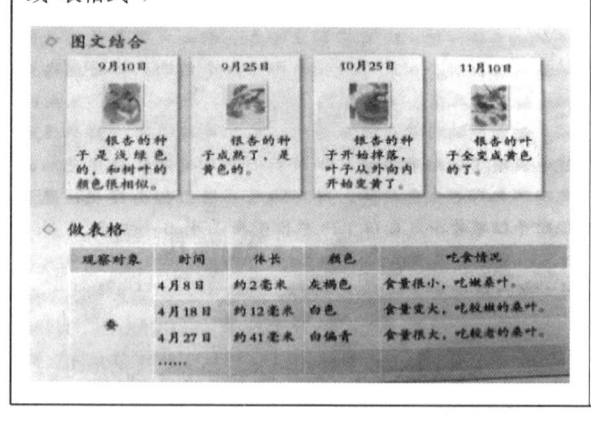

普通学生	特殊学生(轻度自闭症)
五、分层作业(资料卡四) ★ **积累**:找出文中你觉得写得准确、生动的句子,抄写下来 ★★ **运用**:模仿爬山虎的口气,向家人介绍爬山虎是怎样一脚一脚往上爬的 ★★★ **观察记录**:仿照课后资料袋,认真观察绿豆芽的生长过程,完成一份长作业(可以自由选择"图文结合"或"表格式")	五、分层作业(资料卡四) ★ **积累**:找出爬山虎的脚刚长出来的比喻句,抄写下来 ★★ **运用**:模仿爬山虎的口气,向家人介绍爬山虎是怎样一脚一脚往上爬的 大家好,我是爬山虎。我爬墙的本领很强。我(触、变、巴、拉、贴)。我就是这样一脚一脚往上爬 ★★★ **观察记录**:仿照课后资料袋,认真观察绿豆芽的生长过程,完成一份长作业(可以自由选择"图文结合"或"表格式") (需要和家长交流一起完成)

【效果与反思】

新课程标准中写道:科学合理的教学方法能使教学效果事半功倍,达到教与学的和谐统一,培养学生良好的人文素养,语文素养以及合作探究精神、创新精神。本单元语文要素主要是训练孩子处处留心、提高对事物的观察能力,学习作者相应的连续、细致的观察方法,而这篇精读课文《爬山虎的脚》就担负着这项任务。整个教学过程中,我将学习课文知识与训练观察能力结合起来,重点放在作者是从哪些方面描写爬山虎的脚,爬山虎的脚是怎样一脚一脚往上爬的?这部分内容有一定难度,为了突破重难点,我借助了图片、树枝、视频等一系列的教学手段,学生们学习时表现兴趣很浓厚。整节课从设计之前我们就关注到了小管同学的特殊性,做了分层设计,在课堂上以及课后练习中,她参与课堂的有效性很凸显,所以也是学有所获的。

小管同学和其他自闭症孩子一样,需要环境中的人对她的接纳、包容与支持。非常幸运的是,她在我们这个班集体中长期以来都得到了来自各位老师和各个同学的接纳、包容与支持。在这个温暖的大家庭里,我们老师和同学经常会给予她更多特别的爱与关心,她也和其他同学一样在茁壮地成长。虽然,她没有像其他同学那样开出绚丽的花朵,结出硕大的果实。但是她依然倔强地成长,散发出她独有的芬芳,一朵不一样绽放的花朵。

基于"学练评"一体的单元语文在线教学策略

宝山区罗南中心校　金　雯　陈佳敏

一、案例背景

"停课不停教、不停学"是此次战疫情的应急之举,充分发挥了"互联网＋教育"的优势,但对于小学生而言,居于斗室,要在短期内转换学习方式,显然,他们还不适应,甚至摸不着头脑。其次,由于小学生的年龄较小,自律、自觉、自主的学习品质还有待培养,如:线上学习时,主动记录的意识;捕捉关键信息的能力等等。以上种种,会影响线上学习的过程与效果不够顺畅、有效。

面对这场突如其来的"大考",教师对线上教学的实施存在着困惑,比如:基于空中课堂,使学生从知道走向自我尝试运用的策略有哪些?线上评价又如何有效落实?等等。

再则,统编五年级语文教材编排聚焦语文要素,这就要求教师在学习过程中,注重能力的形成与发展。而能力的提升,是需要过程的,通过一个阶段的持续学习,因此,有必要在单元学习中通过"学练评"一体的教学,促进学生能力发展。

这里的"学",就是在一定情境中在教师引导下习得学习方法。"练",就是学生的能力在另一个情境中再次运用,不断得到提升。"评",就是根据学生学习能力掌握情况,进一步加以指导,引导学生学习。

在单元学习中,"学练评"一体,就是学生的课前预学、课堂中的学与练、课后的练与评,以及阶段的测试,都围绕单元的语文要素展开,从而实现学生相关能力的发展。

而在线课堂学习情境下,"学""练""评"的方式如何?如何才能做到"学练评"一体,促进能力发展。在五年级第一单元在线教学时,我们就做了尝试,获得了些许经验。

二、"学练评一体"的在线教学实施策略

1. 自主预学：注重知识联系，预习巧设计

基于单元整体设计好预习单，是提高线上听课效益的举措之一。原则上依据单元教学目标，考虑五年级学生的已有学习水平，梳理出相应的作业目标，保证单元语文要素的达成，并充分考虑学生能力的延续与发展。以五（下）第一单元的预习单设计的路径与思考做一说明：

表1 五年级第二学期第一单元教学目标与作业目标对照表

第一单元教学目标 来源《教师教学用书》	第一单元作业目标 来源教材后练习与配套练习册	学习水平
1. 运用所学的知识自主地学习字词，并积累和运用有关字词	1. 能正确识记字词，积累常用词语	知道★
	2. 能在语境中，选择最适切的方法理解词语，体会词语的表达效果	理解★★
2. 能运用学过的方法，体会课文表达的思想感情 3. 能想象并说出诗句描绘的情景，体会其中的童真童趣	3. 再现了夏日农忙时的情景，体会诗人表达的情感（《四时田园杂兴（其三十一）》）	理解★★
	4. 读关键句，从中体会"我"的感受，体会作者所要表达的情感（《祖父的园子》）	理解★★
	5. 默读课文，说说作者由月亮想到了哪些往事，写了哪些情景，抒发了哪些感受（《月是故乡明》）	理解★★
	6. 选择生活中的一张照片，能仿照《少年闰土》第一自然段的方法写几句话（《少年闰土》）	运用★★★
	7. 根据古诗内容，展开想象，选择其中一首改写成短文（《古诗三首》）	运用★★★
4. 能从自己的成长经历中选择一件印象最深的事情，把事情的经过写具体，能把感到长大的"那一刻"的情形写具体，记录真实感受	8. 能交流、总结"体会课文表达的思想感情"的阅读体验（交流平台）	综合★★★★
	9. 能想象句子描写的情景，并能照样子几句话描述一种情景（语文园地一）	运用★★★
	10. 习作 那一刻，我长大了	运用★★★

2. 细化操练：提供思维空间，线上巧互动

空中课堂为我们提供智慧思考和实践借鉴，但由于条件限制，师生之间的互动与正常的课堂教学无法同日而语。因此，我们在线上互动中，始终都要坚持引导学生思考问题，给学生留出充分的思考问题的时间，把提高学生的思维能力作为线上教学的最重要的目标。

表2 基于单元阅读与写作要素
五年级第二学期第一单元1、2课预习单中相勾连的练习设计

五、想象写话。
1. 童孙未解供耕织，也傍桑阴学种瓜。
   读了诗句，我仿佛看到了＿＿＿＿＿＿＿＿＿＿
   听到了＿＿＿＿＿＿＿＿＿＿＿＿＿＿＿＿＿＿
2. 稚子金盆脱晓冰，彩丝穿取当银钲。
   读了诗句，我仿佛看到了＿＿＿＿＿＿＿＿＿＿
   听到了＿＿＿＿＿＿＿＿＿＿＿＿＿＿＿＿＿＿
3. 牧童归去横牛背，短笛无腔信口吹。
   读了诗句，我仿佛看到了＿＿＿＿＿＿＿＿＿＿
   听到了＿＿＿＿＿＿＿＿＿＿＿＿＿＿＿＿＿＿
   又好像感受到了＿＿＿＿＿＿＿＿＿＿＿＿＿＿

设计说明：
这题的设计给予学生学习的"阶梯"，让学生在层层递进作业中"步步为营"，去掌握把画面写具体的方法，为课后练习根据古诗的内容，展开想象改写短文做好准备，落实单元语文要素。

延续
提升

四、理解第一自然段。
1. 摘抄第一自然段：＿＿＿＿＿＿＿＿＿＿＿＿＿
   ＿＿＿＿＿＿＿＿＿＿＿＿＿＿＿＿＿＿＿＿＿＿
2. 想一想这一自然段写了哪些景物，又是如何把这些景物写具体的。

设计说明：
通过第一课的学习，学生已经掌握了一些把重点部分写具体的方法，本课作业设计重任务设计的坡度，关注班级中不同层次的学生，先让学生摘抄、品读，再感受本段在描写上的特点，为完成配套练习册上的仿写做好准备。

教学片段：赏析诗句"童孙未解供耕织，也傍桑阴学种瓜"。

（1）你认为哪句诗最能体现童趣？

（2）看看课文插图，你看到了什么，好像听到了孩子们在说什么？

（3）你们感受到这些孩子有什么特点？（做好课堂笔记：天真、勤劳、好学、可爱、爱劳动……）

（4）教师引读。

（5）从关键词"童孙""学种瓜"中你又感受到了什么？

（6）指导朗读。（做好课堂笔记：喜爱）

（7）写夏日农村景象可以从很多角度入手，可诗人偏偏选了"耘田、绩麻、村庄、儿女、童孙、耕织、种瓜"这些最简单的人与事，想过为什么吗？

引导学生围绕作者描写的事件思考作者要表达的思想感情是本单元的阅读要素。在第一首古诗中，"童孙未解供耕织，也傍桑阴学种瓜"是最能体现童真童趣的，通过观察插图，想象说话；抓住关键词，体会情感；引导学生关注"童孙、种瓜"等一些质朴的词语，进一步思考选择这些简单的事物作为写作对象的原因。以上过程，我们在空中课堂教学基础上，细化了学习步骤，学生经历了多角度了解内容→品味情感→感受写法的过程，促进思维的高阶发展。

3. 多元评价：巩固思维方法，评价巧落实

教师通过教材这个例子是否真正"教会"了学生，这种"教会"是针对学生思维的，看学生是否学会了理解问题的思维方法，在思维层面是否掌握了解决问题的方法。我们通过一次次地对空中课堂赞一赞、课堂互动练一练、课后作业评一评、家长测一测等多元评价来检测学生是否真正掌握了学习方法，变成他们理解知识的思维能力。

一个单元的线上教学结束后，我们通过讨论"课堂笔记晒一晒"的班级互动，了解学生的听课效率以及对单元语文要素的掌握程度。其次，通过直播让学生从各自笔记中发现问题。以下是直播时学生的发现：图一同学眉毛胡子一把抓；图二同学捕捉关键信息的能力较弱，表达人物情感的关键词句没有圈画；图三、图四中同学记的内容与文章的中心、主人公的情感等关联度不高。

图1　面面俱到，抓不住重点　　图2　表达人物情感的关键词句没有圈画、批注

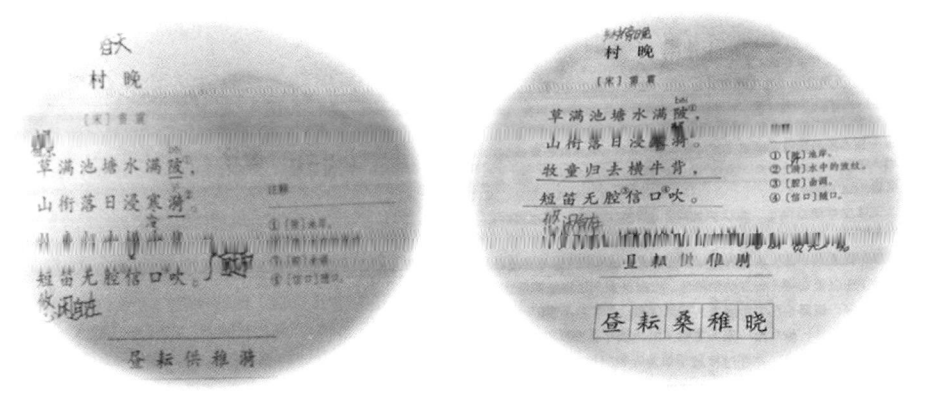

图3、4　记的内容与主题的关联度不高

学生呈现的问题可见其单元语文要素的掌握情况，我们进一步跟进指导评价，在线上又进行了一次"记笔记，我能行"的直播。引导学生根据单元语文要素筛选重要信息，圈画关键词句、记录关键词来快速简洁地记录自己思考的痕迹。最后，由学生和家长在线上给学生点赞，参考点赞数，老师给予学生第一单元"优、良、合格、需努力"的等第评价。

这样的过程，不仅评价了学生一个单元的学习能力掌握情况，重要的是培养了学生自主、自律的学习品质，更重要的是有助于增强鉴别力与思维的敏捷性，他们的知识水平与学习能力必然会有切实的提高，这不失为一种线上评价较好的途径。

三、案例反思

小学而大遗。对于好动的小学生来说，维持注意力的时间是非常有限的，我们又无法面对面督促孩子。其次，线下授课的时候，我们可以根据学生听课的反应情况及时进行教学调整，但在线上教学时，并不能看到学生的表现，也就无从知道自己的授课效果，对学生的学习情况反馈评价也不够及时。

人非生而知之者，茫然到适应，带给我们更多的是思考："停课不停学"的线上教学弥补了不能进行正常课堂学习的遗憾，但老师对学生评价的及时性、针对性如何更有效地进行？线上教学修复前后知识的逻辑关系，唤醒学生的思维的有效途径有哪些？当然，我们更需要建立起自己的信念，更清晰地认识到语文教学的本质，针对线上教学，设计"学练评"一体的教学，助推学生的思维提升。

作文评价指导在小学中高年级作文教学中的应用策略

——《吹泡泡》教学案例

宝山区罗南中心校　周秋艳

一、案例背景

《小学中高年段语文学科基于课程标准评价指南(征求意见稿)》指出,中高年段的评价强调以课程标准为主要依据,凸显为了改进学习的评价。教师要树立运用评价改进学习的基本观念,强调评价的诊断、改进与激励功能。那么,在新课程的实施和新概念的落实背景下,教师迫切需要改变以往对小学生作文评价的方式,须采取多元化的评价指导方式,创新小学中高年级作文教学,提高小学生的写作能力。语文教师要拿起评价的武器,合理、适度、多元化地对学生作文进行评价。让评价成为促进学生写作的教学平台。

针对这一要求,结合三年级上册的习作评价,本案例将从设计评价量表,促进三年级学生养成修改自己习作的习惯入手,以此进行小学中高年段作文评价指导的研究。

二、案例呈现

1. 细化阶段要求,制定评价目标

《上海市中小学语文课程标准》中明确指出三至五年级学生习作应达到的重点为:写清楚、写具体、写生动。根据以上课标要求,结合三年级学生的习作水平,针对《吹泡泡》这一习作内容我们可以制定以下评价表。

《吹泡泡》习作评价表——评价等第(在符合的选项后打√)

评价内容	优秀	良好	合格	须努力
选择材料	能围绕给定的情境合理想象,内容具体有趣。(　)	能围绕给定的情境展开想象,内容比较具体。(　)	能围绕给定的情境想象,但内容过于简单。(　)	不能围绕给定的情境想象,想象的内容前后不一致。(　)

续表

评价内容	《吹泡泡》习作评价表——评价等第(在符合的选项后打√)			
	优秀	良好	合格	须努力
组织材料	叙述完整,过程清楚。( )	叙述较完整,过程较清楚。( )	叙述不完整,过程不清楚。( )	只写一两句话,不能形成一段话。( )
语言表达	语句通顺,语意连贯,用词准确。( )	语句基本通顺,语意基本连贯,用词基本恰当。( )	有病句或词语运用得不够恰当,但不影响理解。( )	不能清楚地表达自己的意思。( )
学习习惯	错别字2~3个;个别标点使用错误,不影响表达;字迹端正,书面整洁。( )	错别字4~6个;标点用错较多;书写比较端正。( )	错别字7~8个;标点用错较多;书写不够端正。( )	错别字8个以上;标点一逗到底,或没有标点;书写不端正,看不清。( )
学生自评: (1)是否展开了合理想象,把事情写清楚?把句子写通顺了?( ) (2)是否把吹泡泡的经过一步一步写清楚了?( ) (3)是否仔细观察吹出来的泡泡是怎样的?写得生动有趣吗?( ) (4)书写态度是否认真,字迹是否工整?( )				
老师的话:			等第: 书写: 日期:	

评价量表由三个部分组成:学生互评、学生自评、老师评价。

2. 具体实施

(1)使用评价量表,进行习作前指导。

习作前,根据本次习作的目标,重点放在"把事例写清楚、具体,写出吹泡泡的过程以及所观察到的泡泡",这是本次习作内容上的重点。在习作之前引导学生关注量表中的"自评"部分,重点落实的是根据提示完成习作。

学生自评	★★★	★★	★
展开合理想象,把事情写清楚,把句子写通顺。			
把吹泡泡的经过一步一步写清楚。			
仔细观察吹出来的泡泡是怎样的?写得生动有趣。			
书写态度认真,字迹工整。			

制定习作要求检查表格,在学生完成习作草稿前下发,让其可以在落笔前对照标准进行选材、组材等思考。

(2) 使用评价量表,促进交流、共同进步。

学生将自己的习作读给伙伴听或给伙伴看自己的习作,请他(她)使用评价表中的互评部分进行评价。评价者要学会认真倾听或阅读伙伴的习作,并根据表格中内容给出合理的评价。表格中互评部分的内容直接选择,最后,要结合这几项的评价口头给出修改建议,便于伙伴的修改。

评价内容	《吹泡泡》习作评价表—— 评价等第(在符合的选项后打 √)			
	优 秀	良 好	合 格	须努力
选择材料	能围绕给定的情境合理想象,内容具体有趣。( )	能围绕给定的情境展开想象,内容比较具体。( )	能围绕给定的情境想象,但内容过于简单。( )	不能围绕给定的情境想象,想象的内容前后不一致。( )
组织材料	叙述完整,过程清楚。( )	叙述较完整,过程较清楚。( )	叙述不完整,过程不清楚。( )	只写一两句话,不能形成一段话。( )
语言表达	语句通顺,语意连贯,用词准确。( )	语句基本通顺,语意基本连贯,用词基本恰当。( )	有病句或词语运用得不够恰当,但不影响理解。( )	不能清楚地表达自己的意思。( )
学习习惯	错别字 2~3 个;个别标点使用错误,不影响表达;字迹端正,书面整洁。( )	错别字 4~6 个;标点用错较多;书写比较端正。( )	错别字 7~8 个;标点用错较多;书写不够端正。( )	错别字 8 个以上;标点一逗到底,或没有标点;书写不端正,看不清。( )

① 作文中,很多同学对伙伴的作文提出了修改意见。下面是小范同学的未经修改的作文:

今天,我和爸爸去公园里吹泡泡。我先蘸点泡泡水,吹了一下,它们飞上天空。我去抓了几个,一碰就破了。它们五颜六色。

有的像一串糖葫芦,有的像一个小皮球。越吹越多,公园成了一座泡泡公园。

现在该回家了,我还真是舍不得。

② 同桌读了他的作文后,给出了这样的评价:语言太过贫乏,没有特别吸引人的地方;吹泡泡的过程写得不够清楚;对泡泡的描写所用的笔墨太少。

学生根据伙伴的修改建议对习作进行修改。

评价内容	《吹泡泡》习作评价表——评价等第(在符合的选项后打√)			
	优 秀	良 好	合 格	须努力
选择材料	能围绕给定的情境合理想象,内容具体有趣。(　)	能围绕给定的情境展开想象,内容比较具体。(　)	能围绕给定的情境想象,但内容过于简单。(√)	不能围绕给定的情境想象,想象的内容前后不一致。(　)
组织材料	叙述完整,过程清楚。(　)	叙述较完整,过程较清楚。(√)	叙述不完整,过程不清楚。(　)	只写一两句话,不能形成一段话。(　)
语言表达	语句通顺,语意连贯,用词准确。(　)	语句基本通顺,语意基本连贯,用词基本恰当。(√)	有病句或词语运用得不够恰当,但不影响理解。(　)	不能清楚地表达自己的意思。(　)
学习习惯	错别字2~3个;个别标点使用错误,不影响表达;字迹端正,书面整洁。(　)	错别字4~6个;标点用错较多;书写比较端正。(√)	错别字7~8个;标点用错较多;书写不够端正。(　)	错别字8个以上;标点一逗到底,或没有标点;书写不端正,看不清。(　)

③ 以下是小范同学修改后的习作:

在一个阳光明媚的上午,我准备好了肥皂水和吸管,和爸爸开开心心地去附近一个美丽的公园吹泡泡。

我先用吸管蘸了一点肥皂水,轻轻一吹,一串串泡泡就飞上天空。泡泡在阳光下泛出五颜六色的光芒,漂亮极了。爸爸给我吹了一个大泡泡,我赶紧跑过去用手一抓,手一碰,泡泡就破啦!

我又吹了好多泡泡,泡泡有的像一串糖葫芦,有的像一个个圆溜溜的小皮球,还有的像天空散落下来的颗颗珍珠……公园里的小朋友看到我吹出的泡泡,都跑过来围着我笑啊,跳啊。大家高兴极了!

到中午该回家了,我们依依不舍地离开了公园。

④ 从以上的作文可以看出,小范同学做了很大的改动。最主要的是,把"吹泡泡"的过程一步一步写得更为清楚了,再加上对泡泡的描写更加充分,使整篇文章增色不少。

值得指出的是,学生给伙伴评价并提出修改意见的能力也是需要锻炼的。而且学生之间的评价能力也有很大的差距。在互相提出修改意见的过程中,伙伴之间经常有意见不统一的时候,这时候,老师需要引导学生一起讨论,最终确定怎样做更好。

(3) 使用评价量表,激励的同时指明努力的方向。

学生在互评的基础上完成习作的修改之后,最后,老师给出评语。评语应肯定学生习作的亮点、进步之处,并明确指出不足及努力的方向。

针对小丁的作文,老师对他的修改给予了肯定,并且表扬他的同桌,能够对作文给出很好的修改建议,使小丁的作文能够在修改后发生了很大改变。当然,小丁的作文中,还有一些语句方面的问题,老师在总评中须给出意见。

老师的话: 　　能对照习作要求进行自评、互评,并进行修改;把"我和爸爸怎样吹泡泡"的经过一步一步写得较清楚、连贯;能展开合理想象,写出"我和爸爸吹的泡泡是怎样的,像什么"。初步养成了自主修改习作的习惯。吹泡泡前的准备工作若能另起一小节那就更好了!	等第:　良 书写:　★二 日期:　9.28

三、案例反思

老师层面:

1. 须明确评价目标、落实评价作用

基于标准的评价量表的开发过程,其实就是教师明确评价目标、落实评价作用的过程。小学中高年段语文学科的等第制评价,在延续了一、二年级基于标准的等第制加评语的评价基础之上,有其新的特色。作文评价量表也是一个真实、科学、有效的评价工具,有望促进学生良好的习作习惯的养成。

2. 须紧扣课程标准,细化评价量表

在设计评价量表时,我们可以深切感受到课程标准在设计评价中的重要性,评价的每一个环节,都是对标准层层深入的细化和解读,把语文课程标准从高高在上的条框变为可供教师、学生参考的学习目标。当课程标准只给出了三到五年级的习作要求之时,我们需要将这一标准细化,根据学生的现有水平,将每个年段以及每个年段的每个阶段的习作目标进行解析,找出每个年级的训练重点。如三年级,可以大致地理解为写清楚;四年级重点是写具体;五年级则要上升到运用心理活动描写等将文章写生动。如果经历了这个过程,教师的习作教学将不再是一笔"糊涂账",目标的清晰、量表的细化将指引教师有的放矢地教学,提升学生的学习效率。

3. 须总结经验,注重作文教学中的评价指导

作文教学是小学中高年级语文教学中占比极大的一部分,也是教学中需要教师重点关注的部分。传统的作文教学中,普遍存在学生对作文缺乏兴趣,不知道该怎么写、写什么,感到乏力。针对这一现象,教师需总结经验,注重作文教学中的评价指导,赋予学生评价作文的权利,让学生参与到评价中去,培养学生对作文评价的能力,提高学生写作质量,激发学生写作兴趣。

在作文评价指导过程中,用到的评价方式主要有以下几种:

① 由学生本人对自己的作文进行评价

由学生本人对自己的作文进行评价,对自己的作文进行分析和批阅,有助于学生总结写作经验,改进写作过程中未发现的问题,起到总结经验、积累知识、培养习惯的作用。

② 由同桌之间对各自的作文互相评价

由同桌之间对各自的作文进行互相评价,是学生本人对自己的作文评价后开展的补充评价。在学生对自己的作文进行自我评价后,然后让同桌之间开展评价,同桌之间互相阅读和修改,对双方作文进行评价或总结,可以弥补自身的不足。在帮助同桌进行评价时,通过发现别人存在的问题,指出并给予其解决方案,在帮助别人的同时提升自己的阅读能力、写作能力和评价能力。同时还可以发现自己的作文中存在的一些本人未能发现的问题,通过别人指出并加以纠正。

③ 由教师对学生的作文进行总结评价

由教师对学生的作文进行总结评价,对学生的作文进行全面客观的评价,包括学生自己的评价、同桌间的评价等相结合。教师在总结评价中除了要有自己的观点,同时也要参考学生的评价,尊重学生的主导地位。教师应引导学生进行评估,充分肯定和相信学生的观点,掌握评价活动开展的动态和对立情况,及时发现问题,鼓励学生创新,并给出合理、公正、公开的评价指导意见。

学生层面:

1. 用评价增强学生的成就感,激发创作的积极性

从伙伴之间评价彼此的作文角度看,读者角度正是学生习作时所缺少的。目前,很多学生习作时只顾自己埋头写,缺少"读者意识"。从接受伙伴意见修改习作的角度看,学生能够乐意将习作给伙伴评价并且修改习作的过程,正是学生经历学习的过程。由不会写到会写,由写得不够好到努力写到更好,学生完成一篇习作的过程即学习习作的一次宝贵经历。这些经历不断叠加,逐步促使学生养成修改习作的习惯,提升习作能力。学生的作文能够面向更多的观众,让同学之间相互评价指导,而不仅是给老师评价,将会更开放自由,并激发学生的创作积极性。如此,不断地修改他人的习作,将从侧面提升学生的"读者意识"。

2. 评价融入教学,突显学习经历,促进评价的功能

我们的习作教学,往往习惯了教师先讲,学生后写,最后教师讲评的模式。这其实缺少了一些习作的教学过程。评价量表的制定和使用,使学生在习作的过程中明晰习作要求,端正态度,逐步养成良好的习作习惯,从而引导学生有效写作。伴随着习作过程的评价,学生的习作也在不断改进。这正彰显了中高年段实施等第制评价的意义:诊断、改进、激励。评价量表的运用,从学生自评、伙伴互评、教师评价三个维度对学生习作进行评价,充分发挥同伴学习的力量,改

变了以往学生写好作文就交给老师,老师批好再发下来的模式,将评价融入教学,促进了学生写作能力的提升。

【结束语】

在作文评改方式上,教师创造了一种由学生、教师共同评改的方法,可以使学生从多方面认识自己文章的优缺点,有利于提高学生的写作能力,培养写作兴趣。另外,同学之间互相评改也可以取长补短,共同进步。教育专家认为评改方式应是以学生为主,让学生全程参与,真正体现"以学生为主体"的原则,作文评改中原来教师主动地位变为学生处于主动地位,让学生在教师的指引下进行自己评改,同学互相评改,从而提高学生修改文章的多种技能技巧,形成自己的个性,同时也会激发写作欲望。对于学生来说,作文评价指导风格多样化,有利于提升学生写作动力,教师在作文教学中需创新评价指导,一起努力实现教师和学生的共同成长和进步。

基于单元目标统整下的作业设计案例研究

——以一年级上第四单元作业设计为例

宝山区罗南中心校　　朱音聆

【背景介绍】

《小学语文单元教学设计指南》中对**"小学语文作业"**的定义为:"教师为提升学生**语文素养**,给学生布置的在非教学时间内完成的学习任务。"**语文素养**包括语文知识、语文能力、思想情感、语言积累等等,作业是课堂的**延伸和提升**,我们可以通过学生作业**倒推**我们课堂**教学**的有效性,只有"**教、练、评**"环环相扣,才能实现学生相关**语文能力**的发展。

因而,小学语文作业是**依据**学段与单元教学目标,**结合课文具体内容设计的单元作业的总和**。基于单元目标统整下的作业是**巩固**和**反馈**学生知识与能力的一种重要形式,备课、上课和作业布置作为一个整体,均应**围绕**单元的语文要素来展开。基于以上几点,我们应**清晰**常规作业目标、单元作业目标、学段作业目标;实施过程中,**建立"教、练、评"环环相扣**的意识。

【问题读取】

统编语文教材的设置是以主题单元为基本单位,单元的编排具系统性,每个单元都有明确的语文能力训练要素,学段间的语文要素联系也十分紧密,对于学生能力的培养呈循序渐进的过程。日常,老师们在教学时注意到了单元语文要素间的关联性,但在作业设计时却**容易忽视单元作业的连续性与递进性**,且形式单一。

面对系统性较强的教材,应该如何设计更有**针对性**的作业?又如何在作业设计中体现出**层次性**、**递进性**等特点呢?

【优化策略】

对照《小学语文单元教学设计指南》第五章对"单元作业设计"的步骤要求,

我在标准之下诊断自我的行为,探寻优化作业设计的策略,力求凸显如下特点:

(一)遵循单元作业设计原则

1. 编制单元作业目标,提高作业设计的针对性

设计单元作业,首先,教师应有明确的目标意识;其次,从常规作业目标、单元作业目标、学期作业目标三个角度编制单元作业目标,明确"练什么,怎么练";最后,将单元作业目标按课文内容和学生学情进行分解,逐步落实到各个课时目标中。

2. 合理安排作业结构,体现作业设计的科学性

对单元作业的目标有清晰的认识后,针对低年级学生识字少、理解力有限的特点,设计作业题干和答题要求;其次,难度循序渐进提升,前后关联紧密,帮助学生将知识与技能进行勾连,从而得到思维的发展,同时,对学生可能出现的答案和问题进行预估,保证后续教学中,我可以进行及时调整教学策略,帮助学生更全面地掌握知识。

3. 丰富单元作业形式,呈现作业的多样性

充分联系低年级学生学习特点与生活经历,挖掘学习资源,丰富作业的内容和形式。形式上,将任务划分台阶,逐级而上减少学生面对稍难问题的压力,让学生在层层递进的梯度作业中"步步为营",去掌握、去理解、去提升作业正确率,同时,提供给学生解决问题的方法示范,即拆分任务,使学生获得成功的喜悦。

(二)体现"教练评"一致性的单元作业实施

第一册第四单元的内容如下:《秋天》《小小的船》《江南》《四季》四篇课文,口语交际《我们做朋友》《语文园地》。本单元的阅读要素是"**正确、流利地朗读课文**"与"初步认识自然段",同时,在正确朗读的基础上,能仿照课文简单的短语和句式,表达自己对大自然的喜爱。

1. 围绕语文要素,编制单元作业目标

单元作业目标

单元目标序号	单元作业目标描述	学习水平
1	正确拼读汉语拼音	知道(A)
2	借助汉语拼音认读生字	知道(A)
3	正确规范的书写汉字、笔画	知道(A)
4	积累带"的"字的短语	理解(B)
5	知道句子的基本意思	理解(B)
6	知道文章的基本内容(文章涉及的人、事、物等)	理解(B)

续表

单元目标序号	单元作业目标描述	学习水平
7	背诵本单元指定课文	知道(A)
8	正确、流利地朗读课文	知道(A)
9	初步认识自然段	知道(A)
10	根据生活体验,说简单的句子	运用(C)
11	感受、发现大自然的美好	理解(B)

说明:第1、2、3、7条为常规作业;第8、9条为重点作业,其余为学期作业目标。

单元课时作业目标

课时名称	课时目标序号	课时作业目标描述	对应单元目标
《秋天》	1	认识"秋、气"等10个生字,认识偏旁"木、口、人"	2
	2	会写"了、子"等4个生字,正确书写笔画"一"	3
	3	正确、流利地朗读课文,读准儿化音和"一"的读音	8
	4	背诵课文	7
	5	初步了解秋天的特征,找找秋天有哪些景色,简单说一说	10
	6	借助拼音,读一个自己喜欢的故事,数数有几个自然段	9
《小小的船》	1	认识"的、船"等10个生字。认识偏旁"白、门"	2
	2	会写新笔画"𠃌、乚","月、儿"等4个生字	3
	3	正确、流利地朗读课文,读好带"的"的短语	8
	4	背诵课文	7
	5	仿照例子,用简单的叠词说"的"字短语,积累"的"字短语	4
	6	挑战朗读小诗:银盘	1
《江南》	1	认识"江、南"等9个生字和三点水、草字头2个偏旁	2
	2	会写"可、东、西"3个字和竖钩、竖弯2个笔画	3
	3	正确、流利地朗读课文,读好停顿	8
	4	背诵课文	7
	5	唱《江南可采莲》歌曲	11

续表

课时名称	课时目标序号	课时作业目标描述	对应单元目标
《四季》	1	认识10个生字、认识3个部首	2
	2	会写"天、四、是"3个生字	3
	3	正确、流利、有感情地朗读课文	8
	4	背诵课文	7
	5	仿照课文《四季》，说说你喜欢的季节	10

2. 选题及分析

(1) 围绕单元语文要素，体现稳定性与递进性

本单元常规作业，即"借助拼音认读汉字""书写汉字、笔画""背诵课文"等，重点语文要素为"正确、流利地朗读课文"。通过作业，我将"正确、流利地朗读"的标准做了细化，侧重点各不相同，如：

表1 四篇课文朗读练习要求

作业原则 课文	稳定性	递进性
《秋天》	读正确下列词语： 秋天、天气、树叶、一片片、一会儿、飞来飞去、一只只。	正确朗读句子： a. 天气凉了，树叶黄了，一片片叶子从树上落下来。 b. 一群大雁往南飞，一会儿排成个"人"字，一会儿排成个"一"字。
《小小的船》	读正确下列短语： 弯弯的月儿、小小的船、闪闪的星星、蓝蓝的天。	正确朗读儿歌，尝试读出坐在月儿船里的美妙感觉。
《江南》	正确朗读下列词语： 江南、采莲、田地、小鱼、东西南北。	正确、流利地朗读课文；读出采莲人在莲叶间划船的自由、愉快。
《四季》	正确朗读下列短语： 尖尖的草芽、圆圆的荷叶、弯弯的谷穗、顽皮地说。	1. 正确朗读课文，抓住关键词读出春、夏、秋、冬不同事物的特别之处。 2. 体会不同事物的心情，感情朗读人物说的话。

(2) 优化作业结构，兼顾人文主题，体现实践性

兼顾与平衡作业的人文性与学科性，内容设计均是为日常教学服务，达到对知识与能力的巩固与检测的作用。比如《秋天》与《江南》围绕单元主题"自然"，

设计了实践作业,不仅激发学生对大自然的热爱之情,也引导学生到大自然中去观察、去思考、去感受,从而丰富学生的体验。如:

表2　统编教材一年级第一学期《秋天》语言实践评价表

　　秋天是一个美丽的季节,现在正值秋季,请同学们投入秋的怀抱中去找一找秋天的变化,寻找秋天的足迹。
　　借助句式一说说:秋姑娘来了,她吹来了凉风,我看(闻/听)到了,秋天真美!

　　说好句子的小秘密:要把句子说完整,请先擦亮小眼睛好好观察秋天的景物与其他季节有什么不一样,再根据句子提示来尝试说一说。

评 价 标 准	自我评价	家长评价
能发现秋天景物的特点　语句通顺	☆☆☆	☆☆☆
声音响亮　口齿清晰	☆☆☆	☆☆☆
眼看倾听者　自然大方	☆☆☆	☆☆☆

表3　统编教材一年级第一学期《江南》语言实践评价表

　　想象采了好多莲蓬的姑娘撑着小船走在回家的路上,看着河里欢快游动的小鱼,心情如何?试着唱一唱歌曲《江南可采莲》。

莲蓬大丰收啦!

捉迷藏真快乐!

续表

评 价 标 准	自我评价	家长评价
能唱出轻松愉快的感觉	☆☆☆	☆☆☆
声音响亮　口齿清晰	☆☆☆	☆☆☆
能配上合适的动作　自然大方	☆☆☆	☆☆☆

(3) 统整目标，注重语言积累与训练的连续性

通过"作业"丰富学生的语汇，在实践中遣词造句，积累语言运用经验，提高语言表达质量。因此，设计这份单元作业时，安排了语言实践题。同时，语言实践题都有相应的评价单，使学生明确语言训练的要求，并以此为标准，进一步规范自己，掌握表达方法，又让学生学会交流与评价他人的学习状况，从而修正、完善自我的表达。比如：

表4　统编教材一年级第一学期《四季》语言实践评价表

仿照课文《四季》，说说你喜欢的季节 说好句子的小秘密：要把话说清楚，可以先想一想你喜欢的季节有哪些特别的事物，再想想它会用什么样的心情来说话，练习时，加上一些动作就更有趣了		
评 价 标 准	自我评价	家长评价
内容完整　语句通顺	☆☆☆	☆☆☆
音量适中　口齿清晰	☆☆☆	☆☆☆
眼看倾听者　自然大方	☆☆☆	☆☆☆

以上一系列题目的设计，均围绕"**单元作业目标**"展开，又对"**常规作业目标**"和"**学期作业目标**"有回应，同时，又有相应的评价表使学生在语言实践的过程中，不断发现问题，完善自我表达。总体而言，单元作业设计紧密结合**单元语文要素和课本**、**课后练习**就不会有大偏差，再通过设计前后相互关联的题目，帮助学生初步勾连知识点和技能训练点，发展学生思维，丰富学生的语言实践，在语文学习的初期培养他们对母语的好奇和热爱。

【反思与启发】

在单元作业设计和实施的过程中，我进一步感受到了单元作业设计的重要性，作业设计应更注重学生的能力培养，而能力的培养不仅体现在课堂教学中，更加体现在课后的实践中，只有真正将所学运用到生活中，才能将能力内化。这就对课后的"练"提出了更高的要求，通过教师对单元目标、学期目标准确地把

握,对作业内容精心地设计才能做到让学生充分地"练",有效地"练",不加重负担地"练"。

纵观整份单元作业设计,丰富的作业内容,激发了学生学习兴趣;变化的作业形式,提高了学生的实践能力。但在参加各类区、校培训的过程中,我发现本次作业设计实践仍存在诸多不足,有待改进,如:

1. 支架助学需要增设

在通读小学阶段教材时,我发现有别于一年级教材,二、三年级教材中出现了形式多样的支架助学,如:二(下)教材中,语文园地二的写话练习:先列表格整理好朋友的姓名、外貌和经常一起做的事,来帮助写清楚一个人物。第四单元中画一画再说一说自己彩色的梦。在一年级作业设计时,我们也可以通过"词语式、表格式、图像式"等方式,降低读写类作业的难度,激发学生学习兴趣,促使学生在读写活动中熟练运用语言。

2. 作业难度需分层

一份作业如果缺乏了对学困生的指导,其意义会大打折扣,所以设计作业时,我还需要注重坡度,关注班级中不同层次的学生,适当给予学生学习的"阶梯"。让每个学生在层层递进的梯度作业中踏实地掌握,全面地理解,提升作业正确率的同时也提升语文素养。

3. 作业评价有待优化

作业评价是教学过程中不可缺少的重要环节,借助作业评价老师可以了解教学质量和学生可以发现自己的不足。在作业评价中,也可以体现学生的自主性,可以增加自评和小组互评环节,帮助老师客观地了解学生,学生也在参与评价的过程中巩固所学,发现问题,提高学习效率。同时,注重个性化评价,学生间存在个体差异,作业完成的标准也需因人而异,真正做到关注个体发展。

真正做到"教、练、评"一体,我还需要更深入地钻研,更开阔的视野,更多的实践,和学生们一样,要提升教学能力我也需要有针对性的、科学的练习,不断提高自己的教学水平,真正为学生的发展服务,让完成作业成为学生的学习乐趣之一。

挖掘文本教学价值，设计合理教学活动

——以五（下）《跳水》一课为例

宝山区罗南中心校　陈佳敏

合理的教学内容，有效的教学设计，是语文老师备课的两个关注点。2011版语文课程指出：语文课程必须根据学生身心的发展和语文学习的特点，鼓励学生自主阅读，自由表达，充分激发他们的问题意识和进取精神，关注个体差异和不同学生的学习需求。（这是基于全面提高学生的语文素养的教学理念）指向教学内容的确定与教学设计，应该从学生发展的需要出发，这是进行有效教学的核心环节。

《跳水》是五年级下册语文统编教材第五单元的一篇课文，作者是俄国著名作家列夫·托尔斯泰，讲述了一个十分惊险的故事：一只猴子把船长儿子戴的帽子挂到了桅杆最高的横木的一头，孩子为了追回帽子，走上横木。在万分危急的时刻，船长急中生智，命令儿子跳水，使孩子转危为安。课文情节跌宕起伏，扣人心弦，悬念迭起。在《跳水》一课的磨课过程中，我对寻找适合学生发展的教学内容并设计相应教学活动，有了以下粗浅的认识。

一、依据文体，发现教学价值（需要学什么）

不同的文体，教学内容区别很大。如何基于文体特征，发掘文本的教学价值，确定合宜的教学内容呢？我从以下两个维度对文本进行价值考量。

（一）基于文体的价值考量

《跳水》是伟大的俄国作家列夫·托尔斯泰的短篇小说。小说主要有以下特点：细致地刻画人物形象；具体而独特的环境描写；生动地叙述故事情节；具体地描写典型环境；丰富多彩的旨趣；独特的构思角度。基于以上分析，《跳水》一课教学价值可体现为：概括课文主要内容；抓住人物表现，品悟人物特点；赏析环境描写的作用；了解人物的思维过程，加深对课文内容的理解。

（二）基于学情的价值考量

一年的教学实践告诉我，我们对文本解读所获得的教学价值不可能都呈现在课堂上。不同学段究竟"需要学什么"，还应该基于学情做"量"的取舍，"度"的增减。

《跳水》是五年级下册第五单元中的一篇精读课文。本单元的语文要素，即单元导语中指出：第一，了解人物的思维过程，加深对课文内容的理解。第二，根据情境编故事，把事情发展变化的过程写具体。"了解人物的思维过程，加深对课文内容的理解"是本单元的阅读策略，是确定教学内容的依据。参考课标要求和单元重点，站在学生的角度思考：阅读这篇小说学生可能得到什么？哪些内容是学生学习的起点？哪些内容是学生学习的难点、重点？哪些内容是学生学习的增长点？

通过这两点考量，确定的教学内容是适宜的，符合学情、小说文体特征的，教这些内容才会把小说教成小说。

总之，基于文体，解决"学什么"，基于学情，解决"谁在学"，最后确定的内容才是学生需要学习的。

基于以上考量，我设定了以下教学总目标：

1. 读准"肆、桅、撕、唬、龇、咧、瞄"7个生字的字音；会写"艘、肆、桅、撕、唬、钩、龇、咧、鸥、瞄"10个字；通过预习理解"放肆、风平浪静"，看图理解"桅杆、横木"，联系上下文理解"取乐、哭笑不得、眼巴巴"等词语。

2. 引导学生借助课后练习，理清文章的发展线索，通过梳理故事的起因、经过和结果，学习概括文章的主要内容。

3. 引导学生在理解课文内容、梳理关键信息的基础上，尝试练习详细复述课文。

4. 能在教师的引导下，学生初步体会阅读小说的基本方法。

5. 能自主联系上文内容，通过质疑，抓住船长的动作、语言，合理推测船长用枪逼孩子跳水的想法，体会船长处理问题的机智果断。

二、以学为主，创设有价值的学习活动（需要怎样学）

教学内容的确定应关注学生的学习过程，体现在每一篇课文，体现在每一节课，更体现在每一个教学环节之中。在教学设计中，我创设一个个适合文本特点、适应学生发展的学习活动，要时时关注学生，找到学生学习过程中的问题，进行精准的指导，这样才是真正关注于学生。本课教学，除了培养学生的预习能力、朗读能力等，我着重培养孩子的语言建构能力，我主要从以下两方面入手。

(一) 借助课后练习，培养学生概括能力

教学片段一：

1. 那课文到底叙述了一个怎样的故事呢？请同学们借助课后练习一，根据这些人物之间的关系，说说故事的起因、经过、结果。（附板书：故事情节）

出示：课后练习一
水手拿猴子取乐——（　　　　　）——（　　　　　）

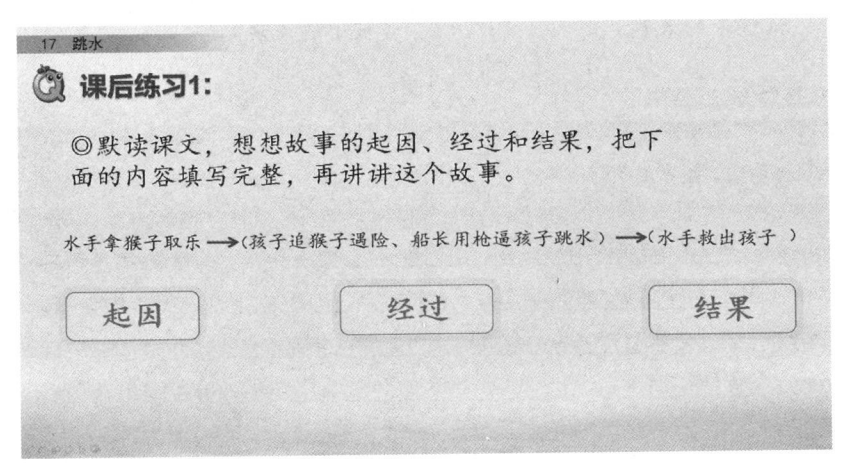

17 跳水

课后练习1：

◎默读课文，想想故事的起因、经过和结果，把下面的内容填写完整，再讲讲这个故事。

水手拿猴子取乐 → (孩子追猴子遇险、船长用枪逼孩子跳水) → (水手救出孩子)

起因　　　　　经过　　　　　结果

本环节的设置结合了课后练习与配套练习册，让学生在梳理文章脉络时，借助练习按故事的起因、经过、结果来讲讲故事的大概内容，让学生学会提炼信息，培养学生的概括能力。

(二) 抓住关键词句，提高复述能力

教学片段二：

1. 随着猴子的放肆，孩子的神情也发生着微妙的变化，默读2—5自然段，圈出描写孩子神情的词语或短语。（PPT出示2—5自然段）

2. 交流　板书

出示：
① 他也笑得很开心
② 只有那个孩子哭笑不得
③ 孩子却气得脸都红了
④ 孩子气极了

3. 对于文中这个原本只想凑热闹的孩子来说，他怎么都没有想到事情会牵扯到自己的头上，刚才在读课文的过程中，大家一定还找到了孩子的神情发生巨大变化的原因，你能借助老师的提示，再来说一说这环环紧扣的一

幕吗？

配乐出示：一艘环游世界的帆船正往回航行，这一天风平浪静。甲板上有趣而精彩的一幕发生了。

起先，_____，孩子笑得很开心。
忽然，_____，令孩子哭笑不得。
接着，_____，孩子气得脸都红了。
随后，_____，孩子气极了。
　　（猴子的表现）　　　　　　　（孩子的表现）

17 跳水

一艘环游世界的帆船正往回航行，这一天风平浪静。甲板上有趣而精彩的一幕发生了。

起先，猴子在人群中钻来钻去_____，孩子笑得很开心。
忽然，猴子跳到他面前，摘下他的帽子戴在自己的头上，爬上了桅杆，令孩子哭笑不得。
接着，猴子坐在桅杆的横木上，摘下帽子来用牙齿咬，用爪子撕，孩子气得脸都红了。
随后，猴子撕得更凶了_____，孩子气极了。

猴子的表现　　孩子的表现

这个片段的教学内容，我

适度推波助澜，引导学生在理解2—5自然段内容（即写了什么）的基础上，进一步体会作者是怎样把这一部分内容写精彩、写具体的。让学生的思考透过这些"内容或感情"上的变化，帮助学生突破瓶颈，开启二度学习过程，促使他们思维走向深度。既有利于学生加深对课文内容的理解，又积累了大量的语言，更重要的是发展了学生的思维，提高了表达能力。同时，在回家作业中，我也设计了以下环节，让学生抓住关键词句，复述课文内容。

阅读1—5小节，想想孩子心情变化的原因及表现，借助提示尝试复述这部分内容。

挖掘文本教学价值，设计合理教学活动

一艘环游世界的帆船正往回航行，这一天风平浪静。甲板上有趣而精彩的一幕发生了。

表示时间的词	猴子的变现	孩子的心情变化
起先		
忽然		
接着		
随后		

不知不觉中，孩子遇到了危险。危急时刻，父亲出现了。

（三）借助空白点 提升想象说话能力

教学片段三：

出示第5自然段：

1. 为何船长瞄准自己的孩子，命令他向海里跳呢？

2. 出示说话练习：当船长走出船舱看到孩子正心惊胆战地站在横木上，横木下是硬邦邦的甲板，水手们都在甲板上，他是怎么想的呢？

3. 交流出示：

他想：孩子站得这么高，如果摔下来，必死无疑。现在风平浪静，水手们又都在甲板上，只有让孩子跳进水里，才会有一线生机，还是用枪逼他跳水吧。

4. 师：正是源于孩子所面临的实际险境的正确分析，才会出现船长父亲开枪逼孩子跳水的这一幕，也让我们真真实实感受到船长所用办法的妙处之所在了！

---

17 跳水

5 正在这时候，船长从船舱里出来，手里拿着一支枪。他本来是想打海鸥的，看见儿子在桅杆顶端的横木上，就立刻瞄准儿子喊："向海里跳！快！不跳我就开枪了！"孩子心惊胆战，站在横木上摇摇晃晃的，没听明白爸爸的话。船长又喊："向海里跳！不然我就开枪了！一！二！"他刚喊出"三"，孩子就纵身从横木上跳了下来。

说话练习：

当船长走出船舱看到孩子正心惊胆战地站在横木上，横木下是硬邦邦的甲板，水手们都在甲板上，他想：孩子站得这么高，如果摔下来，必死无疑。现在风平浪静，水手们又都在甲板上，只有让孩子跳进水里，才会有一线生机，还是用枪逼他跳水吧。

5. 那作者为什么花了大量笔墨写孩子面临了险境?

6. 交流总结:

师:是啊,孩子面临的危险情况为后面父亲为什么开枪逼孩子跳水做铺垫,让我们感受到了父亲在遇到危险的时候,沉着冷静、急中生智。

师:同学们,这就是大作家写法的特殊之处,小说用了四分之三的篇幅把事情推到了千钧一发的紧要关头,为主要人物的出场做铺垫,而写主要人物的笔墨不多,寥寥数语,化险为夷。这样写,使人感到真实、自然。

综上所述,我觉得,只要我们在阅读教学中依托课文找准训练点,让学生植根于课文,想象于文本外,进行表达练习。这样有利于学生加深对课文内容的理解,又积累了大量的语言,更重要的是发展了学生的思维,提高了表达能力。

教什么比怎样教更重要!作为教者,我意识到确定语文教学内容的着眼点:单元语文要素、课文特点、课后练习、学生学情,更多地关注学生的能力发展,关注学生的语言实践,致力于提升学生语文核心素养的养成,才能使课堂真正成为学生获得知识、能力的场所;陶冶情操、学会学习的地方。

应用信息技术资源，落实在线"识字"教学

——以《小青蛙》一课为例

宝山区罗南中心校 黄依琪

为了应对新冠疫情的严峻形势，"空中课堂"的教学应运而生，由数百位名师基于"统一学段、统一课表、统一授课老师"的原则精心录制而成。由于面向全体学生，其教学内容相对宽松，是基于学生的学情的托底课程，减少了部分学生和家长在家学习和辅导的压力。学生在在线平台上选择观看"空中课堂"课程后，再由学校老师继续针对学生的个性化问题进行辅导，双师教学尽可能照顾到不同学情的学生。但不可忽视的是在线课堂存在着种种弊端，如缺少面对面的沟通、教学反馈不及时、指导不全面等。这种崭新的教学模式是以往教学的一大变革，体现互联网与教学的亲密接触与深度融合，它也是对我们的教学的一种巨大的挑战，需要老师脱离以往的教学思维与模式，在实践中不断摸索和创新教学方法，与平台紧密联系发挥平台作用的最大化，甚至具备新的互联网思维。

一年级的识字教学的目标是："喜欢学习汉字，有主动识字、写字的愿望。"在教学时，调动学生的识字积累意愿，鼓励学生自己想办法识记汉字，发展学生的思维能力和想象能力。因此，我结合线上教学的特点和识字教学的要求，经过实践反思，有以下几点思考：

一、明确识字要求，注重识字方法

（一）字音教学

在线课堂中，识字教学主要集中在字音、字形、字义的指导，一年级的小朋友很容易混淆前后鼻音，例如：分不清"in"和"ing"，被生活化的语言影响，在线教育缺少及时性和反馈性，上课时，我们基本听不到学生的朗读，反复的朗读更是不可能。因此，如何解决网课中这一弊端，也是许多一线教师共同思考的问题。通过一段时间的听课和自己教学后，我有以下几点体会：

1. 给学生的练习留白

教师做好良好的示范后,留下恰当时间的留白,让学生自己练习。留白时间不长也不短,太长学生容易发散注意力,太短时间学生练习不充分。这就需要老师在上课前,计算好恰当的时间,控制好授课的时间。

2. 运用技术激发学生说的兴趣

不同于真实的课堂,边上有同学,有精彩的互动,小朋友们跃跃欲试,在线课堂中,只是面对电子设备,没有了同伴的学习有时候会缺少回答的激情。其至,变成一个人对着电子设备"看课",特别是平常课堂中性格内向、不善发言的学生,因此,在线课堂中老师要善于激发学生的兴趣,模拟课堂环境。例如:播放学生回答的录音,采取各平台点名回答的形式,熟悉的声音可以激励学生说一说的兴趣,并且监督学生完成口头作业。

(二)字形教学

在以往的课堂中,小朋友们基本已经有了自主识字的方法和意愿。在线课堂中我们需要继续鼓励小朋友们自主识字,利用熟字记生字,如:加一加、减一减、换一换;巧编顺口溜,生动有趣地说一说,激发学生的学习兴趣,提高识字效率;形声字和象形字记忆法,掌握形声字和象形字的识字规律,那些较复杂的字也会简单起来。小朋友们在自己原来识字的基础上总结自己的识字方法,习得更多书本上、生活中的字,教师时刻将"自主识字"的方法强烈地、透彻地灌输到学生的思维中,学生不能再等老师来说,而是通过自己思考、回忆的过程,让学生的识字更扎实。

在线课堂中,丰富的课件资源可以为学生的识字提供不小的帮助,课件里的动画、图片、音频、在线游戏互动都是很好的形式,教师可以通过寻找和开发这些资源帮助学生更好地识字。

在写字教学时,我们引导学生观察结构、关键笔画、笔顺,来写好一个字。在线课堂在写字教学中具有一定的优势,多媒体的直观性、对比性使教学更加便利。比如:在学习了笔画"飞"和生字"风""飞""气"后,老师通过动画"动一动""变一变",让学生很好地发现相同的笔画,在不同的字中,长短高矮却不一样。细微之处看成败,老师在制作课件时虽然需要花费一定的时间,但是效果还是不错的。在课后,老师也可以多积累,多学习运用相关的媒体资源,为之后的课堂做准备。

【片段一】

学习"清""晴""睛"

师:这些字都是由"青"加上偏旁组成的,他们的读音和"青"相近,都带有后鼻音 ing,字形相同,偏旁和字的意思有关。我们把这些由青字变成的字,编成儿歌来读一读。

青字总是变变变,三点水来变成"清",日字旁来变成"晴",目字旁来变成"睛",青字它可真会变,睁大眼睛要看清。让我们边拍手边读一读。

师:还记得刚才学的生字吗?我们再来读一读"青""清""晴""睛"。

师:"青"和"清""晴""睛"不一样呀?(田字格中的笔画比较)

师:现在,我们就一起学写"清"和"晴",它们都是左右结构,左窄右宽,"青"第三笔横在横中线,下面月起笔在竖中线,横折钩的横在横中线,左右对称,注音"清"三点水的位置,下面请小朋友描一个写一个。(田字格中的笔画比较,着重笔画位置指导)

师:小朋友,你们看这两个小朋友写的"清"。(添加辅助线)

(三)字义的教学

针对不同的构字法,学生对于字义理解的方法也不同,象形字、形声字的教学是小朋友们非常感兴趣的。通过图片、形声字的构字方法,小朋友们可以感受到识字规律,对于复杂的字也不会害怕。另外,通过组词、创设情景、体会上下文的意思都可以帮互学生明晰字的意思,有助于理解课文内容,是识字教学的重要部分。

【片段二】

青字族

师:瞧:这就是小青蛙生活的地方,你都看到了什么?(出示图片)

师:看到了河水,是怎么样的河水?

生:很清的河水。

师:小朋友们看这个字,它的左边是个三点水,看到三点水,我们就知道它与水有关。那它是怎么读的呢?(出示"清")

生:清。

师:老师提醒它是一个后鼻音,右边的"青"给我们提示了它的音。

……

师:有小朋友说还看到了太阳,我们称太阳为"日",它和"青"站在一起,变成了"晴"。天空中没有云,我们看得见太阳,这种天就是晴天,你还能给晴组词吗?(出示"晴")

生:晴朗。

生:晴空万里。

明确了"字音、字形、字义"的识字要求,在低年级的有限的在线识字教学过程中,可以有的放矢地进行教学,落实识字教学的课堂目标。

二、借助微课,突破重、难点

在线教学的过程中,在识字时经常有一些容易混淆及同类型的生字,对于这

类字的区分,小朋友们往往颇感困难,影响后续的学习和兴趣。所以,在线课堂外,可以通过微课的形式进行教学,优点是针对问题集中解决和加以练习,并且可以反复观看巩固。主要特点是:形象生动;内容精、时间段;学习的自主性强。

【片段三】

青族的教学微课教学:

1. 认读"青、晴、情、请、睛"。
2. 区分"青、晴、情、请、睛"的方法。
3. 练习巩固,选字填空。

三、作业巩固,扎实识字

在线教学后,为了进一步巩固识字,作业的布置必不可少。考虑到学生的掌握程度和知识的难易程度,循序渐进根据不同课时的目标,布置相应的作业,不拔高教学要求,通过语音、文字或图片的形式使学生明确目标和要求;作业的形式丰富多变:说一说、写一写、选一选,作业完成在于精不在多;在线布置作业后,教师可以通过图片、文字、语音评论反馈,但都要及时、具体,避免因为没有面对面的交流造成信息的滞后。

【片段四】

师:经过这节课的学习,相信你们已经可以很好地区分青字一族的六个字了,今天我们的作业是,完成课后"想一想 填一填"并说一说这么填的原因。练习拍照并上传,老师会及时评价。

在《小青蛙》一课的学习后,围绕教学目标,请小朋友们完成课后的"想一想、填一填"并请小朋友们说一说这么填的原因,提示了本课重点并且巩固了青字一族的区别。明确目标后,小朋友在规定的时间内完成并上传至班级讨论群,老师及时反馈,通过线上收集可以清楚知道小朋友们的学习效果。

四、练习反馈,及时有效

为了检测学生的在线学习情况,在单元前、中、后可以采取阶段性小练习,学生通过扫描二维码完成练习,完成练习后,经过后台数据统计可以看出学生的练习情况。必要的小练习可以有以下好处:

1. 了解学生过往教学过程中的学习效率。
2. 查漏补缺,为之后的教学提前做准备。

在一下"第一单元"教学结束后,我请学生完成了一个10分钟的在线小练习,识字教学的检测内容:字音、字形、字义,结果通过统计结果发现学生对于部分字音和字形的认识还不扎实,随后的教学中,着重知道字音和笔顺。对于学习结果有偏差的学生,关注日常的学习经过,进一步监督其听课及作业完成情况。

　　以上五点是我在线上教学实践中,获得的关于识字教学一些浅薄认识。当下的形势将课堂搬到了线上,我们教学形式发生了变化,教学方法也要随之改变,我们一起探索和寻找新方法,但不变的是我们教学的结果及学生获取的知识,让教学有效落到实处是我们一起努力的方向!

如何在"沧海"中取得"一粟"
——充分体现学生主体的"小学语文教学内容的选择"

宝山区罗南中心校 徐志强

【引言】

百度百科告诉我们：教学内容，系指教学过程中同师生发生交互作用、服务于教学目的达成的动态生成的素材及信息。那么剔骨除筋后能不能说教学内容等于素材及信息呢？

"横看成岭侧成峰"，不同学科的老师对"教学内容"的诠释不尽相同：桌面上摆着一个苹果，美术老师会从苹果的外观、线条、光感和质地去还原它；数学老师会从苹果的数量、多少去定义它；英语老师则会举着这个苹果——"This is an apple"。它可能成为音乐老师送给小朋友的奖励，也可能成为自然老师的教具……这些例子可能不是非常恰当，但不同学科就如从"远近高低"不同角度去看这个苹果一样——各不相同。作为一名语文老师，苹果的外观、味道甚至是由来都可以成为教学内容，管中窥豹——可见一斑——教学内容的面非常之广。语文区别于其他学科，它的教学内容很多都与生活有关，甚至是基于生活的，那么我们要如何以一个语文教师的角度在短短的35分钟之内，在信息的"沧海"中寻得真正核心的那"一粟"呢？我认为教学内容绝不是书本上提供的所有素材及信息，而是以学生作为主体的有选择的素材！在此作为一个初出茅庐的青年教师，我想对语文课堂教学内容的选择谈下粗浅的心得体会。

【研究背景】

当前正好赶上语文课改，上海原本的部编版教材在一夜之间成了过去。这对刚从大学毕业的青年教师——比如我，实在不算一个好消息。拿到崭新的、毫无前辈教师心得笔记的统编教材时，迎面而来的问题就是：我要教啥？这也是众多和我一样的青年教师所面临的最实际的问题，在课后与其他青年教师交流的过程中，对于课程内容的疑惑以及抱怨层出不穷……经过三年多课堂的磨练以及不同层次的高质量课堂的聆听后,我认为教学内容的选择应遵循以下几个原则。

(一)教学内容的确定应契合学生的心理特征

片段一:《对韵歌》

师:徐老师在暑假时看了一部关于儿童的电视剧叫《九岁县太爷》,其中的主人公叫陈文杰,特别聪明,你们想知道他有什么本事吗?

生:想!

师:他呀,特别会对对子,因为这个本领9岁就当了县太爷!你们说他厉害吗?

生:厉害!

师:今天老师就请所有小朋友都做一次聪明的陈文杰,我们一起来学对对子。

(板书:对韵歌)

片段二:《ao ou iu》

师:复韵母 ao 要戴声调帽子了,谁能帮它戴上去?

(出示 āo áo ǎo ào)

师:ao 特别喜欢自己的四顶帽子,徐老师也很喜欢,忍不住为它编了首小诗,你们想学吗?

生:想!

师:小老虎,嗷嗷叫(āo)

没吃早饭真难熬(áo)

小朋友,穿花袄(ǎo)

爱护动物真骄傲(ào)

案例说明

从科学角度而言,一年级小朋友正处于具体形象思维阶段,已经初步可以凭借事物形象、表象有一定的联想,这对小朋友们来说无比新鲜,仿佛打开了新世界的大门。五彩斑斓的梦、天马行空的想法,看似风马牛不相及的事物却能产生千丝万缕的联系⋯⋯为了更好地以一个老师的身份去与之对话,我认为首先应当学会他们的"语言"。

"知己知彼,百战不殆"这句话同样适用于三尺讲台,传道、授业、解惑的对象不同,对话的方式也当不同。还是拿苹果做例子吧,"这是一只苹果,成熟后多为红色。""看这只苹果,红通通的,像刚睡醒的太阳公公一样,颜色漂亮极了!"两句话虽说表达同样的意思,若是把前句作为教学内容讲给小朋友听,大概会兴致寥寥,究其根本原因就是没有建立起和小朋友同等对话的桥梁——他们不感兴趣,

他们不想学!

众所周知,兴趣是学生最好的老师,它会成为强大的内驱力让学生去自主学习,从而学会学习,最终发自内心地爱上学习。而低年级学生作为受教育对象,若是忽视了他们的年龄特征,直接将不加润色的素材作为教学内容,教学质量必定会大打折扣,为了和学生平等对话,为了让学生发自内心地感兴趣,每节课我都为他们量身打造一个又一个童话世界,比如《对韵歌》中的引入部分,我选用了9岁县太爷的故事,虽说他不像"美羊羊喜羊羊"那样具有童趣色彩,但"9岁便能当县太爷"这句话却可以让年龄相仿的他们心中升起无限兴趣:他都做了什么?我是不是也可以和他一样呢?当小朋友心中萌生起这些问题时,他们的胃口便在不知不觉间被调动起来了,当铺垫做到极致,小朋友心里的好奇快要溢出来时,再抛出"对对子"的原委,课堂的气氛便营造出来了,对于"学会对对子"这件事的渴望也在这个充满趣味的引入下悄悄唤醒,原本枯燥的素材变为了学生想学的内容,事半功倍的课堂效率便不再是梦想;同理,在另一篇拼音教学《ao ou iu》中,教学目标中有一条是冰冷的"学会 ao ou iu 的四声",考虑到受教育对象是一年级小朋友,我弯下腰用他们的目光去看这篇课文,于是便成功地用他们语言创造出了让他感兴趣的"四声歌",原本枯燥乏味的四声教学在我的润色下变成了学生想学的内容,我想这也是教学内容选取过程中的乐趣吧,而我早已深陷其中无法自拔。

(二)合理的教学内容的确定要仔细辨析教材

片段三:《月光曲》

师:贝多芬走进茅屋,他看到了什么呢,谁来读这段话?

(出示第4小节)

师:原来那个断断续续弹着他曲子的姑娘是一位——(盲姑娘)

那个迫切想听他弹奏的姑娘是一位——(盲姑娘)

那个十六七岁,脸很清秀的姑娘是一位——(盲姑娘)

一位盲姑娘都能如此热爱音乐,贝多芬被她对生活对音乐的热爱感动了。

出示:盲姑娘听得入了神,一曲完了,她激动地说:"弹得多纯熟啊!感情多深哪!您,您就是贝多芬先生吧?"

师:从这句话中你感受到什么?(不仅爱音乐,而且懂音乐,猜出弹琴的人就是贝多芬)

她夸赞道:(弹得多纯熟啊!感情多深哪!)

她惊喜地说:(您,您就是贝多芬先生吧?)

师:贝多芬看到盲姑娘那激动的神情,并没有回答盲姑娘的问题,而是要为她再弹一曲,除了对盲姑娘心怀同情以及感动之外,还有什么原因呢?请一个小朋友朗读下这段话：

公元1792年，贝多芬前往维也纳，跟随海顿学习作曲，逐渐走上他伟大而坎坷的音乐创作之路。但从1796年开始，贝多芬就发现自己的听力急剧下降。对于一位风华正茂、踌躇满志的钢琴家和音乐家来说，听力的衰退不啻世界末日。

师：是的，你们没有猜错！面对着盲姑娘，看似一脸平静的贝多芬当时已经快要失聪了，他再也无法倾听自己最爱的音乐，无法触碰传递自己灵感与梦想的钢琴了，在饱受煎熬、万念俱灰，甚至可以说在地狱门口踱步的时候，他看到了盲姑娘的坚持，他看到了希望的种子，他仿佛看到了自己……

案例说明

《月光曲》是统编教材五年级的第40课，教学目标有4条：

1. 自学本课生字，掌握"恬"字音，"券"字形，并在语境中正确理解"幽静、清幽、纯熟、陶醉"等词语的意思。

2. 有感情地朗读课文，能感受文中《月光曲》所描绘的情景。

3. 在学习中会归纳贝多芬创作《月光曲》的经过。

4. 通过学习课文，体会音乐家贝多芬同情劳动人民的思想感情。

和低年段的学习不同，对于五年级学生而言，他们的理解已不再局限于文本信息，而是能初步感知文字背后透出的情感态度，进而做出自己的思考。作为教师，我们有必要去深挖补充每篇教材，去学习与之相关的各类资料再结合教学目标做出判断：这个能学！

何所谓"能学"的内容？从学生自身角度去看，我认为有助于理解课文内容、体会课文所要表达情感态度的都在其列！课文中是没有提及贝多芬在创作"月光曲"时的身体状况，但学生有一点需要领悟：通过学习课文，体会音乐家贝多芬同情劳动人民的思想感情。那么通过适当的背景补充，学生便会自然而然地明白贝多芬当时对盲姑娘的"感同身受"，进一步理解贝多芬对劳动人民的同情；不光如此，这世上任何一件传世佳作都离不开灵魂的碰撞，《月光曲》亦然。正是因为感同身受，真是因为听到了与自己相似的灵魂不屈的呐喊，贝多芬才得以创造出流芳百世的佳作，这难道不也是他创造《月光曲》的过程吗？这难道不是精神层面的一次升华吗？既然如此，何乐而不为呢？深挖教材，仔细辨析，将能学的内容加以扩充给予学生一个充分理解、深度思考的环境，我想这也是语文教学内容选择的魅力所在！

语言教学要遵循"由浅入深，层层深入"的规律，句子教学是语言教学的一部分，自然也必须遵循这一规律，而在教学实践中，很多教师都忽略这一内容。看似句子教学"方法多样"，却违背学生认知的规律，缺乏由表及里的理解。一节课下来，犹如很多资深的语文专家所说的："教师只是带学生走了一圈。"这样的教

学谈不上对句子的理解,更谈不上学生与文本的情感交流。因此,这样的教学是无效的。

(三)教学内容的确定要精准把握教材

五年级第一学期中的一篇课文《桂林山水》,文章不长,排比、对比写法统一和谐,细腻的描摹,生动的比喻使之成为美文佳作。一课中描写山的句子:

桂林的山真奇啊,一座座拔地而起,各不相连,像老人,像巨象,像骆驼,奇峰罗列,形态万千;桂林的山真秀啊,像翠绿的屏障,像新生的竹笋,色彩明丽,倒映水中;桂林的山真险啊,危峰兀立,怪石嶙峋,好像一不小心就会栽倒下来。

这个句子在表达上除了一组排比句写出了桂林山的奇、秀、险的特点外,比喻的运用更是体现了山的形状各异,勃勃生机。此外,作者还从视觉和联想两方面描绘了山的特点。教师只有读懂了文本,才能在情感与表达上,设计合理有效的教学环节:

1. 理解桂林山的特点。
2. 理解作者是怎样把山的特点写具体的。
   看到的,想到的。作者关注了山的形状、颜色。
3. 感悟句子表达的特点。
   用了比喻、排比的修辞手法。
4. 积累运用,练习仿写。
5. 体会作者的情感,指导朗读。

通过上文阐述,我认为教师只有细致研读文本,才能有效地落实句子教学。简单地说,教师要先作为一般的读者阅读教材,"钻进去""潜心会文本""披文以入情"与作者产生情感的共鸣。然后,再"跳出来"站在学生的角度,集聚教学目标,结合课文特点及思考联系的提示,对课文语言来一番"虚心涵泳,切己体察"。只有准确精到地把握教材,才能游刃有余地指导学生理解文本,也才能真正带领学生走入文本。所以说,教师对文本解读的深度就是学生对句子理解的深度。

【分析与反思】

王荣生老师强调:语文教师备课的功夫,要花在学生学习起点的辨认上,要花在学生学习重点,也就是一切课最终形成的学生学习经验的确定上。

仔细读来就能发现,王荣生老师三句不离"学生"二字。一堂课是否成功从来不取决于老师设计多巧妙,氛围多热烈,而是从学生角度去评价——我学到了多少?我受益了多少?唯有真正以人为本,从"学生"的角度去选择教学内容才是最容易被他们接受并消化的。

契合学生的心理特征,使其想学;仔细辨析教材,确保能学;精准把握教材,使必定要学的内容在自己的深度解读下一览无余!"想学""能学""要学"同时兼备,语文课堂的教学内容便会完善而科学!

作为一个刚接触教育事业半年的青年教师,在"沧海"中取"一粟"的方法我无法理解得十分透彻,以上陈述的观点也只是这个学期以来的自身粗浅的体会以及认真观课听课后的所思所想。如何在"沧海"中取得"一粟"还和许多方面有关系,在此仅仅谈论一点自己粗浅的切身体会,希望在日后的教学中能有所精进!

数学学科

适时"扶"一把 课堂更高效
——《大家来做加法》一课为例

宝山区罗南中心校 吴晨曦

【案例背景】

《大家来做加法》是沪教版小学数学一年级第一学期最后一个单元"整理与提高"中的内容。"整理与提高"中的内容其实就是复习课,但要在"整理"已学知识的同时也要有所"提高"。教材对本课的呈现只有一张加法表以及4个数学小伙伴说的四句话:"大家来做加法。""看仔细,里面有很多奥秘!""同数相加就是加倍,我涂红色。""两数相加结果都是10,我涂蓝色。还有……"根据教材呈现的内容,我将本堂课的教学重点主要锁定在三方面:复习加法、正确计算;有序观察、探索规律;自主探索、发现规律、表达呈现。

一年级的孩子语言表达能力不强,他们往往心中有所想有所知却很难用语言精准、规范地进行表达;一年级的孩子聚焦观察的能力薄弱,要对类似加法表这样较为复杂的观察目标进行有序的观察,学生很有困难;一年级的孩子动手操作能力欠缺,光靠语言或文字的表述很难让他们领悟到实践操作的诀窍;一年级的孩子数学思维能力欠佳,面对稍有些复杂的难题便束手无策,缺乏一定的解决问题能力。基于对上述一年级学生的学情考虑,如何在《大家来做加法》一课中突破上述问题,成为本堂课教学设计的最大难点。

要使课堂更高效,就需要在适当的时机借助不同的"拐杖""扶"学生一把。

【案例呈现】

一、语言支架"扶"一把,交流分享更顺畅

片段一:

师:同学们,你们喜欢玩拼图吗?老师这儿有一块拼图,仔细观察,我们要在这块拼图中填些什么?

	3+3=	4+3=	5+3=	6+3=	7+( )=
2+4=	3+4=	4+4=	5+4=	6+( )=	7+4=
2+5=	3+5=	4+5=	5+5=	( )+( )=	

生：在括号里填数，在等号后面也要填。

师：也就是说我们既要将算式补充完整，也要计算出加法算式的结果。想不想自己动笔填一填？

生：想！

师：开始吧！

（生独立完成）

师：一起来核对答案吧！（答案核对完毕）你们是如何做到既正确又快速的呢？是有什么小诀窍吗？

（生各抒己见，在学生回答的过程中逐步板书语言支架：第一个加数……，第二个加数……，和……）

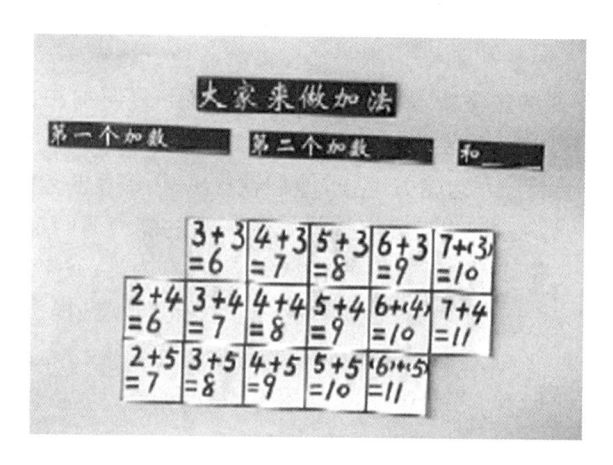

分析一：

学生在这堂课之前已经学过了《推算》一课，已初步感受加法推算题组变化的规律。绝大部分小朋友都能在完善拼图的过程中发现横竖撇捺四个方向中题组的规律，但是要完整、清晰甚至流畅地将两个加数以及和之间的规律表述出来是很有难度的，鲜少有学生能做到。此时就需要为学生提供语言支架"第一个加数……，第二个加数……，和……"直接将语言支架作为板书呈现在黑板上。

有了这样的语言支架，明显课堂气氛更为活跃了，学生更愿意跟大家一起分享交流了。整个环节在集体说、指名说、同桌说、自己说的过程中，学生逐渐从一开始的"有口难言"，慢慢地变成了"能言快语"。

语言支架作为一根"拐杖"支撑着学生规范、流利地进行语言表达,学生的语言表达能力在这样的过程中得到了锻炼与提升。一年级的孩子需要语言支架"扶"一把,但是"扶"的目的是为了"不扶",相信未来的某一天,学生没有语言支架同样能在课堂中言辞敏捷爽利。

二、观察工具"扶"一把,验证规律更便捷

片段二:

师:其实刚才的拼图是来自这样一张加法表。思考:刚才我们在拼图中发现的规律是否在这整张加法表中也有呢?

0+0=	1+0=	2+0=	3+0=	4+0=	5+0=	6+0=	7+0=	8+0=	9+0=	10+0=
0+1=	1+1=	2+1=	3+1=	4+1=	5+1=	6+1=	7+1=	8+1=	9+1=	10+1=
0+2=	1+2=	2+2=	3+2=	4+2=	5+2=	6+2=	7+2=	8+2=	9+2=	10+2=
0+3=	1+3=	2+3=	3+3=	4+3=	5+3=	6+3=	7+3=	8+3=	9+3=	10+3=
0+4=	1+4=	2+4=	3+4=	4+4=	5+4=	6+4=	7+4=	8+4=	9+4=	10+4=
0+5=	1+5=	2+5=	3+5=	4+5=	5+5=	6+5=	7+5=	8+5=	9+5=	10+5=
0+6=	1+6=	2+6=	3+6=	4+6=	5+6=	6+6=	7+6=	8+6=	9+6=	10+6=
0+7=	1+7=	2+7=	3+7=	4+7=	5+7=	6+7=	7+7=	8+7=	9+7=	10+7=
0+8=	1+8=	2+8=	3+8=	4+8=	5+8=	6+8=	7+8=	8+8=	9+8=	10+8=
0+9=	1+9=	2+9=	3+9=	4+9=	5+9=	6+9=	7+9=	8+9=	9+9=	10+9=
0+10=	1+10=	2+10=	3+10=	4+10=	5+10=	6+10=	7+10=	8+10=	9+10=	10+10=

生:有!

师:是啊!老师猜测也有。但是在我们数学中,光猜测可不行,我们还要进行……

生接话:验证!

师:是的。老师想请大家一起来验证在这整张加法表中横竖撇捺四个方向中每个方向是否也有一定的规律。横竖题组观察起来很方便,但是斜着观察就有一定的难度了。为此,老师给大家带来了观察小工具,每个小朋友身边都有。

分析二：

加法表是一张 11×11 的表格，观察横向和竖向是比较方便的，看起来也非常清晰。但是在观察撇向和捺向时难度就大了，学生一不留神就会看偏，此时就需要观察小工具"扶"一把。有了这样的观察小工具，学生在观察撇向和捺向时能做到只观察想观察的那一组题，绝不会看偏，也使得验证规律这一环节的便捷度得到大大提高。

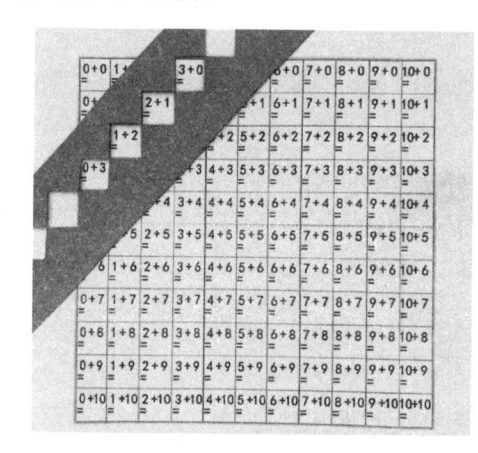

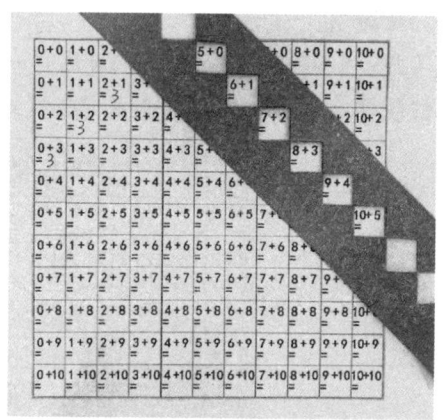

为学生提供观察小工具不仅是出于"便于观察"的考虑，也是希望能提高学生学习的兴趣。一年级的孩子专注力不强，很多孩子认真听课一刻钟左右便管不住自己的思绪了，很容易开小差。此时正是课近过半的时候，观察小工具的出现牢牢地锁定了孩子们的目光和思绪，大家都跃跃欲试想要摆弄摆弄这份奇妙的观察小工具。

观察小工具不仅提高了学生的学习热情、激发了学生的学习兴趣，也作为一根"拐杖"支撑着学生更好、更便捷地进行观察，潜移默化中提高了课堂效率。

三、演示视频"扶"一把，实践操作更规范

片段三：

师：想不想知道这个观察小工具是怎么使用的呢？

生：想！

师：请看屏幕。（播放演示视频。）

蓝色观察条可以帮助我们斜着看。

想观察那一组就把观察条放上去。

我想观察这一组。

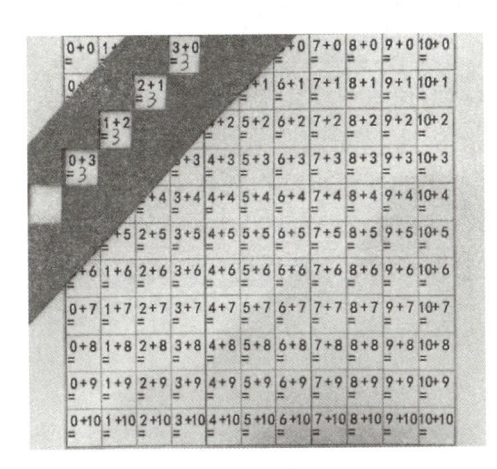

为了方便观察,我们可以先进行计算,把这一组的答案写在上面。我发现……

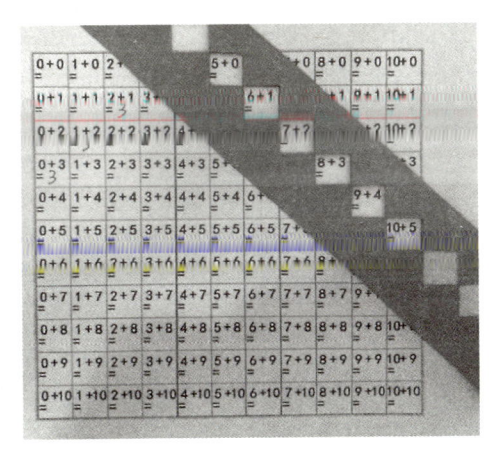

蓝色观察条还可以帮助我们这样斜着观察。

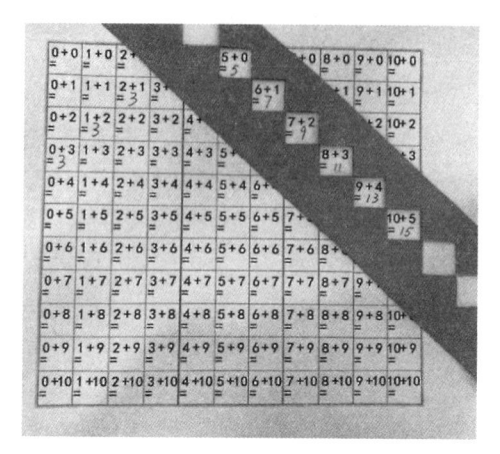

先进行计算，通过观察，我发现……

分析三：

利用观察小工具进行自主观察、探究验证是本堂课的一大特色。但对于一年级的孩子而言，他们的动手操作能力较弱，需要老师将操作的过程一一辅导。有鉴于学生的语言理解能力有限，单纯的语言或文字表述难以让学生真正掌握方法和技巧，而演示视频就能很好地解决这个问题。

老师将整个操作的过程、每个环节中的注意点都在视频中呈现出来，"手把手"地引导孩子如何使用观察小工具。观察小工具的演示视频就是一张样板、一根有力的拐杖，在此刻强有力地"扶"着孩子们更规范地进行实践操作。

四、基础练习"扶"一把，难题突破更容易

片段四：

师：刚才通过观察、交流与互相启发，我们发现在加法表的四个方向都有一定的规律，且每个方向上题组的规律都相同。我们不仅要会探索规律，还要会运用规律解决问题哦！看，老师这还有张拼图。

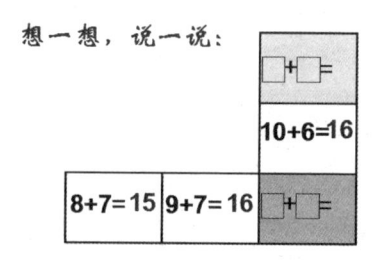

师：你想先填哪一格？为什么？

生：我想先填蓝色的这一格——10＋7＝17。因为横着观察可以发现规律：第一个加数逐渐＋1，第二个加数不变，和逐渐＋1。

师：说得真好！我们可以选择给出信息比较多的方向观察，这样能更快地找到规律、填补空缺。这张拼图中要填补的空缺更多了，你会填吗？自己动手试一试吧！

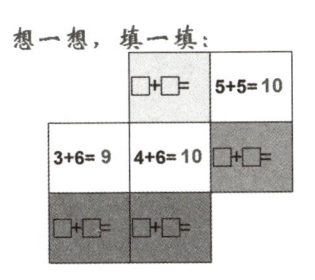

想一想，填一填：

```
        □+□=
        5+5=10
3+6=9  4+6=10  □+□=
□+□=   □+□=
```

（生独立完成后交流）

师：你们先填的是哪一格？

生1：我先填的是灰色那一格——5＋6＝11，因为可以横着观察发现规律。（手比画）

生2：我先填的是绿色那一格——3＋7＝10，因为可以斜着观察发现规律。（手比画）

师：是的！这两个方向中给出的信息较多，可以先观察先填写。剩下的两格可以怎么填呢？

生：可以通过第一列或者第三列的规律来填写第二列的两格。

师：是的！同一方向上的算式可以用相同的规律填写。

分析四：

最后一张拼图要填补的空缺比较多，直接让学生完成是很有难度的。一年级的孩子思维方式比较简单，遇到类似这样需要有策略地进行推理的题大部分学生往往束手无策，不知从何入手解决问题。此时的学生需要老师"扶"一把，一题简单的基础练习适时地出现引导学生掌握解决此类习题的基本策略和巧妙方法。基础练习的适时出现不仅让学生掌握了解题的基本方法、为一年级的孩子提供了一定的解题思路，同时也给他们带来了一定的解题信心以及挑战更难拼图的兴趣和决心。

也许没有本环节的第一题基础练习，部分学生也能解决第二题的复杂拼图。但是我们课堂是面向全体学生的，过度地拔高题目难度不仅有违学科教学要求，更重要的是不利于大部分孩子的能力发展。唯有恰时恰当地以一题基础练习"扶"一把，才能让难题的突破更具普遍性，课堂也会因此更精彩。

【尾言】

课堂的高效率始终是我们一直在努力追求的。课堂的高效不仅是教师单方

面的"输出",更重要的是学生的有效"输入"。但是一年级的孩子总是存在各种各样的问题:专注力低下、各方面学习能力薄弱、学习习惯不好等使得课堂的效率不尽如人意。

其实有时候课堂效率不高的原因并不全在学生,也许他们想努力跟上老师的节奏,但确实能力有限;也许他们想全神贯注地听,但课堂太过乏味—不经意间就溜了神;也许他们想按照老师的指令完成任务,但有时候总不能很好地理解老师的意思……

正如《大家来做加法》一课中,如果能在不同的教学环节中恰时恰当地递给学生一根"拐杖",适时"扶"一把,课堂自然会高效。

选择有效教学方式
引领学习真实发生

——以"长方形和正方形的认识"教学为例

宝山区罗南中心校 杨雪娇

数学的正确学习方法是学生从实际生活中挖掘素材,将数学与实践结合起来。因此,在课堂教学中,让学生自主探索,发现问题、解决问题,培养学生的自主探究问题与解决问题的能力,这在数学的学习过程中尤为重要。在教学过程中,教师要适时地渗透数学思想方法,有目的有步骤地引导学生,培养学生运用数学思想方法的意识,提高学生的数学素养。通过学习《小学数学学科教学基本要求》,我结合执教的沪教版二年级上册《长方形和正方形的初步认识》一课浅谈一下自己对于文件中如何"积极探索有效教学方式"的思考。

一、巧用导入,创设情境提供素材

《数学课程标准》中可以总结出:在教学中,要从学生身边的生活实际中选择素材,创设现实情境、故事情境、遇到疑惑的情境,引导学生在情境中发现问题、提出问题。

【片段一】

谈话:我们一起去美丽的校园看看吧。

(课件依次出示学校美景)

校园里处处有美景,也有很多数学元素呢,接下来让我们一起走进数学课堂。

师:你在校园美景里找到了哪些图形呢?

生:长方形、正方形、圆……

引出课题:今天我们一起来认识长方形和正方形

(板书课题:长方形和正方形的初步认识)

数学来自实践生活的结合,上述教学中,通过创设学生每天可以看到的情

境引出新课,瞬间吸引了学生的注意,学生很快进入学习状态;接着借助这个话题发出了"招募令"——谁是小小设计家,学生们参与的兴趣就更加高涨了。利用此情境,让学生明白了本节课研究内容及学习目标——长方形和正方形的特征。

二、活用设疑,以探究任务为动力

"学起于思,而思源于疑。"在数学课堂教学中,要善于抓住学生的认知冲突巧妙设疑,通过疑问科学设计探究活动,以问引学,以问促思,以问促动,使学习逐步深入。

【片段二】

1. 引发问题,激发学生兴趣

师:老师带来了一个魔法口袋,你能帮老师快速找出长方形和正方形吗?

生:猜一猜。

师追问:你是怎么快速选出来的?

生:长长的是长方形,方方的是正方形……

2. 直观感知特征,确定研究方向

师:我们可以从哪些方面研究长方形和正方形这两名新朋友?

生:从边和角。

从不同的图形中找出长方形初步感受它们的特征。

3. 仔细观察,大胆探索——长方形的边角特征

生说一说:对边相等;四个角都是直角。

师追问:什么叫对边相等呢?

生解释。(教师及时评价补充:长方形只有一组对边吗?还有哪组也是对边?大家一起比画一下)

【思考】设疑的秘诀在于教师要了解课堂到什么程度就针对性地提什么问题。以上授课是课堂开始阶段,通过魔法口袋里找出长方形和正方形——你是如何快速找来的?——什么是对边?一连串的问题引发学生认知冲突,推动课堂进行,并明确了接下来的探究任务,激发起学生想要探究长方形和正方形特征的兴趣。

三、实用操作,以探究活动为核心

在课堂教学中,教师要努力开展动手实践活动,让学生亲自通过动手操作,在"做"中学会数学,在"做"中学会创新,在"做"中发展思维。

【片段三】

1. 独立操作验证长方形的特征

师：刚才仅仅是我们的猜测，眼睛看到的不一定是准确的，需要我们亲自验证。

用手中的学具来验证我们的想法吧！

同伴合作要求：

和同桌说一说你是怎样做的？发现了什么？

学生操作，教师正确地给予引导。

2. 交流汇报长方形的特征

师：我们一起来分享一下你们都用了什么方法来验证？发现了什么？

生1：我用直尺量，发现①号上边和下边长度都是8 cm，上下两条边相等，左边和右边长度都是6 cm，左右两条边相等，所以它是对边相等的（量一量）。

小结：对边有什么特点？

生总结：长方形边的特征：对边相等。

师：长方形的角有什么特征？

生1：四个角都为直角。

3. 回顾梳理，学生思考长方形的特点

学生自主梳理，说明探究过程：观察—猜测—验证—交流—得出结论。

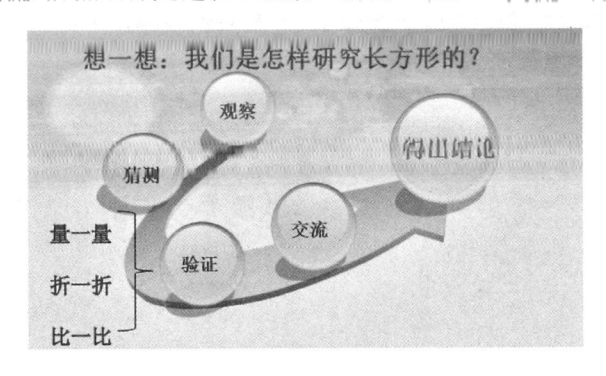

四、妙用比较,以渗透方法为发展

【片段四】

1. 辨析图形,发现联系

师谈话:说说长方形与正方形的不同点。

生:长方形是如何变为正方形的?

谈话:我们来了解一下吧。

2. 穿插游戏,明晰图形之间的联系

游戏过程:要在信封里放一张卡片(师提前准备好长方形、正方形、梯形、平行四边形、一般的四边形),开展猜一猜游戏,理解图形之间的联系。

3. 认识五边形、六边形

猜一猜(PPT展示校园中的多边形)它们是什么形状?这是什么图形?引出五边形、六边形。

生1:有5条边,5个角,叫作五边形。

生2:有6条边,6个角,叫作六边形。

图片展示生活中的多边形。

师:还有几边形?通过课件展示多边形(八边形、十边形、十二边形等),让学生体会边数越多,图形越接近圆形,体现了数学中的极限思想。

【思考】小游戏环节激发学生的学习兴趣,图形之间的关系图在黑板上呈现出来,各种图形的关系一目了然。

五、精用练习,以巩固提高为目的

有效的教学必须设计有效的练习,练习设计不求"多"而应求"变",体现知识本质的应用,让学生深化理解、形成技能,并巩固所学新知识。因此,本节课教学设计了如下练习:

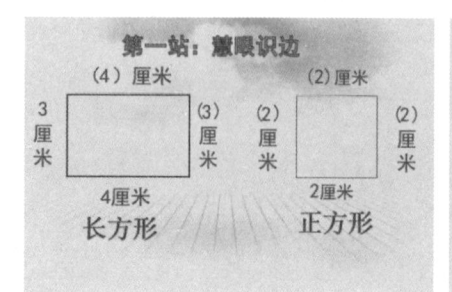

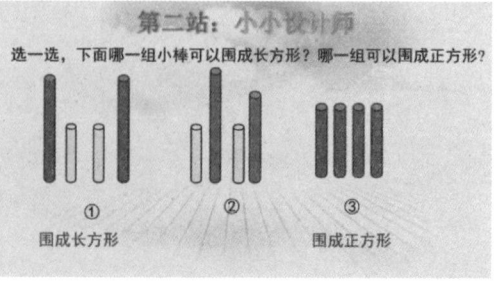

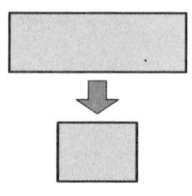

结语

陶行知说：行是知之始，知是行之成。核心素养下的数学教学不仅是引导学生掌握数学知识，更是要在学习实践过程中渗透数学学习方法，提高学习效率，让学习在有限的课堂中真实发生。要想实现课堂的灵动与高效，教师要敢于放手、善于引导，要与学生共享、共识、共进，努力为学生打造一个有趣、润泽的真实课堂。

感受对称之美

——《轴对称图形》教学案例

宝山区罗南中心校　王　洁

轴对称图形是几何学的入门知识之一,几何学的学习要求学生具有较高程度的空间想象力和空间思维能力,作为入门知识,我们不能仅仅停留在教授学生数学概念的基础上,而是应注重学生整体数学能力的培养,为更高层次的数学学习打下基础。基于此,动手操作对于轴对称图形的学习就必不可少。同时,为了激发和培养学生对数学的浓厚兴趣,轴对称图形在现实生活中的应用,甚至是艺术层次、美学层次上的展现也就成了教学内容之一。

【思考一】:如何引入轴对称图形的概念,关键在于要让学生深入认识轴对称图形是沿对称轴两边完全一样的图形。

[片段一](一般性做法):

首先引入本节课的课题;随后向学生展示数幅轴对称图形,让学生观察这些轴对称图形。在学生观察的同时,引导学生回答轴对称图形的特点,这些轴对称图形有什么共同点,图上有哪些要素等。

师:请大家观察一下这些轴对称图形,思考一下轴对称图形上有些什么共同点。

生1:这些图形的两边都一模一样。

师:那是什么的两边一模一样呢?

生2:沿着中间的一条线的两边一模一样。

师:像这样两边都是一模一样的图形,我们就说这个图形是对称的,而图形沿着对称的这条线我们称它为对称轴,拥有对称轴,两边完全一样的图形,我们称它为轴对称图形。

……

[体会]:通过对数幅轴对称图形找共同点的方法,学生们能很快地了解轴对称图形的特点,也能较快明白对称轴的含义。但是这样的引入方式,总感觉很少学生能完全掌握轴对称图形的真正含义,特别是对于一些空间想象力不够的

学生,遇上一些特殊图形,就会难以区分。

[片段二](我的做法):

首先,让学生动手剪一剪。

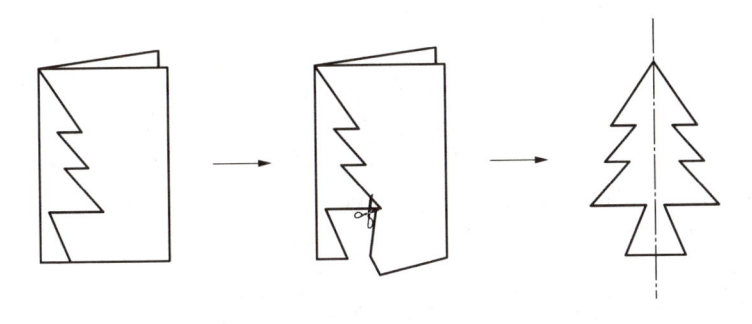

问:你是怎么完成你的剪纸作品的?

剪完后你发现了什么?

完整地说一说怎么剪的?发现了什么?对折剪完两边完全重合。

师:谁再来展示一下你的作品,并且说一说怎么剪的,发现了什么?

(2~3个学生,贴图板书)

师:像这样的图形在数学上,我们叫它"轴对称图形"。什么样的图形叫轴对称图形呢?对折后两边完全重合的图形就叫"轴对称图形"。

其次,让学生动手折一折,来找出轴对称图形。给出三个图形。

师:哪几个图形是轴对称图形?哪几个图形不是轴对称图形呢?

生1:心形和飞机是轴对称图形,另一个不是轴对称图形。

师:非常好,为什么?

生2:因为心形和飞机对折后两边完全重合,而另一个图形对折后两边不能完全重合!

师:找出心形和飞机图形的对称轴。

……

[体会]:为了让学生能更好地学好轴对称图形,我认为最关键的是要让学生充分地展开空间想象力,因此作为空间想象的辅助,我设计了此环节,目的是通过让学生亲自动手剪一剪、折一折,更加深刻地理解轴对称图形。

【思考二】：数学知识与现实生活是密不可分的，轴对称图形页同样如此。让学生欣赏生活中的轴对称图形，感受轴对称图形的美。

[片段三]：

规模宏大的对称式建筑

中国的国粹之一——京剧脸谱

有趣的民间艺术——剪纸

课后小作业：
你还能找出我们经常能看到的轴对称图形吗？

[体会]：轴对称图形在生活中有着广泛的运用，不仅是我们平常用到的桌椅板凳中有轴对称图形，建筑师建造房屋时用到了轴对称图形，甚至很多艺术家在创造一些美丽的艺术品时也大量运用了轴对称图形。可以说，轴对称图形在大家的生活、父母的工作、我们的学习中无处不在。

轴对称图形是数学中的一个重要概念，对于初始的数学教学，我一贯秉持的教学理念是,数学必须与现实生活相联系,学生要有这样的认识:数学的存在是为了解决实际生活中的具体问题。

通过教授学生轴对称图形在现实生活中的使用,能帮助学生认识数学和人类生活的密切联系,体验数学活动充满着探索与创造,感受数学的应用意识。同时,通过对上升到艺术层次的轴对称图形的欣赏,有助于培养学生的美学追求,在数学活动中获得美学体验,从而进一步培养学生对数学的兴趣。

在游戏中学

——《左与右》教学设计与思考

宝山区罗南中心校　王玲婕

背景分析：

教材分析：

《左与右》是上海市九年制义务教育数学一年级下册第五单元《几何小实践》的内容。本单元的内容涉及几何的位置、图形和测量，本课《左与右》属于"位置"板块。学习"左与右"可以发展学生的空间观念，为以后学习立体图形建立空间立体感打好基础，提高解决实际问题的能力。教材对本课的编排主要分三个层次：自身的左右位置、以自我为参照中心的左右位置、以其他物体为参照中心的左右位置。先让学生通过指指说说等活动，认识自身的左右位置；再通过观察、讨论，说出以自我为参照中心的左右位置。其中以其他物体为参照中心，其与观察者相反的左右位置教材作为拓展内容呈现。

学生情况分析：

左与右对一年级的学生而言并不陌生，他们在现实生活中经常接触到，家长对此也有一定的辅导。但他们到底认识到什么程度？哪些认识或经验对教学有积极意义？哪些经验对学习有负面影响？老师在课前从三个方面（自身躯干上的左右位置关系、以自我为参照中心的左右位置、以其他物体为参照中心的左右位置）设计了前测内容，对本班 38 名学生进行前测。

前测内容：

类　型	题　型
自身躯干上的左右位置关系	分辨自身的左与右（选两个） 1. 挥挥右手 2. 指指左眼 3. 摸摸右耳 4. 跺跺左脚

续表

类　型	题　型
以自我为参照中心的左右位置	一、写一写：在□里填入"左"或"右" 1. □脚　□脚 2. □手　□手 二、教室里，你向左看到了什么，向右看到了什么？
以其他物体为参照中心	圈一圈：小玲向左看到谁？ 小红　小明　小宇　小玲　小雅　小文

数据呈现：

项　目	内　容	正确人数	百分比
自身躯干上的左右位置关系	分辨自身的左与右	38	100%
以自我为参照中心的左右位置	写一写：在□里填入"左"或"右"(1)	38	100%
	写一写：在□里填入"左"或"右"(2)	5	13%
	教室里，你向左看到了什么，向右看到了什么？	3	8%
以其他物体为参照中心	圈一圈：小玲向左看到谁？	0	0%

结果分析：

从上述结果中可以看出学生们能正确说出自身躯干上的左右位置关系，正确率为100%，对于他人身上的左与右，如果是与自身同向的，正确率也是100%，而与自身相反方向的，则正确率只有13%。可见学生对于自身及与自身相同方向的左右位置已经掌握，而与自身相反方向基本不会，在教学中应加以重视。

前测题："教室里，你向左看到了什么，向右看到了什么？"学生们能回答，但基本只考虑最邻近的一个点，而不知道一个面上都是。

前测题："圈一圈：小玲向左看到谁？"这是一道以其他物体为参照中心，且与观察者方向相反的问题，从测试结果看，学生无法分辨这一情景下的左右位置，可见，这是本节课教学上的难点。

教学片断（一）：

创设问题情境，揭示课题

（第一次课堂呈现）

师：看，我们的小伙伴在过马路。小朋友们，你们会过马路吗？过马路，要安全。先看左，再看右。看，小胖也要过马路了，他先向左看，看到了什么？

生1：电话亭。

生2：大卡车、阿姨、摩托车。

生3：自行车、小狗。

师：小胖向左究竟看到了什么呢？今天我们就来学习左与右。我们每个小朋友都有一双手，这只是……（左手），这只是……（右手）。我们的左手和右手是一对好朋友，配合起来可以做很多的事情。瞧瞧你们的身体，在我们的身体上，还有像左手和右手这样的好朋友吗？

生1：左眼与右眼。

生2：左耳与右耳。

生3：左脚与右脚。

我的思考：

在第一次的教学设计中，我设想通过"小胖向左看到什么"这一问题引入，引发学生的思考，激发学生的学习兴趣及学习需要，进而揭示课题。但是从课堂反馈来看，"小胖向左看到什么"这一问题对学生来说难度太高，学生基本无法分辨以其他物体为参照中心的左右位置关系。所以这一问题的提出导致学生思维混乱，产生挫败感，无法全身心地投入接下来的学习中去。因此，试教后，我对课题的揭示进行了修改，选择了比较简单、直接的引入方式。

(修改后的课堂呈现)

师:小朋友们,这个字你们认识吗?(左)那这个呢?(右)

师:你对左和右知道些什么?

生1:我有一只左手、一只右手。

生2:这是我的左边,这是我的右边。

生3:这是我的左眼,这是我的右眼。

师:今天这节课我们就来学习左与右。

师:同学们,我们的身上还有很多的左与右,你能自己指一指吗?

我的思考:

修改后课的引入开门见山,直接从左与右两个字引出自身的左右位置,从前测看,学生对自身的左右位置已经在生活中掌握。因此,课堂上学生都积极参与,乐于表现,气氛热烈,为后面的学习做好了铺垫。可见,这样的修改是成功的。

教学片断(二):

体验左右的相对性

(第一次课堂呈现)

师:我们已经知道自己的左右分别有哪些人了,那谁知道王老师的左边有哪些小朋友?(老师与学生面对面)

生1(回答错误,认为自己的左边便是老师的左边)

生2(回答正确,认为自己的右边才是老师的左边)

师:你是怎么想的?

生2:因为王老师和我们是面对面的,所以王老师和我们的左右是相反的。

师:想想看,有道理吗?要不我们做个小实验,验证一下。全体起立,同桌两人面对面站好。伸出右手握一握。拍拍他的左肩。

师:谁来说说看你发现了什么?

生:当我们面对面时,左右是相反的。

师:我们发现当两个人面对面,方向相反时,他们的左右也相反。我的左边就是对方的右边;我的右边才是对方的左边。

师:所以王老师的左边到底应该是哪些小朋友?想想看,王老师的左边应该是你的右边。那王老师的右边呢?

师:当我们面对面时,左右是相反的。

我的思考:

体验左右的相对性是本节课的难点。从课堂反馈来看,本部分的教学设计

略微单薄,学生掌握得并不是很好。首先,通过老师与学生面对面站好并提问"老师的左边有哪些小朋友"引发学生对左右相对性的思考。但是在这整个环节中,我的提问都是点对点,而非点对面,所以部分学生的注意力不集中,听课效果不是很好。虽然我设计了一个小实验:同桌两人面对面站好,伸出右手握一握,拍拍他的左肩,希望学生通过亲身经历,深刻体会左右的相对性。但是在这一过程中学生更多地是抱着一种游戏的心态,纪律松散,动作拖拉,教学节奏有所打乱。所以,学生对左右相对性的体会并不深刻。

(修改后的课堂呈现)
师:王老师的左边有哪些小朋友?(老师与学生面对面)
生1(回答错误,认为自己的左边便是老师的左边)
生2(回答正确,认为自己的右边才是老师的左边)
师:你们听懂了吗?谁再来说一说王老师的左边为什么是这些小朋友?
师:当我们面对面时,我们的左右是相反的。我们来做个试验,验证一下。请你们举起左手,王老师也举起左手。再请你们举起右手,王老师也举起右手。
师:你发现了什么?
生:当我们面对面时,左右是相反的。
师:真棒!当我们面对面时,左右是相反的。你们的左边是王老师的……(生:右边),你们的右边才是王老师的……(生:左边)。
师:明白了吗?那就请在王老师左边的小朋友挥挥手。那这些小朋友就在王老师的右边。(教师手势示意)
师:王老师要换个位置了。现在,在王老师左边的小朋友起立,在王老师右边的小朋友挥挥手。
师:像这样,当你们和王老师面对面时,你们的左右和王老师的左右是相反的。你们的左边就是王老师的右边,你们的右边才是王老师的左边。那像这样,当你们和王老师同方向时,你们的左右和王老师的左右就是相同的。
我的思考:
通过将同桌两人握手的小实验改成师生一起面对面举左手(右手)实验,全体学生积极参与,并在举手的过程中,通过观察、交流,体会当面对面时,左右位置的相对性,既突破了本节课的难点,又初步发展了学生的空间观念。

教学反思:
一、基于前测,精准分析学情,合理制定教学目标
奥苏泊尔认为,学习过程是在原有认知结构的基础上,形成新的认知结构的

过程。原有认知结构对于新的学习始终是一个最关键的因素,一切新知识的学习都是在以前学习的基础上产生的。因此,为了准确把握学生的现实起点,我进行了教学前测。

通过前测,我精准分析了学情,主要是以下三点:

1. 学生对于自身及与自身同方向的左右位置已经掌握,而与自身相反方向基本不会,在教学中应加以重视。

2. 学生都能分清自身的左边与右边,但当提问"教室里,你向左看到了什么,向右看到了什么"时,大部分学生只考虑最邻近的一个点,而不知道一个面上都是。

3. 学生无法分辨以其他物体为参照中心,且与观察者方向相反的问题。可见,这是本节课教学上的难点。

在此基础上,我合理制定了本课的教学目标及重难点。

二、基于学情,精心设计游戏,在游戏中感悟体验

《数学课程标准》总目标指出:了解数学的价值,提高学习数学的兴趣,增强学好数学的信心……游戏是提高学生学习兴趣的重要手段。游戏设计的手段是"玩",但目的是"学"。游戏为形,学习为神。把游戏引入课堂,不仅符合低年级学生的年龄特点,而且寓教学内容于游戏中,让学生在玩中学,在学中获取知识。

本节课中我一共设计了三个游戏,分别是:

游戏1:

在认识自身的左右位置时,我先让学生畅所欲言,说一说"你对左和右知道些什么"。大部分小朋友都会说到左手右手、左眼右眼、左脚右脚等自身躯干上的左与右。随后,我便让学生指一指自己身上的左与右。紧接着,我便设计了一个名为"小小士兵听指挥"的游戏:老师报口令,学生做动作。一共有以下4个动作:挥挥左手、摸摸右耳朵、左手摸右耳、右手拍左肩。通过这个游戏,充分调动了学生学习的积极性。

游戏2:

学生在游戏中动手操作不是一种形式而是一种给学生提供思考、理顺思维障碍的主动学习活动。"以其他物体为参照中心,且与观察者方向相反"的问题是本节课的难点。因此,在让学生体验"面对面,左右是相反的"的时候,我设计了一个小游戏:先是老师和学生一起举起左手,再是老师和学生一起举起右手。让学生亲身经历老师举起的手和他们举起的手在方向上是相反的,从而真正体验到"面对面时,左右是相反的"。

游戏3:

在教学"以其他物体为参照中心,且与观察者方向相同"及"以其他物体为参照中心,且与观察者方向相反"的时候,我都设计了"请在王老师左边的小朋友起立,在王老师右边的小朋友挥挥手"这样的游戏。不仅加深了学生的体验,而且便于老师掌握每一名学生的学习情况,大大提高了课堂效率。

三、基于游戏,精确实现目标,发展初步空间观念

《左与右》属于小学数学四个学习领域中的"图形与几何"模块,通过学习,发展学生的空间观念是该模块学习目标之一。《数学课程标准》指出:空间观念主要是指根据物体特征抽象出几何图形,根据几何图形想象出所描述的实际物体;想象出物体的方位和相互之间的位置关系;描述图形的运动和变化;依据语言的描述画出图形等。本节课中应帮助学生能够想象出空间物体的方位和相互之间的位置关系。通过游戏2与游戏3,学生在"玩中学",不仅加深了体验,也发展了初步的空间观念。当老师与学生面对面时,学生们会想象如果自己像老师那样站,那么自己的右边就是老师的左边,自己的左边就是老师的右边。在回答"小丁丁和小胖都是向左看,为什么看到的东西不一样?"这一核心问题时,有一名学生是这样回答的:"因为小丁丁和小胖是面对面的,所以小丁丁的左右和小胖的左右是相反的。小丁丁的右边就是小胖的左边。"从中可以看出学生已经能够想象出物体的方位和相互之间的位置关系,具有了初步的空间想象思维能力。

本堂课的主要活动形式是让学生身体动起来、脑子转起来、嘴巴说起来。而在实际课堂教学过程中也确实基本达到了这样的要求。但由于过于活跃的课堂教学模式也造成了一定程度上学生的亢奋,所以在教学过程中纪律问题不是把控得很好。在今后的教学过程中,必须加强对学生养成良好学习习惯方面的培养。

学会观察　学会分析　学会归纳
——以五下"表面积的变化"教学为例

宝山区罗南中心校　陶云超

观察即通过用眼睛认真看来对客观事物有一个新的更加充分的认识的过程，而对学生来说，具备一定的观察能力则是能熟练运用观察这样的方法来帮助自己理解知识、掌握知识及运用知识的能力。而客观事物往往是由不同要素、不同层次、不同规定性组成的统一整体，为了更加深刻认识客观事物，可以把它的每个要素、层次、规定性在思维中暂时分割开来进行考查和研究，搞清楚每个局部的性质、局部之间的相互关系以及局部与整体的联系，这就是分析。对学生而言，具备一定的分析能力，可以把对知识的认识由表及里、由浅入深、由难到易、由繁到简，从而把握知识概念的本质，为科学、高效地学习打下基础，学会分析，对后继的学习大有帮助。归纳是指由一系列具体的事实概括出一般原理，数学中的所谓归纳，专指从许多个别的事物中概括出一般性概念、原则或结论的思维方法。

可见观察是分析的前提，分析是归纳的基础，而归纳则是观察和分析的结果和升华。观察、分析和归纳能力都是学生必备的重要学习和探究能力，是新课标所倡导的学科素养，有助于学生的自主学习和高效学习，更有助于提升学生解决问题的能力。因此在日常的教学过程中注重培养学生学会观察、学会分析、学会归纳就显得十分重要和必要，也是培养学生核心素养，教师在教学上要努力改进的一个很有效的教学方法。在全面实施素质教育的今天，教师的教学方式和学生学习的方式都应随之而改变。

在小学数学的知识教学中，五年级第二学期表面积的变化是在学生认识并掌握了长方体、正方体特征及计算长方体与正方体表面积的基础上进行的教学活动。学生对旧知识已经有了一定的积累，但空间思维还没有真正形成。本课其关键是表面积之变化，为了使学生更好地理解表面积的变化，我在教学中加强学生动手操作、教师演示、小组交流、概括归纳来掌握其变化规律，引导学生通过动手、观察、比较、分析，让学生发现并体验随着正方体个数的变化，原来正方体

的表面积之和与拼成的长方体的表面积之间的变化规律,提高学生在空间观念水平,发展数学思维能力。同时,让学生体会到"纸上得来终觉浅,绝知此事要躬行"。一节课如何上得更加生动形象完美,只有在实践中不断完善反思,自身才能得到不断提升。

一、创设情景,揭示课题

教学片段一:

出示棱长为 1 cm 的正方体(如图)。

师:它的表面积是多少? 体积是多少?

生:因为棱长是 1 cm,所以 1 个面的面积是 1 cm^2,表面积是 6 cm^2,体积是 1 cm^3。

师:出示 2 个棱长为 1 cm 的正方体(如图),这 2 个正方体的表面积之和是多少? 体积是多少?

生:因为 1 个正方体的表面积是 6 cm^2,体积是 1 cm^3。所以 2 个正方体表面积就是 2 个 6 cm^2,是 12 cm^2,体积是 2 个 1 cm^3,是 2 cm^3。

师:如果把 2 个小正方体按右图叠放,那么它的表面积是不是 12 cm^2? 体积是不是 2 cm^3? 若不是,会发生怎样的变化? 变大了还是变小了呢?

生:把 2 个小正方体按右图叠放,表面积不是 12 cm^2,变小了,而体积不变。

师:想一想,为什么会变小? 变小了多少?

生:2 个小正方体按右图叠放后,少了重叠部分的面积。

师:现在把右边的小正方体再往下移一点,表面积又发生了怎样的变化? 体积呢?

生:表面积又变小了,因为 2 个正方体接触的面比原来的多了。若继续往下移的话表面积会越来越小,体积还是不变。

师:是的,不管把这 2 个正方体怎样叠放,体积始终不变,但变的是表面积。想一想,什么情况下表面积会变得最小?

生:当 2 个小正方体的一个面完全重叠,即 2 个正方体拼成一个长方体后,表面积最小。

师:对,观察得很仔细,总结得也很对。

生:因为有 2 个面不见了,所以表面积减少了 2 个正方形的面积。

师:这样拼了以后,表面积最小,那 2 个面到底去哪儿了呢?

生:重叠后就没了。

师:请同学们拿出准备好的 2 个小正方体来验证一下,刚才的结论,对不对,2 个小正方体的重叠的部分越来越多,表面积会越来越小,当拼成长方体后是否少了2个面,少了的2个面在哪儿,用手去具体的指一指。

在新课开始,教师安排了由2个(棱长为1 cm)正方体,用不同的叠放,来观察发现表面积和体积的变化,主要是对表面积变化问题进行的探讨。发现重叠部分越多表面积越小,而体积不变,当两个小正方体拼成一个长方体,表面积最小,少了2个正方形的面积。并通过动手操作,加以验证,此时学生心中有了初步的概念,建立了清晰的表象。

师:当相同的正方体拼在一起的时候,这里重叠的地方就把它叫作接缝,重叠部分的面积就叫作接缝处的面积。

师:同学们,拿出准备好的2个小正方体,拼成如右图,想一想:两个正方体拼成长方体后,有几条接缝?重叠部分的面有几个?再看看,老师提供的表格,该怎么填。

正方体的个数	2
接缝(条)	1
拼成长方体后减少了原来几个面的面积(个)	2
原来正方体表面积之和(cm²)	12
拼成的长方体的表面积(cm²)	10

通过教师的演示,学生亲自动手操作,学生能清晰地看出,刚才的拼拼、算算、比比,从中发现了这样拼之后体积没有变化,而表面积却发生了变化原因。

二、小组合作,发现规律

教学片段二:

通过2个小正方体拼成一个长方体,我们知道了接缝的条数、减少的几个面、原来表面积之和拼成的长方体的表面积的变化。那么,3个、4个、5个……小正方体拼成一个长方体(拼成一排),表面积又会发生怎样的变化呢?

小组合作探究,看清要求,一定要仔细观察,表面积是如何在一点点地变化的,并做了如下的教学安排。

具体要求:

1. 四人一组,全班分成11组。

2. 每组推荐一名组长,一名填表的学生。

3. 每组发一盒正方体积木块。

4. 每组发一张记录纸,根据得出规律,填入表中。

5. 先验证 3 个,再验证 4 个,最后验证 5 个……

6. 根据表格内容,边填边交流,达成一致后再拼下一个。

认真看清表格里每一栏的具体内容,表示什么意思,能不能通过你们小组的操作来得出结论? 动手操作的过程,一下子刺激了学生的好奇心,唤醒了学生强烈的参与意识,产生学习的需要,接着开始小组合作,进行操作,并提醒学生,拼好后一定要结合表格里的内容,一边指着拼成的图形一边说,一定看清有几条接缝,少了几个正方形的面。

正方体的个数	2	3	4	5	…			
接缝(条)	1	2	3	4				
拼成长方体后减少了原来几个面的面积(个)	2	4	6	8				
原来正方体表面积之和(cm^2)	12	18	24	30				
拼成的长方体的表面积(cm^2)	10	14	18	22				

讨论:从表格中的数据的变化对比,你能发现什么规律?

引导学生总结归纳:

(1) 拼的接缝数比正方体的个数少多少?

(2) 拼接一次减少几个面?

当 3 个、4 个、5 个相同的正方体拼成一个长方体后,我们来观察一下表格。你能发现些什么规律呢?

把所得规律通过板书出示:

接缝数=正方体个数-1(每有 1 条接缝就减少了原来的 2 个面的面积)。

拼成的长方体的表面积=原来正方体表面积之和-减少的面的面积。

接缝处的面积=接缝条数×2×每个面的面积。想一想:为什么要乘以每个面的面积? 因为棱长不一样,每个面的面积也不一样。

如果用更多个 1 立方厘米的正方体(课件逐一出示)排成一排,拼成长方体,它们的表面积的变化是不是还有此规律呢? 小组交流,学着表格里的内容叙述。

由表格提供支架,学生们交流得非常好,通过操作发现,几个相同的正方体排成一排,拼成为一个长方体后,表面积都发生了变化,而且它的变化都是有规律的。

通过让学生动手摆一摆、看一看、指一指、想一想这一系列活动,让学生感知到表面积发生了变化,体验到两个正方体拼成长方体后表面积减少了原来两个面的面积。通过学生自己动手实际操作,让多种感官协同活动,使具体事物形象在头脑中得到全面的反映,同时结合思维活动,促进空间观念的形成,气氛活跃,表述到位。

教学片段三:

那如果现在有这样的10个小正方体拼成一排,成一个长方体后,表面积又有怎样变化了呢?100个正方体呢?

有了前面经验,学生们能一下归纳出规律,有了表格的支撑,学生们思路清晰,归纳也完整。

师:若让你再提一个问题,你准备让大家摆几个?

生:200个、500个、1 000个。

有一学生说摆n个。

师:你真会动脑筋,前面已学过用字母表示数,那么摆n个,究竟摆几个呢?

生:随便几个。

表格上补上n,想一想,现在表格该怎么填?先小组讨论交流一下。

学生的思维一下子又活跃起来了,由具体的几个,到n个,学生对于字母的理解要稍难一点,老师做了适当的解释,根据前面的规律,你能否很快得到结论。有了以上基础,通过集体的智慧,大部分小组学生能很快得到正确的结论,最后,出示表格并逐一解释。

正方体的个数	2	3	4	5	…	10	100	…	n
接缝(条)	1	2	3	4					n-1
拼成长方体后减少了原来几个面的面积(个)	2	4	6	8					2(n-1)
原来正方体表面积之和(平方厘米)	12	18	24	30					$6n \times 1^2$
拼成的长方体的表面积(平方厘米)	10	14	18	22					$(4n+2) \times 1^2$

整个教学环节中,层层递进,节奏紧凑,通过小组活动,同学间的互相合作,每组学生动手摆、看、指、摸、想等一系列这些活动,让学生体会到表面积是在怎样发生变化的,最后上升到n个小正方体拼成长方体,学生也能迎刃而解,且条理清晰,分析合理,归纳完整,提高了学生的观察力,操作能力和逻辑思维能力。

三、实际运用,检验效果

通过以上亲自动手操作,及表格的填写,学生能很好地掌握表面积的变化规

律,接下来是在实际运用中检验学生的掌握情况。

完成下面的练习:

① 棱长是1厘米的小正方体一个面的面积是(　　),表面积是(　　),体积是(　　)。用这样2个拼成一个长方体,(　　)没有变化,(　　)有变化。

② 用6个棱长是1厘米的小正方体拼成一排,拼成一个长方体,表面积减少(　　)个面的面积,拼成的长方体的表面积是(　　)平方厘米,体积是(　　)立方厘米。

③ 把3个棱长都是2厘米的正方体拼成一个长方体,这个长方体的表面积是(　　)平方厘米。

基本的练习巩固,使学生对所学知识,有了一个更清晰的认识。从2个小正方体到6小正方体拼成长方体,从棱长是1厘米到棱长2厘米等,减少的面积,它不但与减少面积的个数有关,还与每个面积的大小有关,如第③题,所以一定要看清条件,认真审题,知道了规律,还要注意其中的已知条件。

四、巩固知识,拓展延伸

为了防止思维定式,利用所总结的规律,练习时做了适当变化,让学生灵活解决问题。

练习:

把4个棱长都是1厘米的正方体拼成一个长方体,先想一想有几种拼法?并分别说出拼成的各种长方体表面积各减少了几个面?并计算出拼成后的长方体的表面积。8个呢?表面积又会发生怎样的变化?有几种接法?也用刚才的积木块拼一拼。

不同的拼法,接缝数也不同,减少的面也不同。通过教学活动,培养了学生优化思维和求异思维的能力,促进课堂效益的提高,也使学生在愉快的气氛中,感受到学习的乐趣。

在本节课的教学中,同学们学习兴趣浓厚,每名学生都是学习的真正参与者,不是旁观者,人人都积极主动。学生从数量较少的操作演示开始,通过自主观察、共同分析,在教师的指导下逐步归纳其中蕴含的规律,让多种感官协同活动,使具体事物形象在头脑中得到全面的反映,从而上升到归纳层面。在整个学习过程中,学生的观察能力、分析能力和归纳能力得到了充分的发挥和展现,也在运用的过程中提升了这三方面的能力,进而使大部分同学可以很好地掌握知识,品尝到了自己获取知识的喜悦,促进了学生空间观念的形成,提高了数学学习的兴趣。

观察、分析、归纳既是方法手段也是培养目标,既层层递进又相辅相成。学会观察,学生才能发现知识、发现问题;学会分析,学生才能剖析内涵、启发思考;学会归纳,学生才会总结规律、推理新知。可见这三种能力对于学生学习知识、提升学科素养的重要作用,因此,今后还可以将这样的思路和方法运用到其他数学知识的教学过程中去,从而让学生的学习变得更加科学而高效。

课堂多形式教学建立学生数感
——以《几个与第几个》一课为例

宝山区罗南中心校　陶玉婧

一、案例背景

　　数学是一门抽象性、理论性、思维性极强的学科,建立学生的数感在数学教学中有着非常基础、非常重要的作用,用数学的方式思考问题是学生所要具备的最基本的能力。《数学课程标准》中指出:"数感是人的一种基本素养,是人主动自觉地理解和应用数的态度和意识。具有良好数感的人,对数的意义和运算有灵敏而强烈的感悟能力。"对于刚刚踏入小学一年级的学生来说,数字既抽象又陌生,他们只会通过手指着数一数来了解物体的个数,对数字蕴含的意思不是很明确。在他们学习的过程中,兴趣非常重要:喜欢的东西就乐于接受;不喜欢的东西,很难引起他们的关注。面对枯燥、难理解的数字,如何运用多样的形式,培养学生的兴趣,从小建立学生的数感是老师需要深入研究的。

　　一年级的数学教材给教师提供了很多新颖有趣的教学素材,介绍了多种教学形式,这也便于我们对如何从小培养学生的数感更有方向。在《几个与第几个》一课中,我尝试用课堂多形式教学帮助学生建立初步的数感。

二、案例描述

(一)问题的产生

　　《几个与第几个》是沪教版小学数学一年级上册第一单元的内容。在之前的教学中,学生主要从基数的角度学习自然数,这节课中学生要从序数角度来进一步学习,即自然数被用来按物体的次序对物体进行编号,也就是被用来作为序数,从而进一步发展自然数的概念。

　　在学习《几个与第几个》这一内容之前,大部分学生已能用他们的生活经验,准确表达数的关系,如:三个同学赛跑,"小胖是第一名,小丁丁是第二名,小巧是最后一名",并能够把它们连接起来。但对于"几"表示物体有多少;"第几"表示物体排列的序号,还有待进一步理解和区分。

如何通过这节课的学习,促进学生对基数和序数的认识?我根据一年级学生的年龄特点,主要从多种课堂教学形式着手,帮助学生建立数感。

(二)教学片段及分析

片段一:创设秋游情境,初步建立数感

师:上周我们一起到野生动物园秋游啦,在去秋游的路上,老师拍了一张照片(PPT出示情景图)瞧一瞧,这些车你们都认识吗?数一数,一共有几辆?

图1:秋游情景图

生:5辆。

师:你是怎么数出来的?

生演示,师板书5辆。

师:一共有5辆车,一共表示有多少个。像这样表示一共有多少辆我们把它叫作几个。(板书:几个)这里表示有5辆。一起数数看。

【案例说明】:一个有趣的、贴近学生生活的情境,能够让学生更快地参与到课堂教学中。因此,一开始我创设了学生刚刚体验过的情境:秋游。在去秋游的途中发现问题,引出"几个"的数学概念。从生活实例着手引入,将抽象的问题具体化,让学生更容易将知识与生活经验联系起来,从而构建自己的思维体系,充分感受到数学无处不在,萌发学生的数感意识。】

片段二:教师提问,引发思考,进一步建立数感

师:看一看,救护车排在第几个?

生:第4个。

师:你是怎么知道的?

生演示交流。

师:哦,他是从左往右数,救护车排在第4个。还有其他的想法吗?

生:我认为救护车排在第2个。

师:你知道他是怎么数的吗?

生:从右往左。

师:看来,数的方向不同得出的结果也不同。

师:像这样表示物体位置的时候,我们用第几个来表示。(板书:第几个)救护车从左往右排在第4个,从右往左数排在第2个。

【案例说明："第几个"的确立需要有方向的明确。因此，在这个环节中，我设计了一个问题：救护车排在第几个？引发学生思考。这个看似简单的问题，很多学生会思维定势，不假思索地说出"救护车排在第4个"，默认从左往右数。当老师追问：还有其他的想法吗？学生会推翻原有的想法，深入思考，而这个思考恰恰能培养学生的思维。其实还可以从右往左数，拓宽学生的思维，激发学生的学习兴趣，进一步建立数感。】

片段三：游戏巩固，加强数感体验

师：下面我们一起来玩个游戏吧。请你们按照老师的话行动。

师：请这一列的5个小朋友站起来。

生按要求站立。

师：请这一行第5个小朋友站起来。

生按要求站立。

师：都是5呀，为什么两次站的人不一样？

生：5个表示这五个，第5个就是他。

师：请44个小朋友站起来。

师：请学号第44个的小朋友站起来。

生按要求操作。

师：看来同学们学得都不错，几个表示有几个，是指所有的；而第几个是其中的一个。

【案例说明：学习了新知，还需要体验感受，才能加深印象。在这里，我以游戏的形式，让学生通过站一站的方式，在游戏中观察、比较、交流、学习，发现"几个"与"第几个"的区别。一年级学生对游戏充满热情，在游戏中巩固，能让学生保持愉悦的学习状态，积极主动参与到课堂教学中，成为探索的主体。情感、态度、价值观伴随着探索的深入获得提升，同时也在潜移默化中培养学生的数感。】

三、经验与反思

数感是一种基本的数学素养，数感的形成是一个潜移默化的过程，需要在生活中不断地积累，一年级的学生，思维的开阔性与逻辑的推理性都不是很强。对于知识的理解与认知，往往建立在对这个知识的兴趣上。因此，数感的建立需要丰富的课堂形式的支撑。以下是我对课堂多种形式教学建立学生数感的几点感受：

1. 实例引入，感悟数感

新课标指出："数学教学要紧密联系学生的生活环境，从学生的经验和已有知识出发,创设有助于学生自主学习、合作交流的情境,使学生通过观察、操作、比较、猜测、交流、反思等活动,获得基本的数学知识和技能,进一步发展思维能力,激发学生的学习兴趣,增强学生学好数学的信心。"数学的教学要与学生的生活实际紧密联系,充分挖掘学生的生活资源,将抽象的数学建立在学生生动、丰富的生活背景上,让学生自己去感悟、探究,用数学的眼光去观察、认识周围的事物,用数学语言来表达与交流。

如学生对阿拉伯数字的认识,可以利用数一数生活中的物品,然后用数字表达。请学生数一数铅笔有几支,拿出5本书。学生通过指一指、数一数,知道了数字表示的含义。又如:3+4=？编个小故事,并说一说这个算式的意思。通过编生活小故事,将枯燥的数字赋予有趣的生活情境,拉近学生与数字之间的距离,方便他们用已有的生活经验来学习,将已有的知识运用到未知的领域,从而激发提高他们对数的敏锐感,形成对数的良好直觉,建立良好的数感。

2. 思维碰撞,强化数感

美国数学家 P. R. Halmos 曾说:"问题是数学的心脏。"数学是从问题中产生,提问题在数学学习中起到了至关重要的作用。数感的建立不是一蹴而就的,要让学生学会"数学地"思考问题,老师作为引导者,需要在平时的教学中有意识地刺激学生的思维。

如《数墙》的教学中,老师提出问题:观察这个数墙,你们有什么发现？这三个数之间有什么关系？学生们在观察、寻找、验证上一层和下一层数与数之间的关系时,数感也在慢慢地提升,哪些数之间有联系,对数的计算能力也有了潜移默化的提升。最后给学生0—10的数卡,让学生搭建数墙,并且同桌检验、调整。总之,在不断的问题训练中,锻炼学生的数学思维,强化数感。

3. 讲讲做做,体验数感

游戏是学生喜欢的形式,将游戏融入课堂,消除学生对于数学课堂的畏惧感,拉近学生与数学的距离。上例中通过指一指、说一说、站一站这些有趣的游戏形式,让学生积极主动地投入数学课堂中,激发学生学习数学的兴趣,在游戏中下意识地将数学知识与生活联系起来,以便建立良好的数感。

4. 举一反三,提升数感

为加强学生对基数和序数的认识,课堂中还可以设计如下环节:请学生看图说说,如出示6个苹果,6只鸡,6本书等,让他们想想这些物品的数量可以用几来表示,使学生理解这些物品具有相同的数学本质,都能用数6来表示。再出示序数6,让学生说说第6个指的是哪个苹果、哪只鸡或哪本书,学生从任意方向数都可以,只要表达清楚即可。最后再对比一下两个6的不同,图数结合,真正理解基数和序数,促进数感提升。

反思：

学生数感的培养和建立不是一两节课就能解决的，它是一项长期的工作，需要日积月累，细水长流，教学中要逐步渗透。在实际教学中我又有不少困惑：

在本节课中：

本课还涉及第几个的书写格式，学生往往将基数的书写和序数的书写混淆。

比如第 5 题，小鸭排在第 5 个等，正确书写格式是 5.，但学生因先入为主，第一反应想到的还是 5。如何让学生更好地对几个与第几个做出区分，理解数字与符号背后的意思，让"第几个"融入学生的生活和思维？

在今后的教学中：

1. 学生间的生活经验、基础和能力差距较大，数感方面的差异也比较大，如何帮助那些数感较弱的学生？

2. 随着学习的深入，承载数感培养的知识不断扩展，如何在课堂形式方面做出改进？如数的认识方面：从整数扩展到分数、小数的认识；从正数扩展到负数。那么学习内容变化了，教学方式又该如何调整？

3. 本案例所涉及的是一年级学生，中高年级学生的学习能力有所提升，教学中该如何更好地进行数感培养呢？

4. 通常，数感的培养主要在"数与运算"板块，那么其他板块中有无可以渗透的内容呢？如有，又该如何渗透？

路漫漫其修远兮，吾将上下而求索。入职一年来，有收获有疑惑，上述这些问题都是我今后要进一步学习和探索的。

基于课程标准
关注学习过程
注重能力发展

——记《大家一起做加法》研课之旅

宝山区罗南中心校　陶秋娣

"这节课么,就让学生算算20以内的加法好了。"
"不是,这节课先算一算20以内的加法,再找找规律说一说。"
"全部算一算好像有点费时,也很枯燥的,要想上好肯定很难。"
"这里面规律很多,学生能找到哪些?"
"是要找到所有规律还是只要让学生找到一部分?"
……

这是大家初次研究《大家一起做加法》的情境,相信这也是很多老师对这一课及这一类课的最初感受。本课是一年级第一学期《整理与提高》单元的内容,相关的公开教学较少,参考资料有限。但也给了我们更大的设计空间,我们围绕本单元内容特点进行了研究。作为《整理与提高》应该凸显学生对所学知识的整理,并以小见大,展现这类课中应培养学生的思维和能力。那么如何设计教学体现对一年级20以内加法题的整理?如何落实课堂教学对学生进行能力的培养?又该重点培养哪些方面?结合吴晨曦老师多次的试教与调整,我做了如下分析和反思。

一、课前整理与思考

(一)教材方面

1. 相关内容梳理

之前学生已经学习了《20以内的数及其加减法》《10的游戏》《推算》和《加倍与一半》,之后将学习与之相同表现形式的《大家来做减法》,这也为今后《大家来做乘法》以及数域扩展后的加减法运算打下基础。

2. 教材变化及呈现内容

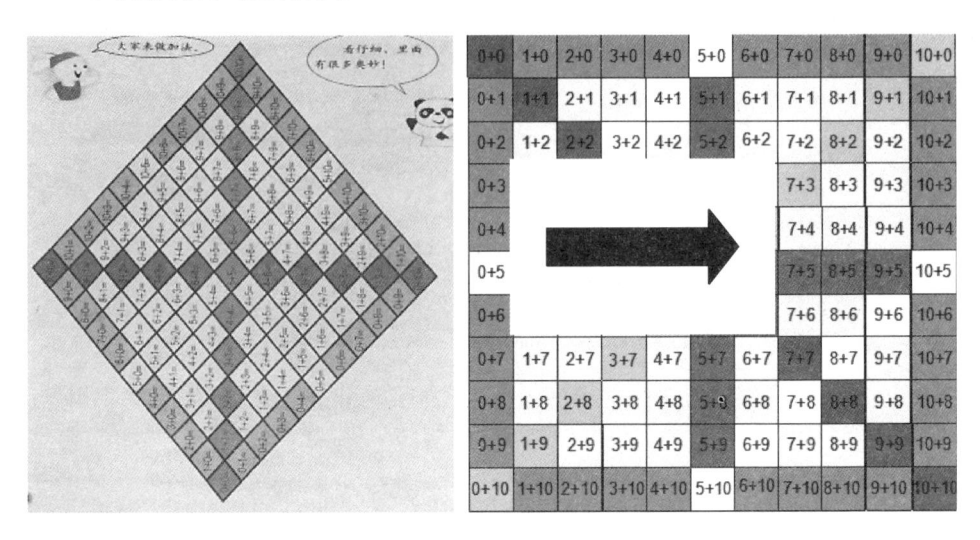

教材将本课内容的呈现方式进行了改编，将原先的菱形加法表改为正方形加法表，这样能以清晰的条理呈现出 121 题 20 以内数的加法。横向或纵向观察，匹配教材内容《推算》，斜向观察匹配教材内容《加倍与一半》《10 的游戏》，此外还有交换题等。

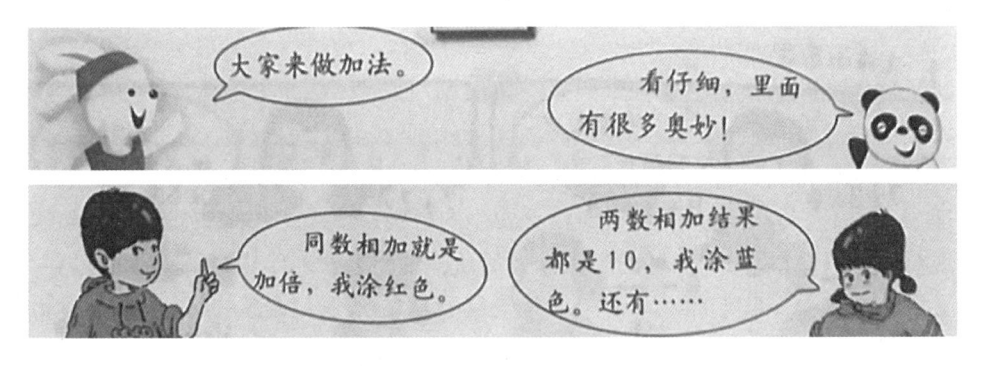

教材呈现了加法表，还有四个学习伙伴的话语。对这四段话我的解读如下：

（1）大家来做加法。——复习加法，正确计算。

（2）看仔细，里面有很多奥妙！——有序观察，探索规律。

（3）同数相加就是加倍，我涂红色。——自主探究，发现规律并表达呈现。

（4）两数相加结果都是 10，我涂蓝色。还有……——自主探究，发现规律并表达呈现。学生互相交流，感受更多的奥秘。

3. 教学基本要求

大家来做加法。 (P58)	① 观察加法表,通过颜色的提示找寻有序题组的规律,并尝试用语言表述。 ② 对加法表中的"加倍"算式、"和为10"的算式等有了解,能联系表中各算式间的位置关系与算式中数据的关系,进一步巩固20以内数的加法。 ③ 能聚焦加法表的一部分,进行推算并正确填写,在过程中复习巩固20以内数的加法。

本课属于数学拓展内容,主要学习内容是"数列与图形(算式)的排列规律",具体要求是"通过观察、寻找规律"。在《一年级学科基本要求》一书中,对本单元目标分析也提出了具体明确的目标指导,如上表。

通过上述分析,我认为教材不仅在于巩固20以内数的加法计算,还应让学生观察加法表,掌握一些观察方法,学习用数学语言表达规律,培养观察、归纳、推理的能力。

(二) 学情分析

学生具备了相关的知识基础:能熟练掌握20以内加法计算,在《推算》这节课中已经初步感受了加法推算题组变化的规律,大部分学生能用"第一个加数……,第2个加数……,和……"这样的句式来表达一组题的规律,但仍有部分孩子的数学表达不够规范清晰。

一年级学生的认知以具体形象思维为主,观察更加关注颜色,忽略题组之间的规律;更关注某一方向,忽略同方向题组间有相同点。此外,一年级学生刚入学,对小学数学知识建构中的学习方式,数学的思维能力,知识形成过程中蕴含的思想方法处于初步的启蒙阶段。

(三) 目标与教学环节的制定

从复习20以内数的加法这个知识点来说,基本没有难度,学生都能达到正确、熟练的目标。从能力培养的角度思考:有序整理、按一定方向观察、通过已知推到未知的解题策略、猜测、验证的学习方法,这些是需要重点关注的。所以要以这张加法表为载体,力求通过学生的感知体验、尝试感悟来认识加法表并发现规律、表述规律、运用规律,促进学生上述能力的提升。

根据课程目标和学情,制定了以下**教学目标**:

1. 通过计算、观察、交流,会按方向顺序发现20以内数的加法表中题组的规律,并尝试用数学语言表达。

2. 能聚焦加法表中的一部分,运用发现的规律,有策略地推算缺少的部分,提高推算能力,并巩固20以内数的加法。

3. 在探究加法表的过程中培养学生善于观察、认真倾听、勇于探索的良好学习态度。

根据目标初步制定了以下教学环节：拼图游戏，探究规律——交流启发，验证规律——运用规律，填写拼图。

二、课中落实与落差

【第一次试教】

师：(出示彩色加法表)我们可以怎样研究？

生：我们可以看颜色。

生1：我看的蓝色那组，和都是10。

生2：我看的是红色的，那些都是加倍题。

生3：紫色的，竖着看第一个加数……

……

(学生发言积极，但基本上是一师一生的对话，点对点的交流)

师：还可以从哪个角度进行研究呢？我们可以从方向进行研究。

……

(下课铃响了，剩余的探究活动只能到此结束，草草收场)

实际上课的画面与想象中的效果差距比较大，那么是什么原因导致目标没有到位呢？

细细回想和反思，可能存在这些问题：

1. 目标定位不清晰：重点是计算还是观察规律？对学生观察的规律至少要达到哪些？是掌握一部分还是多多益善？如果是部分，那么是哪些？执教教师心中没有底气。

【改进措施】：根据教学基本要求，确定目标：知识与能力兼顾，以知识为载体，培养学生能力。学生观察所得的规律应至少包含：横向(第一个加数逐渐加1，第二个加数不变，和逐渐加1)纵向(第一个加数不变，第二个加数逐渐加1，和逐渐加1)纵向(加倍题；和为10的题)。

2. 虽然注重了学生学习的过程，但是低年级学生对老师提出的几项要求不明确，在探究要求不是很清楚的情况下，学习效果自然打了折扣。

【改进措施】：修改视频，利用视频中的演示让学生明白具体该怎么操作。

师：任意选一组题，把观察小工具放在加法表中，计算表中的题目并思考这组题有什么秘密。

3. 学生的探究有些杂乱，横向与纵向、斜向观察难度不同，指导应有所区别。

【改进措施】：对有难度的斜向观察，制作观察小工具提供给学生，反馈时用彩色磁铁标注出来方便交流。横向纵向不提供观察工具，教师在学生反馈时用色笔标注一下即可。

4. 学生对色彩比较敏感，因此探究时受色彩影响比较大。虽然回答多样，但是这样是否降低了学生的思考力度？

【改进措施】：到底是给学生提供以无底色的加法表还是彩色加法表？我想要根据哪种呈现材料更加有利于学生思考来决定。由于颜色的标注大大降低了学生探究的主动性，因此调整为提供无底色的加法表，这样学生不受色彩干扰，更加关注算式，更容易聚焦本质。

5. 借助拼图推出所有的加法题形成加法表，对学生来说比较容易接受，但是比较费时，板书呈现或媒体出现都有一定难度。那么如何体现整理加法题并且初步感知规律？

【改进措施】：逐行出示加法表中的第一、二、三行，问：第4排第一个算式是什么？第二个呢？接下去是什么？再请学生猜一猜第5排是什么，并追问：你们是如何猜中的？

修改调整再次教学，凸显特点

修改目标重新制定教学环节：

整理算式，初识表格——拼图游戏，探究规律——交流启发，验证规律——运用规律，填写拼图。

从整体—局部—整体—局部，多次的猜猜、算算、填填、议议，把机械枯燥的加法题化成了一项项的活动、一次次的挑战，吸引学生投入其中。

修改调整后我们重新上路，并获得了较为满意的效果。整节课有以下几个特色：

特色1. 注重学生探究过程

例1 整理算式。

0+0	1+0	2+0	3+0	4+0	5+0	6+0	7+0	8+0	9+0	10+0
0+1	1+1	2+1	3+1	4+1	5+1	6+1	7+1	8+1	9+1	10+1
0+2	1+2	2+2	3+2	4+2	5+2	6+2	7+2	8+2	9+2	10+2

吴老师先逐一出示前3行，然后提问：第4排第一个算式是什么？第二个呢？接下去是什么？根据学生回答，老师逐步完善第四排的算式。再请学生猜一猜第5排是什么，并追问：你们是怎么猜的呀？猜得这么准？此时学生有感而发：有规律！这一过程中老师没有直接出示整张加法表，而是引导学生边思

考边整理,使他们对加法表有了初步的感知。

例2 拼图游戏。

老师出示拼图,并提问:这张拼图来自刚才的加法表中,你能将这块拼图补充完整吗?学生独立完成后集体核对答案。

	3+3=	4+3=	5+3=	6+3=	7+( )=
2+4=	3+4=	4+4=	5+4=	6+( )=	7+4=
2+5=	3+5=	4+5=	5+5=	( )+( )=	

学生带着任务去观察所给的算式,再利用算式的规律去推算,学生的需求被引发,他们积极地投入算一算、填一填的活动中,有了这样的活动体验,交流也更加深入了。交流的主角是学生,老师在一旁加以引导,帮助学生进行语言的归纳和提炼。通过多次的观察、猜测和验证,学生探究并验证了规律。

特色2. 为学生提供必要的帮助

1. 教师根据学生的年龄特点,为学生自制了观察小工具,拍摄了视频,帮助学生斜向观察,使观察更高效。

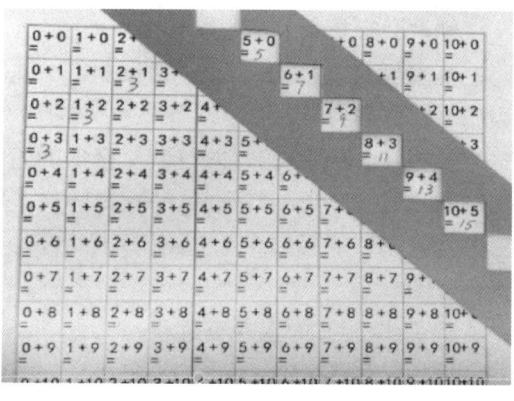

2. 教师为学生提供了语言支架:"第一个加数,第二个加数,和。"使语言表达的目标得以落实。

3. 教师为学生提供无底色的加法表。教材中提供的加法表是彩色的,如果观察有色加法表,那么对学生能力的要求会降低,颜色的标注大大降低了学生探究的主动性。我们认为,给学生提供适切的研究材料,会有助于学生能力的提升。

总之,观察小工具、语言支架、无底色的加法表,这些都为学生的学习提供了有力的支撑。

特色3.注重学习能力和方法的培养

本课中吴老师注重了学生观察归纳能力、语言表达能力、解答策略、有序思考、按一定方向观察的培养和指导。

如：学生交流完拼图后，吴老师小结：这张拼图中的四个方向都有一定的规律，按一定的方向观察，是数学学习的好方法。

又如：练习题的交流，吴老师先问：你准备先填哪个算式？为什么？

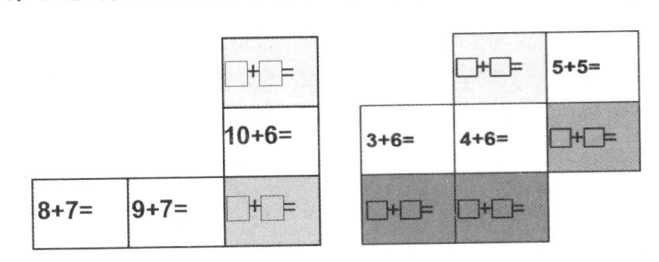

本课的难点是利用规律进行推算，填补空缺。通过思考先填哪个空格的问题让学生感受到推算要有依据，应选择所给信息比较多的方向观察，这样能更快地找到规律、填补空缺。题2的思考角度可以多样，其中灰色和绿色这两格可以先填，黄色和紫色的两格则需借助行、列之间的规律进行解答，难度较大。为了便于学生讨论交流，吴老师还标注了颜色。

虽然本堂课的教学还是留有一些遗憾，但是我们尽力关注学生的学习过程，促进学生能力的提升，不断调整，力争最好。

这一路上，你我相伴，有苦恼有欢歌，有迷茫有顿悟，有挑刺有鼓励……研修—锻炼—成长，我们一直在路上！

问题驱动，在思辨和探究中提升数学能力
——《单价、数量、总价》教学案例

宝山区罗南中心校　曹婉嬿

一、研究背景

数学是研究数量、结构、变化、空间以及信息等概念的一门学科，"解决问题"是课程标准总目标的四个方面之一，而解决问题又离不开对数量关系的探究。在生活中常见的三种数量关系有"单价、数量、总价""工作效率、工作时间、工作量""速度、时间、路程"。其中单价、数量、总价是学生最先探究的，在日常生活和以前解答的各种应用题时都遇到过，比较熟悉，只是没有加以概括，形成规律性的认识。因此在探究这个数量关系的过程中，尽量提供学生熟悉的生活情境，利用学生的生活经验，探究数学问题，使学生能从生活经验和已有的知识背景出发，寻找数学规律。

此外《数学课程标准》指出："要处理好教师讲授和学生自主学习的关系，通过有效的措施，启发学生思考，引导学生自主探索，鼓励学生合作交流，使学生真正理解和掌握基本的数学知识与技能、数学思想和方法，得到必要的数学思维训练，获得广泛的数学活动经验。"在《单价、数量、总价》的学习过程中，从单价、数量、总价含义的理解，到三者之间关系的探究，再到语言的表达的引领，最后到灵活运用数量关系解决实际问题，教师的职责并非一味地"教"，而是要让学生作为课堂主体体现出来，给予学生时间和空间去思考、去表达，给予学生机会去探索、去发现。

二、初稿设计与反思

片段一：初步感知，认识单价、数量、总价

1. 列式计算，说说思考过程

酸　奶	苹　果	水　笔
每盒5元	每个4元	每支5元

(1) 小胖买 6 盒酸奶,需要多少元?
(2) 小巧买 8 个苹果,需要多少元?
(3) 小丁丁买 9 支水笔,需要多少元?

2. 师揭示名称

这个环节的目的是从学生已有的知识出发,在此基础上认识单价、数量、总价的含义。这对于学生的分析问题能力以及语言表达能力是有一定促进作用的,但从实际课堂呈现效果来看,课堂氛围不够活跃,教学形式较为单一,学生的思维没有得到充分的发展。

片段二:探究单价、数量、总价之间的关系

1. 单价×数量=总价

    推出:总价÷数量=单价

    总价÷单价=数量

2. 想一想,算一算

(1) 一盒铅笔芯 3 元,买 7 盒铅笔芯一共多少元?
(2) 买 7 盒铅笔芯一共用去 21 元,每盒铅笔芯多少元?
(3) 一盒铅笔芯 3 元,21 元可以买几盒?

探究单价、数量、总价之间的关系是本课的一个重点,已知其中的一个数量关系,可以通过乘法和除法之间的关系推出另外两个数量关系。之后让学生观察不同的数量,思考求的是什么量,怎样求,既可以巩固原来学到的量的概念,又是对这些计算方法的分析,还是对推出的数量关系的验证。但与第一个环节形式还是比较相似的,缺乏一定的层次感,使学生缺乏新鲜感,思维活跃度不够。

片段三:拓展巩固

1. 出示表格,你看懂了吗? 请你算一算

	单价(元)	数量(个)	总价(元)
乒乓球		100	400
羽毛球	5	80	
网球	8		400

2. 选择合适的条件

(1) 小亚带了 40 元钱去买圆珠笔,每支圆珠笔多少钱?(　　)

　　A. 买了 5 支　　　　B. 共用去 20 元　　　　C. 每支 5 元

(2) 幼儿园买了 5 箱苹果,一共用去多少元?(　　)

　　A. 每千克 15 元　　B. 每箱 40 元　　　　　C. 用去 150 元

3. 拓展提高

一根棒棒糖2元,一袋5根,3袋一盒。

(1) 买一袋多少元?

(2) 买一盒多少元?

本环节通过3种不同形式的问题,有层次地帮助学生巩固和理解单价、数量、总价三者之间的数量关系。最后一题目的是让学生体会到,同一个条件,在不同的情境中(或问题中)表示的量不一定相同,但由于将这个条件放在了第一个问题中,单价与总价的联系与区分,不够清晰明确,导致学生的体会不够深刻,似懂非懂。

三、教学环节改进

片段一:创设情境,初步感知

师:同学们,双休日老师到超市去购物了,我们来看看都买了些什么?

(1) 比较哪种贵?

商品	数量(后出示)	总共花的钱
酸奶	6盒(后出示)	30元
维他奶	6盒(后出示)	18元

(2) 比较哪种贵?

商品	数量	总共花的钱
苹果	8个	32元
香梨	16个	32元

(3) 比较哪种贵?怎么比?

商品	数量	总共花的钱
水笔	9支	45元
圆珠笔	7支	35元

(4) 请同学们算一算,每盒酸奶、每盒维他奶、每个苹果、每个香梨的价格。

设计意图:

创设去超市购物的情境,通过3个问题比较哪种贵,以思辨的形式,让学生体会到:1. 解决一个问题至少要知道2个条件。2. 数量相同时,比总共花的钱。

3. 总共花的钱相同时,比数量。4. 数量和总共花的钱都不相同时,要通过计算,比每件商品的价格。培养学生的观察能力、分析问题能力以及归纳总结能力,有效促进学生思维的发展。

片段二:观察推理,探究新知

(一)认识单价、数量和总价

1. 师揭示名称。

2. 请学生列举生活中知道的单价。

(二)探究单价、数量、总价的关系

1. 在解决问题中探究关系:

(1) 一盒铅笔芯3元,买7盒铅笔芯一共多少元?

(2) 买7盒铅笔芯一共用去21元,每盒铅笔芯多少元?

(3) 一盒铅笔芯3元,21元可以买几盒?

2. 请学生用表中的数据验证一下。

设计意图:

(1) 认识单价、数量和总价

通过三张表格让学生概括总结什么是单价,什么是数量,什么是总价,学生对于数量以及总价理解起来相对比较容易,为了加深理解单价的含义让学生举例生活中具体的情境,将数学与生活相联系,让学生体会到生活中处处有数学。

(2) 探究单价、数量、总价的关系

先通过3道习题,让学生在解决问题中探究出单价、数量、总价之间的关系:单价×数量=总价、总价÷数量=单价、总价÷单价=数量,再通过之前的三张表格上的数据去验证所得出的3个数量关系。在学生自主分析,逐步寻找,归纳,提炼的过程中,帮助加深理解,培养学生初步的逻辑思维能力。

片段三:深化认识,综合应用

3. 解决实际问题:

(1) 一袋棒棒糖10元,一袋5根。

买 瓶多少元?

买5袋多少元?

(2) 小胖去超市买可乐,1瓶装可乐4元,2瓶装7元,3瓶装10元,现在要买8瓶可乐,怎么买合算?

设计意图:

这两道解决问题,第一题通过相同条件下的两个不同的问题,充分让学生体会到,同一个条件,在不同的问题中表示的量不一定相同,进一步深化。第二题结合生活实际,将练习生活化,用生活中会遇到的促销情境,引发思考怎么买合算,使学

生在掌握知识的同时，培养学生灵活应用的意识，拓展思维。

四、反思总结

数学的学习注重的是对过程的理解，方法的运用，思维的培养，而不是单一的灌输。教学设计改进后，以问题的形式，发挥问题驱动的效力，激发学生的主观能动性，给予学生更多的空间、时间，去思考、去探索、去发现。在不断地思辨、探索中，提升学生的数学能力。

（一）问题驱动，引发思考

本节课主要是通过问题驱动，引领学生自主探究，在对具体问题的感知、分析的基础上认识抽象的数量关系，培养学生的思辨能力、概括总结能力以及逻辑思维能力。引入部分的思辨性问题，激发学生思维的碰撞，启发学生在思辨中归纳总结出一定规律。新授部分的探究性问题，让学生在观察、分析、解决问题的过程中巩固量的概念，并总结出三者之间的数量关系。练习部分的拓展性问题，着手生活实际，灵活运用所学知识解决实际生活问题。以不同的问题形式，让学生充分沉浸在数学的探究中，让思维不断受到锻炼，螺旋上升，进一步促进数学能力的提升。

（二）联系生活，发展能力

数学能力的核心是运用所学知识解决生活中的问题。本节课无论是情境的创设还是练习的设计都从生活实际出发，充分让学生在对实际问题的探究中体会到数学源于生活，应用于生活。

引入部分联系实际生活创设购物情境，以学生为主进行探究，增强学习的主动性，调动思维的积极性。练习部分以日常生活中熟悉的现实活动为基础，设计了不同层次不同形式的题目，将数学问题生活化，生活问题数学化，让学生在思考探究中巩固、掌握、应用知识，不断发展能力。

借助数字教材平台优化课堂教学模式
——以《三角形的分类(2)》为例

宝山区罗南中心校　毛亚飞

【案例背景】

与传统的纸质教材相比,数字教材拥有更丰富的资源以及更强的交互性,为课堂教学提供了更多的可能性,为学生创造了更多的思考空间。

《三角形的分类(2)》是沪教版三年级数学上册几何小实践的内容,为帮助学生更直观地感知等腰三角形和等边三角形的特点,在课前、课中、课后充分运用了数字教材平台辅助教学。基于其动态性、交互性、及时性等特点,能有效提升学生的学习兴趣和主观能动性,拓展数学思维能力,帮助教师了解学情、统计学习情况,提高教学效率。

一、运用数字教材平台,推送课前任务

【片段一：回忆旧知,引入课题】

课前任务：你学过哪些有关三角形的知识？用图文的形式上传到数字教材的流转笔记中。(图1)

师：让我们一起来看一看这几名同学的笔记,说一说你整理的内容。(图2)

生：将三角形按角分,分为了锐角三角形、直角三角形、钝角三角形。

师：你们还记得什么是三角形以及三角形的特点吗？

生：三角形是由三条线段围成的图形。三角形有3条边和3个顶点。

师：看来,大家对三角形都有了一定的了解,还学会了用图文归纳整理学过的知识。今天我们就来继续挖掘关于三角形更多的秘密！

【案例分析】

课前,借助数字教材平台,发布了整理三角形知识的任务,学生在自主学习的过程中对已学的知识点进行回顾和梳理,培养了独立思考能力,提高了分析归纳能力。同时,依托于网络的数字教材具有信息即时性,学生上传笔记后,教师

图1　布置课前任务　　　图2　学生上传笔记

端会同步显示,教师可及时根据班级学情调整教学设计,提升教学效果。本节课前,通过学生的笔记,发现大多数学生整理了按角分的情况,个别对本节课新授的按边分也已有了初步认识,但对于三角形的特点学生都没有整理,所以在课上进行了补充复习。

二、整合数字教材平台,提升学习体验

【片段二:实践操作,探究新知】

师:要研究三角形,那我们肯定需要准备一些三角形。老师给大家准备了一些搭三角形的小棒,仔细观察学具盒里的小棒有什么不同?

生:颜色不同,长度不同。

师:接下来我们就要用这些小棒来搭三角形。

明确活动要求。

师:请同学们想一想,你准备怎么搭呢?想好的小组开始动手操作,按要求搭一搭。完成后组长拍照上传,并互相介绍。

(借助互动课堂展示学生搭的三角形)

师:我们用不同的、相同的小棒搭出了不少三角形,动手能力真棒!

师:其实我们用四种长度的小棒可以搭出这么多三角形。老师选取了一部

分,我们一起来分一分。今天我们要按三角形边的特点来分类。观察、思考一下,你准备按照什么标准分?老师把这些三角形已经发送给了大家,想好的同学可以打开文件开始操作了。

生:平板上进行分类(完成后截屏上传)。

交流:你是怎么分类的?

归纳总结:两类三种。

【案例分析】

传统教材以图文为主,是静态的,而数字教材融合了文字、图片、音频、视频、动画等各种多媒体信息,将静态的教学资源动态化,通过其"插入资源"的功能,可以丰富课堂教学,增强了学习的趣味性以及交互性。

《数学课程标准》指出,"有效的数学学习活动不能单纯依赖模仿和记忆,倡导学生主动参与、动手实践、积极探索"。学生的数学学习活动应该是一个生动活泼、有趣的过程。在教学时,为帮助学生经历学习过程,课堂上借助数字教材插入三角形图形的资源,鼓励学生动手分类,在操作中思考如何按边分三角形,感知三边不相等的三角形、等腰三角形、等边三角形的特点。从学习效果来看,比起直接出示结论,利用多媒体资源,在实践中发现结论,学生对知识的理解更轻松,也更牢固。

【片段三:巩固练习,内化知识】

师:相信小朋友们对三角形按边分类已经有了一定的认识,那接下来老师来考考你们。请大家完成诊断与练习中的同步练习。

【案例分析】

大题号	习题1	习题2	习题3
小题号			
正确率	82.86%	83.33%	66.67%
只看答错	■	■	■
	B ✓	B ✓	A ✓
	B ✓	B ✓	A ✓
	B ✓	B ✓	A ✓
	B ✓	B ✓	A ✓
	B ✓	B ✓	B ✗

图3 诊断与练习答题情况

传统的班级授课制下,课堂上教师难以顾及所有学生的学习情况,只能根据大部分学生的学情设计教学,无法真正做到因材施教,不利于学生的个性化发

展。同时，在传统课堂的练习中，学生人数达40～50人，学习数据难以精确统计，教师了解学情会有偏差。借助数字教材的"诊断与练习"功能，教师可以自主编题，围绕教学目标，通过单选题、多选题、填空题、连线题的丰富形式考查学生知识掌握情况。依托大数据平台，学生完成练习后教师能及时得到反馈，系统自动统计每名学生真实的学习情况、班级的正确率、错误率（见图3）。课后，根据数据统计，教师可以了解每名学生的长处及薄弱处，制订相应的学习计划，使每名学生的数学能力都能得以发展，做到真正的因材施教。

在本节课中，借助数字教材中"诊断与练习"功能，有层次地设计了三道练习题，从数据统计中发现学困生对于三角形按边分的方法仍然不理解，按角分和按边分的整合对于学生来说也是一个难点，因此对第二课时做出了相应的调整，会对这两部分的内容再进行强化练习。

三、借助数字教材平台，注重学生能力发展

【片段四：课后拓展，开发思维】

课后练习：尝试用长方形折等腰三角形，把折的过程拍下来上传到笔记中。（见图4）

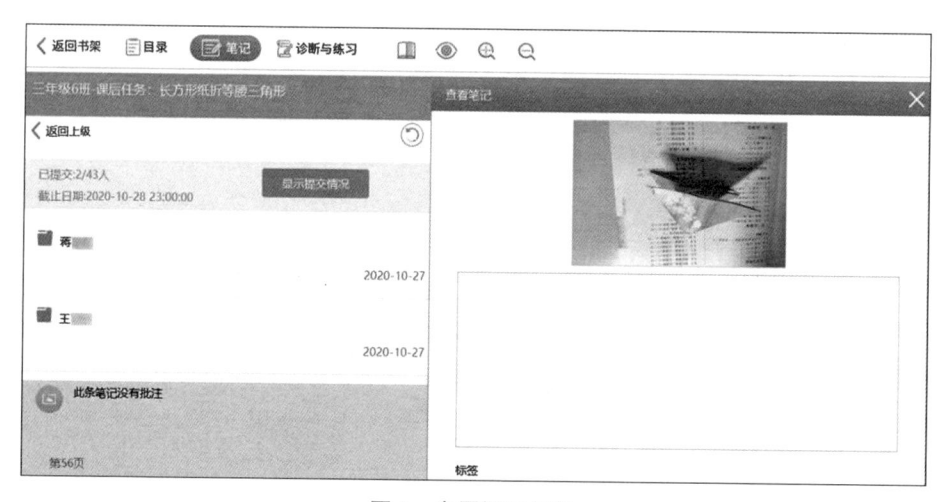

图4　布置课后任务

【案例分析】

提高学生的数学思维能力是数学教学中的教学重点，教师不仅要教数学知识，更要让学生体会到数学思想，能灵活运用所学方法解决生活中的问题。数字教材平台拥有丰富的资源，教师可以依托该平台，设计多种形式的课后任务，发挥学生的想象力、创造力和思维能力。

布置课后任务,在本课时认识等腰三角形的基础上,为下一课时研究对称性做铺垫。这类作业不同于纸笔练习的形式,学生更有兴趣,因此参与度也更高。同时这类作业更具多样性、受限少,能最大限度地发挥学生的想象力和数学思维能力,让每名学生得到个性化发展。

四、融合应用数字教材,提升教学实效

《义务教育数学课程标准(2011年版)》指出,数学课程要"面向全体学生,适应学生个性发展的需要,使得人人都能获得良好的数学教育,不同的人在数学上得到不同的发展",课程内容要"反映社会的需要、数学的特点,符合学生的认知规律",信息技术与课程内容的整合要"注重实效"。因此,在实际的课堂教学中,不仅要将数学教学与数字教材融合,更要做到有效融合,才能真正提高教学效率。

数学是一门开发思维、注重学习过程的学科。数字教材平台赋予了传统教材动态性,为学生创造了更多开放性的学习方式,学生可以利用数字教材自主学习,从而真正成为学习的主人。在信息化技术的帮助下,教师也从传授者的身份转变为引导者,通过合理设计教学,引导学生自主探究知识、解决问题,最终习得数学思想,提升学生学科素养。

在关注学生观察、倾听习惯的培养中，促进学生的思维发展

——以《植树问题》为例

宝山区罗南中心校　陈凌珍

新课标指出："有效的数学学习活动不能单纯地依赖模仿与记忆，动手实践、自主探索与合作交流是学生学习数学的重要方式。"同时指出，"学生是数学学习的主人，教师是数学学习的组织者、引导者与合作者。"

学习三年级上的《整理与提高》中的《植树问题》时，我设立了三个教学目标：

1. 通过动手操作，观察与思考，探究植树问题中"棵数与段数"之间的关系，初步积累数学活动经验。

2. 全体学生能在具体情境中感受一一对应思想，大部分学生能运用植树中的模型思想解决生活中的简单实际问题。

3. 进一步感受数学的应用价值，体验学习成功的喜悦，激发数学学习的兴趣。

解决植树问题的思想方法是实际生活中应用比较广泛的数学思想方法。第一课时，让学生感受三类情况，会适当区分；第二课时，解决生活中类似的问题。通过课堂交流，学生要会区分三类情形：两端都栽，两端都不栽，只栽一端。而在解决生活中的类似问题，重点还是需要会区分哪些情形，再解决生活中的简单实际问题。而根据班级学生的实际情况，我增加了一课，第三课时，通过对比练习，引导学生画草图，加深题意理解，促进学生的思维发展。

一、教学设计有层次

如何让这三种情形一一呈现，又让学生感受不突兀。我设计这样一个情景：

工人在一条长120米的小路一侧种树：计划把这条路平均分成3段，每天完成一段，从头开始种，每隔10米种一棵，第一天需要种几棵？

(一)情景引入,探究新知,初步感受三种情况

1. 感受两端都种。

第一种情况在求第一天种多少棵树的问题解决中呈现：

预设：受了之前的解题经验,大部分学生都是两步完成：

120÷3＝40(米)

40÷10＝4(棵)

但是实际上,学生对"植树问题"不是零基础,有些同学说不是4棵,这时就可以引导学生通过画图验证,利用学生生成的资源,发现实际不是4棵,这时再来辨析：40÷10＝4(棵)这个算式的意义,此时是教师可以示弱,让能力强的学生请他们来描述,既是给学生表现的机会,也是培养全班同学倾听的时刻,"他说得有道理吗？""能学×××再解释一下吗？"

教师补充总结：原来"40÷10"是在求40米里有几个10米,也就是有"4段"(结合板书,数形结合：一棵树一段路、一棵树一段路、一棵树一段路、一棵树一段路,最后一棵树没有一段路;所以第一天需要种5棵树)

在描述的时候,实物板书结合,让学生直观感受到两端都种,这样分析,学生对"两端都种"的情况,有了初步的感受——棵树多、段数少。

2. 只种一段。

师：第二天需要种几棵？把你的想法用草图画一画。

比较：两天的种树情况的共同点和不同点。

3. 第三天需要种几棵？

呈现一个图形

感受两端都不种的情况。

(二)深入探究"两头都种"的情况下"棵数与段数"之间的关系,感受一一对应思想

1. 师：两头都种,4棵树为什么只有3段路呢？

教师板演,初次体会植树问题中的一一对应。

2. 变换数据,再次感悟。

5棵树(师生板演)

10棵树(多媒体演示)

3. 思考：100棵树，两头都种，把路分成几段？怎么想的？

4. 小结：刚才我们借助"一棵树对一段路"的方法，发现了两头都种，不管种多少棵树，都会多出一棵树，所以段数比棵数少1。

【设计意图：基于学生的学习需要，以"两头都种"为突破点，适时引导，体会一一对应方法。】

（三）分组探究"两头都不种"和"只种一头"的情况下，棵数与段数之间的关系

出示小组学习任务：

那"两头都不种""只种一头"的情况下，棵数与段数之间的关系是怎样的呢？

刚才我们已经探究了两头都不种，4棵树把路分成了5段；只种一头，4棵树把路分成了4段，这是为什么呢？你能解释吗？找到答案后，小组里再举两个例子验证。

学习单：

两头都不种		
4棵	⊥⊥⊥⊥	5段
小组举例 （　）棵	画图：	（　）段
小组举例 （　）棵	画图：	（　）段

只种一头		
4棵	⊥⊥⊥⊥	4段
小组举例 （　）棵	画图：	（　）段
小组举例 （　）棵	画图：	（　）段

小组讨论、交流，对三种情形，以及段数和棵数之间的关系基本都能理解，同时对画简图也有了一点经验。

二、个性化作业，增强学生画图意识，看图能力有提升

个性化作业的布置，让学生用数学的眼光看生活中的植树问题。因为课前做了充足的准备，经过课中的有效引导，学生对植树问题的三类已有初步模型，于是我布置了这样一个个性化作业：找找生活中类似植树现象的问题：小朋友们对手掌印象最深刻，很多小朋友都很用心地去收集了：

三、练习跟进，预防思维定式

（一）公园一条长 200 米的河岸两端各有 1 棵桃树，现在要在两棵桃树之间等间距栽种 4 棵柳树，每两个柳树之间相隔多少米？

【设计意图：把植树问题的两种情况有机结合，既可以看作两端都种，也可以看作两端都不种，也能发现班级中，学生存在的困难。】

两种思考方式：

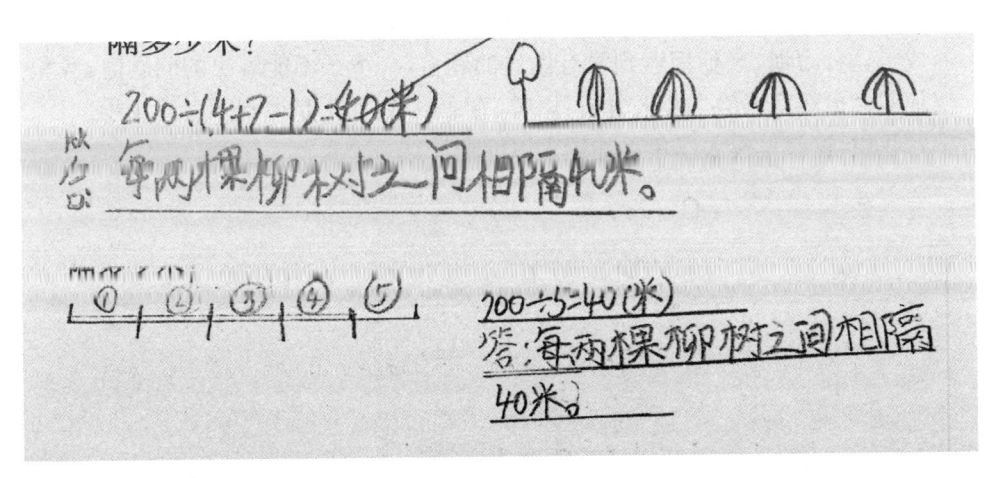

这两个孩子，都用画图的形式，结合自己的理解，第一名同学把 2 棵桃树和 4 棵柳树合并成 6 棵树，即两端都种，再把 6 棵树转化成 5 段，最后求出每段长度也就是每两棵柳树之间间隔 40 米。第二名同学用简图的形式，也把 5 个间隔很好地呈现：

错例：

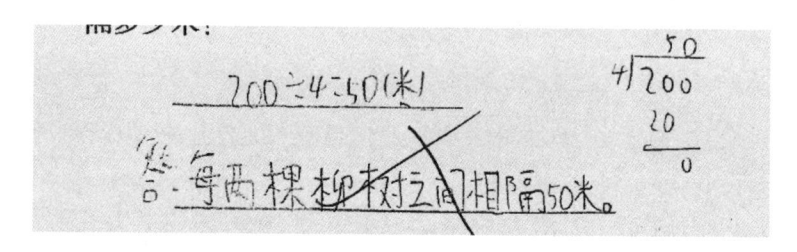

> 200÷4=50(米)
> 答：每两棵柳树之间相隔50米。

浅阅读的学生，只看数字信息，理解成 200 米平均分成 4 段，求每段多少米？这类孩子在独立做题时，没有读题的习惯，慢慢地，理解能力也没有提升，需要花多一点的时间，引导他们读题、读懂题意，区分其中的情形，再做思考。

（二）加深审题习惯，平时教学时，都是一侧种，出现"两侧"时，读题不仔细的孩子，根本就发现不了。

> 在一条长 50 米的跑道两侧，从头到尾每隔 5 米插一面彩旗，一共要插(12)面彩旗。
> 50÷5=10 10+1=11

虽然学生之间有差异，但是通过一段时间的学习，通过课堂的有效引导，大部分学生都是有收获的。他们不再像一开始那么迷茫，遇到一下子看不懂、不能马上解决的问题，好多学生都能做到静静地读题、画画草图整理思路……

我们引导学生的这些做题习惯、分析题意、画草图、一题多思……等孩子们养成了这种习惯，当他们遇到没有做过的题型，一下子不能解决的问题时，我相信他们会自然而然静下心来分析、思考、直面困难，而不是遇到不会就止步。

我想，这就是授人以鱼不如授人以渔吧！

运用学具助推有效课堂学习

宝山区罗南中心校　龚徐玮

引言：低年级学生活泼好动，注意力易分散，教师一味地灌输容易使他们对数学这门学科失去兴趣。根据这一年龄特点，我们可以设计一些动手环节用以抓住学生的注意力。而学具作为数学学习中最常见的教学辅助工具，学生可以边学边玩，非常贴近其的年龄特点，能营造出学生喜欢的数学课堂，活跃学习氛围，提高课堂学习效果。

在课堂教学的过程中，评判一节课成效的关键在于这一节课中学生的注意力是否集中在学习知识的重难点上。而对于低年级学生来说，其注意力具有无意注意占主导、稳定性集中性较差等特点。这些特点告诉我们：学生们在面对一些具象的、有趣的、具有操作性的事物时注意力更容易集中，学习效果更佳。所以，通常一些需要动手操作的教学内容学生们会接收得更好。

研究背景：新课标指出："有效的数学学习活动不能单纯地依赖模仿与记忆，动手实践、自主探索、合作交流是学生学习数学的重要方式。"因此，在教学过程中作为老师要为学生创造动手操作的平台，特别是对一些抽象的学习内容，如几何，引导他们运用学具进行探究，丰富他们的想象，培养他们探索发现知识的能力，提升思考能力。这样，学生的课堂学习效果、获取知识的能力就会有显著提升。

案例描述：

片段一：师：喜羊羊和美羊羊准备一起玩工字棋游戏，可是喜羊羊说："丁丁平，你的棋子比我的多。"美羊羊说："不对，是你的棋子比我的多吧。"

（PPT出示两盒棋子）

师：究竟谁的棋子多？

生：美羊羊多。

生：喜羊羊多。

师：你们是怎么知道的呀？

生：我是数出来的。

师：那有没有什么办法不数就能一眼看出谁多谁少？

（预设：让学生自己说，有"一个白棋子和一个黑棋子对起来"最好）

师：老师今天为大家准备了五子棋，想不想也来玩玩？听清楚游戏要求：两人一组，自己试着摆一摆，比一比谁想的办法最好？（现场表现：学生们个个争先恐后，学习欲望被激起。）

生操作，选2~3人上台演示。（现场表现：学生上台后，这儿一放，那儿一摆，很自信地完成了学习任务。）

师：你们真棒！我们用一个黑子对一个白子，这样对下来，结果多出了1个白子，我们就可说白子比黑子多，多一个。

说明反思：低年级学生因年龄原因以形象思维为主。在数学教学的过程中，教师应巧用学具，借助学具直观的特点，将抽象、复杂的知识具体地呈现给学生，以激发学生的学习动力，使每一名学生都能主动融入课堂，活跃气氛。例如一年级数学第一学期《比一比》的教学内容。对于学生而言，在先前的学习过程中经历的都是指着数10以内的事物，因此在碰到较少的物体个数时，他们通常会通过数一数的方式来比较大小。所以在这节课的引入环节，我向学生呈现了两堆五子棋——一堆少于10个，另一堆远超10个且要打乱。第一次试教，我仅让个别学生通过PPT数，并以电脑演示数的过程。讲台下举起的小手屈指可数，仅仅只有回答问题的学生觉得数的时候遇到麻烦了，在思考新的比较方法。课堂中剩下的学生由于第二堆数量多又乱，老师也没让回答注意力早已不知去向何方，课堂参与度低，更别说体会到本课——对应数法的优势。因此，在之后的试教中，我加入了让学生使用学具——五子棋数一数这一环节，让学生小组合作通过数五子棋，非常直观地理解和使用本课的重难点：一一对应。学生们都很有兴趣地探究了起来。在之后交流数法的环节中与先前试教不同，更多的学生愿意站起来交流自己的意见。由此看出小游戏"数五子棋"的导入，恰到好处，激起了学生学习的兴趣，提高了学生的课堂参与度，让每一个学生都有机会得到体验。学生活动经验、参与度、兴趣、注意力的增长都有助于课堂效果的提升。

片段二：师：老师这里有个巧克力盒子，这个盒子上有面吗？谁来指指？（生指）

问：有棱吗？谁来指指？这条棱是由哪两个面相连接而成的？（生指）

师：顶点呢？这个顶点是由哪3条不同方向的棱相交得到的？（2个指）

师：想不想自己试试啊？要求：1. 请拿起你们的长方体模具，摸一摸它们的面。2. 请你找一条长方体上的棱，并说是哪两个面相交得到的。3. 请你在长方体上找一个顶点并说出由它是由哪3条棱相交而成。

师：现在你认识正方体、长方体上的面、棱、顶点了吗？

听口令指一指(师报面棱顶点生指,同桌检查)

利用模型数一数长方体的面、棱、顶点。

师:龚老师继续切,把土豆切成了一个(长方体),你知道我又切了几刀吗?

小组讨论后交流(长方体有六个面)

师:长方体有6个面,你们同意吗?拿出你们的长方体自己数一数。

交流(2个)他数得清楚吗?(夸夸他)师引导学生学会有序地数。PPT演示一起有序地数。

小结:这两种数法都可以,很有顺序也不会遗漏。

师小结:长方体有6个面,已经切了……(3个面)还有……(3个面)3个面切几刀?(3刀)

师:长方体有6个面。你能再数一数它有几条棱?几个顶点吗?

听清要求:① 同桌合作,数的过程中,不能转动长方体。(为什么不能转动)

② 有序地数,做到不遗漏不重复。

③ 数完后将结果填入学习单。

生尝试数一数后交流结果。

师借助 PPT 演示引导学生如何有序地数。棱:横向 4 条,竖向 4 条,纵向 4 条。

顶点(先问学生是怎么数的,再 PPT 一起数):上面 4 个,下面 4 个。

生再次尝试有序地数一数。

师生小结:通过摸一摸、指一指、数一数我们知道了长方体有6个面,12条棱,8个顶点。

说明反思:数学的学习是学生对知识进行建构的一个过程。知识是抽象的,需要具象的物体辅助才能更快、更轻松地帮助学生完成对其的建构。所以在教学中,教师可以运用学具,让学生通过动手活动,加快其对知识内化的过程,以起到帮助学生构建的知识体系的作用。例如在教学长方体、正方体的初步认识第一课时时,我为学生准备正方体、长方体的学具各一个用以认识面、棱、顶点。对于低年级学生而言,抽象思维薄弱导致他们对立体图形图片阅读得吃力,若是教师整节课使用PPT及教具讲解,学生可能因看不懂立体图形图和教师在教具上的演示而注意力分散,从而导致课堂参与度低下,对知识的建构不全。所以,长方体、正方体学具的加入,并通过环节的设置,在教师带领认识了面、棱、顶点后,学生在自己的学具上来找一找面、棱、顶点,并同桌检查。之后再通过自己探索面、棱、顶点的数量,交流有序的数法。一节课一气呵成,学生注意力集中、参与度高,在教师的带领下经历自己动手的体验,一步步构建了长方体、正方体有6个面、12条棱、8个顶点的知识内容。相信在教师的指导下,让学生透过学具

进行有目的的探索,给学生提供动手实践的机会,不但能丰富学习的体验,还能让学生感受到数学知识不是高高在上,是可触碰到的。

片段三: 1.师:今天你们想不想自己动手来搭一个正方体框架呢?

我为大家准备了小球和小棒。

2.师:那么搭一个正方体框架需要几个小球、几根小棒呢?

动手验证自己的猜想。

1.师:大家都已经有了自己的想法,那么到底对不对呢?你们有什么办法可以证明?

生:我们可以用桌子上的小球和小棒来搭一搭。

生:我们可以拿一个正方体来数一数到底有几个顶点,几条棱?

2.师:现在就请大家用自己喜欢的方法来证明你的猜想是否正确。

交流探究结果。

1.师:在搭一个完整的正方体框架的过程中,你还发现了哪些小秘密呢?

生:我发现搭一个正方体框架要8个接头,12根小棒。

请学生演示数法。倡导有规律有顺序地数。

2.师:刚才我们发现了搭一个正方体要用8个小球,12根小棒。

那你们还有其他新的发现吗?

生:我发现这12根小棒的长短要一样。

师:大家同意吗?你有什么办法证明?

生:正方体的6个面是6个大小一样的正方形,正方形的4条边的长短是一样的,所以12条棱的长短也是一样的。我们选的小棒也要长短一样。

生:我们可以把这个搭好的正方体拆了,把12根小棒比一比。(演示)

师:大家真聪明。现在我们知道了搭一个正方体不仅要12根小棒,而且这12根小棒的长短要相等。

说明反思: 数学知识抽象、难懂,低年级学生以形象思维为主导以及自身生活经验不足,特别是几何问题,学生难以透过知识的表面把握知识的本质。因此,在教学的过程中,应通过学具,让学生动手摆一摆、摸一摸、搭一搭,从而帮助学生理解数学,让学生体验学习数学的成就感。例如在教学长方体、正方体的初步认识第二课时时,我没有直接告诉学生长方体有三组棱,每组四条长度相等;正方体所有的棱长度相等。而是使用学具让学生自己用小棒和小球自己搭一个长方体和正方体。在操作的过程中,学生们发现如果要搭一个长方体需要先选出三组小棒,每组四根,长度相同;搭正方体只需找出三组每组,四根长度相同的小棒就可以,否则就无法搭出长方体、正方体。学生自己动手操作,发现这一知识要比老师灌输来得更容易被接受、理解。虽然在表达时有所欠缺,但是在教师的引导下,学生是完全可以自己得出长方体有三组棱,每组四条长度相等;正方体所有的棱长度相等,再结合第一课时所学,理解正方体是特殊的长方体。在搭建长方体的过程中,有学生出现同一组棱中使用了长短不一的小棒,搭好后发现搭的形状并不是长方体、正方体,此后马上尝试使用其他长度的小棒。学生自己发现错误、改正这是非常关键的一点,对理解体验知识起到了至关重要的作用。而这一点往往在老师"一言堂"的灌输中是不会出现的。学生使用学具,在动手操作的过程中容易发生认知冲突,但也会促进其进一步思考,让学生自己发现问题,分析问题、解决问题,培养了学生自主探索的能力,而这正是数学的魅力所在。

教育家蒙台梭利曾在她的名著《童年的秘密》一书中说道:"我听到了,但可能忘记了;我看见了,就可能记住了;我做过了,便真正理解了。"确实,看到、听到并不代表能够记住,只有做过了得到了体验,才能说有了经验,为理解埋下伏笔。学具在数学课堂上的运用,提高了学生手脑并用的能力,增加了他们的学习体验,改变教师"满堂灌"的尴尬局面,做到把学习的主动权交还给学生。因此作为教师,我们要研读教材,发挥学具的作用,帮助学生通过学具提高课堂效果,提升数学素养。

英语学科

关注小学英语课堂中故事语境的创设与语用表达能力

——以小学牛津英语 3BM3U3 The ant and the grasshopper 为例

宝山区罗南中心校　奚丽静

【案例背景】

"故事"是小学生们喜闻乐见的一种文体，他们活泼好动，想象力丰富，好奇心强，且有着爱听故事、爱讲故事的天性。在现行的小学牛津英语教材中就收录了许多有趣且具有教育意义的小故事，受到了学生们的喜爱。在日常的英语教学中，教师们也常常会将教材内容进行整合，创设语境，以故事的形式在课堂中进行呈现并学习，学生们对此都有着较大的学习兴趣。

本课选自上海版牛津英语 3B Module3 Unit3 Colors 这一单元中的 Read a story 板块，本课是本单元的第三课时，希望通过学习 'The ant and the grasshopper' 这一故事，让学生们感悟"一分耕耘，一分收获"的道理，养成勤劳的好习惯。

【案例描述与分析】

一、创设故事语境，激发学习兴趣

- 片段一：

在课堂的一开始，我让学生们聆听一首藏头诗：Interesting insects，让他们找找小诗中所隐藏的单词：Insects，继而揭示了今天的教学主题是有关于 insects 的，之后出示了一些有关动物、昆虫方面的故事书封面图片，让学生们进行观察，选出与 insects 主题相关的故事书：The ant and the grasshopper，从而引出今天的故事主题。

附藏头诗：Interesting insects

Interesting insects, I can see.

No time to play, busy honey bees.

Strong little ants, lovely ladybirds.
Eight nice butterflies, dance in the wind.
Can you see the ant, can you see the ant?
Talk with feelers, talk with feelers.
So interesting! So interesting!

• 分析：

我们知道,正如市英语教研员朱浦老师所主张的那样,在英语课堂中我们首先要给学生们创设一个"语境",通过"语境"来带动语言知识的学习。同样的,在进行故事教学时,我们也应该在课堂中创设相应的故事语境,带着学生们渐渐走进课堂、参与课堂。故事语境的创设应该"自然""真实""完整",并且要能牢牢地吸引学生的注意力。本课中,通过寻找藏头诗来揭示主题、通过寻找故事封面图片来出示课题这2个小活动,都在课堂伊始便牢牢地吸引了学生们的注意力,激发他们的学习兴趣,为之后的教学奠定了良好的开端。由此,我想在日常的课堂教学中,我们创设语境的方式应该是多种多样的,实物、音频、视频、动画、儿歌等等,从视觉、听觉、触觉等多种感官的输入来激发学生们的学习兴趣,为学生们创设一个有趣、有效的故事语境。

二、关注必要经历,开展故事教学

• 片段二：

我首先运用了一个小动画(grasshopper 跳跃着进入草坪),生动、形象地展示了主角以及他的特征。然后让学生认真聆听了 Grasshopper 的自述：I like grass. I can hop. I am a good hopper. I like hopping on the grass. I'm Grasshopper. 本段自述的创编,可以帮助学生一步步了解其特性,将长单词 grasshopper 进行分步教学。教授完这个单词后,为了巩固新知,我让学生通过创编一则关于 grasshopper 的 chant 来更好地了解这一形象。Chant：Grass, grass, I like grass. Hopping, hopping, I like hopping. I like hopping on the grass. That is me, Grasshopper! 随后,我又出示了 ant 的动态图片,并配了一段它的自述：Hello, I am a little ant. I am small and black. I like working every day. 并适时地教学非核心词组：work every day.

• 分析：

在此环节中,我希望通过运用两个小语段来引出故事并让学生对这两个主角人物的特点有一定的认识。Grasshopper 环节的小动画运用得很形象,chant 也朗朗上口,因此学生对于这一人物的兴趣点较高。总之,对于这两个主角的小语段的编排上,语言结构做到了简单易懂,适合本班学生,并且较有节奏感,而且富有童趣。这样一来,学生既可以加深对这两个人物的认识,也丰富了他们的学习体验,拥有了相关且必要的"学习经历",为之后的故事理解和语用表达做好了铺垫。

三、体验情感内涵,尝试语用表达

• 片段三:

我在教授完三段(春天、夏天和秋天)之后,出示了文本内容,让学生通过Role-play 的形式进行朗读。通过阅读表演来体会 the grasshopper 的心情:

附其中一段(spring and summer)的文本内容:(G：grasshopper ;A：ant)

G：I like sleeping in spring and summer. Look at the grass. It's green. Hi, little ant! Come and play with me!

A：No! I like working every day. I want to make a house for winter.

在教授完 winter 的文本内容后,我让学生再次通过 Role-play 的形式来朗读。

通过表演体验,感受此时此刻 grasshopper 语气的变化和心情的转变。

A：I have a house, and I have some food too. It's warm inside. I like reading at home in winter.

G：Look at the snow. It's white. I have no food. I have no house. I'm cold and hungry. I don't like winter! Who can help me?

A：It's cold outside, my friend. Please come in !

G：Thank you! You're so kind!

• 分析:

我们知道语言的魅力是神奇的,学生可以从朗读中去感受情绪和体验情感。

相同的语言用不同的语音语调来朗读会带给人们不一样的情感体验。因此,在本课中我通过指导学生在朗读四段文本时要带着不一样的心情,用不一样的语气来进行朗读,体验着 grasshopper 在不同的情境下不同的语言和心情。通过这样的朗读指导与示范,也让学生切身感悟到"No pains, no gains"的故事情感,通过对故事的朗读、复述甚至是表演,才能让学生体会到对故事内容和情感的深切体验,并能真正理解这个故事,习得故事中的语言知识,体验故事中的情感内涵。

【反思】

现代教育中,教师主要的任务不再是头头是道地讲解语法、句型,而应巧妙地创设各自语言环境,使学生身临其境,轻松愉快地学会英语、会学英语,使学生

们的综合素质得到提高,使他们的自主学习能力得到培养。

通过在课堂中创设故事语境,语言知识放在故事语境中,不仅符合小学生的认知水平。在课堂中给予了学生们一个爱表达、想表达、能表达的平台,同时也激发了他们学习英语的激情和热情,培养了他们语用表达能力。同时故事教学在英语课堂中的运用,也能让教师们有更多的思考,如何将英语课堂打造成一个"句、文、境"结合起来的"语境式"课堂,相信是我们英语教师所共同追求的目标,我们正坚定而努力地探索着。

提高高年段小学生写作能力的实践探究

——上海牛津教材《4AM4U2 At Century Park》写作指导案例

宝山区罗南中心校　是凤丹

【案例背景】

《义务教育英语课程标准》二级目标描述中明确要求:"能根据图片、词语或例句的提示,写出简短的描述。"小学高年段的学生要学会根据提示,以书面形式表达简单的思想或经验。随着教育的不断深入,在小学英语教学中,越来越重视学生的书面表达能力,写作是能帮助他们综合运用语言,提升表达能力的有效途径和方式。然而很多学生在英语写作时无话可说、文法不通、错误百出,写作成了他们学习英语的一大难点,困难重重,所以如何帮助学生突破这个难点,当务之急,教育者首先要进行有效精准的指导,在重视学生听、说、读的基础上,发展学生写的能力。

【学情分析】

笔者现任教四年级的学生,在教授我班孩子学习英语的过程中,一、二年级注重让他们在语境中学习单词,不断通过读音规则、构词法等帮助他们记忆单词,在这个基础上,三年级开始利用同义词、近义词、反义词、形近词、同类词等归类对比帮助他们进一步积累词汇,鼓励他们每天朗读、听写、滚动式复习,循环记忆,促使他们掌握词汇,因此到四年级后大部分学生在词汇学习方面掌握得还是比较扎实的。但是对学生来说英语是第二语言,他们又处于英语学习的起始阶段,受到语言文化的冲突,还不能完全自如地运用英语流畅表达,具体主要表现在语言内容、语言表述、句型和语法方面,错误比较多,问题比较突出。

结合当下小学高年级学生的写作现状和我班孩子的学情,我进行了作文指导实践探索。

【案例说明】

教学策略：围绕上海牛津教材《4A M4U2 At Century Park》这个单元的内容，在充分运用教材内容的基础上进行语言的渗透、写作方法的指导、具体细节的学习，从而使学生领会语言信息的输入与输出的内在联系，并引导学生独立思考，写一写自己喜欢的某个公园。

教材内容：

教学目标：1. 通过单元内容复习，促进学生语言表达；

2. 通过范文分析，帮助了解写作框架和内容；

3. 通过具体示例，提升学生语言运用能力。

教学重点：引导学生分析范文，了解范文结构和内容，通过课堂输入，促进学生课后顺利进行写作。

教学难点：能正确运用英语思维进行写作，语言表达正确、流畅、有逻辑、有思想、有情感、有特色。

提高高年段小学生写作能力的实践探究

【案例呈现】

一、利用教材——以说导写，以读促写，以听助写

对于小学生而言，能够帮助他们进行顺利写作的首要资源就是教材，所以教师首先要充分利用教材进行指导。在本课的教学中，我基于教学目标，深入整合教材内容，充分挖掘能引导学生写作的素材，发挥单元各板块对学生语言发展的作用，通过说一说、听一听、读一读的方式渗透语言内容，为习作内容做铺垫。

1. 从整体到局部，以说导写

为了让学生有话可写，我设计了先从整体入手（图1），明确写作题目，说一说自己喜欢哪个公园，并围绕"How ...?""Where ...?""What ...?"等问题初步说一说公园的特点、地理位置、所见所闻等，再从局部细化（图2），结合提示词，重点说一说公园里的相关场所。

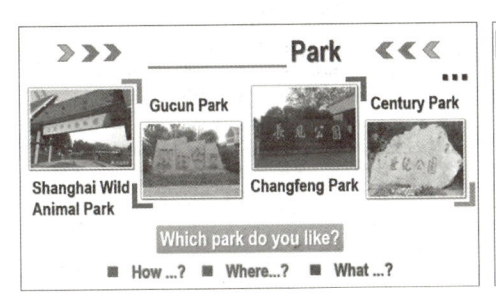

图1

图2

2. 听取语言信息，以听助写

听是学习语言的第一步，它是获取语言信息的重要途径，将听到的语言表达出来，就是信息的内化过程。本节课在指导学生进行情感表达、评价等的相关语言学习过程中（图3），就通过听的方式进行语言输入，用各种不同的方式去表达观点、感受等，渗透不同的句型，帮助学生丰富写作语言。

3. 充分进行阅读，以读促写

大量的阅读能够提升学生对英语语言的驾驭能力，阅读是写作的前提，它有利于增加语言量，促进写作能力的全面提高。在本课的教学中，充分利用教材内容，设计了阅读语篇来帮助学生扩大词汇量，如图4、图5，在此基础上，学生还能进一步熟悉句型、语法等细节，并且在阅读的过程中去学习文章结构（图6），了解写作框架。

图 3

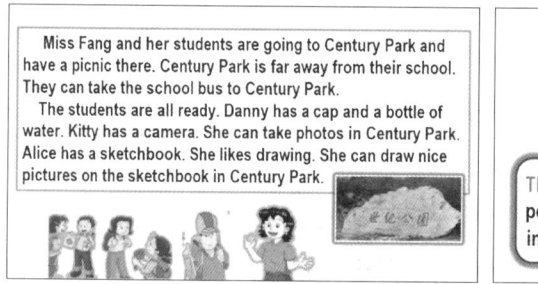

图 4

图 5

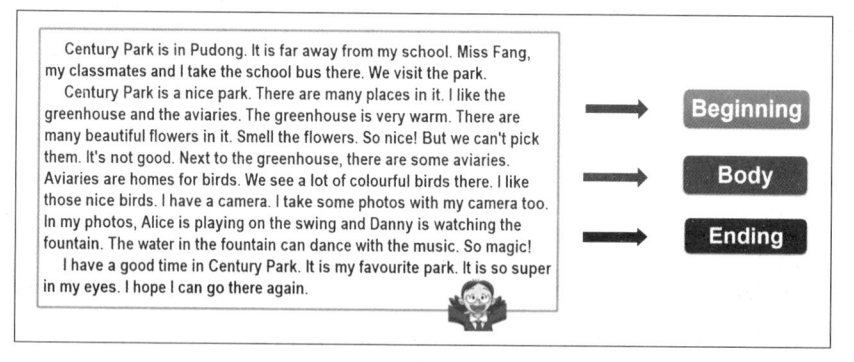

图 6

二、利用图文——收集素材，发散思维，理清思路

内容是作文的灵魂，对小学生而言，要写好作文的"Beginning"和"Ending"部分，还是比较容易的，但文章的主体经过即"Body"部分，困难就明显了，学生往往会无话可说，前言不搭后语。为了让学生有更多的主体内容去写，我借助范

文(图6)的主体部分,对其进行分层,然后制作思维导图(图7),梳理文章结构和内容,示范写作过程。在此基础上,我设计了学习任务单(图8),鼓励学生课后模仿这张思维导读,在进行写作之前,先尝试完成自己想写的相关公园的主体经过部分的思维导图。结合思维导图的学习,我再把文章结构和内容进行了整合(图9),帮助学生建立写作的整体观,并从细处指导,从而使学生有方向地、有方法地去收集写作素材,发散思维,理清写作思路。

图7 　　　　　　　　　　　图8

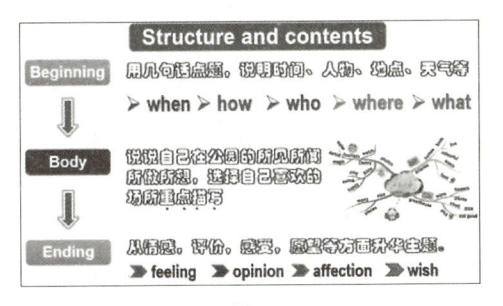

图9

三、利用评价——激发兴趣,提升质量,促进发展

有效的评价能激发学生学习活动的兴趣,写作也不例外。然而教师在批改作文的过程中,往往只对语言错误进行修改并评分,形式比较单一,师生之间缺少对习作的沟通,无法进一步激发学生写作的热情。另外,学生虽然了解了文章的写作结构,明确了写作内容,但是在英语写作中容易出现的中式表达、语言单调、缺乏逻辑、书写马虎等问题也不容忽视。

针对以上情况,我首先梳理了一些写作要素(图10—12),罗列了学生已学的各种句型,示范从简单句到长句的扩写方法,增加内容特色,并运用具体示例引导学生学习,如通过英语陈述句的一般结构,引导学生用英语思维,正确表达,如：I fly a kite. → I fly a kite with Jill. → I fly a kite with Jill in the park. → I fly a kite with Jill in the park in the morning.再如多用形容词或副词进一步丰富语言：The monkey can climb the tree. → The clever monkey can climb the talltree. → The clever monkey can climb the talltree very fast. 然后结合这些写作要点以及语言要素等，我设计了一份评价单（图13），以此激发学生的写作兴趣，利用评价内容，帮助学生注意写作要素，从细处入手提升写作质量，通过自评、互评、师评、教师评语的多元评价方式，促进学生进一步发展。

图 10

图 11

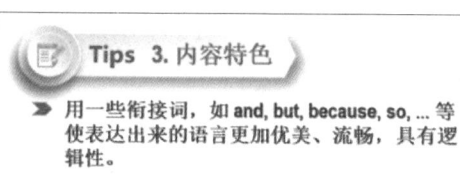

图 12

图 13

【案例思考】

在本课中，我始终围绕着如何提升学生写作能力开展教学设计，根据学生写作中出现的问题和目前英语写作教学的局限，整合教材，设计各种教学活动，运用多样的教学形式，注重写作方法指导，对写作内容进行多方位、多角度的分析，从而突破学习难点。

通过课堂学习，学生在本次习作中的表现明显进步了。自主完成的思维导图（图14）有效拓展了学生的思维，帮助他们打开了思路，丰富了写作素材，培养了他们的创造力。在和学生交流的过程中，学生们表示有趣的思维导图创作过程还提高了学习的兴趣，促进了自主学习能力。

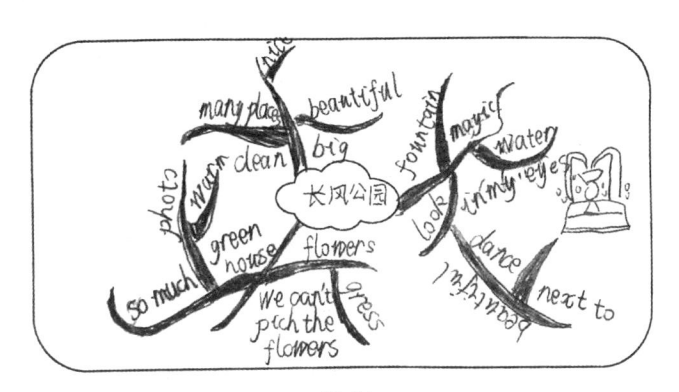

图 14

课堂上具体写作框架、写作内容、写作要点、写作评价的指导有效地帮助学生顺利完成了写作任务。在这次习作中,学生的习作质量明显提升了,主要体现在三方面:

第一,大部分学生的作文结构完整、清晰,"Beginning""Body""Ending"三个部分都能在习作中体现,在文章的"Body"部分,学生都能围绕思维导图进行写作,思维不再混乱,语言不再前言不搭后语,层次分明,思路清晰。

第二,通过课堂的阅读输入,思维导图的发散,学生不再无话可写,词汇量也不再捉襟见肘,作文的字数明显比平时增加了,平时的作文字数要求 40 个字左右,在这篇习作中,很多学生的字数都翻倍了,有的甚至超过了 100 个。

第三,在评价单的指导下,大部分学生能够围绕评价内容,有意识地运用多种句型进行表达,语言也不再单一,形容词、副词、衔接词、地点短语、时间短语等的运用使文章语言更加生动,而且富有逻辑性,写作的整体水平上升了一个台阶。

受到课堂时间的限制,课堂中没能对语言中容易犯的语法细节如主谓不一致、时态错误、名词单复数问题、错用或漏用冠词等方面做更加细致的指导,学生习作中在这些方面的问题还是普遍存在的,在今后的教学中还要做进一步的指导。

【案例总结】

写作是学生英语综合能力的体现,真正要写好作文,不是一朝一夕的事情。教师要在日常教学中帮助学生重视词汇积累,打好基础;在语境中学习语言,让学生掌握好基本句型,并经常予以训练,正确表达;鼓励学生多阅读,在阅读中吸收语言并进行内化,提高表达能力。在此基础上,进行写作兴趣的培养、写作方法的指导,利用多种写作形式如小练笔、仿写、续写等不断实践,帮助学生养成良好的写作习惯,从而不断促进学生写作能力的提升。

线上线下　整合资源
融于课堂　融于生活
—— 以牛津英语《5A M3U1 Around the city》为例

宝山区罗南中心校　朱雅芬

一、融合教学模式的背景

2019年的一场新冠肺炎疫情让全国的教育教学提前迈入了"互联网+"的时代,通过近三个月的线上教学,教师们从入门新手变成了一个个"键盘侠",如何通过网络实现在线教学,并且保证学生们的学习进度不受影响,空中课堂无疑给了所有上海的老师和学生们一剂稳定剂,让上海的线上教学稳步推进。

即便复课以后,空中课堂教学依旧保证录制与播出,师生回归校园,重聚课堂。如何有效利用线上教学资源,将线上课与线下课进行有机融合,促进教师业务能力,提高学生的核心素养,成为当下教师需要实践并研究的一个重要课题,下面将以牛津英语《5A M3U1 Around the city》为例,展开研究与思考。

二、融合教学模式的运用

1. 丰富教学资源

传统的课堂教学,除了教材以外,老师还会借助一些多媒体制作成课件,成为学生学习时的辅助。有了线上教学课以后,这种辅助功能变得更加凸显,不仅课堂上可以截取线上教学中的部分内容,制作成为微课加以充实课堂教学内容,对于一些学困生,更加可以利用线上课对学校习得的内容加以巩固和复现,而且线上课可以反复播放,摒弃了传统课堂上回家不能重现的短处。

另外,在线上教学期间,学生们除了观课平台以外,还有一个辅助平台,我们还可以继续使用此平台,在回家作业中布置一些讨论或者展示的内容,一方面学生对于平台的操作已经熟练,另一方面,过多机械性的作业会让学生失去学习兴趣,利用搭建的网络平台还可以让学生学得更有乐趣。

2. 转变教学方式

传统的教学可以说是知识传播型,但是通过融合教学模式下的课堂教学,我们可以将其转化为引导性教学。在课堂上通过微课的形式让学生清楚教学内容,然后在老师的引导下,学生独立思考,分享成果,同时也提高了英语的语用能力。如《5A M3U1 Around the city》这一课,我们将教材内容定义为如下:

项目			内　　容
话题		☑人与社会　　□人与自然	（单元话题 Around the city）
功能		☑交往　　□感情　　□态度	（单元功能 Inquiries, Advice and suggestion）
育人价值		感受城市生活的美好	
教材板块定位	核心板块	Look and learn	核心单词：hotel、bank、hospital、bakery、museum、cinema
		Look and say	核心单词：along、turn 核心句型： How do I get to …, please? Walk along … Turn …
		Learn the sounds	/s/、/z/、/ts/、/dz/
	次核心板块	Say and act	对话
		Look and read	阅读
		Ask and answer	问答 Excuse me. How do I get to … Take … and …
	辅助板块	Listen and enjoy	儿歌

根据空中课堂中的资源,每一课的教学输出的板书框架如下:

5A M3 Places and activities

Unit 1 Around the city P1

Places around my home

Look! This is my new home.
There are many nice places around my home.
You can see a … on …
It's next to/ near/ between … and …

5A M3 Places and activities

Unit 1 Around the city

P2 The way to the zoo

walk/go along
turn right /left
cross

take the
underground
get on　get off

Excuse me. How do I get to the zoo, please?

Go/ Walk along…
Then turn right /left…
Then cross…

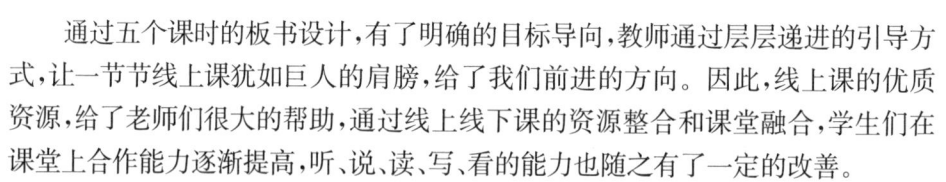

通过五个课时的板书设计，有了明确的目标导向，教师通过层层递进的引导方式，让一节节线上课犹如巨人的肩膀，给了我们前进的方向。因此，线上课的优质资源，给了老师们很大的帮助，通过线上线下课的资源整合和课堂融合，学生们在课堂上合作能力逐渐提高，听、说、读、写、看的能力也随之有了一定的改善。

3. 优化评价手段

观看线上资源的同时发现课中的每一个小练习都是可以作为形成性评价的一部分，除了学生口头表述教师给予及时性的评价之外，他们还可以通过一些练习来得知自己的学习效果和学习评价，而这些当然也能与线下课堂进行融合，充分做到了评价伴随整节课的要求。如：

在考查四会单词掌握的同时，还可以给予一定的星星进行自我评价，操作简单，目标明确。

资源二

E Look, write and match (看图读一读，写出正确的单词，然后配对)

_____ 1 You keep your money there.
_____ 2 You see films there.
_____ 3 You buy bread and cakes there.
_____ 4 You see the doctor there.
_____ 5 You can stay there for some time. You pay (付费) and then eat and sleep there.
_____ 6 You can see and learn about many interesting things there.

活动时长：

3-4 分钟

活动目的：

此活动为引导学生操练本课时核心词汇，巩固学生对核心词汇的理解。

活动实施：

老师引导学生依据图片写出单词，然后根据句子的含义选择正确的场所配对。随后请学生朗读每一句句子。

☆活动说明：

参考答案：详见练习册参考答案

三、融合教学模式的意义

1. 有利于激发学生的学习兴趣

所谓"众人拾柴火焰高"，我们所看到的空中课堂线上教学课，是一个个优秀的教学团队共同的智慧，精心打磨，不断完善，集众人的智慧于一节课的成果。通过线上线下的资源整合，学生在课堂中的学习兴趣明显有所提高，一个个设计新颖的活动，一个个扎实有效的教学片段，都能不断推进学生说的主动性，让他们对英语学习充满兴趣。

2. 有助于拓宽教学的宽度与广度

本单元是以"问路与指路"为核心任务，在学习中为他们构建真实情境，这些情境都是他们所要具备的基础性能力，如：要怎么表达想去地方的具体路线，这个路线可以是在街上，也可以是去参观某一个地方、公园、动物园或者其他地方，这是一种基本能力，对于英语的语用功能帮助很大。因此，在将线上线下教学融合的同时，学生的基本能力得到了改善。

依照牛津英语螺旋式上升的特点，我们还可以在这个基础上，将内容进行扩充，可以结合以前所学的旧知，将"问路"与"交通方式"、"交通规则"、"地点方位"等进行结合，激发学生的交际意识和交际能力。

3. 有利于提升英语教学成效

采用线上线下融合的教学方式，教师可以采用图片、视频、微课等资源让学生进行词汇、句型等的学习，在老师构建的情境下，现场分组进行角色扮演更加有利于提高学生的学习成效。如在本课的最后一个课时，结合空中课堂的内容，

让学生自己写出想要去的地方以及相应的路线，并且与大家分享。

除此以外，教师可以通过线上线下搭建的云平台，在回家以后，与同学一同分享讨论"问路与指路"的情境，让互联网平台成为课堂学习的延伸，有效地加深了英语的实用性。

4. 有利于提高学生解决问题的能力

英语学习的目标是要发展学生的语言技能、语言知识、情感态度、学习策略和文化意识。通过线上线下资源整合，让学生能够在模拟的真实情境中提高解决问题的能力，比如本课内容是"问路"，那么在进行角色扮演之前，可以让学生自由选择角色，这就涉及问路我应该问谁，可以问路人，可以问警察，也可以问路边的店员，给予学生一个情境，让学生自己挑选角色，相信这个对沟通交流的过程是学习英语的目的，也对英语学习起到了一定的推动作用。

5. 有利于培养学生的思维能力

本单元是属于实践性的一个话题，在演绎文本情境时，对于学生的认路、读图等能力要求很高，学生要知道如何从出发地到目的地的整个一个形成，并且能够用英语进行表达，而且对于学生的空间想象能力也有一定的要求，是该左转还是右转，目的地是在你的左边还是右边，这一系列的问题都考验着学生的空间想象能力和语言表达能力。因此，有效引导非常重要，我想，如果通过纯粹的书本教学，学生很难达到一定的目标；而如果有效利用线上资源，将其与课堂内容进行整合，将会促进学生思维能力的培养。

总而言之，互联网时代，信息技术的普及为课堂增添了不少色彩，而我们借助线上教学这股东风，将在信息化教学道路上越走越远，将线上教学与线下教学进行融合，整合线上线下教学资源，将其服务课堂、服务生活，切实将英语变成集工具性与人文性于一体的课程，为学生的终身发展奠定基础。

思维导图在小学英语板书设计中的应用

——以空中课堂教学设计为例

宝山区罗南中心校　许国珍

一、案例背景

板书是教学的重要组成部分，也是学生的学习资源之一。学生可以通过板书理解知识、发散思维、加强记忆，实现有效的语言输出；教师则可以通过板书设计更好地理解教材、梳理教材和设计教学活动。由此可见，在单元教学设计的背景下，通过优化小学英语课堂板书教学设计，有效提升课堂教学效率，显得极其重要。

可是，在实际教学中常常出现这些现象：一是，教师对板书设计的意识不强。随着多媒体技术在小学课堂教学中的广泛应用，所有的教学都被做成了PPT，在教学过程中教师忘记或者没有板书设计，黑板成了摆设。多媒体课件不仅可以清晰地呈现重难点知识，也更能吸引孩子们的注意力，但由于它转瞬即逝的缺点，学生像看视频一样，看过就看过了，记忆不深刻。因此到了语用输出环节，学生脑海中无法复现所学知识。二是，教师的板书设计缺乏语义功能。很多教师的板书只是简单地罗列了重点词汇、句型及句法，没有帮助学生建构思维框架，导致学生的语言输出相对困难。三是，教师的板书设计缺乏情感功能。教师在板书设计时能考虑到课时的语用任务，却往往会忽视情感主题，这也是板书设计的难点所在。

2011年版的《英语课程标准》中提出了义务教育阶段英语课程的总目标，即"通过英语学习使学生形成初步的综合语言运用能力，促进心智发展，提高综合人文素养"。在小学英语课堂教学中，教师根据教学内容，运用思维导图设计形式多样、丰富多彩的板书能够为学生搭建学习支架，帮助学生厘清文本脉络，建立思维表达的逻辑性，从而提升语用输出的表达意义。

二、理论依据

思维导图（Mind Map）是在20世纪60年代由英国著名教育家东尼·博赞

(Tony Buzaan)提出的。东尼·博赞(2005)认为,思维导图是一种非常有用的图形技术,可以应用于生活的各个方面。最初博赞将它用来作为改进笔记的方法,取得了很好的成效;随后,他正式提出了"思维导图"和"放射性思考"的概念,并成功用它们来训练"阅读障碍者"和"阅读能力丧失者",发现通过思维导图,这些学生成了同年级中的佼佼者。

思维导图有一些共同之处:

1) 都使用颜色。

2) 都有从中心发散出来的自然结构。

3) 都使用线条、符号、词汇和图像,遵循一套简单、基本、自然、易被大脑接受的规则(东尼·博赞,2005)。

思维导图作为一种教的策略,能够辅助教师改进教学。作为一种学习策略,学生在有趣的思维导图的创作过程中能够找到学习的乐趣,有利于培养学生的发散性思维和创新思维能力。

三、教学案例

下面以空中课堂教学资源为例来说明。

案例一:借助思维导图式板书,凸显核心语言内容

核心语言内容是教学的重点。在教授核心语言知识时,板书的设计能够帮助学生准确把握核心内容。由于板书可以"凝固"学习内容,因此学生在交流表达时可以随时"借用",板书语言框架的支撑,可以让学生通过模仿学习,达成语用输出,培养学生的综合语用能力。例如在 4A Moudle 4 Unit 2 Century Park 这一单元中,第一课时 Knowing about Century Park 的教学目标如表1所示。

表1　4A Moudle 4 Unit 2 Century Park 第一课时教学目标

课时话题与 教材板块	语言知识与技能	语用与情感	评价内容 与方法
Period 1 **Knowing about** **Century Park** Learn the sound Look and learn Look and say Say and act	1. 初步感知字母组合 th- 的发音规则 2. 能在语境中知晓、理解、朗读核心词汇 aviary、fountain、pond、far away、take,掌握其音、义、形 3. 在语境中理解核心句 Where is ...? It's ... 的意思,并能正确朗读与问答 4. 能理解语篇的基本信息,并在语言框架的帮助下介绍世纪公园里的场所	1. 能在语境中介绍世纪公园 2. 能了解并体验公园内不同场所的功能	1. 能借助图片和板书,组织语言描述世纪公园 2. 语音、语调正确,语言表达有逻辑且带有一定情感 3. 课堂评价:学生互评、教师评价

结合教材文本内容,空中课堂的专家团队设计了本课时的教学文本内容,如图1所示。其中 Miss Fang 的回答为本课时的核心内容,包含了教材中的核心词汇。专家团队运用思维导图,将其呈现在板书中(见图2)借助这样的板书,学生就能借助核心词汇和句型进行表达,尤其能够给暂时遗忘或者表达困难的学生给予提示与支撑,从而帮助学生达成语用目标。

图1　4AM4U2 Century Park 第一课时教学文本

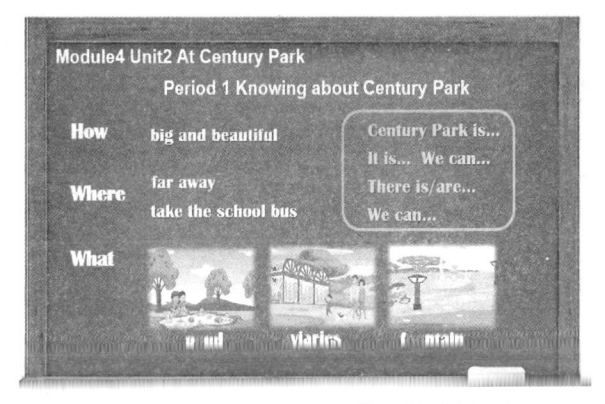

图2　4AM4U2 Century Park 第一课时板书文本

这样的思维导图式板书设计,有效地体现了"教学目标 教学内容与板书"的一致性,框架清晰,图片加文字的形式能够激活学生的感官、提升感知效果。这样的设计不仅易于教师学习尝试,还为学生的有效表达搭建了框架,帮助学生厘清思路,有助于提升学生的综合语言表达能力。

案例二：借助思维导图式板书,呈现教学过程

板书作为一种直观化的教学工具,能显露层次、跟踪思路,是保证课堂教学实效的重要辅助工具。借助思维导图式板书,可以呈现一个教学情境推进到下一个教学情境的过程。板书推进的过程,也就是教师教学过程的推进,它体现了教师对学生的精准指导,指导学生来完成语用输出。例如,空中课堂教学资源 4A Module 2 Unit 3 I have a friend 第五课时 Talking about a story of animal friends 一课,借助思维导图,清晰地呈现了故事的推进过程,如图 3 所示。

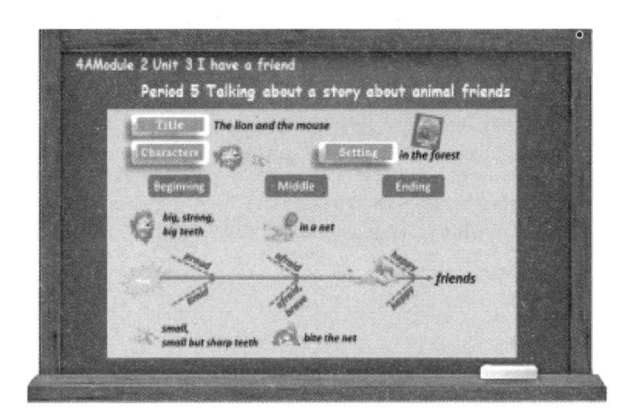

图 3 4AM2U3 Talking about a story of animal friends 第五课时板书文本

本课时是故事教学,教师指导学生掌握故事内容及进行复述是本课时板书设计的侧重点。不同于 What、When、Where 等常规关键词的引导,本课时的板书设计以故事的发展为主线,以箭头的形式体现故事的推进过程。专家团队根据故事发展设置了三个分时段教学情境:Beginning,Middle,Ending,并分段进行教学。这样的板书设计彰显了故事发展的脉络,有助于学生有条理地复述文本,进而表演故事。最值得我们学习的是,这一课时板书的设计挖掘了文本的情感内涵,将情感的体验分别融入三段情境教学中,在学完全部文本之后,再提炼出本课时的主题情感。由 Beginning 部分:The lion is proud, but the mouse is timid.发展到 The lion is afraid. The mouse is afraid but brave.再推进到 The lion is happy. The mouse is happy too. 进而提炼出本课时的情感:朋友之间需要相互帮助。这样的情感渗入,不是贴标签式的情感价值观教育,而是将育人目标融于教学内容与教学过程之中。

可见,这样的思维导图式的板书设计,充分地体现了"语境、内容、过程、情感"的一致性,它不仅清晰地呈现了学习过程、学习内容和情感体验的推进过程,也帮助学生厘清了故事的发展脉络,为学生最后的语言输出提供了语言框架。

案例三:借助思维导图式板书,搭建写话支架

在日常教学过程中,我们发现许多孩子在写话时,思绪一片混乱,不知道从何下笔,也不知道如何展开。

其实,很多学生对于课本中的重点单词和句子早已熟记于心,但他们不知道如何从混乱的思绪中提炼出一篇写话的语言框架。如果我们教师能够帮助学生理清写作思路,搭建语言框架,学生就不会跑题偏题,同时他们的思维会被启迪、分散,写起来也得心应手。以空中课堂教学资源 4A Moudle 2 Unit 3 I have a friend 第三课时 Talking about my friend 为例。

本课时要求学生能理解语篇的基本信息,并尝试在思维导图的帮助下,运用所学词句介绍自己的朋友。在写话的准备阶段,上课老师通过 6 个问题:What's her name? How old is she? What does she look like? What clothes does she have? What can he she do? What does she like doing? 引发学生的头脑风暴,让学生根据话题,联想出尽可能多的关键词、短语等,并让学生以思维导图的形式呈现出来。(见图 4)

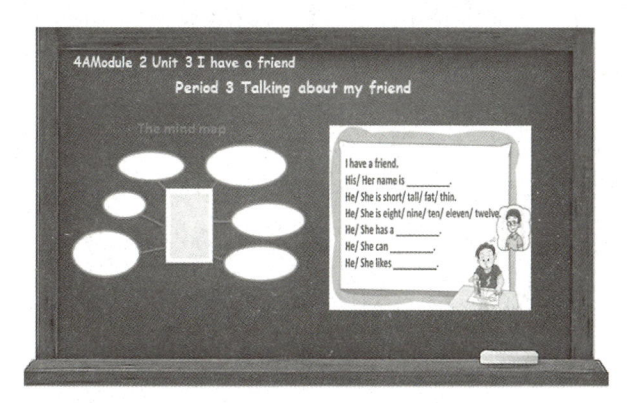

图 4　4AM2U3 Talking about my friend 第三课时板书文本

通过这种思维导图式的板书设计,再根据老师提供的框架,学生就知道在写话中要体现出这些内容。因此在英语写话中,思维导图式板书可以给学生提供一个支架的作用,让学生可以从混乱的思绪中理出一条主线,明确自己的写作思路,丰富写话素材。

四、结语

王松泉教授(1995)认为,板书是教师课堂教学内容引人入胜的导游图,是学生在学习中掌握真谛的显微镜,是开始学生思路进入知识宝库大门的钥匙……由此可见,板书设计不仅体现了教学内容的内在逻辑结构,帮助学生理清思路,建立思维框架,还能升华情感体验。运用思维导图式板书设计更是教师有效教学设计的有力支撑,学生有效语用输出的牢固支架。

学教互依　学思融合
——小学牛津英语1BM3U1〈Seasons〉教学案例

宝山区罗南中心校　王　静

【案例背景】

著名外语教育专家朱浦老师说过:"教材不是圣经,它只是主要的教学资源之一;世上没有一套教材是专为你所教的学生而编写的;教师要对教材和教学资源整合、调整及补充。"

是的,我们的教材是根据课程标准和教学大纲统一编写的,而每位老师所面对的教学对象不同,所以我们要针对不同的教育对象对知识的不同需求对文本进行再构。并将线上和线下教育的优点融合,但无论线上或者线下的小学英语课堂,对于学生来讲都是一种缺少真实语言情境的第二语言学习环境。在语言的学习中,只有学生能够在一定的情境下将自己的思维与情感充分融入相关内容中去,运用自己习得的知识进行表述,才能令其产生更为深刻的语言感悟,进而提升其英语语言技能。所以为了能够让小学英语课堂的教学效率与价值得到质的提升,以学生为中心的原则不能变,同时在课堂上教师也应该根据实际情况让学生体现出主体的地位,并且能够根据课堂内容营造出一定的情境,慢慢地锻炼学生的英语语言思维习惯。

以上海版牛津英语1B Module3 Unit1 Seasons这一课的"空中课堂"资源与线下教学两种教学过程为例,希望以学教互依、学思融合为授课理念,通过学生与学生之间的知识互动,教师与学生之间的知识、思维点拨,让学生在课堂中更加深入地走进英语,学好英语。

【案例描述与分析】

一、教学内容分析

本单元介绍的是 The natural world 相关的内容。本课是这个模块的第一单元,主要介绍了与季节相关的情况。

- **本课的重点**

能在井底之蛙看春天的语境中识记本单元核心单词：warm、spring。通过听、说、读的活动了解词义。

在语境中初步感知并尝试使用核心句型 Spring is ... In spring, I ...

- **本课的难点**

能够用五感体会春天,可以正确跟读核心词汇 spring,并知晓核心词汇 warm 的含义。

二、教学目标

- **知识与技能**

1. 能在语境中感知陈述句的语调。

2. 能在语境中感知季节词汇 spring 以及气候词汇 warm 的含义,并正确跟读。

3. 能在语境中感知核心句型 Spring is ...的含义,并正确跟读、朗读。

- **过程与方法**

1. 通过倾听、仿说、跟读等形式学习陈述句的朗读语调。

2. 通过文本视听、跟读模仿、儿歌吟唱、文本朗读等形式学习本单元的相关词汇。

3. 通过跟读模仿、文本朗读、师生交流、游戏互动等形式学习本单元的相关句型。

- **情感、态度、价值观**

在谈论季节的语境中,初步感知春季的季节特征,萌发对自然的喜爱之情。

三、学生情况分析

小学一年级的学生由于所处年龄段都比较小,所以其自控能力以及注意力都有很大的不可控性,在线下英语教学当中教师能够借助与学生"零距离"的环境对学生相关行为进行约束,进而督促其将注意力投放到课堂之上,而之前疫情防控期间的线上课堂中,教师仅仅能够运用实时的视频连线来观察学生学习的动态,这无意中给学生预留了"溜号"的机会,经过对比线上与线下教学发现,学生在进行线上学习时很容易出现"小动作"进而导致其注意力不集中。具体统计如下表：

	长时间低头	摆弄手指	打哈欠	眼神呆滞	摆弄铅笔
线下课堂情况	2	1	1	2	1
线上课堂情况	4	2	3	4	3

由此可以看出对于英语课堂中的学生管理方面，线下课堂的优势明显，学生出现溜号的平均次数明显少于线上课堂中的平均次数。所以为了能够让学生在课堂上减少此类行为，提升课堂的活跃氛围至关重要，如果学生能够在课堂中更多地体验到令他们感兴趣的内容与形式，他们的注意力自然而然就会集中起来，而这就需要教师在课程内容的编排上下功夫。

本节课是《牛津英语》上海版1B第三模块第一单元的教学内容。学生在以前的学习中已经积累了很多动词以及动词词组，在本单元第一课时中，也已经学习了四季以及四季的颜色和特点。本课时要在前一课时的基础上，将话题延伸到在不同的季节做不同的事情上。

四、结合空中课堂内容的线上教学过程

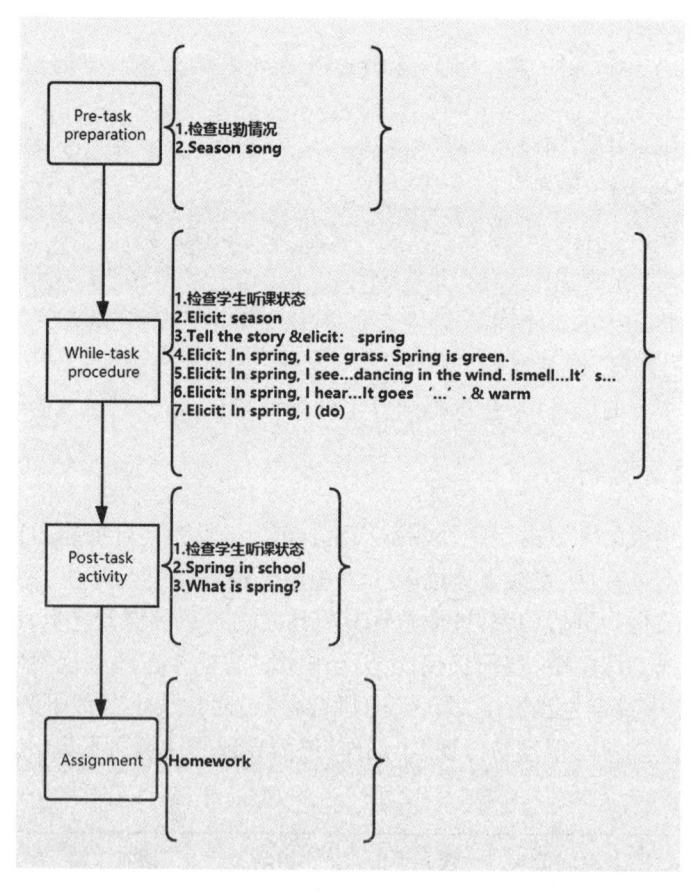

Pre-task preparation
1. 检查出勤情况
2. Season song

While-task procedure
1. 检查学生听课状态
2. Elicit: season
3. Tell the story & elicit: spring
4. Elicit: In spring, I see grass. Spring is green.
5. Elicit: In spring, I see...dancing in the wind. I smell...It's...
6. Elicit: In spring, I hear...It goes '...'. & warm
7. Elicit: In spring, I (do)

Post-task activity
1. 检查学生听课状态
2. Spring in school
3. What is spring?

Assignment: Homework

上图是结合空中课堂内容，模拟的线上教学过程，在这些环节中需要对学生的具体状态进行细致观察，如果学生出现溜号的情况就需要教师进行及时制止，

从而保证课堂秩序的稳定。

五、线下教学过程

线下教学过程中,本课共进行了三次设计,其中对再构的文本改动较大,留给我很多启示。

- **第一次设计——缺乏趣味性,课堂气氛有失活跃**

这一课书上的内容是:Spring is green. Spring is warm. Summer is red. Summer is hot. In spring, I see flowers. I smell flowers. I sing a song. In summer, it's hot. I drink some juice。为了将文本中简单的内容变得丰富、完善、充实,我整合学生旧知,并结合新的语言结构,进行了如下的文本再构:

There are four seasons in a year.

Spring is green. Spring is warm. In spring, I see flowers, I smell flowers. I like spring.

Summer is red. Summer is hot. In summer, I eat ice cream and drink juice. I like summer.

Autumn is yellow. Autumn is cool. In autumn, I fly a kite.

Winter is white. Winter is cold. In winter, I see a snowman.

第一次试教下来课堂气氛不是很好,学生缺乏学习的兴趣和积极性。通过反思我觉得可能是设计的再构文本不符合一年级学生的年龄特征,不够生动、有趣。一年级的学生年龄本来就很小,课堂纪律容易乱,注意力也容易分散。大部分学生只是在机械地跟读,并不能很好地运用,也缺乏学习的热情和欲望。

所以我要找到学生感兴趣的地方,设计出更生动有趣的文本,把学生深入地带入课堂学习之中,这样才能更有效达成教学目标。

- **第二次设计——文本难度略大,不适合大部分学生**

这一次的设计我针对第一次试教出现的问题,再次调整。考虑到一年级的学生以形象思维为主,我改编了井底之蛙的童话故事文本:小青蛙一直在井底生活,从没见过一年四季,小鸟带着小青蛙飞出井底,领略一年四季的美景。有趣的动画和故事情节,一定能让小朋友非常感兴趣,文本呈现如下:

Bird: Let's go together. What do you like?

Frog: I like spring! Spring is green. Spring is warm. I see a tree. I see a bird.

Bird: Do you like summer?

Frog: Yes! I like summer! Summer is red. Summer is hot. I see a peach. I see a flower.

In spring, I see grass. Spring is green.
In spring, I smell flowers. Spring is nice.
In spring, I hear birds. Spring is warm.
In spring, I sing a song. Spring is fun.
I like spring!

这次试教下来感觉比第一次教学课堂气氛活跃了一些,再构文本有一定的趣味性,引起学生的关注和好奇,整堂课的构思也比较巧妙,但是教学过程却不是很流畅,学生学得很累,教师教得也不轻松。学生根本无法保持持久的兴趣和注意力去学习文本,如:Let's go together. 这样的句子,以及后面的陈述性文本过长,领读了很长时间,学生开始失去耐心。

细读文本,终于发现了问题的关键所在:这次文本再构没有从学生的认知水平和语言基础出发进行合理的文本再构,从篇幅和难度上来看,明显超出了学生的能力和已有的知识范围,影响学生对文本的朗读与理解。文本再构不应该是为了去增加文本的难度,而是要体现文本的适度,应尽量将学生已学的相关知识内容予以复现,根据学生认知能力和语言水平,渗透一些相关知识内容,以学生能力发展为目的,构成一个相对丰厚的语言材料,提供学生理解语言、获取信息、理解语言的基础。

- 第三次设计——文本再构基于学情,促进学生能力的发展

这一次我对文本进行了大改动。以 spring 的内容为主,并删减了难句 Let's go together. 在原有文本的基础上,降低难度,并提高语言的复现率和趣味性,这样,结构清晰、内容丰富、情节生动、迎合学生需要的文本就应运而生:

下面是定稿后的教学流程图和具体过程:

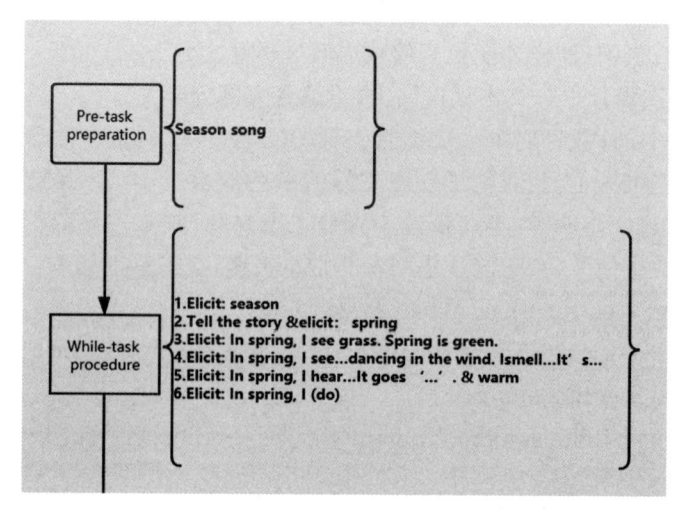

```
Pre-task preparation    { Season song }

While-task procedure    { 1. Elicit: season
                          2. Tell the story & elicit: spring
                          3. Elicit: In spring, I see grass. Spring is green.
                          4. Elicit: In spring, I see...dancing in the wind. Ismell...It's...
                          5. Elicit: In spring, I hear...It goes '...'. & warm
                          6. Elicit: In spring, I (do) }
```

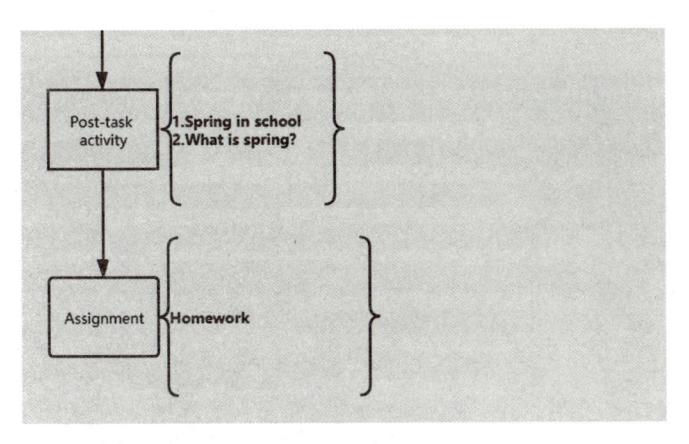

```
    ┌──────────┐   ┌ 1.Spring in school
    │Post-task │──┤
    │ activity │   └ 2.What is spring?
    └──────────┘
          │
          ▼
    ┌──────────┐
    │Assignment│── Homework
    └──────────┘
```

Pre-task：演唱英文歌曲　调动课堂气氛

教师与同学一起唱教材中列出的英文歌曲。教师利用多媒体设备播放英文歌曲，并要求学生试着一同跟唱。

设计意图：通过活泼的英文儿童歌曲将学生带入英语学习的情境，同时在歌曲当中已经展现本节课的内容，对学生产生一定的心理暗示并达到课前"热身"的目的。

While-task：调动课堂气氛　切入主题

此环节为本节的重点部分，学生需要学习主题词汇，了解本课意图，通过视听结合的方式让孩子进入故事中抛出问题，让孩子带着问题学习、旧知带动新知，模仿课上人物的口吻并对所学句型进行巩固、旧知带动新知，构成主体文本。为学生合理铺设梯度、体会春天里花卉的美丽，同时对花卉知识进行科普，简单的游戏让孩子们得以放松，张弛有度，运用班级同学的照片引起孩子兴趣，同时巩固旧知，使得学生在课程的进行中慢慢由浅入深地学习相关英语知识。

1. 发现春天

设计意图：经过小青蛙寻找春天的故事，让学生们走进英语学习的情境当中，同时在教师讲授故事的过程中，引导学生注意与春天相关的词汇，进而使得该词汇在学生的头脑中留有一定的印象。

2. 探索春天

设计意图：通过故事的形式将课堂规划的重点知识融合在其中，然后教师在带领学生跟随小青蛙一起探寻春天的过程中学习 spring 的读法与拼写，同时了解 In spring 的具体含义，这样学生就可以在外界极少干扰的情况下借助故事学习有关春天的英语知识。

3. 在探索春天的过程中将相关英文问题带入其中

设计意图：将具体问题融入课堂故事场景中，学生可以在非常愉悦的心情下进行学习与掌握相关知识点，这样课堂氛围就不会过于枯燥，学生的学习兴趣也会随之得到提升。

4. 借助歌对花卉单词进行科普

设计意图：通过讲解主要知识，将与主线知识相关的英语单词内容向学生进行科普，学生就可以在学习主要知识的过程中，捎带着将一些简单的英文单词学习一下，这样学生的词汇量就可以在无意中得到提升。

5. 运用班级同学的照片引起孩子兴趣，同时巩固旧知

设计意图：讲授完小青蛙探索春天的故事，教师将学生的关注点直接引入学生自己身上，让他们回想自己在春天中进行过的有趣事情，这样学生就可以借助刚才的学习情绪，运用相关英文的表达将自己对春天的感悟进行再次表达，这样就可以使得相关知识点在学生的记忆中再次得到强化。

Post-task：综合运用，提高学生课堂语言表达及体验情感的能力

在课程的后半段，让学生回想校园内的春天故事，进而使得学生在之前学到的知识进行再次强化，同时让学生一起进行朗读相关英文句子以及短语，增强学生的记忆。

设计意图：学生通过上面的教学环节已经将相关知识进行了深入理解与学习，在课程的最后，教师需要做的即使将整堂课的内容进行汇总，让学生进行集体回忆，这样在学生层面就会对本堂课的相关知识实现更为具体的了解。

Assignment：将课堂中所学的句型和单词切实运用到语用之中。

作业是帮助学生对课堂知识实现进一步消化与掌握的重要一环，同时为了在一定程度上对学生的表现予以奖励，可以用星星的方式对学生的完成情况进行评价。

设计意图：通过必要的作业练习让学生在其他时间能够回顾课堂上所讲的相关内容，帮助学生进一步掌握相关英语知识。

六、线上、线下两种教学对比

经观察对比发现，在线下课堂上能够认真听讲的学生转到线上学习时，其听课的效率会有所降低。而其他的学生也都会产生此种现象。这在最终的作业完成度上就可以看得出来。

以下是线上与线下教学中学生作业情况统计表：

	按时上交百分率	作业完成质量
线下教学	100%	98%
线上教学	99%	93%

在上表中作业按时上交百分率的计算方式是在第二天上课之前完成上交同学的数量比上总体学生数量求得；作业完成质量则根据学生获得的星星数量比上总的星星数量求得。因此从上表中就可以明显地看出线下教学模式相比于线上教学模式，学生的认可度更高。究其原因笔者认为就是线上教学过程中，学生的约束力降低了，他们会感觉自己不在教师的身边从而产生了一定的懈怠心理，进而慢慢对自己的要求就会降低。虽然在进行线下学习时，他们都能够按时完

成作业,并且在完成作业的过程中能够投入非常大的精力,但是当其走进线上课堂时,就会慢慢暴露出其所处年龄段的固有问题,即自控能力较弱。

【教学反思与总结】

针对线上教学在进行教学环节的设计上,应该根据当下遇到的问题进行适应性改进。线上教学目前遇到的主要问题就是学生的学习心理是否可以被进一步调动,其学习的主动性是否可以得到进一步提高。因为想要使得线上教学与线下教师实现的效果一样好,仅仅增加教师在课堂中对学生的要求是远远不够的,并且由于线上教学过程中,学生本身就不像线下教学一样与自己的教师同处一室,所以再严厉的要求放到线上教学过程中都会大打折扣。为此我认为想要让学生真正适应线上教学模式还需我们从自己的教学方式上找原因,找到线上课堂与线下课堂之间的根本区别从而在进行课程过程设计时将两种教学模式进行区别,找到能够让坐在电脑前的学生感受到更强代入感以及情境感的教学模式,进而激发学生的学习兴趣。

1. 文本再构要重视学生的年段学习特征

从这节课的几次改进中,我认识到教师在进行文本再构时不仅要关注到课标与教材,还要了解学情,这三者是不可分割的。英语教学的目的是学生的发展和成长,从课标到教材,都是为学生服务的,因此一个好的再构文本是要坚持以学生为本,基于学生学情,以学定教。

学生的年段学习特征对文本再构有着重大影响,一定的学习年段呈现学生一般的发展特点,不同年段、不同水平的认知发展、情感发展、个性发展,乃至学习方式等都会严重影响学生的英语学习。教师应根据各年龄段的学生选择文本再构的切入点,层层递进。

小学生的思维是以具体的形象思维为主要形式,逐步过渡到初步的抽象逻辑思维,但这种初步的抽象逻辑思维在很大程度上,仍然需要与感性经验相联系的,具有明显的具体形象特征。为此,教师在组织学生学习时,要充分运用直观手段帮助学生获得感性认识,为理性认识的升华奠定基础。比如可以再构小学生喜爱的或童趣横生或情真意切或景文莹尔的话题文本,从而激发学生的学习兴趣,培养学生理解语言、积累语言和运用语言能力,提升学生语言素养。

2. 要考虑学生的最近发展区

学生是课堂学习的主人,教师的教是为学生的学服务的,要使学生在课堂上真正有所收获,教师就应充分了解学生现有的知识水平和能力水平,根据他们的可接受性,针对其英语基础,注意其难易程度,巧妙地整合旧知,结合新的语言点,融知识性、趣味性和思想性于一体,编写适合学生的文本内容。让学生跳一

跳,摘到果子,给学生一个 possible mission。只有这样,我们的文本再构才能起到促进学生能力发展的效果。

3. 在进行课前情境搭建时,可以不只设置一种"唱英文歌"的模式

课前情境的搭建无论在线上或者线下教学中都占有很重要的位置,因为我们现在面对的是小学一年级的学生,不得不考虑我们所设置内容的趣味性。只有在上课的时候利用相关方法提升了本堂课的趣味性才能牢牢抓住学生的注意力。经观察发现,虽然课前唱歌能够在一定程度上提上学生的参与程度,但是还是有一部分学生在进行唱歌时参与度不高,所以为了使得我们的英语课堂变得越来越好,我们需要在实际授课过程中不断变化课前情境搭建的方法,找到能够迎合所有学生兴趣点的活动,让所有学生都能够在相关方法下调动起学习的兴趣。

4. 在教学过程中,还可以将当下的故事进行改进

在本次教学过程中,采用了小青蛙发现春天并探索春天的故事形式向学生展开有关春天在英语中的内容的教学模式,虽然故事很生动,但还是存在一些学生在听到这个故事时显得有些茫然。经过询问后发现,之所以会出现这种情况就是由于他们有的人对这些小动物比较模式,其生活实践的机会较少。为了能够让此种以故事发展为依托的教学模式可以将里面的主体更换成学生们更加熟悉的学生,场景更换成校园场景,这样所有学生就会一同产生共鸣。

总之,不管是线上还是线下教学,在关注课标、教材的同时,更应重视并密切关注我们的学生,以学生为本,基于学生学情,对教材和教学资源整合、调整和补充,学教互依,学思融合,使我们的孩子得到最大程度的发展!

充分开发习题资源，提升低年段学生思维能力
——上海牛津英语 2AM4 单元卷讲评课案例分析

宝山区罗南中心校 蔡沁颖

【案例背景】

  语言与思维之间存在着密不可分的关系，两者相辅相成，不可分割。而作为一门语言类学科，在英语学习的过程中，对于思维能力的培养便极其重要。思维品质不仅是英语学科核心素养中的重要组成部分，对学生英语知识的习得、技能的提升、语言的实际运用等有着深远的益处，同时也对学生日后的综合能力提升有着不可忽视的影响，如在想象力、创造力、思辨能力、思维的深度与广度等方面的发展，都是有利于学生提升个人竞争力的。

  随着英语新课标的实施与深化改革，发展思维品质这一教学目标在英语教学设计中的占比越来越大，其相应的教学活动设计也越来越丰富、成熟。如今，在日常的新授课中，教师越来越注重通过有效的课堂活动设计来促进学生思维能力的提升，旧知引用、思维导图、举一反三等教学方式在日常教学中的运用也日趋成熟。在此基础上，我不由得开始思考，还可以开发什么资源来培养思维能力呢？是否可以抓住习题资源进行深入开发？因此在习题讲解过程中，我进行了以下尝试。本案例选自上海牛津英语 2AM4 单元卷的讲评课，我统计出学生错误率较高的题目，发现大多集中在选词、判断、阅读选择等思维占量较高的题型中。于是我还原了传统的讲题方式与学生的解题过程，并在本课的讲解中进行改进、探索、对比，又充分开发课后练习资源，设计了一系列促进学生思维能力的教学活动。

【片段描述与分析】

一、充分开发习题图片资源——看图说话促发散思维

【题目一】

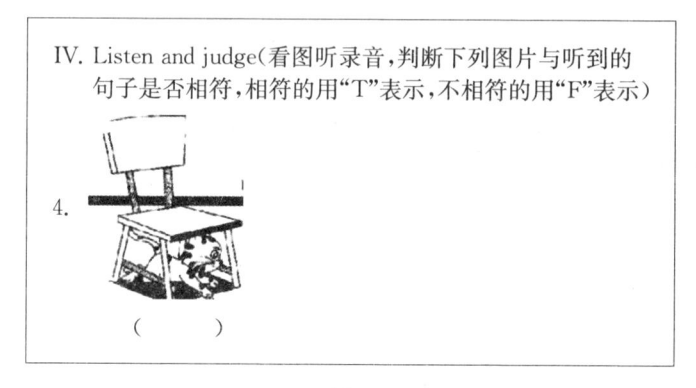

图1

【传统讲题模式】

在听力看图判断这一题型中，从看、听到判断，所考验的是学生的语言综合运用能力。在以往的讲评中，教师常常会先将原文内容重新朗读一遍，再让学生进行复述，接着直接看图判断。在这个过程中，缺失了最重要的第一环，即"看"，忽视了学生的自主思考，教师直接用听力原文禁锢了学生思维的发散。学生做题也会因先入为主的听力内容而一叶障目。

【改进】

图2

我在进行这一题型的讲评时,将重点放在了第一环节上,并让学生将"看"的过程具象化,通过 What can you see? Where is it? 等追问,引导他们用语言展现自己的思维,从单词 cat/Ginger/chair、到词组 under the chair、最后再到句子 The cat is under the chair 等(如图2),一步步帮助他们加深思维的深度,从而将题目所提供的信息掌握透彻、全面,缩短学生在"判断"这一做题环节中的思考时间,在锻炼发散思维的同时有效提高做题效率。

也是在这一环节中,部分学生在图片所展示内容的基础上进一步说出了 naughty, in the room, There is a cat and a chair in the room. 等,这是课本中的故事内容,虽然简单,可若是没有教师良好的引导,学生很难直接说出。正是因为没有受到固定模式的限制,学生才能通过联想达到发散性思维的变通性与新颖性。

【课后跟进】

因此,在课后的跟进练习中,我进行了如下设计:Look and say.(请根据图片尽可能多地说一说你所联想到的内容,单词☆、词组☆☆、句子☆☆☆)学生将语音在线上传至QQ作业中,有的学生甚至能根据图片说出一个简单的故事。我挑选出完整的、合乎逻辑的甚至新颖的作业在课堂进行播放,再逐步引导学生根据不同的提示完善不同故事的叙述。在这个过程中,通过图片展示,生生合作,以思促思,学生乐于思考,也乐于表达。通过训练,学生在做此类题目时能够主动地围绕图片多看、多思、多说,发散性思维得到了有效的发展。

二、充分开发习题问答资源——问答反推助逆向思维

【题目二】

> V. Listen and choose(听录音,选择最恰当的应答句)
> 2. (　　) A. No, I am nine.　　B. Yes, I am eight.

图 3

【传统讲题模式】

在传统的语言训练中,"问答"就意味着你问我答,先有了问句,再做出相应回答即可。然而在做听力选择应答句这一题型时,在学生等待问句再做出选择的这一过程里,他们始终是被动的,这也意味着他们思考的时间被压缩了,尤其对反应稍慢的学生来说,这非常不利于答题效率与准确率。

【改进】

既然学生提前就能看到可供选择的两句应答句,那么何不化被动为主动呢?

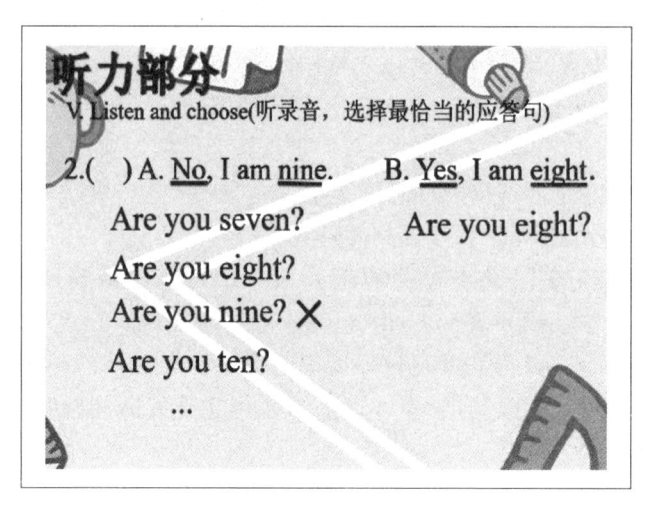

```
听力部分
V. Listen and choose(听录音,选择最恰当的应答句)
2.(  ) A. No, I am nine.    B. Yes, I am eight.
    Are you seven?         Are you eight?
    Are you eight?
    Are you nine? ✗
    Are you ten?
    ...
```

图 4

于是我便引导学生在面对应答句时,反推出相应的问句。如图 4,Yes,I am eight.有唯一对应的问句 Are you eight? 而根据答句 No,I am nine.则能提出更多问句。我引导学生列举出匹配的问句,并对这一类问答进行总结归纳。在整个问答训练中,既巩固了学生对于问答句型匹配的熟练运用及正向思考的能力,同时也培养了学生的逆向思维,学会从问题的相反面入手,打破常规思路,克服思维僵化的障碍,进行全新的探索。

【课后跟进】

在课后跟进练习中,我选择了一些应答句作为巩固训练,同样让学生将录音在线上传至 QQ 作业。如:Thank you.学生看到表示感谢的语句后便开始思考对应的场景,上一句话应该说什么? 可以想到 Here you are./ Happy Birthday.等句子。在课堂中,我选择部分学生录音的问句进行播放,再由全体作答。通过自主探索、提问、再回答的过程,学生面对此类反推题目时,掌握了解题思路,不再手忙脚乱,也不再有恐惧感,做题效率、准确率都有了大幅提升。

三、充分开发习题语言资源——抓取关键育辩证思维

【题目三】

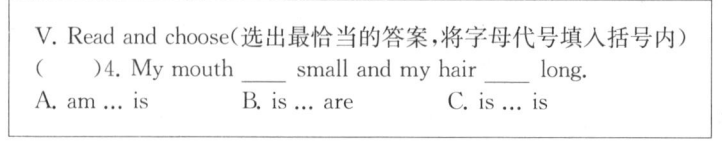

```
V. Read and choose(选出最恰当的答案,将字母代号填入括号内)
(    )4. My mouth ____ small and my hair ____ long.
        A. am ... is       B. is ... are       C. is ... is
```

图 5

【传统讲题模式】

过去学生做题,老师讲题,常常笼统地以翻译句子、题目的方法选出答案。有时文本过长、生词过多,学生就云里雾里不知从何下手,整个做题过程既费时费力,效率又不高。

【改进】

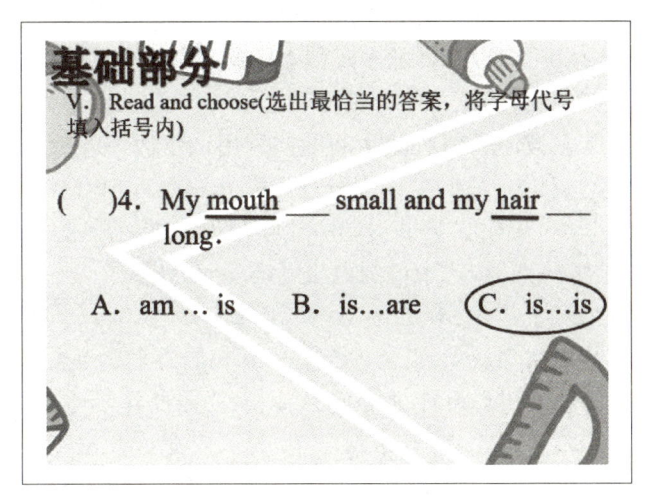

基础部分

Ⅴ. Read and choose(选出最恰当的答案,将字母代号填入括号内)

( ) 4. My <u>mouth</u> ___ small and my <u>hair</u> ___ long.

  A. am … is   B. is…are   C. is…is

图 6

解题就是相当于解决问题,而解决问题的首要便是找到问题的关键之处。因此在做此类选择题时,我便要求学生圈画出关键词,客观地进行观察、分析、最终解决问题。如本题(图 6),我引导学生在挖空处的前后找到关键词 mouth 和 hair,再根据单数形式、不可数名词的特性,推导出两处都填 is。在这个过程中,培养了学生洞察问题关键,抓取关键信息,明晰客观事物的发展规律,以达到解决问题的目的,也为辩证思维能力的长久发展打下基础。

【课后跟进】

课后,我也充分开发其他习题语言资源,以选择题、阅读判断题等为载体,让学生将关键词、句等语言圈画出来并进行原因说明,训练学生独立抓取题干及题目关键信息的能力,并根据这些关键语言进行推导,深入培养学生的辩证思维能力。

【总结反思】

孔子曰,"学而不思则罔,思而不学则殆",可见学与思两者是密不可分的,因此在学生学习的过程中,教师应该注重引导学生进行思考,设计针对性的思维训练活动,让学生能独立且有理有据地解决问题,让他们的思维能力在不同方面都

得到进一步发展。

除了本文探索的习题资源，我也在思考，我们日常教学中其实还有许多待开发的资源。

1. 充分开发多媒体资源，激发创新思维能力

随着教育现代化、信息化的推进，多媒体资源的使用在教学中越来越广泛。而我们也要充分开发多媒体资源，用 flash、视频、歌曲等等形象有趣的手段，进行知识展现、知识拓展等，以多样的多媒体手段激发学生创新思维能力的培养。

2. 充分开发游戏资源，发展类比思维能力

"类比思维"常常被用来解决陌生问题。利用低年段学生天生喜欢探索、实践的天性，在教学过程中，我们可以充分开发游戏资源，以其趣味性牢牢抓住学生的注意力，吸引学生不断去尝试、探究，让学生由已知经验去类比得到理论知识，从而创造性地解决问题，从未得到类比思维能力的发展。

3. 充分开发实物资源，培养逻辑（抽象）思维能力

根据不同年龄的认知特点，低年段学生的认知能力来源于生活体验，来源于他们的亲身实践。而逻辑思维能力的培养，则最终需要让学生能够从具象的事物转变至抽象的思维。因此，在日常教学中，我们应充分开发实物资源，并引导学生把实物中习得的体验抽象化，获得知识与概念，达到逻辑思维能力的培养。

学生思维能力的培养不是一蹴而就的，而是靠着一朝一夕的点滴渗透累积而成的。在日常教学中，我们要充分开发各种资源，除了公开课、新授课，我们也要抓住练习课、复习课等时段，将思维训练活动进行全面、透彻地渗入，让学生不再畏惧思考，让思考成为学习过程中的常态，进而成为生活中的常态。我在日后的教学过程中，也将持续探索培养学生思维能力的有效之道。

借助网络平台,有效开展小学英语在线教学

宝山区罗南中心校 金灵祎

【案例背景】

  本市中小学的教育在正式开展前做了充分的准备,除了上海市空中课堂的精心准备之外,我们一线教师事先也进行了教育平台培训,将学习资源平台的落实到每一位家长,确保在线开学平稳进行。

  空中课堂,跨越了时间、空间的限制,打破传统课堂教学模式,学生在家通过网络参与课堂学习,这就要求学生能自觉、自主地学习,在线教学教师无法实时了解学生的一举一动,无法直接对学生进行知识讲解,布置作业也受到条件限制。在这段时间的教学过程中,我也一直思考,如何改变线下教学方式,转变教学思路。新颖的教学模式对于我们教师是一项挑战:如何依托互联网有序开展教学?如何运用互联网保证教学质量?如何运用创新的教学模式有效教学……一连串的问题摆在我们面前,要关注到每一名学生,教学可不是那么容易做到的。要让在线教学达到理想效果,是急需我们在这段宝贵的时间内用心实践、不断摸索、改进与优化的。

【案例呈现】

一、把控课堂纪律,创新教学方法,提高学习效率

  1. 以"察"助"学",把控纪律,提高听课效率

  在线教学同样要注重上课过程,维持课堂秩序,尤其在我们教师看不到学生,不能与学生面对面互动,短时间内无暇兼顾所有学生的情况下,如何让学生也能集中注意力,积极开动脑筋,参与课堂呢?

  刚开学一周,我发现总有部分学生会晚上线,甚至一周都没有来过一堂直播;还有部分学生对在线学习抱以新奇的态度,总喜欢在讨论区发表与学习无关的话题。但由于班级人数多,晓黑板 APP 也没有统计缺席的功能,短短 20 分钟

的直播课堂，我无法快速、及时地掌握缺席学生名单。怎么办？

我想了"观察员责任制"的办法。我"聘请"了几名有责任心、有能力的小组长当观察员，负责观察组员的全勤率及直播间的课堂纪律，课后向我汇报。另外再"聘请"能在家陪伴孩子学习的家长们课后及时与我交流课堂纪律情况。最后与这些学生沟通交流，尽可能兼顾到每个孩子，使所有孩子都全身心投入在线学习。同时，采用"观察员"轮流制，使更多的学生体验监督与被监督的不同感受，从而调动起全体学生的听课积极性，全面提高在线听课效率。

2. 以"问"助"扶"，循循引导，发展思维品质

以一堂复习课为例，学生本身已经学习过的知识，在学生已经初步掌握这些新授内容后，再进行语境整合运用时，需要激发学生的学习兴趣。4BM1Revision2 这一课时的话题 Things I enjoy doing during an outing，这个话题对于疫情防控期间困在家中不能出门的学生们来说，兴趣高涨，我提供了一系列以前外出游玩时收集的图片，如图所示：

并提出第一个问题：

T：What can you see in the park? 学生思考。

S1：I can see a lawn.

T：What colour is it?

S1：It's green.

T：What else can you see?

S2：It is a sunny day. In the park, I can see some green trees.

T: Yes. It is a sunny day. In the park, I can see a green lawn and some green trees. 教师总结描述，设计看图说话活动，使学生有言有语，也能言能语，在复习课型上学生有能力熟练整合并运用这单元的新学内容，同时唤起学生的美好记忆。在线教学可以多多通过循循发问引导学生积极思考、联想，激起学生的发散思维，也能培养学生的思维品质，鼓励学生动脑筋，督促学生全身心地参与到课堂。

3. 以"扶"助"思"，合作发言，培养学习能力

在学校，我们英语课堂中的 Pair work 的语用操练是很常见的，如今的在线课堂怎么开展呢？其实，动一下脑筋，我们也可以进行。比如：我们可以请孩子们先自己思考准备，再请两名同学连麦对话，如图所示：

What can you see in the park? What can you hear in the park? What can you touch in the park? How does it feel? 这些问题我请一个基础较好的孩子，一个基础较弱的学生，两人小组合作。由于麦开多了，晓黑板直播间很容易引起网络不畅甚至卡顿而浪费时间，为了规避在线这种弱势，所以只能开属两人一组，无法多人进行。但我们可以多进行几对。在线一对对地 Pair Work 操练中，教师引导基础较弱的学生，进行语言输出。这样的操练能帮助不同能力程度的孩子进行思考，学习能力较强的学生能在操练中，梳理掌握这堂课的核心内容；学习能力并不强的学生也能通过先自主练习再在同伴带领、教师辅助下，摸索到一些核心。从课中的发言，我也能检验出学生存在的薄弱点，并及时纠正进行补充，提醒学生注意。一组组的连麦开展的对话操练，使直播课堂也显得热闹非凡，学生的在线学习能力也在训练中逐渐提高。

4. 以"思"助"得",个性发展,提高语用能力

教师在由扶到放的过程中要仔细倾听学生们的问句、回答,及时纠正发音、语法错误,最后的输出环节,还需呈现句型框架,引导学生的思考,促进课堂的习得,让学生借助句型进行语言输出,获得各自或多或少的知识储备。如图所示:

从问答对话到语段输出的过程,检验这堂课的教学目标是否达成,通过整堂课的学习,学生是否能准确运用核心句型来描述外出郊游时的所见所闻所感,学生能应用自如地表达自己的想法。教师在充分了解学生的前提下,发掘学生的潜力,邀请一些平时害羞不愿回答问题的学生、一些基础较弱不会回答的学生,在不用面对面的情况下,消除芥蒂,鼓励学生勇敢举手表达课堂中所学的内容,实现学生个性化发展,从而在一定程度上提高全体学生的语用能力。

二、尊重个体差异,设计分层作业,提高作业质量

一堂课的教学效果如何,能否提高学生各方面的能力,还需要作业来检验。

在线直播时,教师要根据学生的能力和水平来设计问题,提问各个层次的学生,让基础好的学生得到发挥,基础较弱的学生也能多多参与到课堂中。我们英语课程要求面向全体学生,关注学生的不同特点和个体差异,尤其是在线课堂,教师不能实时掌握学生的学习状态及学习情况下,更应注重兼顾全体,一些较难的语段、问题可以请一些学习水平较好的学生进行示范回答;一些学习水平较弱的学生进行模仿、理解、加深印象;一些小组活动,可以邀请不同学习能力的学生,激发学生之间互帮互助的积极性,学生们都能在精神上获得满足。

英语学科的特性要求听、说、读、写各方面发展,基础知识如何让学生掌握并达到一定的语用表达能力,机械性地抄写、默写、读书、背书都是最基本的作业模式。但在线教学中,仅设计这样的作业是不够的,无法促进每一层次学生的个性发展。我们应尊重个体差异,考虑到不同学生的实际状况及完成作业的学习能力,设计分层作业,并根据实际情况,供学生自主选择完成作业的方式。即在常规保底作业的基础上,再加入选择性自主作业,提高兴趣,提高作业质量。例如:

> 03.24英语作业:
> 1. 读记M1U2核心知识点(晓黑板班级文件)
> 2. 读熟M1U2内容
> 3. 默M1U2黄色部分
> 4. 练习册P20—23(听力在晓黑板)
> 5. 选择一张去郊游的图片拿着照片按书P64的内容描述照片,上传至打卡,如果没有照片可以画一画书P63,进行描述,画画的同学我会开设一个讨论

学生可以在书本上画画进行描述,也可找出以前的照片运用今天所学的核心句型进行描述。如图所示:

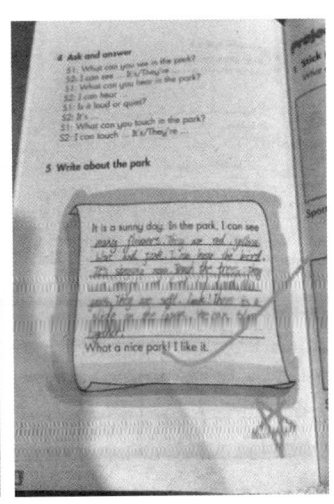

以上作业设计后同学们完成的作业显示,有画画进行描述的,也有找一张图片进行描述的,不管通过什么样的方式,在看过学生们的画作、听过学生们的录音、看过学生们的视频后,我相信学生们都基本掌握了今天的课堂核心句型,并

能在生活中熟练运用,实际生活中的语用能力也能相应地有所提高。

三、关注作业品质,及时反馈作业,提高学习效率

作业作为课堂教学的补充,是反映学生对知识的理解和掌握情况的反馈。在线教学后,学生大多数已经熟悉了晓黑板的使用,完成作业后,一些学生渴望得到教师的评价,在我指出问题后,他们会马上订正并解决问题。

当然也有个别不做作业、作业质量低的学生,这些学生平时在学校时也是类似的情况,那么在线教学,我们无法直接找到学生时,更需要寻求家长的配合支持,不单是按 APP 上的一键提醒,还需不时与家长、孩子沟通,使其了解问题的严重性,督促他及时有质量地完成作业。

我们要关注学生作业的质量,及时检查作业,并仔细发现问题,及时反馈作业情况,我会通过评论、点赞等方式进行评价,指出问题,如图所示:

学生需要得到老师反馈、鼓励,反馈让学生知晓自己还存在哪些问题,教师的鼓励、点赞也是学生学习的动力,在发现自己没有得到点亮时,会有学生私聊问我自己还存在哪些问题,希望得到老师的指点。相信通过各类的反馈,能获得很好的学习效果,更好更快地提高学生的学习效率。

【案例反思】

通过这段时间在线教学的实践,在一次次的改进摸索中,我也得出一些启发:

1. 如何提高互动课堂听课效率

首先互动课堂由于受时空限制,无法与学生面对面,一旦学生的自觉性不够,那就会导致课堂效率低,影响学习。但我们可以通过播放一些学生感兴趣的内容、图片等唤起学生的学习兴趣。其次,教学内容不必像在学校一样幻灯片播放复杂,尽可能简单明了,抓紧时间,方便学生理解,在有限的时间、空间中借助句型框架、图片等帮助学生学习、巩固、复习。以防止学生之间差距越拉越大,也可对个别学习水平较低的学生,进行单独辅导,讲解练习、语法知识点、对话操练等。

2. 如何利用网络平台,培养自主学习能力

单一的网络直播课是无法吸引学生的,到第二周我发现一些学生已经对每天照旧的上课模式已经提不起兴趣。我思考后,通过多种教学方式并齐,有录播、做小练习课后讲解、课堂讨论等形式进行教学。各种形式的教学,对学生的自主学习能力有一定的促进作用,有助于一部分学生提高自律能力、增强学习的主动性。有一个平时在校作业总是再三拖拉的学生,这次在线学习后,每次订正都能当天及时复批,遇到问题及时问我。可见,不同的学生适应不同的教学方式。

3. 如何布置有效的课后作业,保证学生的学习效果

常规的听、说、读、写、背、默、记的作业对于高年级学生来说是基础,每天布置适当的作业量让学生消化、吸收也是很有必要的。除此类作业外,还可布置一些轻松、愉悦的作业,提高学生英语学习兴趣,适当地放松紧张、机械化地学习。例如在 4BM1U2 Read a story 这一课时,盲人摸象是学生从小熟悉的故事,我布置了让学生根据所给板书框架并简单描述故事的作业,从学生们上传的视频来看,虽然并不流利,但学生们都积极参与这项可自选的作业,故事还是学生比较感兴趣的话题。4BM1U3 Shadow, 4BM2U2 Cute animals 这两单元中的儿歌,我请学生们在家学一学并唱一唱,学生们纷纷上传了唱歌的视频,甚至有家长陪同参与,可见,这样的作业能使学生放松心情,也能帮助学生掌握、理解新授内容。课后作业能有效巩固课堂教学,提高学习效果。

【案例尾声】

停课不停学!我们教师、学生都在行动,为提升课堂效率、提高教学效果,老师们边教边反思,及时改进、优化、创新教学好方法。虽然我们从台前走到了幕后,但我们始终需要学习,发挥我们教师的机智,坚持教师主导、学生主体,踏实教学、把握质量,相信我们也能达到与在校时一样的教学效果,甚至能激起更多创意、思维的火花!

小学英语课堂评价在实际课堂中的应用
——以 3BM2U2 Toys 为例

宝山区罗南中心校　张丽阳

一、案例概述

在罗南中心校任教期间，我们英语组开展了"注重课堂教学评价，培养学生核心素养"的教研组研究主题，要求老师在平时的英语教学中注重用合理的评价手段来激励学生学习，渗透评价意识，提高学生学习兴趣，培养良好的学习习惯。

本案例是以牛津英语上海版 3B Module 2 Unit 2 Toys 一课为例。按照上海市英语课程标准要求，本单元的核心单词为 toy train、doll、robot、skateboard，核心句型为 What do you like? I like …

本案例将基于本课的第一课时，尝试基于评价主体的多元化以及评价方法的多元化进行教学。

二、活动背景

课堂评价是指教师在课堂教学中对学生的学习质量、成效以及表现情况的评定。课堂评价不仅是英语课程评价的重要组成部分，也是英语教学过程的重要环节，是保证英语新课程标准实施的重要措施。《英语课程标准》指出：不仅要关注教师对学生的评价，更要关注学生的自主评价，实现评价主体的多元化以及评价方法的多元化，最终促进学生综合语言运用能力的发展。那么如何合理运用课堂评价呢？值得我们思考。

三、活动过程

（一）评价主体多元化

根据英语新课程标准，我们把从前单一的教师评价转变为教师评价、学生自我评价和生生相互评价相结合。从而使得原先教师占"主宰"地位的课堂转变为学生是课堂学习的主体，也是评价的主体。这三者相互促进、相辅相成，从而实现评价的多元化。

1. 教师评价

（案例回放1）

首先，我请学生们观看 PPT，上面提出了两个问题，我要求他们带着问题有思考性地听录音，然后做出回答。录音的内容是一段关于 doll 的段落，介绍了 doll 的外貌特征和触感，分别对应了我设计的两个问题。（我相信带着问题去听肯定能听出一二）然后就开始了师生之间的问答互动：

T：So after listening, answer my questions, children!（我用过渡语让学生听完听力后调整思绪准备回答问题）

T：The first question：What has the doll？Who want to have a try？

S1：It has two big eyes and yellow hair.

T：Good answer.（听过一遍听力后就能回答出两点，我很欣喜，当下就给这个学生表扬）But she has not answer completely, who wants to add？（我的评价很中肯，这个学生回答得不错，但是漏了一点没说完整，并且鼓励其他同学举手）

S2：It has a lovely face.（很快就有同学反应过来并补上漏掉的一点）

T：Your answer is nice.（同样，给予这个同学表扬）The two students' answers are right, but I think we can use one sentence to describe it, who can have a try？（在我的预设下希望有学生可以把所有 doll 的外貌特征用一句话说出来，所以有了刚刚的追加问题）

S3：It has two big eyes and yellow hair and a lovely face.（她把两个答案结合在一起了，很不错）

T：Well done. You are a clever boy.（这个学生将正确答案说出后，我大大地表扬了他，评价语言也是三个学生中最高的）

T：A good start, so the second question：How is the doll？Who can answer？（我乘着良好势头询问第二个问题）

S4：It is smooth and pretty.（这个同学底子挺好，很好地回答完整了）

T：Nice job. And your sound is very good.（我不仅表扬了这个同学的正确率，也说到她的读音，好听又正确）

教师的课堂教学评价对学生而言有很重要的意义，会直接影响学生学习英语的积极性，所以在课堂中，教师在倾听后要及时地给予反馈，如果学生答对了就表达自己的欣喜之情或是赞叹之情；如果答错了也不要紧，毕竟学生是需要发

展的,要允许孩子犯错,不可以说 no 或者 you are right 这种直接话语,这会打消孩子的学习热情,不利于英语学习。而应该先表扬他们举手的勇气,并针对性地指出错在哪里,易于学生接受。

2. 生生互评

（案例回放2）

在学习过一些核心词汇和句型后,到了操练环节,我设计了 Pair work 活动,两人一组完成对话。开始前,我出示了评判标准：fluently 一颗星；nicely 一颗星；vividly 一颗星。我请学生们观看后,给上讲台表演的同学打星。然后就开始了师生、生生之间的问答互动：

T：After watching, think! How many stars for them?（我运用过渡语引发学生思考,该给上台对话的学生几颗星）

S1：Three stars.（学生在我的引导下给出的建议）

S2：Two stars.

T：Oh, two stars? Why?（有学生发表不同意见时,我马上做出反应,请他来说一说给两颗星的理由）

S2：Because A is not fluently. B is not vividly.（这个学生觉得两个有可取之处但也有不足之处,综上只能得两颗星）

T：A good advice. And I agree with u. A&B will get two stars.（我用中文适当解释了下这句评价用语后,其他学生也认同我们的看法,同意给两颗星,我并指出希望上台操练的学生下次改进）

生生互评是一个充满活力的课堂教学评价,它要求学生以教师的身份参与其他同学的听说读写。在活动中,学生由被动变为主动,在这样的学习氛围下,学生的学习积极性很高。而且,生生互评会使得学生之间看到优劣,知晓自己跟其他同学的差距,自己有意识地改正,学习成绩会渐渐得到提高。

3. 自我评价

（案例回放3）

我给每个学生准备了一份学习单,里面包括课时文本、互评表和这张自评表。

T：Children, after learning this lesson. Let's have a judgment. Now, take out your personal table. According to your performance to tick stars.（讲完我的任务要求后,学生拿出课前发放的学习单准备根据自己的表现进行打钩或画圈圈）

T：After class, I will stamp for you.（下课后,我会根据学生的自评表得到了多少颗星来敲相应的图章）

表1　学生自评表

评价对象	评价内容	评价标准	评价结果
	课堂专注度	能积极准备，对小组活动有所贡献	☆☆☆☆
		能认真倾听，对他人回答进行评价	☆☆☆☆
	课堂参与度	态度端正，主动参与学习活动	☆☆☆☆
		乐于展示，积极举手进行交流	☆☆☆☆
总体评价结果	在活动中一共拿到了____颗☆，我很高兴可以得到 优秀章（　　）　良好章（　　）　合格章（　　）　努力章（　　）		

（注：假如得到了13~16颗，夸夸自己得到了学习优秀章；假如得到了9~12颗，恭喜自己得到了学习良好章；假如得到了5~8颗，就拿到了学习合格章。假如得到了1~4颗，就拿到了学习努力章。）

如图所示，课后我会给小朋友敲相应的章。优秀章对应的是 Excellent，良好章对应的是 Well done，合格章对应的是 Hard working，努力章对应的是 Keep going。

我用小猪佩奇的印章激发学生的学习兴趣，每一种图案及评价语都充满童趣，深受学生的喜爱。每当下课敲章时，学生们都会很兴奋，兴冲冲地把书拿到面前等待我给他们敲章，所以上课时能感觉到大部分学生能专心听讲，积极举手，效果良好。

学生自评的过程其实是自我反思的过程。在每节课的最后，让学生对自己这节课的表现做出评价，从而能够对自己的学习状态有直观的认识，使他们看到自己取得的进步或需要改进的地方。之后，教师根据学生的自评成绩以及上课表现做出教师自己的评价。根据小学生的身心特征，我认为，新课程标准下的小学英语课堂应是教师引导下的学生自评。

（二）评价方法的多元化

根据小学生的身心特征，他们很难长时间对一件事物感兴趣，容易分心，所

以这就要求我们教师在评价的方法、形式上多花功夫,不仅要设计形式多样的课堂活动,还要增加趣味性的课堂评价方法。

1. 教师的实物评价

(案例回放 4)

在教本课核心词汇 toy train、doll、robot、skateboard 时,我精心设计了教学评价方案,制作了四种玩具的纸片形式。

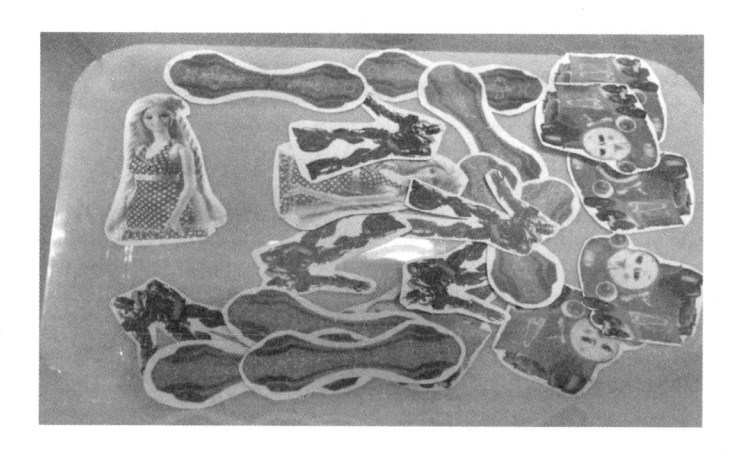

在 Post-task 环节,我设计了语言输出环节,要求两人一组,让学生根据本课所学的词句进行对话操练,然后就开始了师生、生生之间的问答互动:

T: Time is up. Which group is first volunteer?

Group1: —What toy do you like?

—I like this robot.

It's a kind of toys.

It is super.

It has two long legs.

I can play with it.

It can make me joyful.

I want to buy this robot.

—Oh! It's a good idea.

(第一个小组表现很好,一问一答配合默契,并且说出来 joyful 这样的词汇,令我很欣喜。)

T: Well done. You two are perfect. (我马上大大表扬这一小组)

So two mini robots for you two.(因为他们讲的是 robot,我就奖励一人一个纸 robot,被奖励的学生脸上露出了笑容,其他学生看到也很羡慕,举手踊跃)

T：Any group want to try?

Group2：—What toy do you like?

—I like this doll.

It's a kind of toys.

It is beautiful.

It has two big eyes and long hair.

I can play with it.

It can make me happy.

I want to buy this doll.

—Oh! It's a good idea.

T：You two speak very fluently.（这一组表现也不错,虽没有出彩的词汇但胜在对话流畅听起来很舒服,我也马上给予表扬）

Two mini Barbie dolls for you two.（我奖励两个女生纸片 doll）

……（叫了三四组操练,拿到实物奖励的学生都很开心）

学生对于能够摸得到的实物很感兴趣,有强烈的想得到它的欲望。对这样的一种评价形式有了兴趣,学生对课堂活动就有了积极的参与度。

2. 组内学生的评价表

（案例回放5）

在操练新授单词 skateboard 时,

T：four students one group, make a new dialogue like this. And remember tick your group form. Ok? I will give u four minutes to prepare it .（讲完要求后,学生开始在组内活动并拿出组内学生评价表来评等第）

表 2　组内学生评价表

	认真倾听他人在活动中的语言表达(A/B/C)	在英语活动中积极用英语和他人交流(A/B/C)	有感情地朗读课文和对话(A/B/C)	积极和他人合作完成任务(A/B/C)	乐于和小组合作进行会话表演(A/B/C)
组员1（姓名）					
组员2（姓名）					
组员3（姓名）					

（注：A—3 颗星,B—2 颗星,C—1 颗星）

这一张组内学生评价表的设计,使得小组各个成员都能互相帮助、监督、成长,让学生互评,把学生当作评价的主体,激发他们对英语学习的兴趣。学生在填写互评表的过程中,他们会看到同学表现好的一面进而提醒自己向他看齐,也可以看到同学的不足之处并提醒自己不要犯这样的错误。

四、活动效果与反思

在这次尝试"采用多种课堂教学评价"的过程中,给了我很多的启发与思考。

(一)如何更高效地使用实物评价

在(案例回放4)可以看到,学生们对于实物奖励很激动,他们有强烈的想得到实物奖励的欲望,从而纷纷举手以期得到奖励评价。但是由于时间有限,我不可能在某一环节花费过多时间,在这一活动中大多数学生都举手,而我出于控制课堂以及把握时间考虑,请了四组学生进行对话操练。这几组拿到奖励的学生是很开心的,然而举了手没被我叫到的学生我能感觉他们的情绪是很失落的,对此我也很无奈,希望所有学生都得到锻炼但又无法面向全体学生。那么,如何面向全体学生呢?我认为:首先,在学生的评价表中有涉及对话操练的评判,自己或组员可根据实际情况进行评价;其次,布置相应的口头作业,可待第二天来检验。

(二)教师如何对学生的评价具有针对性和实效性

一个班中学生人数多,教师无法对每个学生进行相应的评价,所以学生组内评价表就应运而生。生生评价不仅促进了小组内学生的合作与交流,也发挥了学生之间相互鼓励与监督的作用,促使每个学生能投入课堂教学中。以往还没有采用组内评价表时,我采用黑板上列小组,所在小组的学生答对问题就给小组加星,久而久之我发现一个问题,会出现小组实力不均衡的情况,好的学生都在一组,中等偏下的学生在一组,每节课都是那一两个小组得优胜,长此以往,其他小组的学生慢慢会丧失英语课堂的积极性,不利于开展教学活动。所以,针对此弊端,我设计了互评表,希望四个人一组,小范围地使每个学生能参与到课堂教学活动,优秀生还能帮助后进生,达到全面开花的效果。

新课程背景下,在小学英语课堂中运用课堂评价尤为重要,教师可以采纳多种评价方法,实现评价主体的多元化以及评价方法的多元化,最终促进学生综合语言运用能力的发展。

综合学科

小荷才露尖尖角
——低年级主题式综合活动案例

宝山区罗南中心校　朱丽华

一、案例综述

"小荷才露尖尖角,早有蜻蜓立上头。"刚刚进入罗南中心校的孩子们,会发现在校园的角角落落总能看到含苞欲放的荷花。孩子们总是会问:为什么校园里到处都是这样的荷花?

"小荷"是学校的文化标志,它孕育着学校的培育目标——成就四个自我:

像荷花一样绽放,做健康美丽的我!

像湖水一样清澈,做诚实友善的我!

像雏鹰一样飞翔,做放飞梦想的我!

像园丁一样用心,做能行最棒的我!

本实践案例呈现的是围绕"小荷"这一特定对象,将学校文化投射到标志物身上,并以其形象贯穿该主题的各项综合性活动,以期引发学生共鸣,激发学生探究兴趣,践行学校对学生发展的美好愿望。活动按照了解、感知、体验、实践的顺序层层推进。

二、活动背景

学校"小荷"课程主要为学生的全面发展和个性发展服务,以培养"全面发展的人"为核心,在课程实施中落实四个"育人":智高体健,健美育人;行方智圆,诚信育人,博闻多识,创造育人,学识高远,自信育人。确立了以"六好教育"系列作为探索立德树人的实践路径,并制订校本《低年级主题式综合活动课程实施方案》(以下简称《方案》)。《方案》以"资源课程化、活动系列化、课程生活化"为原则,以认识并发展自我、参与并融入社会、亲近并探索自然为导向,追求学生兴趣的拓展、视野的拓展和能力的拓展。"小荷才露尖尖角"活动体现了趣味性、生活

性、开放性和整合性。

三、活动过程

依据三个维度的目标要求,基于学生的年龄特点和认知水平,拟定了"小荷才露尖尖角"的主题目标,并聚焦主题设计了三项综合活动。这三项任务内容都是围绕着探索"小荷"来展开,采用故事、绘画、制作、角色体验、探究、社会实践等丰富多样的形式,帮助孩子整体感知"小荷"文化,激发探索的兴趣和喜爱的情感。

(一)了解和感知:赏析诵读,品味"荷"韵

活动伊始,老师声情并茂地吟诵收集到的有关荷花的诗句,播放荷花相关的视频,学生在一系列的赏析中领略荷花的美。学生在情境的渲染中读这些诗句,优美的语言配上美好的音乐,诵读水到渠成。视频触及学生已有的生活经验,赏荷之时开启了学生"赞荷"的欲望。于是,学生们你一言我一语说自己在哪儿看到了荷花,荷花是怎样的,自己知道的荷花有哪些用处,老师引导学生品味荷花高尚品格,激发学生成为一名小荷少年的自豪感。校园诗歌会为孩子们搭建了展示的舞台。阅览室中去寻找关于荷花的故事,结合自己的生活并展开想象去演绎故事;"快乐330"的自主准备:个人朗诵,小组合诵,班级集体朗诵……一年一度的诗歌会上,小荷学子们一展风采,精彩的花样诵读声情并茂,富有感染力,把诗词的意境表现得淋漓尽致。浸润书香的校园中,孩子们在阅读中争做知识渊博、有文明素养的"小荷"少年。

(二)观察与表达:"荷"我同行,放飞心灵

当学生的热情被激活时,更好的方式是带领学生到校园里实际去走走看看,再去亲临体验,欣赏一个个瞬间、捕捉一个个镜头……观察荷花在自然界中的风姿,眼睛看到的、鼻子闻到的、耳朵听到的、手指摸到的,抑或心里想到的,这些所见所闻、所思所想,孩子们以图画和文字相结合的方式畅快表达。对于低年级的学生而言,画是他们喜欢且擅长的,一幅幅、一张张"'荷'我同行"在孩子们的画笔下、相机里呈现。在认识校标和吉祥物的同时孩子们通过绘画、摄影展示了自己是一名"小荷"学子的美好情感。"我是小导游"的校园开放日活动在孩子们了解校园、喜爱校园的基础上开启。校园的一草一花一树,一室一画一石,孩子们把自己的所见、所爱用自己的语言表达出来,对校园的喜爱也在一举手一投足中得以体现。小荷学子在参与活动中欣赏美、创新美,放飞心情,陶冶美的情操,提升自己的积极情绪,成长为乐观自信的小荷少年。

(三)实践与创新:同生共长,小荷露角

跃然纸上的荷花是欣赏他人辛勤劳作成果的记录。亲身体验种植荷花,经

历荷花的生命成长是孩子们真正的期待。"卓越花匠"可不是那么简单：种子的浸泡、水温的把控、种子发芽后植株的入池等,每一步都需要丰富的知识储备。在老师的指导和学长的带领下,小小花农们经历知识竞答成功入职。"护花使者"用笔、相机记录下荷花成长的点滴。为了做好"护花使者",孩子们制作了名帖,并将荷花的养护要点贴在上面。窗台上、绿植角、小池塘名帖闪光。儿童画、线描漫画、铅笔画、国画甚至泥塑,各种记录精彩纷呈,娃娃们自信地展示着属于自己的"小荷成长记"。走出校门,我们孩子的足迹走过农耕基地,走进假日田园……"纸上得来终觉浅,绝知此事要躬行。"在广阔的田间地头,孩子们去真实地感受忙碌,感受疲惫后收获的喜悦。

校歌《小荷少年》在校园里回响："我们是快乐的小荷少年,愉快地度过幸福童年……队队有奋进的目标,人人有成功的喜悦……"当这熟悉的旋律从孩子们自己手中的乐器流淌而出时,孩子们情不自禁地哼唱起来,难以抑制住兴奋和激动。小荷民乐社、小荷管乐队的孩子们从一个音符到一个节拍再到流畅成曲,最终能生动演绎。他们有过抽泣、有过躲避……互相的鼓励让他们在每天的午间、放学后坚持练习,坚持着让我们听到了"天籁之音"。

"小荷才露尖尖角,早有蜻蜓立上头。"在绿茵场、在实验室、在广阔舞台……小荷学子们亲近自然,发展自我,茁壮成长,亦渐崭露头角。

四、活动效果与反思

回顾"小荷才露尖尖角"这一综合活动,从整体设计到组织实施,我们都始终围绕主题开展,并引导学生在了解—感知—实践的过程中以灵活的方式、多样的视角学习和体验,从而促进学生多种经验的螺旋上升式协同发展——"人人能成功,个个有成功"。

（一）贴近生活实际选取主题,易于激趣实践

生活化学习是终生学习最好的方式。顺着孩子的好奇去选取主题,兴趣就是学习最好的推进剂。"小荷才露尖尖角"这一综合活动在进行中递进性进行,孩子们从赏析诵读到自上故事,从记录描画到成长过程画册呈现,从校内体验到校外实践无不是基于兴趣基础上的实践收获,在尝试、实践中获得技能磨练意志,在动手实践中自主创作,体会创意探索的乐趣。不局限于方寸之间,融入生活大课堂。

（二）结合学生已有的经验多维发展,小荷展风采

生活即教育。从学生生活中已有的经验去设计活动,需要真实的情境、多样的形式和自主的方式。校园中随处可见的荷花和学生自己动手养育的荷花,学生有着自己多元的解读和实践方法。特别是种养荷花,喜欢的品种,养育的场

所,记录的方式学生都不局限于已有的单一经验,老师用多元的思维呵护孩子的创意,学生的天性自然释放,学生必然在实践中获得长足发展。孩子的学习成长不再局限于课堂,不再局限于校园,孩子生活中的点滴都是滋养,不局限一份练习、一时的成败来定义自己。"经历即收获,过程最美丽。"我们和孩子一同经历的综合实践活动生长着、壮大着,我们的小荷正慢慢绽放自己独特的风采。

改善人际交往不良的案例

宝山区罗南中心校　朱　华

一、基本信息

1. 当事人信息

(1) 一般身份背景情况

小 A，男，7 岁，普通公办学校的小学生，一直跟父母生活。

小 A 的家庭是一个重组家庭，但是小 A 并不清楚现在的妈妈并非自己的亲生母亲。小 A 的父母是同一个单位的，双方经常会有加班的状况，平时关注孩子的时间较少。小 A 家的住房是复式，仍在还贷中，经济情况尚可。

小 A 的父亲对于孩子的管教方式是打骂。小 A 的继母对孩子的管教方式是不管不问。

(2) 来访者的主诉

想要跟其他小朋友一起玩，但其他小朋友不愿意。没有人和我玩，我只能自己一个人在座位上玩。

二、简要分析

(一) 基本分析

小 A 进入小学学习，班级中没有幼儿园的同伴。在一个新环境，在尝试取得其他同学和老师关注的过程中事与愿违，小 A 自己找不到原因和解决办法。随着时间的持续，小 A 缺乏同伴的玩耍，他就经常在学校内捡树叶和树枝，之后带到教室里玩。在课堂上，有时候会发出怪异的声音。这一系列的行为，让其他小朋友觉得怪异，更加不愿意和他接触，导致与其他同学关系紧张、学习成绩下降、情绪低落等问题，其中既有外在的原因(环境转变)，也有其自身心理的原因，还和他的家庭教育有很大关系。小 A 自小在没有安全感的环境长大，性格冲动、暴躁，在适应新学校时产生了较大的困难，人际交往不良。其产生的原因主要有以下几方面的因素。

1. 家庭因素

小A的父亲对于孩子的管教方式是打骂。小A在学习和生活上稍不符合要求,就被自己的父亲打骂。同时,小A的父亲经常会因为工作加班原因把小A独自一人留在家中。缺少同伴的交流和父母的关心,小A缺乏人际交往能力的锻炼,严重地影响了孩子的身心健康,不利于孩子的成长。因为平时父亲是使用暴力来解决问题,让小A养成使用暴力解决问题的习惯,更加不利于平时的人际交往。

小A想要和同学建立良好关系,但不知道如何去做。在学校内和其他小朋友发生矛盾后,采用打人和骂人的方式来解决问题,缺乏正确解决同伴间矛盾的能力。在试图和同学交往中,为了维护友谊,有过度讨好对方和言听计从的现象。想和人交往,亲近别人,但做起来又弄巧成拙,适得其反,于是就干脆放弃,破罐子破摔,这就更失去了人际交往的锻炼机会。当同学之间发生矛盾后,他束手无策,不会去化解矛盾,改善关系,而把问题推到别人身上,逃避问题,这导致他的情况越来越糟糕。小A的人际交往能力缺陷使他陷入了人际关系的困境,无法融入班级中,产生种种悲观情绪。

2. 性格原因

小A同学个性方面有许多弱点,比如说冲动、粗暴、自卑、敏感等。这样的性格,使得他在与人交往时,往往带有攻击性,容易烦躁,一言不合可能就引起冲突。而他面对自己的人际交往困境时,首先强调对方的错误,而自身只能采用暴力的方式解决问题。其次,责怪其他小朋友不能够理解自己的感受,自己非常委屈。小A不能正确认识评价自己和他人,爱钻牛角和走极端。

在日常生活中他对自己宽容,对他人严厉。

3. 人际交往能力的欠缺

小A父母因为工作原因,经常让小A独自玩耍和一个人在家。导致小A凡事以自我为中心,对别人的感受也不太理解,共情能力较弱。缺乏建立良好人际交往和处理人际交往中问题的能力。

(二)心理咨询目标

1. 和班级里小朋友建立友谊
2. 提升人际交往能力,学习和别人沟通交往的技巧,尝试可行的与同学交往的方法
3. 正确处理人际交往中的问题,认识自己行为,判断行为的对错
4. 改变个人不良行为或者建立积极行为

(三)心理咨询计划与干预情况

针对以上情况,分为4个阶段。

1. 第一阶段：了解小Ａ的基本情况,尝试建立良好的关系,摸清各种问题,找到最迫切希望解决的问题。

2. 第二阶段：与小Ａ一起分析目前状况产生的原因——不适当的情绪和行为表现。

3. 第三阶段：采用对话辩论、情景模拟等方式,让小Ａ认识到自己的非理性信念。人际交往的日常训练,通过具体的训练,带领他学习基本的人际交往技巧,努力融入集体当中。

4. 第四阶段：寻求周围人员的支持,帮助小Ａ赢得老师、同学更多的宽容和理解,同时引导其父母多关心孩子,多创造人际交往的机会给他,帮他营造良好的人际交往环境。

（四）来访者实际情况反馈

1. 第一阶段进行了1次。在交谈中,了解小Ａ在学校生活中的感受和平时在家的状况。在小Ａ的图画中,了解到小Ａ放学后回家,经常是一个人的,缺少同龄人和家长的陪伴。小Ａ的人际交往能力较弱,对于处理人际交往的能力也较弱。

整个环节轻松,充分给予小Ａ理解和支持,让他感受到被关注、关心。

2. 第二阶段进行了2次。交流当时的情景,从中分析原因。小Ａ能够认识到其他小朋友不愿意和自己玩耍的原因。让小Ａ改变错误的认知——只要能够吸引别人注意力,那么他们就会愿意和我在一起玩。但对于自己的行为——捡东西到教室里玩,表示很无奈。因为只有这些不会离开我,会一直陪着我玩,会努力做到多和其他小朋友交流。

小Ａ能够认识到在上课尖叫,会导致其他小朋友不能够好好上课,不但不能引起其他小朋友的关注,反而会导致更加厌烦自己。小Ａ表示愿意尝试改变这些,希望能够有小朋友愿意和他一起玩。

明白在和其他小朋友发生矛盾的时候,暴力是不能够解决问题的。

3. 第三阶段进行了3次。帮助他认识到自己的问题,并鼓励他主动做出改变。只有一个人主动地调整自己,努力提高自己,才能真正得到改变。鼓励他用善意的眼光看待别人,学会控制自己的情绪,试着站在别人的角度去理解问题。当对一件事情看法不同时,不必急于评判或者说服别人,学会倾听本领。小Ａ能够进行一定设身处地地思考,共情能力有了一定的提升。在课堂小组活动中,小Ａ的参与率也有显著地提升。他的同桌愿意和他一起玩。

4. 第四阶段进行了2次。通过与其父亲多次交流下,孩子父亲表示工作真的很忙,但会愿意多陪陪孩子,如果实在不行,可以让孩子的爷爷到家里来。同样也会让孩子的继母再多关心关心孩子。同时告知孩子的父亲,通过暴力来约

束孩子的不良言行,只会向小 A 提供了一个攻击性行为的模仿原型,强化了儿童家庭外的攻击性心理行为。通过和其他教师的沟通下,尽量多关注小 A 做得不错的行为。

在和小 A 交谈中,他说起最近爸爸陪我的时间变多了,很开心。最近也有更多的小朋友愿意和自己一起玩,还愿意教他题目,感觉很开心。小 A 表示虽然有时候还是会和其他小朋友起争执,但自己在努力做。

如果今后有问题,还会来寻求帮助。做了结案告别。

三、过程记录

咨询师:现在不用把我当作老师,你也不是学生。我们就简单地聊聊天、画画,先不想学习的事情。这里有纸和笔,你想画画吗?

来访者:好的。

绘画 5 分钟后,播放了一段尖叫的声音。

来访者:放下笔,想要关掉声音。

咨询师:你怎么不画了?

来访者:声音太吵了,这样我没有办法好好画画了,你影响我了。

咨询师:我感觉到你对这个尖叫声的厌烦,因为它打扰你,让你没办法好好画画,破坏了你的好心情。如果我让你用一个数字来表示你现在的心情,5 表示心情很好,0 表示心情很差,你给现在的心情打几分呢?

来访者:0。这样的行为我一点都不喜欢,我在画画,为什么要弄出这些奇怪的声音。我不喜欢别人打断我,这样我很不开心。

咨询师:如果你现在正在上课,你希望出现了这样一个怪声吗?

来访者:不希望有这样的怪声,因为会打扰正在做的事情,会让心情变得不好。

咨询师:那我们来一起消灭这个"小怪兽"。

四、个案评价

经过多次咨询,小 A 能较好地控制情绪,人际冲突问题也有显著的减少。在班级中也有了几个同伴,平时可以跟这些新交的同伴一起玩耍。捡树枝、树叶的行为也很少发生。给予他情感上的支持和传授人际交往技巧,让他能更好地融入班集体中,能够得到老师和同学的认可。

小 A 在学校中,一方面渴望交朋友,希望能够收获友谊;另一方面却难以正确处理人际交流问题。

首先从建立良好的关系开始。收集相关信息,有利于制定相关的策略。放松的环境、放松的状态,有利于学生去表达自己的想法。这种想法可能是语言形式,也有可能是图画、肢体等等。这就需要不放过每一个细微之处。在第一阶段中,在小朋友绘画作品中,小朋友的房子是没有窗户的。通过家校沟通得知:因为地暖缘故,小朋友家里是不开窗的,之后也一直拉着窗帘,小朋友有时候就是这样一个人在家的。每一个细微之处都可以互相佐证,对于相关细微之处仍需要关注,不放过每一个线索。

其次在分析现象、问题、成因、根源的时候,通过层层的方式,帮助其改掉错误认知,形成正确的人际交往认知,提升人际交往能力。小学生分析问题的能力较弱,需要逐层分析,引导他建立正确的价值观,引导他学会理性地认识自己。

在整个过程中,通过一系列活动,让小A设身处地地感受类似自己之前行为对自己正常活动的影响,提升小A的共情能力。对于有效提升共情能力的方式比较单一,需要增加方式。共情能力是良好社交的基础。

整体效果不错。小A的变化很大。小A很喜欢运动,并且在这方面很有天赋,他参加学校运动会,在跑步项目中,取得了惊人的成绩,班级里的同学都对他刮目相看。同时因为班级中有小朋友愿意和他交朋友,他就不怎么捡树枝作为自己的玩伴。他慢慢改变了解决问题的方式,从使用暴力解决问题到互相说,还学会与人友善地相处。他不再是孤单一个人,还交到了新朋友,虽然没有很多,但这是一个良好的开始。

针对这次个案辅导,还有以下三点有待改进:(1)理论方法和技术还不太熟练。(2)知识体系还不是很完整,需要不断学习和熟练。(3)量表不熟练、信息收集慢。

让音乐教学和学生靠得再近些
——《鸭子拌嘴》一课基于课程标准的教学与评价案例

宝山区罗南中心校　樊　里

一、引言

德国教育家蒂斯多惠说过:"教学的艺术不在于传授本领,而在于激励、唤醒和鼓励,许多成功的课例都与教师恰当的激励手段分不开。"他的话中表明在课堂中教师对学生充满艺术性的激励、评价将是学生学习的巨大动力,足够说明课堂评价语言的重要性。然而"教"要成功,"备"字先行,"备"中包括对学生激励性的评价。对于我们职初教师而言,备好了课,不一定能上好课,但想要上好课,却必须备好课,有效备课是我们实施有效教学的前提,"备学生"则是有效备课的关键,教师只有对学生的身心特点、认知水平、认知习惯等有准确的把握,才能做出合理的教学设计,从而提高课堂教学的效率。

二、教学背景

那是一节刚入职不久,有学科师傅来听的随堂课,教学内容为上音版小学一年级下上的听赏教学课《鸭子拌嘴》。对象是自己班级的学生。

民族打击乐曲《鸭子拌嘴》,运用了各种不同的打击乐演奏技巧,形象地塑造了活泼可爱的小鸭子在争食,嬉戏,拌嘴时的生动形象。对于低年级孩子来说,让他们一动不动地欣赏一首完整的民族打击乐曲,显然有一定的难度。针对他们具有形象思维为主,好奇、好动、模仿力强的身心特点;又因新的课程理念指出:音乐课要通过各种有效的途径和方式引导学生走进音乐,在亲身参与音乐活动过程中,喜爱音乐、体会音乐。所以在整节课的教学设计中我们应注重学生个体的内心感觉和自我体验的客观性,倡导让学生主动参与、体验模仿、合作探究等多种学习方式的结合,来激发学生的学习兴趣,提升音乐感知能力。

三、教学事件

教学要求：认识小钹，探索小钹的不同演奏方法。

这节课在一段模仿"小鸭嘎嘎"的打击乐声中开始了。"孩子们，说一说这段音乐表现的是可爱的小动物呢，还是森林里的猛兽？"学生们对我提供的这段音乐很感兴趣，在听的时候就非常投入，当我一问，他们就异口同声地说是"小鸭"！"那你们谁能告诉我这段音乐是用什么乐器演奏的？""鼓、木鱼、小钹……"学生们七嘴八舌地说开了。"大家说得很好，在这段民族打击乐曲中我们的小钹表现得特别出色，所以今天老师就请来了小钹和我们大家交朋友！"……

接下来我为每组学生准备一副小钹，请他们自由地探索一下：用哪些方法可以让小钹发出不同的声音？学生们兴奋不已，终于可以玩乐器了，拿起小钹拼命地敲。而小钹并没有像我期望的那样传到每个学生手中，只有少数几名学生在尽情地敲打，一些学生不服气地喊着，"老师他们不给我"，几分钟后，小钹的敲击声和学生们的叫喊声混成一团，最后我只得弹琴示意，让学生们安静下来。我请学生们交流发现了哪些不同的演奏方法，举手的学生寥寥无几，发现的方法也只有简单的"敲击"一种……

四、事件的处理

虽然是一节随堂课，可是后面毕竟有师父在听课，师父示意我换换其他方式让学生们重新认识小乐器，并加入一些激励性的、多样性的评价语言。于是我请每组的小组长带领组员们先来认识一下"小钹"，可以摸一摸，也可以轻轻地敲一敲，并且讨论、评比：用哪些方法可以让小钹发出不同的声音？哪组对"小钹"这位朋友最有礼貌。并且我会表扬表现好的小组，给予他们奖励。小组活动结束后，我说："谁愿意为大家介绍一下这位'小钹'朋友？"孩子们马上安静下来，争先恐后地举起小手，一个个说得头头是道，总结出了上击法、下击法、平击法、闷击法等多种演奏法……

五、讨论与分析

对于小学生而言，在一定程度上音乐艺术主要还不是一门知识，而是一种内心体验、审美愉悦的体验，没有亲身参与到音乐活动中的人是不可能获得这样一种审美愉悦的体验的。之前课中的两种做法均采用了开放而多样的形式，想力图通过对"小钹"的探索性学习，了解分析打击乐曲《鸭子拌嘴》。然而两种做法的结果却截然不同，第一种做法，我只是注重了形式上让孩子们进行探索，而孩子们无论从探索的广度和深度上都没有达到预期的效果。第二种做法，根据孩

子们的年龄特点通过语言的引导和课前预设时一些细节的把握,使课堂始终围绕在探索性学习的氛围中。而且课堂中加入了评价性的语言,孩子们也知道了什么是表现优秀的。课堂面对的是每一个孩子,在游戏的情境中,学生积极主动地参与到探索活动中来,真正做到了自主探索,以"钹"击乐。

(一)从学生年龄出发——以兴趣为学习先导

兴趣是最好的老师,如果是孩子们所喜闻乐见的他们自然会投入其中。上述课例片段中,两种做法都是让孩子们探索创编几个音乐片段,然而第二种做法教师根据孩子的身心特点,采取了游戏的形式,让孩子们一直感觉到自己是在玩游戏,所以他们能够兴奋地玩到最后,探索到最后,而且效果很好。

(二)从学生能力出发——探索过程由浅入深,环环相扣

要使孩子们进行有效的探索,教师必须从以往只见教材不见学生的方式中转变过来,注重研究学生,根据学生探索能力,原有知识水平进行设计。教师还应在设计中做到层层深入,符合跳一跳摘果子的特点,这样才能让孩子们真正地理解感悟音乐。案例中的第二种做法,教师先让孩子们探索小钹的不同演奏方法,再让孩子们在音乐中探索体会更多的演奏方法,在对演奏方法有了一定的认识以后,再让孩子们进行探索创编自然成了顺理成章的事。

(三)从学生情感出发——教师语言精心设计

教学过程要实现自主、合作、探究的方式,教师语言的引导是至关重要的。案例中第一种做法教师只是简单地呈现了教学的设计,而第二种做法教师在教学语言设计上贴近学生、注重引导,例如"轻轻地敲一敲,用哪些方法可以让小钹发出不同的声音"?"哪组对'小钹'这位朋友最有礼貌"……教师从学生的情感特点入手设计生动的、有情境的导语,使每名学生在探究体验过程中,音乐技能和音乐情感得到有效的增长了。

(四)从学生评价出发——教师给予适当评价

音乐教学是为了培养学生对音乐的热爱,不是为了培养音乐家。所以我们要用多样的评价方式让学生懂得如何去欣赏音乐,了解不同的音乐情绪所表现的不同的音乐形象,一个赞许的眼神,一句激励夸奖的话语,一个亲切的动作对于学生来讲,都是莫大的鼓励和欣赏,能自然激发学生的音乐表现欲望和参与音乐活动的积极性。因此评价的方法要注意多样性,不能千篇一律,一句再好、再有激励性的评价语言在老师没有感情色彩的反复唠叨中,它都会失去价值。尊重学生的个性差异分别做出不同的评价,才能使评价达到更为有效的结果。

明确教师"教"的任务,学生"学"的方向。力争在备课环节的优化中做到教与学的结合,处理好"主导"与"主体"的关系。了解学生,这样才能调动学生的学习积极性,让学生真正地参与到音乐活动中。一节课能否上好不是偶然的,它在

很大程度上取决于教师的备课。我们在备课上花一分精力,在教学里就有一分的效果。

总之,"教"是为"学"服务的,变学生"学会"为学生"会学",在音乐教学活动中要从学生出发,让学生用"身"去体验,用"情"去意识,培养学生创造能力,使每一个学生都真正地成为学习的主人!

评价方式多元化
线上展示促参与
——美术线上教学案例

宝山区罗南中心校 王 婷

一、案例背景

为了做好疫情防控工作，2020年3月全国开展了线上教学工作。线上教学和传统教学在模式上存在着很大的差异。而从未有过线上教学经历的一线教师们在初尝线上教学时并不是一帆风顺的，出现了这样或那样的问题。教师们在一边教授一边总结经验中不断改进，及时调整教学措施和方法，以确保每一次空中课堂的顺利进行，而如何利用好线上教学优势的方面，弥补弊端，落实好教学工作，做到切实可行，是我们一线教师要不断思考和改进的。

二、案例描述

线上课程启动以来，作为综合课老师，可能都遇到过这个问题——参与讨论的学生人数呈现递减。

以我任教的一年级为例：3月3日开展的第一节美术空中课堂《水迹像什么》后，我任教的一年级6个班级的学生作业率平均都在80%左右（见图1），每个班级4/5左右的学生都参与了作品交流。

但随着时间的推移，学生作品数量呈现了递减的状态（见图2）。说实话，看到这种情况，我的感觉是非常失落的，一系列的问题困扰着我：是孩子们不喜欢上美术课了吗？不喜欢我了吗？什么原因导致了作业数量的递减呢？采用什么教学方法和措施可以提高和保护学生的美术参与热情呢？

此时，我想作为一名一线美术教师，对保护好孩子们喜爱美术的热情和积极性，并激发其他学生的参与度是责无旁贷的。如何保护学生的美术热情以及提高学生的参与度和积极性，是需要我思考的。

图 1

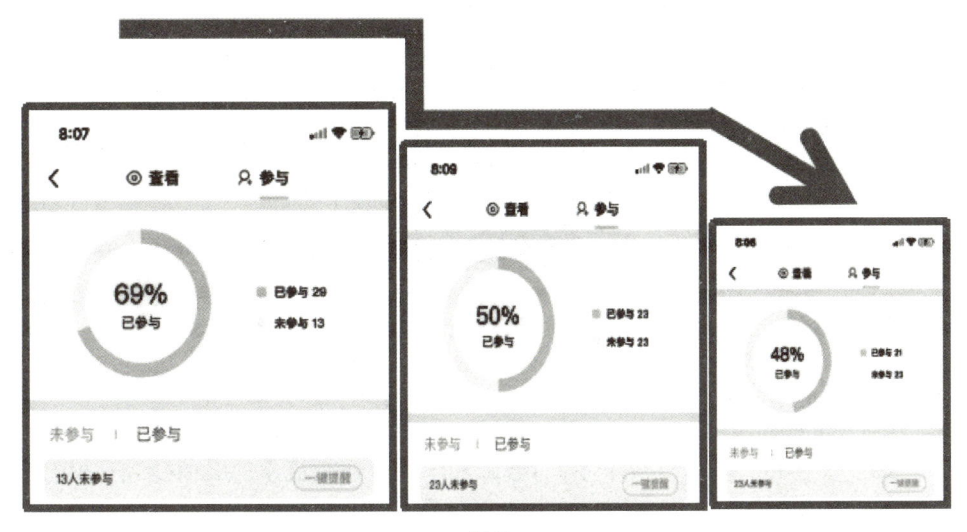

图 2

三、分析与反思

根据网课相关指导建议，年级学生在原则上是不互动的。那么，一些常规的线上教学手段就不能运用了，但是实际情况显示有部分学生还是有互动需求的，甚至有很多学生在课后还不断私信给我交流作品。那么，如何在遵循上级有关指示，做到不"超纲"的基础上，再做到服务好这部分有指导需求的学生，保护好他们的美术热情，从而带动其他学生的参与热情呢？于是，除了在每节课前做好充分的教学准备之外，我从课后作业评价和作品展示上也进行了一些调整，利用评价方式的多元化和展示作品的方式来满足学生的需求和提高参与度。

（一）"模板＋个性化"评价

模板化的评价虽然很快捷，教师可以用晓黑板的"快捷评价"功能，几秒就

可以评价一幅作品。但是模板化的评价太过于公式化、程序化，缺乏了一点"温度"，虽然只是一句简单的评语，但是，学生实际上是能通过评语感受到老师对他的关注度有多少的。我发现当我用模板化的文字评语时很少能得到学生的回应，因此，除了标准化的评语，我还会加上对作品和对该生更有针对性、个性化的评语。虽然工作量大一点，但是效果确实更好，更能激发学生主动创作的意愿和积极性。学生会通过文字、图片以及视频等给我积极而又丰富的反馈（见图3）。

图 3

（二）语音评价

线上教学和传统课堂教学不同，教师和学生沟通交流不那么便捷，有一定的局限性。于是，我尝试采用语音的方式进行评价，就像在平时的课堂中一样，我用有亲和力的语言进行语音点评。因为许久没见面，第一次实施语音点评后，孩子们听到我的声音，既开心又兴奋，他们也会用语音来和我交流，我收到了学生和家长热情的反馈（见图4）。可见，通过语音评价学生能更直观地感受到老师对他的作品以及对他本人的关注，对提高美术兴趣和参与度有了明显的效果。

（三）组合评价

线上评价学生作品有时用单一的形式有点叙述不清，这时，我就会用"语音""文字""晓黑板修图功能"这几种评价方式进行组合评价。利用这些评价方式的组合可以对几种评价方式的弊端进行弥补。组合评价可以是"语音＋文字"，也可以是"文字＋修图"，甚至是"语音＋文字＋修图"（见图5）等，视作品需要随时运用组合评价。这样，教师就能清楚地表达学生作品需要修改的地方，能够更全面地指导学生作品，学生通过这些组合评价能更直观、清晰地了解如何修改作品，作业评价的有效性得到了体现，保障了学生的美术参与度和积极性。

图 4

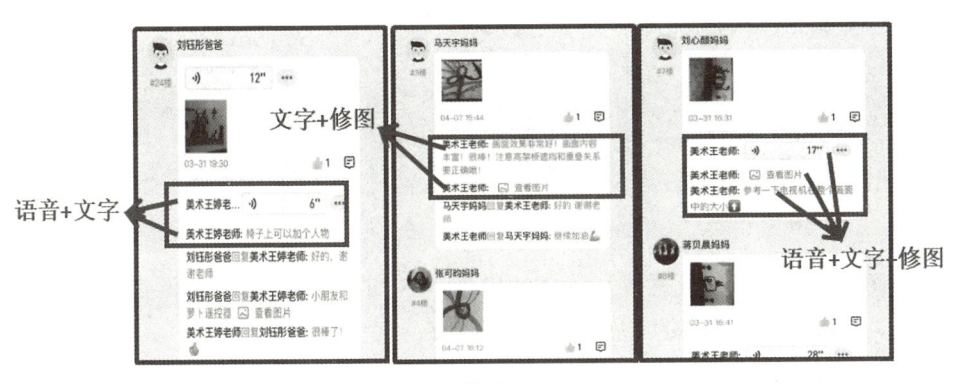

图 5

（四）自评、互评、师评的综合评价

在正常的美术课堂教学中，经常采用自评、互评、教师评价的方法，目的是提升学生的审美能力，同时也能巩固本课的学习内容。那么，线上美术课是否也能这样操作呢？通过近期的《我画汽车》一课，我认为这个方法同样适用于线上美术课。我在晓黑板讨论中发布自评、互评的方法，采用适合一年级学生的星级评价方式让学生参与评价过程（图6）。同时，我也一同参与到评价过程中，利用自评、互评、师评的综合评价方式，获得了学生的积极响应（图7）。

（五）展示优秀和进步作品

线上教学有许多线下教学没有的优势，我们要充分利用这些优势。比如，展示作业特别方便。我可以将整理、编辑好的作品展示视频用晓黑板"通知"的形式发送出去（见图8），学生以及家长能看到每一次的优秀和进步作品。通过这样的方法反馈给学生，我发现视频发布后的第二次作业交流在作业数量和质量上都有了明显的提高，学生自愿交流作品的热情也更高了，对学生的参与度和积极性的提高有较大的帮助。

图 6　　　　　　　　　　　　　　　　图 7

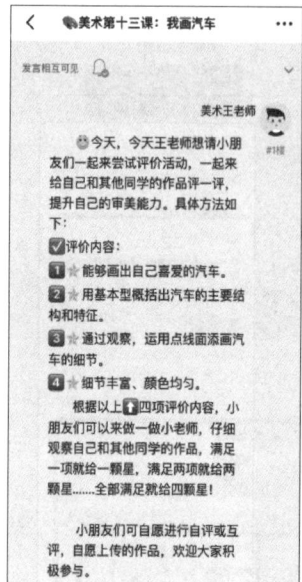

通过以上不断的反思以及改进的措施,学生的作业参与率都得到了较大的提升。目前,作业的数量以及质量都能保证在一个比较稳定的水平。接下来,我还需要在评价方式上做更多的思考,多一些形式,利用切实可行的方法提高学生线上美术课的学习参与度和积极性,全面落实好美术空中课堂的教学工作。

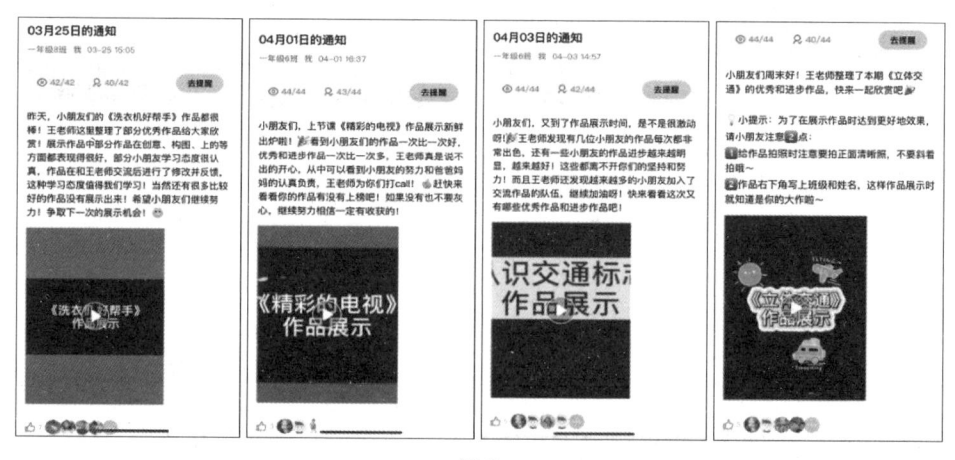

图 8

板书是必须的!
——语文老师执教自然课一得

宝山区罗南中心校　金宇虹

板书(Write on the blackboard),从动态的角度理解,它是教师上课时在黑板上书写的文字、符号以传递教学信息、教书育人的一种言语活动方式;从静态的角度理解,它是教师在教学过程中为帮助学生理解掌握知识而利用黑板以凝练、简洁的文字、符号、图表等呈现的教学信息的总称,长期以来,板书作为教师的基本功之一,是教师极为重视和崇尚的教学手段。

二十多年的语文教学,养成了我极其看重课堂板书的设计与呈现的习惯,在"转战"自然学科后,我依旧保持了这个优良的作风。以下是我这个老兵新手在自然课堂上的几次板书设计偶得,聊以自省:

一、符号线条凸显"编路"

【片段一】第二单元第一课　水的旅行

活动一　讨论水的旅行过程

1. 看图讨论:观察教材第8页图片,根据图片结合以往的学习,想一想自然界中的水是如何旅行的呢?可以结合图示用雨水从哪里来?又到哪里去的句式与你的同伴说说。

2. 观看视频:听小水滴的自述,了解水以固态、液态和气态的状态,在陆地、海洋和大气间不断地循环,这一过程就是水循环的过程,也就是我们说的水的旅行,进一步完善猜测。

3. 观察实验:烧瓶中的水模拟了自然界中的水,经历了蒸发、运输、凝节、降水等过程,形成了水的循环,明确水循环是一个周而复始的过程,巩固结论。

板书设计：

```
        凝结
         ↑
水汽输送   降水
  ↑         ↓
 蒸发 ←――― 水
```

【反思】本环节中，教材编者的思路是通过水循环的示意图，让学生结合已有的水的三态知识，融合语文学科中的语言表达阐述水循环的现象，而后用生动活泼的视频让水滴化身为卡通人物，形象鲜明地叙述自己的"旅行"过程，紧接着通过烧杯加热水的实验模拟水循环，让学生从猜测—了解—验证，实践了科学的探究过程，而不是粗暴地被填鸭式灌输。课上我设计以明晰的线条符号辅助简洁文字的图表式板书，把水循环的过程展示给学生，板书中的文字正是编者教材中的重点学习要素，线条符号恰是编者的编写思路，两者相辅相成，从视觉上冲击学生的大脑，启迪学生的思维，同时提供记忆的框架，让学生对本课时的内容了然于胸，简单易学。

二、重复板书支撑"教路"

【片段二】第三单元第一课 地球的自转

活动二 探究地球自转的特点及其相关的现象

1. 观察思考，老师整理的 2020 年 1 月 1 日我国部分城市日出时间表，请根据各个城市日出时间的先后顺序，把城市名称进行排序，并填写在自然活动部分第 9 页的表格中。

2. 观察地图，教材第 15 页的地图，请学生根据刚才排序完成的表格，对照课本 15 页的地图，把相应的城市序号在地图上标注出来，思考这张地图中各个城市日出的先后顺序及它们的位置关系。

板书设计 1：
地球是自西向东转动的。

3. 模拟实验，求证猜测

（1）教师用排球来模拟地球，用手电筒来模拟太阳。在球上分别用红色大头针代表上海、绿色大头针代表最西边的拉萨。打开手电筒，让阳光照射在地球上，请学生认真观察，上海和拉萨都没被太阳照亮，处于白天还是黑夜呢？随后让模拟的地球自西向东转动起来，注意观察你看到了什么？

（2）学生得出结论：根据太阳地球的位置关系，只有当地球自西向东转动时,上海才会先被阳光照射到迎来日出,而西边拉萨的日出时间会比上海晚,也就是地球是自西向东转动的。

板书设计 2:
地球的自转方向是自西向东。

【反思】本课的学习内容是很有难度的,单纯靠学生自己是无法明白的,所以教师的教学方法至关重要,也就是教学思路要由浅入深,层层深入。首先我用表格和地图结合让学生明白,各个城市日出时间的差异是由于地球自转造成的,先受到太阳照射的地方日出时间早,由此得出初步结论:地球是自西向东转动的。我首次把结论用通俗的语言板书,只是点拨作用。

随后在模拟实验时引导学生假设太阳在地球仪外的某个固定地方,观察随着地球仪的转动哪个城市先看到太阳。当然学生的首次推测不一定正确,我不轻易予以肯定或否定,让学生操作地球仪检验自己的判断。学生模拟地球的自转方向时逆时针方向转圈,根据描述所看到的太阳出现与消失过程时总结出"太阳总是出现在我的左手边,消失在我的右手边",而得不出明确的方向变化,我进一步引导学生结合地球仪展开想象,才得出太阳"东升西落"的结论,此时我第二次板书科学化的结论:地球的自转方向是自西向东。虽然两次板书的内容是一致的,但是从通俗化—科学化,体现了教学思路的清晰,学生科学语言的习得过程,教材难点也在两次的板书重复中被突破瓦解。

三、直观图片引导"学路"

【片段三】第四单元第二课　日食与月食
活动三　模拟日食
1. 观看视频:播放日食过程
2. 思考交流:日食是一种怎样的自然现象? 它是怎么产生的?
3. 教师示范,模拟实验:用手电筒、排球、乒乓球分别模拟太阳、地球和月亮各自转动后,观察三者处于什么位置时,"月亮"的影子会投射到"地球"上,产生日食。

教师板书设计 1:(备注:图片可贴)

太阳　　　月亮　　　地球

活动四　模拟月食

1. 观看视频：播放月食过程。
2. 思考交流：月食、日食是一种怎样的自然现象？它是怎么产生的？（教师提醒学生了解的日食、月食产生）
3. 学生操作，模拟实验：用手电筒、排球、乒乓球分别模拟太阳、地球和月亮各自转动后，观察三者处于什么位置时，会产生月食？

学生自创板书 2：（备注：图片可贴）

太阳　　　　　　　地球　　　月亮

【反思】教材上这三个星球的运动轨迹是平面和静态的，学生较难理解。以前的教师在教学中采用三球仪来指导学生观察，但是视觉体验较差。网络时代，动态的视频配合以声光电效果，能更有效地帮助学生。本课时中，学生在完成了活动三模拟日食之后已经对三个星球的运行有了一定的了解，我适时地把三个星球的活动位置用贴图的形式，摆放在黑板上，示范性板书了活动三的内容精髓。所以在活动四模拟月食中，我就放手让学生自我学习，讨论交流，得出结论，大胆尝试完成活动四的板书内容，让学生自己动手来摆一摆三个星球在月食发生时位置，说一说月食产生是三者的关系。学生有了活动三及板书 1 的启发，完成活动四不在话下，板书 2 也是应时而生，由此可见，学生学习的思路被开拓了，学习的方法也在掌握之中。当然在板书图画的设计上我也是精心准备，红色大圆片代表太阳，蓝色圆片就是地球，黄色小圆片则是月亮，这样的设计确保学生在尝试板书的第一时间能做出合理正确的反应。

以上三个教学片段是我执教四年级自然学科中的板书设计，看似平凡简单，但仔细琢磨，还是别有一番意蕴：在教学中，这些短小精悍的板书有着四两拨千斤的妙处，既配合我牢固把握教学过程，顺利地实施自己的教学计划，也能帮助学生理解和掌握每堂课的教学内容。

小学自然学科以培养学生科学素养为宗旨，承担对小学生进行科学启蒙教育的任务，是小学阶段一门综合性基础学科，在这门学科的教学中板书同样不能缺失。自然学科中教师设计好的板书能集教材的"编路"，教师的"教路"，学生的"学路"于一体，简练系统地体现教学内容，以明晰的图画表搭建学生思维记忆的框架，好的板书设计能为优秀的课堂设计更加锦上添花，因此它是必要的，更是必需的！

欣赏课教学形式多样化，让每个孩子有获得感
——《采茶舞曲》音乐综合课型案例

宝山区罗南中心校　陆春泓

摘要： 作为人类最古老的艺术形式之一，音乐是人类通过特定的音响结构实现思想和感情的表现与交流的不可或缺的主要渠道，是我们精神生活的组成部分之一。要教好音乐，教师不能拘泥于教学生会唱歌而已，更重要的是培养学生的音乐综合能力。建立民主、平等的师生关系，突出学生的主体地位，激发和培养学生的学习兴趣；精心设计教学模式，创新教学方法、手段，营造良好的音乐课堂氛围；在音乐课中把歌曲、欣赏、器乐、舞蹈、阅历等合理穿插，使学生受到综合音乐的教育。

一、教学背景

这是在学校教研活动时上的一节四年级音乐实践课，我把本单元的教学歌曲《春雨》和欣赏曲《采茶舞曲》作为教学内容上了一节音乐综合课。

歌曲《春雨》是一首优美又充满了童真幻想的动听的儿童歌曲，歌曲以一个抒情悠长、连贯优美的引子开头，表现了对"春雨"的向往、赞美的心情。《采茶舞曲》原为越剧的主题歌及舞蹈配乐，这首乐曲保持了民间采茶歌舞的基本风格，采用民族的五声徵调式，曲调欢快跳跃，再现了采茶姑娘青春焕发的风貌。在20世纪50年代一度极为流行有较大的社会影响力。

四年级的学生有极强的求知欲和表现欲，喜欢直观形象思维，对变化创新感兴趣。该班的学生喜欢唱歌，已经具备了一定的演唱能力、欣赏能力和表现音乐的能力。本课歌曲处理时将采用气息声音情绪相融合来指导学生唱好歌曲，并把歌唱、舞蹈、器乐各种音乐能力结合起来的综合学习方式，鼓励学生积极主动地参与到音乐活动中，以此来培养他们的音乐实践能力和小组合作能力。

二、教学事件

在试教时我把教学内容定为欣赏课型,教学目标定为感受《采茶舞曲》轻快、流畅的旋律,优美抒情的情绪和鲜明的浙江民间音调特点。教学形式按照传统的欣赏课型模式展开初听、复听、再听等过程。在实际教学中发现学生对乐曲表现的内容和情绪无法真正感受,课的形式也比较单调,从学生的表情就可以看出乐曲欢快的情绪没有体会到,音乐的表现力也没有充分地体现,更别说达到对民族音乐的热爱了。欣赏课虽然以听为主但是没有演唱环节也就没有了音乐课的活力。中高年级的课如何在教会音乐知识的同时又培养学生的音乐综合能力,并让学生感兴趣,于是我想在下一次试教中有所突破。

三、事件处理

仔细研究了单元目标和单元内容,我把课题定为《春天的歌谣》,课型定为综合课型,把音乐的听、唱、奏、演融合在本课中。我把复习春雨作为课的导入部分,"春雨是怎样的?我们应该怎样地歌唱它呢?""春雨是纤细的,我们应该用甜美的歌声来歌唱"……在问答中学生的想象力被激发,一幅优美的春天画面在学生眼前展开,学生们在优美、舒展的歌声中感受到了春天生机勃勃的样子。

在欣赏乐曲时我把音乐的人文故事带给学生,从越剧引入,吸引学生的听赏兴趣。然后让学生学会简单的采茶动作,再用打击乐为歌曲和乐曲伴奏,演唱、舞蹈、器乐演奏相结合,体验表现乐曲轻快的情绪。从而赞美春天热爱大自然。最后课堂效果非常好,既突出单元主题,又培养学生演唱、节奏和律动等音乐综合能力。

四、讨论与分析

综合课型的一大鲜明特征就是体现教学内容的综合性。这节课通过学习内容和音乐体验方式的中和,提升学生的音乐综合能力,这节课的两个教学内容以一首歌曲和一首欣赏作品为内容,两者之间有内在的关联。本课通过演唱歌曲《春雨》,欣赏乐曲《采茶舞曲》体现了教学内容的综合性。同时引导学生感受春天的气息,表达了对春天的向往之情。

1. 关注音乐综合能力培养,体现有效教学策略与方法

通过演唱歌曲《春雨》指导和歌词中所表现的情感紧密融合,在学生自我充满感情的歌声中体验音乐的美感,表现了春天的美景。《采茶舞曲》通过比较聆听,感知越剧曲调民歌与器乐版本采茶舞曲的内在异同,并在简单的采茶舞蹈中和用打击乐为乐曲伴奏的过程中,体验、表现对音乐的理解。课中的学习方式也

体现了综合性的特征,从学生的演唱、舞蹈、器乐演奏能力都得到了很大的提升,充分体现出了教学内容的综合,学习方式的综合以及音乐能力培养综合的特点。

2. 基于学情,创设自主创编的学习途径

创造能力的培养是时代发展的要求,是国际竞争的要求。音乐教育在发展学生创造能力方面的特殊功能尤为突出。音乐综合课型更要关注创作领域的音乐即兴创编与有目的的创作能力的培养,并将其在教学目标中凸显,结合教学内容年段的特点进行有效的创编,鼓励引导学生在音乐实践中创新。由于教学时间的有限,本课选取了小铃、串铃、沙球三件适合这首歌曲的打击乐器,让学生分组即兴创编符合乐曲的节奏。过程中既有每组单独为乐曲伴奏,又有三组有效的合作,在展示时让全体学生清晰地听到每组乐器的伴奏效果,又让学生体验到合作演奏的成功和喜悦,整个环节一气呵成。给学生创设了自主学习的氛围与途径,又关注了有目的创编能力的培养。充分体现了基于学情为前提的有效综合,教学环节流畅,师生互动充分,教学效果良好。

3. 鼓励学生学习积极性,凸显其音乐能力

采用多种教学手段来引导学生积极参与音乐体验,从而发展他们的感受力、表现力和创造力。歌曲处理,分引子、重点乐句、尾声三个部分指导学生演唱,通过教师示范,学生引领等教学手段,师生共同探讨歌曲各部分的演唱情绪和演唱技巧,引导学生通过气息的跳连和歌词中所表现的情感相融合,有感情地唱好歌曲。新授《采茶舞曲》,通过器乐与民歌的对比聆听《采茶舞曲》,感受乐曲欢乐优美的情绪。教师的范唱拉近师生的距离。本课的教学设计不在器乐的听辨重点在于乐曲情绪的感受。在跳简单采茶舞和用打击为音乐伴奏的过程中,体验表现对音乐曲的理解。由于教学时间有限,所以只选取了三件乐器,过程中既有单独为乐曲伴奏,又有三组的有效合作。由于音乐能力的差异,让个别学生即兴伴奏,鼓励学生学习音乐的积极性,又凸显其音乐能力,培养学生自信。学生完整演绎春天的歌谣,是本课的重点。本环节将演唱、舞蹈、打击乐进行综合表演。

调动每个学生的积极性,发挥学生个体的音乐特长。在音乐听、唱、奏、演的表现形式中,让每个学生都有事干,有学习积极性,有成功的喜悦。在师生、生生互动的学习环境中,水到渠成地解决了本课的重难点。充分表现了对春天歌曲喜爱之情,乃至对大自然的热爱之情,从而提高了学生对民族音乐的兴趣和爱好。

注重情感体验与评价
鼓励即兴创编
让音乐教学多元化
——《铃儿响叮当》教学案例

宝山区罗南中心校　顾鸿岚

【教学背景】

《铃儿响叮当》是学生非常熟悉的一首歌,尤其是歌曲第一部分,孩子们一听音乐就想唱起来,但第二部分因为歌词的变化较多,学生不会演唱,而且作为欣赏也并不要求学生完整演唱整首歌曲,因此我把歌曲的两个部分做了不同的侧重点,第一部分是熟悉的旋律,重点是让学生在原来会唱的基础上能正确演唱,扎实学好节奏和唱名等音乐知识。第二部分让学生继续感受歌曲的情绪,并让学生依据生活经验创编各种雪中的游戏,发挥学生的创造能力,之后老师再给出已学节奏型创编一种游戏听音乐律动,同时培养学生有节奏感地律动,让欢乐的情绪体验更加深了一步。

【教学片断一】

复听

1. 学唱第一部分

师:歌曲的旋律你们肯定很熟悉了,特别是歌曲的第一部分,让老师听听你们能不能准确地演唱。

(1) 生轻唱,自我评价

评价要求:能不能准确地演唱

(2) 学唱

1) 拍读节奏

师:原来你们只会唱第一乐句,希望在接下来的学习中你们能学会完整地演唱歌曲第一部分,好吗?

老师发现歌曲中有两条特殊的节奏,它们在哪首歌曲中出现过?谁会拍?

(个别~教师指导~全体)

2) 唱唱名谱 全体~个别

师：节奏学会了,再来唱唱唱名谱(跟着琴声慢唱)

3) 唱歌词

师：请你们用欢快、活泼的情绪,自然的声音演唱歌词。

a. 学生唱

b. 老师唱

关键设问：老师唱的歌词中出现了哪个字最能表达出人们欢快的心情?

生：嘿　指导演唱：短促跳跃

c. 分组演唱,学生按要求评价

师：你们学会了吗？我们分组来唱一唱,其他小朋友认真听后进行评价：

评价：1. 能不能用欢快活泼的情绪,自然的声音演唱

　　　2. 有没有随着旋律唱准歌词

师：根据评价要求你给他打几颗星?

(3) 串铃伴奏

师：欢快的叮当声就像是马儿在……奔跑,谁能用串铃把这种欢快的声音表现出来吗?

(部分学生伴奏,其余学生进行评价)

评价要求：是否用合适的音量、正确的姿势演奏串铃为歌曲伴奏。

(4) 集体表演

男生伴奏、女生演唱：

教学设计意图：

1. 学习要点：

(1) 学唱歌曲第一部分,再次感受歌曲欢快、活泼的情绪特点。

(2) 通过"嘿"的演唱,进一步体验歌曲欢快的节日气氛。

(3) 学会用合适的音量、正确的姿势演奏串铃,按 4/4 拍节拍韵律随音乐的速度进行伴奏。

2. 评价要点：

能用欢快、活泼的情绪,自然的声音演唱歌曲第一部分；

能唱准带有附点八分节奏和前八后十六分节奏地歌词；

能用合适的音量正确的姿势演奏串铃。

【教学事件】

　　这首歌曲是学生非常熟悉和喜爱的一首歌曲,特别是歌曲第一部分,教师认为很多学生应该都能演唱,试教后发现其实他们在没有歌词的情况下只会演唱第一乐句"叮叮当,叮叮当,铃儿响叮当"。出示歌词后,学生的演唱也不尽如人意,附点节奏和前八后十六节奏处都不能准确地演唱。

【事件处理】

　　教师及时改变教学方法,让学生通过拍拍节奏、演唱第一部分唱名谱以及为第一部分加入串铃伴奏,进一步熟悉和掌握歌曲第一部分歌词的演唱。学会之后,演唱和伴奏环节又分别进行了学习成果展示,并且及时进行师评和生评。

【教学片断二】

　　学习歌曲第二部分

　　(1) 听赏歌曲第二部分

　　师:你们的表现真棒!

　　孩子们滑雪还没有结束,他们冲破大风雪、奔驰在田野是一种怎样的心情。来听听歌曲第二部分的情绪有没有变化?

　　关键设问:歌曲第二部分的情绪有没有变化?

　　(2) 为歌曲第二部分创编简单的律动

　　师:歌曲第二部分的情绪还是欢快的,孩子们在雪中滑雪的愉快情景仿佛就在我们眼前。你们想不想用游戏的方式来体验一下这种欢快的心情?告诉我你们都会玩些什么游戏?

　　师:你们会玩那么多游戏。但是今天老师要请你们用这个节奏来玩打雪仗,谁会玩?

1）个别创编有节奏的律动，其余学生拍节奏
2）生尝试分组表演
分组依次表演、拍击
3）听音乐律动

教学设计意图：
1. 学习要点：
学会为歌曲第二部分伴奏，并创编简单的律动。
2. 指导与反馈要点：
能用二分音符的节奏跟着旋律准确地进行拍击和律动。

【教学事件】
实践教学中，教师对学生的表现做出正确的判断和反馈是教师在课堂中必须具备的一项教学技能。"你们想不想用游戏的方式来体验一下这种欢快的心情？告诉我你们都会玩些什么游戏？"歌曲第二部分老师用了跟着节奏游戏的方式让孩子们在玩中进一步体会歌曲情绪，既培养学生听音乐伴奏的能力，又能提高他们的创编能力。这一环节在备课时我设想着孩子们会想到的几种游戏如：滑雪、打雪仗、堆雪人、滚雪球。所以根据这几种游戏给出了几种不同的节奏，让学生在创编游戏动作的同时不同于生活中的玩耍，而是能跟着音乐有节奏地律动，体现律动的音乐性。但在实际教学中发现了些问题，通过不断思考加以了改进。

【事件处理】
第一次试教后发现四种节奏（节奏一）的动作创编后听音乐同时或依次律动，每个动作只做两下就只是走个形式，有的学生还会出现乱比画的现象，因此思考之后我将这个环节做了修改，老师提出问题后，学生说出几种雪地里玩的游戏，然后老师马上出示规定的一种节奏让学生创编一种游戏进行律动，虽然学生能整齐地听着音乐律动了，但是又出现了一种新的状况，学生们兴高采烈地说出几种游戏后，老师没接下去让他们自由创编这些动作，而是将他们的创造思维一下子局限了起来，又不符合充分发挥和培养学生创造力的教学理念。于是我又尝试了第三种方法：老师提出问题，学生回答之后，先让个别学生上台自由创编几个游戏的律动，比一比谁创编的动作最棒，这样使学生的创造性思维一下子活跃起来，他们的创造力得到了展示，然后老师再说："你们创编了那么多有趣的

游戏,现在老师有一个想法,请你们按照老师给出的节奏(节奏二),听音乐玩一种游戏,想一想最适合玩哪一种游戏",这样学生的创造性得到了发挥后又有了挑战性,既提高了他们学习和聆听音乐的兴趣,也培养了他们聆听音乐时的表现力。

节奏一　　　　　　　　　　　　　　节奏二

【讨论分析】

《铃儿响叮当》是孩子们耳熟能详,并且非常喜欢的一首圣诞歌曲,但他们只会唱第一乐句,所以这堂欣赏课我旨在让学生能用欢快、活泼的情绪学会演唱歌曲第一部分,并通过伴奏和律动熟悉歌曲第二部分,充分感受国外过节的欢乐气氛。

一、欢快的情绪贯穿始终

这节课牢牢抓住了歌曲的情绪开展教学,当孩子们来到音乐教室,一首欢快的英文版《铃儿响叮当》便在孩子们耳边响起,孩子们拍手哼唱,情绪异常欢快,随后伴随着孩子们欢快的歌声唱起《白雪公主的小马车》,开始了学习歌曲《铃儿响叮当》的欢乐音乐之旅。学生通过拍读节奏、唱唱名谱等方法学会演唱歌曲第一部分之后,学生的歌声是欢快的,律动的小跑步动作也是欢快的,串铃伴奏让学生进一步体会到了歌曲欢快、活泼的情绪。歌曲第二部分老师更是用了跟着节奏游戏的方式让孩子们在玩中进一步体会歌曲情绪,既培养了学生听音乐伴奏的能力,又提高了他们的创编能力。

二、多种评价提高学习兴趣

本堂课运用了多种评价方式,有学生对自我演唱的评价,有学生之间的互评,有老师对学生奖励式的评价,形式丰富但又不流于形式,让学生在评价中自我肯定,找到不足,培养了学习音乐的兴趣。

在听到熟悉的歌曲《铃儿响叮当》之后,学生会自然而然地唱起第一部分歌词,但他们有的只会唱第一乐句,这时老师请他们清唱第一部分,有谁能完整地唱好第一部分歌词这是他们对自己的一个初评,通过接下来的学习能否按要求唱好第一部分歌词,请同学按要求来评价学生的演唱,在互评中提升自己的歌唱鉴赏能力,老师对学生好的表现给予肯定和奖励,这大大增强了学生们的学习兴趣和信心。

三、不断反思优化课堂教学

实践教学中,教师对学生的表现做出正确的判断和反馈是教师在课堂中必须具备的一项教学技能,在教唱《铃儿响叮当》歌曲时,教师强调"嘿"的出现最能表达演唱者演唱时的欢快心情,但它只在歌曲演唱第一遍时出现,而学生在第二遍演唱时也加入演唱了,教师能及时发现和纠正学生的演唱错误,并让学生再次演唱得以巩固。

创编环节"你们想不想用游戏的方式来体验一下这种欢快的心情?告诉我你们都会玩些什么游戏",对于老师提出的问题,学生说出了四种雪地里玩的游戏时,教师没能及时让学生自由创编这四种游戏的玩法,而是马上出示老师规定的一种节奏让学生创编一种游戏,这时其实是将孩子的创造性思维一下子禁锢了起来,课后我及时做了反思:应当先让学生自由创编一下这四种游戏的律动,学生的创造性思维得到了发挥,老师再说"你们创编了那么多有趣的游戏,现在老师有一个想法,请你们按照老师给出的节奏,听音乐玩一种游戏,想一想最适合玩哪一种游戏",这样学生在创造性得到发挥后又有了挑战性,更提高了他们学习和聆听音乐的兴趣。

寓教于乐　寓学于乐
——《彩泥动物》一课教学案例

宝山区罗南中心校　徐淑君

一、案例背景

《新课标》指出，依据课程标准要求和学生年龄特征、学习能力，将课表的内容与要求转化为具体的学习目标，合理设计教学环节。从这点可以看出课堂教学应激发学生兴趣，调动学生积极性，引发学生的学习美术的乐趣，鼓励学生的创造性、创意性表达；学生学习应当是一个生动活泼的、主动且富有个性的、寓教于乐的学习过程。

低年级学生非常喜欢用泥材料制作动物，《彩泥动物》一课通过团团、搓搓、压压等玩泥手法，在之前所学泥工的基础上继续学习，让学生尝试利用泥团、运用泥团拼接和添加细节的方法制作立体的小动物，感受泥团造型的简洁美，体验彩泥塑造立体动物形象的快乐，会给学生带来新鲜感。

二、案例描述

片段一：课前2分钟做做泥工操，复习泥工技法

师：上课前，我们一起来做做泥工操好不好？

师：首先，我们拿出一块彩泥，瞧，徐老师在做什么动作？

生：团一团。

师：让我们一起捏一捏，改变一下泥团的形状，咦，我想把它变成泥条的形状，可以用到什么方法呢？

生：搓一搓。

师：小明同学搓得又细又长，我们比一比、看一看谁能比他搓得细而且均匀！

师：最后我想把彩泥变得扁一些我们可以怎么样？

生：压一压

师：好，我来看看谁的力气最大，能把彩泥压得最扁。

案例说明

预备铃虽然只有短短两分钟,但通过做做泥工操让学生们玩一玩彩泥,复习泥工技法的同时又激起了他们学习的兴趣,一个好的课堂氛围可以充分调动学生的学习积极性。

片段二:组织学生"巧构思"

师:动物的各个部分都隐藏着不同的几何图形,有圆形、椭圆形、三角形……

师:这么多的几何形状都可以用泥团做出来。动动小脑筋,想一想这些泥团像动物的什么部位?

生:椭圆形像动物的头部,长条形可以作为尾巴……

师:你想做什么动物?他又会有哪些形状呢?让我们做个小游戏,比一比:看看谁做的形状多、形状大。

拍照投屏学生的作业,学生一起参与讨论制作的泥团形状多少及大小

案例说明

通过小游戏"比一比"让学生根据所学内容制作泥团,并且比一比谁做的泥团形状多、形状大,为了让学生更加积极参与这一游戏环节,以小组为单位,学生之间相互帮助,共同进步的同时激发他们完成作品的能力。

片段三:组织学生"找灵感"

师:徐老师也组合了一个大泥团,我想把它变成完整的动物还需要加些什么呢?

生:添加五官

PPT出示三个不同的动物,如图:

师:同一个形状做出了三个不同的动物,找一找这些动物的不同点。

生:五官不一样,还有着不同的花纹。

师：原来动物们都有自己的特征，不同的五官、花纹，只要我们抓住动物的特征，就能做出各种不同的动物。

师：你能说说你喜欢的动物有什么特征吗？

生：兔子的耳朵特别长；老虎头上有"王"字，花纹也很特别……

案例说明

课堂中为了增加学生不断克服学习困难的勇气，引起学生长时间的学习注意，避免注意力分散，激发学生积极参与学习活动的热情，我采用了"找一找"这一游戏形式。为课堂学习活动带来活跃氛围的同时也能让学生感受到了自主探索发现的快乐。

三、分析与反思

如今美术课上我们十分关注学生的学习主动性，激发学生学习的主动探究，特别是低年级的学生，可以利用孩子们"好玩好动"的天性，将美术课加入边玩边学的性质，从学生的视觉、听觉、触觉等方面引导，促进他们想上美术课的热情。把快乐融入美术课的学习中，让"玩"在教学中发挥它的快乐因素，美术课才能还原寓教于乐。下面就来谈谈我的一些理解。

1. *游戏激起学生的好奇心*

低年级学生好奇心强，对新鲜事物都有很强的兴趣。特别是像上彩泥这类型课，学生总会在课上忍不住去摸一摸、玩一玩，因此我们可以依据学生的好奇心来设计操作实践性的游戏活动，以提升课堂学习兴趣。充分利用好课前的两分钟准备时间，让学生跟着老师玩一玩彩泥复习之前的泥工技法，在游戏过程中让学生可以比一比、试一试，不仅激发了学生的学习热情且调动了课堂的学习氛围。

2. *游戏满足学生的好胜心*

美术课堂最后的作业呈现是需要课堂作业层层递进，我们设计的游戏环节有单人的，也可以有小组形式的，在课堂中开展比赛性的游戏，利用学生的好胜这一心理来进行教学设计，可以有效地提高他们的积极性，同时也更能促进同学之间合作并自己解决问题，本课让学生比赛哪个小组做出的泥团又多又大，利用学生的好胜心他们都积极参与不甘落后，作业效果也就自然提高了。

3. *游戏提升学生的学习能力*

本节课利用"找一找"的游戏环节突破教学难点，PPT出示基础型一样但不同种的动物，学生通过观察比较找到制作不同动物添加其特征的方法，特点可以通过五官、花纹来表现。学生通过找不同的游戏主动参与并找到答案，小小的游戏学生更善于去思考、发现，学习的能力也将大大提升，让学生自己去探究发现，解决问题的同时也营造了良好的学习氛围。

  一堂课中多种多样的游戏活动形式极大满足了低年级学生活泼好动的天性,又给予了他们参与课堂表现以及学习能力培养的机会,使孩子感受到了美术学习带给他们的快乐。一个个小游戏为课堂增添了色彩,将美术课堂设计寄予在乐趣里,由此来引发学生怀着兴趣以及快乐的情绪学习,做到真正地寓教于乐,寓学于乐。

采用多种形式教学体验，培养学生聆听音乐兴趣

——《赛马》教学案例

宝山区罗南中心校 朱文涛

一、教学背景

本课程是第五单元《多彩的歌声》的第一课，是一首传统的二胡独奏曲，乐歌中描写了蒙古族人民在传统的节日上赛马的热闹景象，学生要求聆听辨别不同的主题音乐情绪，与老师伙伴们交流对赛马场景的感受与联想并且认识民族乐器二胡，模拟二胡的不同演奏动作，感知其音色与演奏特点，并在老师的指挥下表演打击乐伴奏。根据本课的教学内容我制定了以下教学目标：

1. 欣赏《赛马》，培养学生对民族乐器的喜爱之情。在听、唱、演等音乐活动中激励学生学习蒙古族人民勇敢向前，不怕艰险困难的精神。

2. 用演唱乐曲中的片段、演奏乐器、情景表演师生合作，生生合作，表现乐曲情绪特点。

3. 欣赏一首大型二胡曲《赛马》，感受一首大型二胡曲与独奏曲《赛马》两种不同的音乐情绪以及对其情绪描绘不同的音乐意境，并了解二胡的简单基本演奏方法，辨析渔区两个主题不同的情绪和特点二、教学事件与处理：

本节课的教学课型主要是一节音乐欣赏课，最主要内容和目的之一就是为了结合对音乐情绪的感受和对音乐情景的联想与思考和想象，这节课之前我们上过一节公开课，时隔一年后重新上这节课在进行试教中发现其中有许多困难，原本我们设计好的每一个环节在课堂进行中并不顺利，于是根据学生需求，我重新调整了每一个教学环节，以"我们采用了多种形式引导学生积极主动地参与到对于音乐的体验中，培养小学生在倾听和接受音乐时的兴趣和习惯"为教育导向，我重新设计教案用了三种不同的内容形式来呈现课堂。

教学片段(一)

（一）初听《赛马》

师生交流歌曲情绪(关键设问：音乐中人们在干什么？和鸿雁的情绪有什么不同?)

（二）欣赏《赛马》第一段

1. 聆听《赛马》第一段，想象音乐所表现的场景
2. 模仿骑马奔驰的动作，跟随音乐进行律动

处理方法：音乐律动的节奏性广大学生的日常音乐实践活动中让人有更好的经验体会，律动性音乐能够充分发挥激发广大学生的音乐想象力和音乐创造性，最重要的作用就是学生对音乐的直观感受和认识。作为四年级音乐课程教学中的一种重要教学方法，律动更好地能够使得学生们对于音乐感到浓厚的兴趣，营造良好的音乐课堂气氛，四年级的学生已经掌握了一定的声乐技巧，能够开展结合歌唱、律动、表演等各种形式的音乐综合性表演。本环节让学生正确感受乐曲第一段热情奔放的情绪，能够想象赛马场上群马飞奔的场景，为接下来更好地区分不同的音乐主题做铺垫，我在这个环节上用了更多的时间，仔细指导学生动作的规范性，自己示范，找学生示范，从而在律动中正确感受音乐情绪。情境的创设能够充分地给学生们营造一个广阔的大草原，帮助他们轻松愉快地去体验到音乐，联想到情境。然后运用视频等手段来创设教学情境，生动形象地带领学生进入教师的视野，身临其境。并且在这种模仿骑行者骑马的活动中充分激发了学生们的学习热情与兴趣，调动了他们学习的积极性。在整个课堂教学中紧紧把握住以对音乐的审美态度作为教育的核心，学生可以通过身体态度和动作表现出激烈的比赛场面，让全体学生充分感受到音乐的意义和情境。

教学片段(二)

3. 教师介绍二胡技巧抛弓、拨奏，并用打击乐进行合奏

（1）介绍第二段后半部分的二胡演奏技巧"抛弓"与"拨奏"

（2）让学生根据音乐节奏模仿"抛弓"与"拨奏"

处理方法：通过引导学生充分地了解、模仿二胡用"抛弓"与"拨奏"进行演奏加上打击乐器来进行伴奏，把这些二胡知识带入数学课堂，就能够充分激发起学生对于音乐的兴趣，似教学手段中的一股清流，可以激励和震撼学生的身体和心灵，弘扬民族文化，更是为了提高和培养学生对于音乐的认识和理解能力和语言表达技巧。所以必须高度重视音乐器材在课堂教学中的有效使用，让音乐课的氛围更加浓郁。进一步体会由于演奏方式不同，情绪的转变，在原本的设计中我觉得还是离学生"太远了"，这次跟学生走得更近，让学生触摸、感受二胡，效果会更好。同时让学生进行"打击乐"合奏，让学生感受乐器演奏的合作性，提升团

队合作精神,并激发学生表现欲,让学生的演奏技巧得到锻炼和提升,发展其创造性思维,从"被动"学到"主动"参与其中,提升音乐课堂质量。

教学片段(三)

3. 学唱赛马第二段主要乐句并创编合适的歌词

(1)师范唱、学生学唱

(2)师演唱创编的歌词

(3)学生根据要求分组创编合适的歌词

处理方法:针对学生形象思维为主的特点,不仅通过演唱体验乐曲的情绪,并通过歌词的创编加深感受音乐抒发对草原的赞美之情。通过老师的指导,激发了学生对于音乐创作的兴趣和欲望,为学生自主创设了一个个性化表现的空间和平台,使得学生能够积极地参与到音乐的实践中,体现了突破性地培养和提高学生的音乐思维和实践能力。本环节主要通过学唱主要乐句并为其创编歌词来让学生发挥想象的空间,用丰富的词语写出美景,从而更加热爱大草原,更好地感受情绪的转变,但是在歌词内容的把控上不好拿捏,学生思维活跃有很多想法,所以规定好在大草原的风景事物上创编歌词,这样目的明确,能在规定时间内完成教学目标。

二、讨论与分析

尽管已经是上过一遍的课,但是也要随着情况不同调整教案,对此针对目标,制定三种不同的方法。

(一)音乐律动——动静结合

教师应该要根据每一个学生的实际情况,基于自己的课堂要求,结合所学的科目和教材等因素来制定准确的学习目标,学习的目标、内容、评价每一个要素都相互联系、密不可分,而这些要素都应该是根据每一个学习目标的需要来制定展开,万事启头难,如何在有限的精力和时间内为每一个学生制定必要的课程和教学活动都取决于一个准确的课程和教学目标。我仔细钻研教材,音乐的律动性可以培养学生的节奏意识,为对音乐感觉和情绪的理解、表达及其创造力打下扎实的基础。在传统音乐的教学中,以聆听促进思维为主,我觉得其效果并非十分理想,如果跟随着传统的音乐进行旋律、模仿赛场上的各种动作,会使得学生对节奏感的意识培养得到加强的同时,更好地理解乐曲的情绪。如何使学生在骑马的动作中能够感受到比赛的激烈,乐曲热情奔放的心理和情绪特征,在各种乐曲中所刻画和描述的音乐形象中寻找到比赛节奏,活泼好动的表演则是教师引导孩子们的一种天性,依照教师引导孩子的心理特征,根据教师和孩子的心理特征,让他们去做自己想要或者愿意去做的一些动作,在进行模仿或者赛马中轻松地能够感知到一首音乐热情奔放的心理和情绪特征的兴趣,提升其主动的参与度。

(二)认识二胡——趣味教学

作为一名教师,我们要认真贯彻以促进学生的发展为目标,关注大多数学生的个性健康成长发展观的基本理念及其可持续发展。一旦学生对学习产生了兴趣,他就会自己去学。在教学中,学生是其主体,培养他们的兴趣,呵护他们的好奇心和求知欲,这些都是最重要的。兴趣爱好是最佳的老师,小学生的好奇心强,喜欢新鲜的东西。有了乐器走入课堂便会犹如一块磁铁会对学生产生很大的吸引。在《赛马》第二段中,用不同的二胡演奏技巧来丰富音乐,转变情绪,用现场的二胡演奏和让学生模仿其"抛弓""拨奏"的演奏方法会很好地引导他们感受到乐曲情绪随着演奏方式不同而改变。在教学中要以学生为主体,教师为引导与辅助,充分激发学生积极性,使其不断参与其中,使学生在学习中不仅学会知识并得其所"乐"。

(三)创编歌词——源于生活

对于四年级的学生来说,其实歌词创编对他们本来就很感兴趣,有时候在课余时间会听到学生用五花八门的歌词改编一些教学过的歌曲。这很明显地说也体现了我们中原本的一首歌词并不能完全能够满足所有学生的学习要求,将自己"最想唱"的一首歌词通过创作表现出来,创造性地说是表现不出来的,这是我们所要努力才能达到的一个重要的教学活动目标,这不仅更加充分激发了整个学生的学习兴趣,从被动地进行学习变主动地进行学习,提高了整个学生的创新思维。教学中我要求学生进行创编歌词并进行评价,围绕"一字一音","蒙古大草原的风景"为基准进行反馈与点评,并在师生共同合作的过程中有效地解决歌唱时出现的问题,歌词创编确实很难,然而创编歌词的要求是"草原的风景事物",这些元素源于生活,离学生最近。这样大大地降低了创编难度,并且效果甚好。这样的评价标准是基于课程标准的要求,也是在学生接受范围内的。在歌唱中感受乐曲情绪的变化,更好地帮助学生解决了难点。

无声的肢体语言让歌声更动情

——低年级主题式综合活动《鹅鹅鹅》实践案例

宝山区罗南中心校　张艳红

一、案例概述

《上海市小学低年级主题式综合活动课程指导纲要》课程目标中曾提出小学低年级主题式综合活动课程旨在引领儿童认识并发展自我，参与并融入社会，亲近并探索自然，初步形成对自我、社会和自然的整体认识，故根据学生的年龄、心理特点和主题式综合活动三合一，我选用了学生非常熟悉并喜爱的动物朋友"白鹅"，借助可爱的"白鹅"这一载体力求用音乐创设一个团结融合、愉快合作的氛围，本综合活动结合环保教育、借助音乐活动，从中引导学生真诚地与同学交朋友、与学习交朋友，同时，把"好朋友"的范围从身边拓展到整个大自然中，倡导学生树立环保意识，从而激发学生对小动物的爱。

这首《鹅鹅鹅》的歌曲选用上海音乐出版社的九年制义务教育课本一年级第一学期唱游教材中的第二单元《好朋友》，在活动中我在情感的提升上选用肢体语言来增强情绪、情感的升华，这也是人类不可被取代的根源之一，我们知道肢体语言的创设不是单纯为了表演而表演的一种形式，而是为乐曲的情感服务，因为有了情感，才会有喜、怒、哀、乐的情感表现，虽然情感不尽相同，却是不可分割，当孩子们通过音乐活动体验到轻松、愉快时他们会喜欢上音乐活动，借助肢体语言能激发并提升学生的内在驱动力之一，也就是我们所指的情感，能增强学生对音乐的理解和表现力，对提高小学生的音乐能力与发展音乐的兴趣具有重要的意义。

二、活动背景

《上海市小学低年级主题式综合活动课程指导纲要》课程理念中曾提出要遵循儿童立场，关注终身发展，在活动设计上我顺应着学生的身心发展规律，帮助学生整体感知并认识自我和自然,促进学生多种经验的连续、协同发展。这节《鹅鹅鹅》音乐课是 2019 年新入编一年级上学期的唱游活动,其素材来源于唐代诗人骆宾王的古诗《咏鹅》,我们知道一年级孩子们的年龄和骆宾王同岁,所以说在年龄上也符合学生的年龄特点和心理特点,这首歌曲是在《咏鹅》这首古诗的基础上改编而成,其诗描述了 7 岁骆宾王看见白鹅在水中自在嬉戏时有感而发,语言清晰欢快,表达出对鹅的喜爱。在情感的表达上孩子们对鹅的喜爱之情有增无减。

针对他们具有形象思维为主,好奇、好动、模仿力强的身心特点,在授课时增加了肢体动作对歌曲的感受、理解和体验,增强对歌曲情绪情感的表达表现提升,同时《新课程》指导思想也曾指出以学生发展为本,从学生音乐学习的兴趣、能力与情感需求出发,培养学生爱好音乐的兴趣,重视学生在音乐活动中的体验与实践创造,提高学生音乐感受、表现以及创造的能力,用音乐中丰富的情感来陶冶学生,所以在整节课的教学设计中我不仅关注孩子们的年龄特点、教材的客观性,还从个体上激发学生的主观性,通过参与、感受、模仿、体验、合作表演等多种学习方式,运用听唱法、对比法、表演实践等方法激发孩子们的情感体验,在肢体语言的带动下增强学生对音乐的理解和表现力、发展学生的音乐兴趣,培养学生的综合素养能力。

三、活动过程

歌唱要求:能用自然、柔和的声音歌唱,感受歌曲前后部分的情感不同。

师:"孩子们,经历千年小白鹅终于找到了它的好朋友大白鹅,它的心情是怎样的?"

生:"张老师,它非常高兴。"

生:"张老师,见到来好朋友,它心里非常开心。"

师:"是的呀,小白鹅见到来它的好朋友大白鹅,心情十分激动,所以请你们仔细听听这段歌曲和上半段有什么不同?"

生:"老师,我发现音比前面变高了。"

师:"见到好朋友很开心!很激动!所以曲调高扬。"

……

师:"让我们一起试着唱一唱吧。"

生:演唱。

师:当我们在唱歌曲下部分时因为音调较高所以我们要注意轻声歌唱,就用说悄悄话的声音来演唱。

生:再次演唱。

师："突然遇见许久不见的朋友我们会用什么动作来表示开心？"
生："我会和好朋友拥抱在一起。"
生："我会和好朋友跳起来。"
师："当我们遇见许久不见的好朋友肯定开心得要飞起来，就像这名同学说的张开我们的双臂跑过去和好朋友拥抱在一起，我们一起来做一做这个动作，记得手臂要伸得直直的。"
生做双手上扬动作。
过渡语：
师："是呀，我们的白鹅朋友也和同学们一样开心地高展双翅迎接它的好朋友，让我们跟着歌声一起慢慢展开我们的双臂来迎接我们的好朋友白鹅，你们还可以用自己喜欢的其他动作表演。"
师生共演。
师："在你们一边演唱一边展开双臂的肢体动作中，老师深深感受到了你们对白鹅的喜爱，我也想用张开的双臂拥抱你们、拥抱大自然……"

四、活动效果与反思

我想这就是肢体语言的力量，在无声肢体语言的渲染中，让学生在感受双手慢慢向上扬的动作中区分歌曲前后两段歌曲情绪的不同，促使学生的情绪达到了高潮，对大白鹅的喜爱之情演绎得淋漓尽致。我们知道《音乐课程标准》中曾指出"音乐课应发挥音乐艺术特有的魅力，在不同的教学阶段，根据学生身心发展规律和审美的心理特征，以丰富多彩的教学内容和生动活泼的教学形式，激发和培养学生的学习兴趣"。所以说肢体语言的运用不仅促进了师生关系还激发了学生对音乐活动的兴趣，从培养学生对鹅及小动物的喜爱和爱护，升华到把"好朋友"的范围从身边拓展到整个大自然中的情感。

五、活动经验

本教材运用学生对大白鹅的喜爱而激趣，引发学生欢快、激昂的情绪，孩子们在听听、唱唱、表演中感知着音乐、表现着音乐、体验着音乐，在感受二拍子节奏韵律的同时，运用双手体前高举的动态肢体动作将快乐情绪和喜爱大白鹅可爱的动物形象的心理表现出来，学生可爱的笑脸和激昂的歌声就是从外到内的转化，也是丰富感性素养的提升。

（一）乘着歌声的翅膀，走进音乐、走进音乐教育

我们说人有两大心智能力，其中一个是感性，感性代表着艺术，艺术美化着世界，艺术包含着音乐，我们通过音乐来提升来我们感性智慧，美化我们的生活，

人们常说音乐是人类感情的共通语言，主要指的是音乐带给人们的感受是共同的，这种感受就是人们对音乐中基本情感类型的体验，它推动人类感性文明发展。

音乐教育的目的是什么？《上海市中小学音乐课程标准（试行稿）》的中有指出：以音乐中丰富的情感来陶冶学生，以美"育"人，形成学生正确的艺术观，如在歌曲《鹅鹅鹅》中，我们感受到学生对大白鹅的喜爱之情，想象着大白鹅优雅的身姿在水中嬉戏的美丽景色，培养学生对音乐的感受能力、鉴赏能力、理解能力。

所以说通过把学生的情感带到音乐所引导的情感之中，不仅丰富了学生的感性素养的提升，还培养了学生的审美能力。

（二）乘着歌声的翅膀，走进肢体语言，感受情感的力量

肢体语言就是通过身体的动作而进行的感情交流，它的意义在于通过运用身体动作来表达思想感情和行为意向的一种无声语言。它的特点之一就是无声，看似无声的肢体语言却像情感的大力士，能深刻地表现很多有声语言难以表达的情感。

而音乐情绪是音乐价值的集中体现。与日常情绪刺激不同，音乐往往诱发了个体的快乐体验。从广义的音乐情绪指音乐作品对人的情绪影响，通常可用一些形容词来形容，如：愉悦的、柔和的、抒情的、激昂的、忧伤的等等。在本次教学活动中教师借助肢体语言一边演唱"鹅、鹅、鹅，曲项向天歌"，一边与同伴手牵手双手由下向上不断高举向天空，孩子们通过不断向上的上臂肢体语言感受到后半段歌曲情绪的高涨激昂，激发了学生的情感共鸣。所以说肢体语言是情感的表现。

总而言之，在本次音乐教学活动中结合《上海市小学低年级主题式综合活动课程指导纲要》精神，使学生的思维在动作的支配下处于兴奋状态，引出学生的情感共鸣，引起感情的升华。如在音乐活动《鹅鹅鹅》中，我引导学生们通过表演的形式增强孩子们对大白鹅的喜爱之情，简而言之，就是肢体推动情感，从量到质的转变的同时，借助情感的提升帮助学生自信的感知世界，这也是从点到面式主题式综合活动课程的魅力所在。

每一天，为你们感动

（后记）

早上七点时分来到学校，已习惯了在这样的晨曦中随处走走，一草一木一拐角一台阶……都是熟悉而亲切的。在这样静谧的画面里，看到老师们忙碌的身影：总务主任或在检查安全隐患，或在探查花草生长情况；德育主任、护导老师已在巡视校园；班主任已为先到校的学生批阅起作业……"此处本无景，何时来一簇"，颔首微笑之间便开始了这美好的一天……

八点，悠扬的音乐铃声如期响起。孩子们错落有致的脚步声，和着这音乐声，成就了最美妙的乐章。而此时，我总会放下手中的工作，来到楼梯口，默默站立。孩子们和老师互相问好，与我擦身而过时，总能听到一声声清脆的童音："校长好！"干脆而无邪，幸福便在心里化开了。

八点十五分早锻炼开始了。我会站在最前面，目光所及之处，均是满满的欣慰。孩子们踏着整齐而有力的步伐入场，老师们则在队伍前后有序地守护着。孩子们从刚入学最北边排起，慢慢地长高，慢慢地排到了最南边……接着就要目送他们毕业了。孩子们的来去就像四季交替，春有百花秋有月，夏有凉风冬有雪，每一季都是独一无二的。

每天的晨会课是非常必要的。虽然语文、数学和英语课很重要，但是德育课也是不可或缺的——根正才能苗直。它需要得到老师们理念上认同，方法上研究，成效上显现，是更高水平的教育——有规矩、讲文明、有品质是教育的本质。

九点整，进入上课时间。老师们准时踏入教室，数学、语文、英语……学生们聚精会神，书声琅琅，端坐认真；老师们媒体动画、粉笔教具，教室里流淌着严肃、风趣、笑容……我们的目标只有一个——传道、授业和解惑。

每周有固定的教研活动时间，组长们认真召集，教师带着一份真诚，专业切磋，同伴互助，彼此支持、合作，进而产生新的思想，达到共同成长的目的。因为懂得教学是一门艺术，需要不断更新教育观念，需要不断地取长补短，需要共同协作，需要开阔思路……碰撞、交流一定是成长的不二法门，我们在践行"人人有发展，个个有提高"的理念。

面对着一个有着1 800多个孩子、130名教师的大学校,事情多而杂,需要通盘思考,慎重决定的事很多。作为校长,行政工作的压力很重,任何事情都是第一责任人。学校安全、教育教学质量、师资队伍建设、协调人际关系、家校关系、社会关系,取得各方面支持,需要学习的地方真的很多。经验,真的是在实践中才能收获的。承担校长角色如履薄冰,得到认同有一个过程。庆幸的是,罗南中心的老师们都是真诚之人,有着良好的人际关系,理解人、宽容人和互助的氛围很浓很浓,工作其中的幸福感便很深很深。

午餐时间,学生们分批进入食堂用餐,虽然每天的用餐都有管理者到位,但是我们的老师仍然尽责地坐在孩子们中间,管理自己的班级,静静地吃饭,整齐地离场,看到这样的情景就是由衷地高兴。

下午的教学工作又是繁重的,对于孩子们来说课业的密度也是很大的。"一样米养百样人",孩子的性情各有不同,但是我们的老师一直在努力地和他们磨合,尽一个教师的本分,去塑造不同的学生,期望能够尽可能地让不同的孩子呈现不同的精彩。

下午四点,放学的节奏犹如小步舞曲,透着轻快喜悦。目送孩子们在家长引领下离校,便觉得心安了。

转身返回校内,却发现各个办公室的门依然开着。有的老师在检查,有的老师在巡视,有的老师在接待家长,有的老师还留着几个孩子补点作业,有的老师个别辅导,还有老师在指导学生打扫卫生……冬天夜幕降临得早,一会儿办公室、教室里便亮起了灯。这一盏盏灯啊,犹如星辰,在指引着每一个孩子向着光明前行……

门卫师傅来巡视了,我们还有老师没有回家……而回到家的,有的坐在沙发上不想起来。晚饭过后,还有一叠作文本得批,还有几个家长短信要回……

心里有光,眼睛就明亮了……

老师是孩子们心里的光;孩子们是老师心里的光……他们互相依偎着,彼此光照着……你们每一个光影交错的瞬间,每一个目光流转的时刻,每一朵酣畅调皮的笑颜,都感动着我……每天、每时和每刻……

权当后记,作为本书的结篇。

上海市宝山区罗南中心校校长　姜建锋

图书在版编目(CIP)数据

隰有荷华 / 姜建锋主编.—上海：文汇出版社，2022.3
 ISBN 978-7-5496-3751-5

Ⅰ.①隰… Ⅱ.①姜… Ⅲ.①小学教育-文集 Ⅳ.
①G62-53

中国版本图书馆CIP数据核字(2022)第043693号

隰有荷华

主　　编 / 姜建锋
责任编辑 / 熊　勇
封面装帧 / 姜羽洁

出版发行 / 文汇出版社
　　　　　 上海市威海路755号
　　　　　 (邮政编码 200041)
经　　销 / 全国新华书店
排　　版 / 南京展望文化发展有限公司
印刷装订 / 启东市人民印刷有限公司
版　　次 / 2022年3月第1版
印　　次 / 2022年3月第1次印刷
开　　本 / 720×1000　1/16
字　　数 / 500千字
印　　张 / 29

ISBN 978-7-5496-3751-5
定　　价 / 55.00元